本书的出版得到了国家社科基金教育学一般项目
"建国初党中央创建社会主义高等教育体系的战略智慧研究"
（项目编号：BOA180049）的资助

RESEARCH ON THE REFORM
OF CHINESE HIGHER EDUCATION
AND KNOWLEDGE SYSTEM

走向"大大学"和"大科学"

——中国高等教育及知识系统变革研究

刘超 ◎ 著

天津出版传媒集团

天津人民出版社

图书在版编目(CIP)数据

走向"大大学"和"大科学"：中国高等教育及知识系统变革研究/刘超著. -- 天津：天津人民出版社，2023.11

ISBN 978-7-201-19942-9

Ⅰ.①走… Ⅱ.①刘… Ⅲ.①高等教育—教育史—研究—中国 Ⅳ.①G649.29

中国国家版本馆CIP数据核字(2023)第209699号

走向"大大学"和"大科学"：中国高等教育及知识系统变革研究
ZOU XIANG "DA DAXUE" HE "DA KEXUE"：
ZHONGGUO GAODENG JIAOYU JI ZHISHI XITONG BIANGE YANJIU

出　　版	天津人民出版社
出 版 人	刘　庆
地　　址	天津市和平区西康路35号康岳大厦
邮政编码	300051
邮购电话	(022)23332469
电子信箱	reader@tjrmcbs.com
责任编辑	王　玚
特约编辑	杨　蕊
封面设计	汤　磊
印　　刷	天津新华印务有限公司
经　　销	新华书店
开　　本	710毫米×1000毫米　1/16
印　　张	21.5
插　　页	2
字　　数	320千字
版次印次	2023年11月第1版　2023年11月第1次印刷
定　　价	99.00元

版权所有　侵权必究
图书如出现印装质量问题,请致电联系调换(022—23332469)

书,必须像利斧,凿开我们内心深处冰封的大海。
——弗兰茨·卡夫卡

谨以此书

献给过往千帆和似水年华
献给所有走过和未走过的路

序一　高等教育的知识维度

陈洪捷

高等教育离不开知识，无论是培养活动，还是科学研究活动，均以知识为基础、为媒介，离开知识，高等教育则无从进行。在普通人的眼中，上大学就是为了读书，就是为了学知识。大学的老师也往往被视为教书匠。这里的"书"，就是知识的另一种说法。这种通俗的说法，点到了高等教育的核心所在。

我们经常说，高等教育是培养人的活动，其实这只是一种现象层面的描述。我们之所以要培养人，是因为所培养的人能够掌握特定的知识，并运用这些知识从事各种社会所需要的活动。所以所谓培养人的活动，说到底是为了知识传承、应用和创新。如果说培养人是高等教育外显活动，那么知识活动则是高等教育的内核。至少可以说，人的培养与知识的传承是一体之两面，不可分割。

在人类发展和演进的过程中，总会有一种对人才的持续需求。这里的人才，其实无非是掌握了某种特定知识与技能的人。高深和专门的知识历来是稀缺的资源，所以古人为了能够将已有的某些知识传诸后人，常常煞费苦心寻找传人，不少具有知识特长的大师为了"继绝学"而从事人才培养的活动。

从高等教育历史形成的逻辑也可以看出，知识常常先于高等教育组织机构的发展。先秦时代学术繁荣，并没有相应的机构作为制度支撑，而相应的制度化组织形态（如稷下学宫），则是为了满足知识的发展与传承而形成的机构。西方中世纪大学产生的一个重要前提，是知识的繁荣。一系列法律、医学或古典学者在没有大学的时候就在钻研和传承其专门知识,而大学作为一种组织形态显然是为了更好地满足这种知识研究和传承活动而逐步完善的。可以说,高等教育的外在组织,往往是对知识发展诉求的一种制度性回应。

综观我们的高等教育研究,研究的重点基本是人才培养和科学研究及其相关的组织与管理问题,比如人才培养的模式、规模、结构,或科研的激励和评估等,一些涉及课程的研究看似与知识相关,但并没认识到知识在高等教育中的核心地位。总之,对于高等教育至关重要的知识议题,在已有的研究中似乎是最为薄弱的一个部分。

高等教育研究之所以重视外在的组织与制度,是因为高等教育研究的兴起,首先是为了解决高等教育作为一项教育事业、作为一项公共政策所面临的种种问题,是高等教育大众化的产物。高等教育大众化过程对已有的高等教育体系带来空前的挑战,无论在规模、结构、就业,还是政策、经费、评估方面,高等教育事业的快速发展都需要有相应的研究作为支撑。高等教育研究便应运而生了。在这种高等教育研究的范式中,知识问题总体上不受关注。

从决策者和管理者的视角来看,高等教育发展所面临的问题主要是规模、结构、政策、经费、学生选拔、师资队伍等,这些都是高等教育发展的外显特征和高等教育事业发展的核心议题。管理者当然也关心质量问题,但这里的"质量"恰恰是一个管理学的术语。这里的质量概念更多的是从外显的高等教育活动出发的。在当代高等教育之前,之所以没有关于质量的讨论,不是因为大学不关注质量,而是因为他们的质量观念不是一套统一的管理学意义上的标准,而是深入到知识活动过程之中的准则。他们不谈抽象的质量,但严格把握知识获取与掌握的细节,他们是培养质量的真正的把关者。相反,流行的质量观往往是管理学意义上的质量,与教学人员所熟悉的质量观相去甚远。

从知识的视角思考高等教育,其实就是关注高等教育的内部活动。如果说外显的组织与制度是高等教育的外壳,知识则是高等教育的内核。而

序一
高等教育的知识维度

高等教育的外壳所具有的样态,在很大程度上是以内核为根据的。不了解内核,关于外壳的认识往往会流于表面,或限于事务管理的层面,很难深入到高等教育的内层。

高等教育中的知识,我们不妨称之为高深知识。所谓高深知识,并不是一个抽象的概念,也不是哲学意义上的概念,而是一个社会学概念,是指一种高度结构化、制度化和专业化的社会存在。高等教育的外显组织结构其实基本是在知识的结构和制度基础之上形成的。分析这种知识的结构、制度,是我们真正理解高等教育的关键所在。

知识是一种人类普遍活动,并不限于高等教育领域,科学史、知识史、科学社会学、知识社会学等学科领域也都关注知识以及知识活动。但高等教育研究知识不是为了知识而研究知识,而是从人才培养的角度来关注知识,并特别关注知识的特性与人才培养的关系,关注知识的学习、传承与继承问题。其实,知识的发展与知识的传承与人才的培养通常是密不可分的,所以知识的积累、传承和创新基本上通常是在高等教育的框架中进行的。关于知识的制度在很大程度上也是基于人才培养的需要而形成的,比如学科划分、知识等级划分、考核方式等。

此书是作者多年积累的产物。它基于广阔的历史视野,对中国高等教育的知识维度进行了深度的开掘,可谓是一次可贵的探索。其观察视角新颖独特,论述切中肯綮,盛意迭出,令人击节。是为序。

(作者为北京大学博雅特聘教授)

序二　重新发现历史
——教育史与普遍历史的创造性融合

叶赋桂

历史一直都在那里，无论是实际的还是书写的。所谓重新发现，是因为书写的历史有时是偏误的，或残缺的，或不实的，有时是被有意无意遮蔽的，更多的是隐而未显的。重新发现，就是还原历史的实际，发历史未发之覆。

刘超的新著《走向"大大学"和"大科学"——中国高等教育及知识系统变革研究》就是对近现代中国教育史的重新发现。在中国人的历史印记中，有的年月是深刻的划痕，将历史断裂开来，前后截然不同，就如同一页纸的两面形成背反。不过，实际的历史却从来不是断裂的，秦汉之异趣世所共知，然汉承秦制。断代其实是人为的割裂，多是政治的标榜，也是学者的偷懒。勤勉而穷理的刘超重建了中国近现代历史的连续性，不仅揭示出现代知识和学术的累积和演进，而且发现了教育和政治的承续和接力。长时段的眼光看透的远不止历史的真相，其中更有深意存焉。跳脱政治的藩篱来看，现代化是中国近现代历史始终如一的主题，是自晚清以来所有中国人的历史使命、价值理想和现实追求。在此意义上，恰是中国式现代化要求和造就了中国近现代史的连续性。

刘超不仅在纵向上重新发现和连接了历史，更在横向上将中国与世界历史的连接辨章和考镜出来。现代学术的分科尤其是历史学的分科，将中国史与世界史分开，使得中国历史的研究基本上是就中国论中国。然而生活在同一个地球上的人类历史，特别是16世纪以来的历史是彼此关联的。没有中国，西方也许就走不出中世纪；没有西方，中国也许就走不进现代。地球真像个村子，村东头和村西头的人不是偶遇，就是常聊，从点头之交到亲密熟悉的朋友或纠缠不已的对手,联系是愈来愈密的。近现代的中国教育和学术是西方知识全球扩散的产物,是中国学习西方的结果和成就。离开了西方的教育和学术孤立地研究近现代中国教育和学术,是无论如何也说不清,道不明的。刘超以其辨析入微的思想和细腻绵密的手法在全球与中国的互动融通中重新发现了新的历史。

刘超通过重新发现历史,在教育史的旧田中种上了新苗。教育史本是沃土,但因多年来粗放式的耕种而渐成荒亩,如今大有撂荒之势。而专业历史学家却渐渐侵蚀、占领和耕种教育史之田,且禾苗秀实。刘超的研究实示教育史以新的轨则,不仅在教育史的旧疆土上孕育出新学术,而且开辟了教育史的新疆域,冲破了此前教育史狭隘的封地,消除了地域、学科、观念或意识形态的偏见,获得新的认识和理解。

重新发现历史,最需要历史学者的眼光和洞见。在这本新著中,刘超取材严谨,持论精确,展现了深厚的功底,精湛的技艺,更表现出一个历史学者最为难得的通识,其独到的视野,敏锐的直觉,睿智的识见,熔铸为综合创新的意识和能力。

历史研究本身就是历史的,古代的历史研究强调规范,近代的历史研究强调资料,当代的历史研究强调方法。因此,古代的历史是说教,近代的历史在堆料,当代的历史像耍俏。但历史研究的本性既不在规范,也不在方法或资料,而在认识。不管是历史启发的认识,还是学者对历史的洞见,认识才是历史,认识才是历史知识。由此亦可知,历史认识有两种,由历史事实挥发出的认识和人对历史事实的发现。前者要分析材料,后者则发明历史。好的历史研究当将规范、资料和方法融会,在分析和发明之间穿梭往还,如此,历史的田野就会生长出四季如春的景观。刘超的新著就为教育史研究图绘了一幅美丽的风景!

感谢刘超惠赠新著手稿,展卷览胜,兴味盎然,略述所感,谨识于此。

2023年冬于清华园

(作者为清华大学长聘教授)

目 录

绪论 "长时段"穿越"分水岭" ……………………………………001
 一、研究缘起与学术旨趣 ……………………………………002
 二、文献回顾 …………………………………………………003
 三、方法选择 …………………………………………………005
 四、基本思路 …………………………………………………007

第一章 创建"新教育"的战略安排与策略谋划 ………………009
 第一节 教育体系建构的路径选择 …………………………009
  一、平稳接管与"包下来" ……………………………………009
  二、方向调整 …………………………………………………014
  三、结构改造 …………………………………………………017
  余 论 …………………………………………………………022
 第二节 高校治理体系及干部队伍建设 ……………………023
  一、"才德兼备":干部选任的基本思路 ……………………025
  二、"德才兼备":干部选任标准的调适 ……………………032
  三、"又专又红":高校系统"红色教育家"队伍的生成 ……039
  余 论 …………………………………………………………042
 第三节 高教系统之转型与大学之重构:以蒋南翔及新清华为视点
  ……………………………………………………………………043
  一、优化学科布局的努力 ……………………………………044

001

二、以"培养'人'"为根本 049
　　三、对教育发展的中国之路的探索 052
　　四、从"解剖麻雀"到总揽全局 054
　　五、"在时代曲折中开拓" 056
　　余　论 057

第二章　"为农工服务"：对高等教育大众性的探索 059
第一节　高等教育定位的探索与调适 059
　　一、"人民教育"：从构想到实践 060
　　二、教育改造与"人民教育"的推进 062
　　三、反弹与应对：从扩张到调整和"重点发展" 065
　　四、教育"过渡阶段"的向度及逻辑 069
　　余　论 073
第二节　高校招生制度的张力及其因应 076
　　一、结构性转向：统一招生方式的创制 077
　　二、"大众性"的落地：谁更有可能获得入学机会？ 080
　　三、"科学性"的考量：用何种方式选材？ 087
　　余　论 091
第三节　教育布局的调整及其成效 092
　　一、高等教育布局调整的历史脉络 093
　　二、高等教育格局演变的作用机制 099
　　三、高等教育格局调整的影响及历史意义 103

第三章　知识生产系统及其方式的变革 107
第一节　"计划科学"的兴起和扩散 107
　　一、"计划科学"与科研体制的全球扩散 107
　　二、"集众式"科研工作在中国的推展 114
　　三、中国"科学计划"的筹划与夭折 118

四、"大科学计划"之重启及其实效……123
　　五、"计划科学"的国家化和全球化:国际竞争与知识跃迁 ……129
第二节 "规划科学"模式在哲学社会科学领域的施用:以《自然辩证法研究规划草案》为视点……134
　　一、《自然辩证法研究规划草案》的研制和实施……136
　　二、《自然辩证法研究规划草案》的成功缘由……140
　　三、"规划科学"模式的中国化表达……144
　　余　论……147
第三节　高校、中科院之竞合与科研体制的演化……148
　　一、社会变迁与学术界的结构转型……150
　　二、中国科学院之崛起及其与高校之争……155
　　三、高校重振科研的努力……163
　　四、国家统筹与院校合作……175
　　余　论……184

终章　中国大学与科研系统之离合:基于长时段的回溯与评估……188
　　一、科研制度化与学术中心的生成……188
　　二、知识转型与科研重心之游离……193
　　三、学术中心的位移与扩散……200
　　四、知识变迁的历史之维……209
　　结论:教育—知识的社会建构和国家向度……211

附　录……219
　　高等教育全球化的内在逻辑:基于知识的视角……221
　　数字化与主体性:数字时代的知识生产……229
　　变革时代的大学教育和教师……236
　　在效率废墟上重建人类知识……239
　　专业研究不能回避公共性……244

求真与致善·穿越时空的史家探赜：走近何兆武先生的思想世界 …248
　　近代知识史及其"延长线"问题辨正：中国学术继承性、开放性及自主
　　　性问题平议 ……………………………………………………258

参考文献 ………………………………………………………………284
　　一、中文文献 …………………………………………………………284
　　二、外文文献 …………………………………………………………295

时光之书·山河岁月的记忆（代跋） ………………………………298

绪论 "长时段"穿越"分水岭"

对一个20世纪90年代之后接触中国大学(特别是某些名校)的社会人士而言,很可能会惊异于中国大学的庞大,繁复和多元(当然或许同时也会惊异于其中蕴含的理想主义精神和世界主义关怀)。若拿此时的中国大学与全国抗战以前的中国大学相比,无疑会看出其中的巨大差异。这种差异往往令人诧异甚至迷惑,它事实上有着丰富的意涵。而这,显然应该是一个学术研究的重要议题。只是,对此问题的挖掘至今极为匮乏。在长期以来的中国史书写中,由于论者基本遵从断代史的思路,将20世纪中国教育史截然分化为近代史和当代史两个相对独立的部分,而由于二者之间强烈的反差,人们难以将二者进行融贯性理解,如此一来,造成了20世纪中国教育史(甚至不只是教育史)书写中的"两截子"现象。对两个阶段的分析呈现出强大的张力。[1]如果我们深究20世纪的中国大学史和知识史的话,显然会发现,这个差异绝非凭空而来的,亦非数载之功。它是数十年来持续嬗变演进的结果,要真正理解这一进程,进而理解同期的中国与世界,只能回溯到20世纪初叶的历史长河中顺流而下。

---

[1] 当然,研究此时(特别是20世纪五六十年代)的中国教育—知识的论者,又对域外的教育—知识进展关注甚少。由此,这一阶段,中国的教育表现和知识进展很难融入世界历史变革,成为其有机组成部分。

一、研究缘起与学术旨趣

众所周知,20世纪是人类历史上一个大变革的阶段,政治史的变革性和断裂性之间呈现出某些独特的张力。这为中国知识史—教育史的研究开掘了新的探索空间。从高等教育及知识系统的发展历程来看,其中最明显的节点很可能是20世纪中叶。作为一个东方大国,中国在高等教育和知识生产领域的变革也有特殊重要的意义。

1949年是20世纪中国历史的分水岭。在这一年,中华人民共和国成立,中国历史由近代进入当代时间。同样,这一年也是中国高等教育史上的一个重要节点。新中国成立之后,百废待兴,有关各方开始积极重建高等教育,创建"民族的、科学的、大众的"新文化和新教育。这种教育类型与此前中国的教育体系有显著的区别,在指导思想、发展路向、治理模式、精神气质、办学目标、学科架构、社会向度、国际进路等方面,都迥然不同。尽管这一时期的高等教育脱胎于原有教育系统,不可能立即完全滤尽此前时代的元素和烟尘,但依旧呈现出与前迥异的样态。这一过程值得深究,它可以部分地解释当代中国高等教育的历史起点、内在逻辑。至于其生成和嬗变规律,则能对当代的教育建设与改革提供诸多有益的启示。这一议题理应成为教育研究的重要内容。不过,如果深入挖掘历史的话,就不难发现这一看似耳熟能详的以"破旧立新"为基本线索的故事背后,实则隐含着诸多被遮蔽的面向,蕴藏着极为丰富的学术空间。

应当注意到,这个革故鼎新的故事并不是自然形成的,也不是纯时序的、线性平铺或一蹴而就的,而是一个不断探索、持续发挥能动性的中长期过程。而由于长时段视角的引入,这一知识史—教育史叙述者将很自然地穿越原有的历史"分水岭",形成一种新的、更具绵延性和连贯性的历史景观。知识史的连续性与社会教育体系和知识体系的变革,是牵涉甚广的历史转型,它不可能是仅仅依靠一纸文件或一声命令就能实现的。事实上,在总体设计之下,各方还需要进行大量深入细致的工作。在这一进程中除了理念之外,还涉及制度、人事、资源和环境等。对高等教育体系的转型而言,还需要考虑到办学目标、师资力量、课程设计、学术研究、科研体制、基础设施、国际交流等方方面面。其中的每一方面，都不可能是一日之功。这个过程谓之千头万绪，毫不为过。何况是在中国这样一个超大型国家，在相当有限的时期内要完成这样一个历史性的变革，其挑战可想而知。高等教育性质的转变，意味着一个系统性的转向或重构。从半殖民地半封建的教育向新民主主义或社会主义教育的跨越，无疑需要落实到一些核心要素，也要落实到一个个具体的细节和过程中，因为在某种意义上"事物是由过程构成的"[①]，世界也是"一个事件构成的世界，而社会生活是被不断地、每时每刻地创造和再创造的"[②]。唯有如此，才能承载这种教育制度的内在特质、价值取向和应有功能。这本身就是一个相当具有挑战性的历史性探索。

制度生成的过程是一个多重力量交相作用的复杂过程，结构性因素固然重要，能动性因素也同样重要；而且，制度及知识有其固有的逻辑，不完全倚赖于外部因素的作用或人的欲念的影响。同样，当时中国高等教育体系的生成，也是多主体互动的结果。总体而言，现有研究大都将这一过程视为单方面的自上而下、上面决策下面执行的泾渭分明的过程，无疑屏蔽了历史的丰富性和复杂性。实际上，基层本身也不完全是一个单方面的被动者，它仍有其内在的能动性。因此，这一教育体系生成的过程，也就是不同主体之间、主体与环境之间持续互动的过程，而环境又与主体相互创生出新的环境和生态，形成一个场域，影响教育系统的运作和制度的运行。

二、文献回顾

本书重点关注近代以来（特别是20世纪）中国高等教育和知识系统在全球境域的具体表现和演化过程，其所关注的不只是高等教育和知识系统的变迁，而是指向内核或底层结构层面，这是一个相对新颖的分析视角和研

[①] [美]安德鲁·阿伯特：《社会科学的未来》，邢麟舟、赵宇飞译，商务印书馆，2023年，第242页。

[②] [美]安德鲁·阿伯特：《社会科学的未来》，邢麟舟、赵宇飞译，商务印书馆，2023年，第237页。

究选题。对此议题的专题探讨甚为鲜见,目前学界关注较多的是,新中国成立后十余年间的高等教育变革,特别是新中国成立初几年间的诸多探索。这可谓是与本书主题相关度较高的同类研究或外围性研究。数十年来,对这一阶段的相关研究不胜枚举,国内外涌现了不可胜数的论著和资料(其中不少是通史类或通论性作品,专题类作品相对较少)。其中,何东昌主编的多卷本《中华人民共和国重要教育文献》搜集了大量有较高学术价值的原始史料。该书与各地档案馆所藏的珍贵资料,共同为相关研究奠定了重要基础。此外,大量的各类院校历史类著作,也为本研究奠定了相对坚定的资料基础。在专题研究方面,目前的大量研究聚焦于院系大调整,或大学的管理体制、制度建设、学制、空间布局、学科结构、课程体系等问题。[①]

但先行研究也存在某些不足之处。首先,从作品内容看,其中相当一部分是对史实的陈述,着力于史实的重建,而专深的系统研究还相对有限,理论性也多有欠缺。其次,先行研究总体而言是从观念、制度、政策和活动等角度关注高等教育的育人层面,对其知识层面的关注相对有限,未能充分地评估高等教育机构作为知识生产策源地的知识属性和普遍主义面向。再次,从知识背景看,先行研究主要局限于在教育学和历史学的知识框架内讨论问题,缺乏宽阔的视野,其融贯性明显不足。此类作品利用这两个学科的概念框架和分析工具,对许多问题有所阐发,但也有所遮蔽。最后,先行研究对当时的世界环境关注甚少,对全球范围内的教育改革思潮和科技革命进展基本没有考察。这不能不说是一个明显的不足之处。当然,这一现象的产生也是情有可原的。研究领域的局限、研究理论装备欠缺和高质量史料难以获取,可能是最关键因素。总体而言,国内外学术界对本议题深入系统的学术

---

① 其中的代表性作品有,胡炳仙:《重点大学建设对一般高校发展的影响:制度规约与组织生存》,科学出版社,2018年;胡炳仙:《中国重点大学政策的历史逻辑与制度分析》,中国海洋大学出版社,2010年;胡建华:《现代中国大学制度的原点:50年代初期的大学改革》,南京师范大学出版社,2001年;[日]大冢丰:《现代中国高等教育的形成》,黄福涛译,北京师范大学出版社,1998年;王红岩:《20世纪50年代中国高等学校院系调整的历史考察》,高等教育出版社,2004年,等等。域外学术界有一定影响的相关著作有,Ruth Hayhoe, *China's University, 1895—1995: A Century of Cultural Conflict*, Garland Publishing, Inc., 1996。

性探讨仍极为有限,深度研究还相对匮乏,仍有许多重要问题尚未厘清。[1]

自然,这些都成为本书的研究起点和着力突破的切入点。因此,从知识生产的角度看,目前国内外学界直接涉及本核心议题的深度研究,仍寥若晨星。这为后续研究设置了相当的难度。本书当属探索性工作,是将20世纪中国教育和知识生产共同置于全球知识进展中进行全景观测的一次尝试。综上,从最直观的意义上讲,本书所要探讨的核心议题是,中国高等教育和知识系统是如何演变成今天这种样态的？中国的巨型大学和"大科学"体制是如何生成的？科研体制化和知识国家化又是如何定型的？这些问题是学界关注甚少,但无疑又是意义重大、影响深远的。

三、方法选择

本书所探索的是一项大跨度的教育学或历史社会科学研究,着力在开阔的知识视野中对高等教育的演变进行系统的挖掘。在资料筛选和处理方面,本书充分尊重前人的研究积累,同时更关注"原料"的挖掘和深加工。本书重点选择了相关人物的年谱、传记及报刊资料。年谱在某些方面不如书信、日记那样私密,更不如档案那样"硬核",然而,它往往能最清晰、精准地记录和还原历史人物的成长、运思和行动的印迹,可以再现历史人物原初的旅程。这是任何其他文献都难以企及的优势。正因如此,对中外名人年谱的细读成为近二十年本人在学术方面最重要的基础性工作之一。而报刊资料也有其难以替代的功用。诚如国际关系史家所言:"报纸可能不是历史的第一草稿,但是它们确实提供了无价的方位,让研究者进入那些不知道他们的决定后果的情况下作出决定和采取行动的人们的精神世界。"[2]由此,研究

---

[1] 其中,比较值得关注的有鲍嵘:《学问与治理:中国大学知识现代性状况报告(1949—1954)》,学林出版社2008年版;汪辉、田正平:《从工科大学走向理工大学》,《高等教育研究》2023年2期;郭金海《中国科学院与新中国科技事业的奠基(1949—1956)》,《科技导报》2019第37卷18期。

[2] Thmoas A. Schwart, "Ernest R. May and international History", in Akira Iriye, ed. *Rethinking International Relations, Ernoor R. May and the Study of World Affairs*, Imprint Publicactions, 1998, p.413.

者有可能以局外人的身份循章"入局",进入历史现场,体察真实情境,对历史的重重迷局求得"了解之同情"。

本书将根据实际需要,综合运用多种研究方法和策略,其中包括比较历史分析、历史制度主义、社会网络分析等,并吸收过程社会学(Processual Sociology)和历史政治学等学术领域的方法进行分析。总体而言,本书主要借助于全球史/跨国史的分析视角,利用历史的叙事研究在传统的叙事研究之外,还运用时间序列分析、制度结构分析、事件过程分析等方法,并充分吸收近年微观史研究的养分。在此进程中,我们将尝试进行社会学(特别是科学社会学和历史社会学)的秩序—结构及社会序列数据(social sequences)的考察,从长时段的结构、中时段的制度和瞬时性的事件进行细致地分析。在长时段的考察中,本书将深度关注时间性,在20世纪中叶世界格局纵深调整中审视中国知识系统和文教系统发生裂变的关键时段。如果说以往研究更关注这一时期内部的断裂性的话,本书则更强调延续性。正如安德鲁·阿伯特所说:"改变是稳固而持久的……我们将历史分期是因为社会叙事的逻辑迫使我们这样书写,因为理智教育学的要求使我们几乎只能以这样的方式教学。"[1]在具体的运思取向上,我们试图找寻一种"具备时效性的因果机制"[2],以将社会经济结构、事件偶然性和个体能动性进行创造性的融合,[3]形成新的叙事结构,达到历史叙述与社会科学理论的深度融合。[4]

我们力图扎根历史实体,重审各种历史叙事,对认知的实在性和社会建构性保持清醒,同时尽可能跨越空间意义上的国家边界,进行去中心化的方法论解析。我们尝试通过综合性研究更好地重现20世纪中叶中国高等教

---

[1] [美]安德鲁·阿伯特:《大学教育与知识的未来》,王桐等译,生活·读书·新知三联书店,2023年,第200页。

[2] 和文凯:《通向现代财政国家的路径:英国、日本和中国》,生活·读书·新知三联书店,2023年,第10页。

[3] 和文凯:《通向现代财政国家的路径:英国、日本和中国》,生活·读书·新知三联书店,2023年,第42页。

[4] 和文凯:《通向现代财政国家的路径:英国、日本和中国》,生活·读书·新知三联书店,2023年,第4页。

育与知识系统变革的历史样貌,以进行更具彻底性和融贯性的考察。借助这种视野开阔的深度分析,本书将试图实现本体论、认识论和方法论层面的自觉,并通过这种长时段的深度分析及长—中—短不同时段的融通,超越一般意义上单一的中时段(制度)或短时段(事件)的维度,跨越人为建构的历史分水岭,呈现新的历史图式。从而,更贴近知识史、教育史的本相。

四、基本思路

本书涵盖高等教育和知识系统两大领域。在理论上,这二者诚然高度相关,但仍有质的差异。然而在事实上,二者却有着近乎天然的联系。近代以来,知识生产越来越成为高等教育的工作重心,而高校则越来越成为知识系统的轴心结构,研究型大学建设更成为高等教育界的时尚。因此,在20世纪的语境中,把知名大学视为知识界的中枢或核心,似并不为过。有鉴于此,本书对高等教育和知识系统做通盘考察,聚焦于"教育—知识"二重构型。由此,我们充分关注知识的历史形成、社会构造、国际向度和政治强度。以上考量,使本书区别于一般的教育史论著。它既关注本土情境和在地经验,也关注社会向度、国际向度。全球史、长时段、整体性及知识论,这些元素构成本研究的基本特质和思想自觉,进而助力于论者求得通识通解,获致创造性的理论综合。

与大多数同类论著不同的是,本书并不采取通论性的故事铺排以详细介绍新中国高等教育体系早期发展的过程,而是尝试另辟蹊径,在大致介绍历史脉络的基础上,主要选取这一时期的若干关键问题,作专题的探讨。由此形成纵横并用的结构。除绪论、附录外,本书分四章,每章着力讨论一个议题,每个议题下有若干细分专题;各专题间相互呼应,共同构成一个议题群,支撑全书的整体架构。

第一章主要讨论教育改造的路径选择和治理体系(特别是干部队伍建设)问题。自然,这也意味着必须面对和重新评估20世纪前半叶的教育文化遗产,进行新的谋划和布局。在此基础上,本书从五六十年代中国高等教育界的代表人物蒋南翔及其主导的教育变革着手,进而以"解剖麻雀"式的个案分析,以小见大。第二章主要讨论努力贯彻高等教育社会政治属性(特别是人民性/大众性)的问题,这表现为高校的培养环节,也涵盖了其选材等环节;除了指导思想、教育内容和生源阶层考量外,同时也牵涉不同地域间的平衡(或公平)问题。第三章主要讨论知识系统或国家科研体制的结构及运作方式问题,其中包括知识生产方式(有组织科研)问题、高校与科学院的关系问题、高校在国家科研系统中的地位和作用问题,其中特别关注的一点则是探讨新的历史条件下中国知识生产方式的变革,其中主要涉及规划模式的兴起,以及由此衍生的自然科学和哲学社会科学的发展路径问题,其所牵涉的另一隐含议题则是知识系统与国家建构的关系问题。全书的最后部分为终章。它主要从长程的视角回顾20世纪初至90年代组织生产的形态、层级及知识中心的变迁问题,同时挖掘其中所隐含的历史意蕴。最后以上各章内容各有侧重,但紧密关联,呈现出从国内到国际、从活动到制度的思路走势。终章的结语部分,则对全书内容做概括,并对相关的衍生性议题略作申说,以俟来日另行深究。

第一章　创建"新教育"的战略安排与策略谋划

第一节　教育体系建构的路径选择

新中国成立的最初几年,是对以往教育体系接收、改造和建设的时期,也是探索新型教育体系的起步阶段。其中高等教育事业的调整与发展,无疑是最具挑战性的工作之一。现有研究一般认为:新中国成立后,通过院系调整,建立了新的教育体系。这一论断似是而非,其一,新中国成立于1949年,而院系调整在1952年才正式铺开,之前的一系列工作无意间被忽视了,也就意味着忽视了历史的丰富性。其二,院系调整主要是系科结构的调整。创建新型教育体系则是系统性的范式变革,这绝非仅仅通过院系调整便能实现的。除此之外,相关各方还开展了大量的系统性工作,院系调整只是其中一环,单纯把二者等同起来,是对教育改造的窄化、简单化理解。上述论题牵涉到诸多方面,本章主要以核心决策层为切入点,从高层视角来探讨当时高教变革的动因、内在逻辑、基本走向,讨论高等教育从接收到改造的历史进程,阐发其中的历史脉络。

一、平稳接管与"包下来"

新民主主义革命时期,中国共产党虽只在局部地区执掌政权,但对未来的国家建设已有初步构想和方略。此间,中国共产党的领导者始终关注教育问题,在军务倥偬之际,也不时过问教育工作。抗战中后期,随着局势发展渐渐明朗,关于日后中国教育的构想日渐清晰,中共方面对"新教育"的构想和实践也在持续推进。

1948年7月3日,中共中央做出关于争取改造知识分子及对新区学校教育的指示。是年12月,清华、燕京等京部名校被顺利接管。如果说清华的顺利过渡为北平名校的顺利接收打下了良好基础的话,那么稍后北大的顺利接收则对全国高校的平稳过渡发挥了风向标的作用。翌年4月25日,中国人民解放军总部发布布告,对教育问题做了相应规定,即"保护一切公立学校、医院、文化教育机关、体育场所和其他一切公益事业。凡在这些机关供职的人员,均望照常供职,人民解放军一律保护,不受侵犯","维持现状,即日开学"。对于外国直接经营的学校,让其"暂时存在,由我们加以监督和管制","分别先后缓急,给以正当的解决"。[1]1949年4月,中国人民革命军事委员会发表约法八章的布告,称:"凡有一技之长而无严重的反动行为或严重的劣迹者,人民政府当予分别录用。"其间,毛泽东、周恩来、刘少奇等都做了大量工作。在1949年1月于西柏坡召开的中共中央政治局会议上,毛泽东发言说,必须谨慎,不能急于求社会主义化。如果希望搞社会主义,太快,会翻筋斗。高级干部要懂得,全国打开,事情方才开始,那时会感觉比打仗还难。[2]2月4日,人民解放军在北平隆重举行入城式。[3]

1949年1月16日,周恩来在北平的座谈会上做报告,表示:"大学要维持现状。……先维持下来再说。"[4]同月18日,他特别要求:"天津、北平为全国观瞻所系,凡带政策性的决定,除中央已有具体规定者外,你们必须事先请示。"[5]随后又于5月5日在北平知识界的一次座谈会上,鼓励知识分子"与广大工农结合起来,努力建设新中国"[6]。5月9日,周恩来在公开讲话中说:

---

[1] 张礼永、郭军:《筚路蓝缕1949—1966》,广东教育出版社,2009年,第36页。
[2]《毛泽东年谱:一八九三——一九四九(修订本)》(下),中央文献出版社,2013年,第430页。
[3]《毛泽东年谱:一八九三——一九四九(修订本)》(下),中央文献出版社,2013年,第450页。
[4]《周恩来文化文选》,中央文献出版社,1998年,第377—378页。
[5]《周恩来年谱:一八九八——一九四九(修订本)》,中央文献出版社,1998年,第828页。
[6]《周恩来年谱:一八九八——一九四九(修订本)》,中央文献出版社,1998年,第845—846页。

第一章
创建"新教育"的战略安排与策略谋划

"教育要大众化,首先要办好中小学教育。"现在"教育的发展还不能求快,要稳步前进。"①刘少奇亦极为重视文教工作。1949年2月15日,他在电文中表示:"平津的学校是需要加以改革的",但须在准备充分的条件下开展。②是年5月,他在天津市教育界代表座谈会上讲话指出:大学的理科可仍照过去办下去,文法方面如法律系、政治系基本上要改。不论中国人、外国人、资本家,办私立学校一律欢迎。③可以说,在新旧鼎革之际,中国共产党的领导者都高度关注新教育的开展;毛泽东对教育改造的方向有深入谋划,周恩来、刘少奇等则在政策制定和落实中创造性地开展了许多工作。随着解放战争的胜利推进,中国人民解放军各地军事管制委员会开始妥善接管原国民党的各级各类学校。当时对原有教育体系及各类旧人员的接收总体上采取"包下来"的政策,在"维持现状"的同时,也持续准备条件积极改造、"稳步前进"。

1949年9月,中国人民政治协商会议第一届全体会议在京举行。毛泽东在会上宣告:"随着经济建设的高潮的到来,不可避免地将要出现一个文化建设高潮……我们将以一个具有高度文化的民族出现于世界。"大会通过了《中国人民政治协商会议共同纲领》(简称《共同纲领》),《共同纲领》规定:"中华人民共和国的文化教育为新民主主义的,即民族的、科学的、大众的文化教育。人民政府的文化教育工作,应以发展为人民服务的思想为主要任务。""中华人民共和国的教育章法为理论与实际一致,人民政府应有计划有步骤地改革旧的教育制度、教育内容和教学法","有计划有步骤地实行普及教育,加强中等教育和高等教育……以适应革命工作和国家建设工作的广泛需要"。④此后几年,教育建设基本上是循这一精神进行的。

新中国成立后,如何对高等教育进行改造,如何创建新型高等教育体系

---

① 《周恩来年谱:一八九八——一九四九(修订本)》,中央文献出版社,1998年,第846页;《周恩来文化文选》,中央文献出版社,1998年,第379—381页。
② 《刘少奇年谱:一八九八——一九六九》(下卷),中央文献出版社,1996年,第179—180页。
③ 《刘少奇年谱:一八九八——一九六九》(下卷),中央文献出版社,1996年,第204页。
④ 张礼永、郭军:《筚路蓝缕1949—1966》,广东教育出版社,2009年,第4—5页。

成为摆在有关各方面前的一大课题。1949年10月19日,中央人民政府委员会任命郭沫若为政务院文化教育委员会主任,马叙伦、陈伯达、陆定一、沈雁冰为副主任,胡乔木为秘书长;任命马叙伦为教育部部长,钱俊瑞、韦悫为副部长。教育部成立后,早年开始参加革命工作并有一定学术背景的钱俊瑞任中共教育部党组书记。①10月21日,《人民日报》布告:华北高等教育委员会结束。②11月1日,中央人民政府教育部举行成立典礼。随着政务院文教委和教育部的成立,华北高等教育委员会也完成其历史使命而宣告结束。此前一天,马叙伦部长遵照政务院决议接收了前华北人民政府教育部和高等教育委员会。中央人民政府教育部就是以这两个机构为基础建立的。③此后不久,12月底教育部在京召开第一次全国教育工作会议。会议明确了一系列内容,其中包括:教育必须为国家建设服务,学校必须向工农开门,培养国家建设所亟须的各种人才;发展教育工作的方针,应是普及与提高相结合;以老解放区新教育经验为基础,吸收旧教育某些有用的经验,借鉴苏联

---

① 其中,陆定一是党内著名的"老宣传",早年接受高等教育并参加革命,屡任要职;新中国成立后继续任中宣部部长,并直接推进了院系大调整工作。从当时的情况看,中宣部部长一般兼任政务院文教委副主任,而教育部党组书记又直接在中宣部部长的领导下开展工作。随着院系调整进入后半程,政务院文教委出现了人事调整。1952年8月7日,中央人民政府委员会任命习仲勋为政务院文教委副主任。1952—1954年间,基本确立了由邓小平、习仲勋协助周恩来管理文教工作的格局。参见陈清泉:《在中共高层50年:陆定一传奇人生》,人民出版社,2006年,第166—167页;刘光主编:《新中国高等教育大事记1949—1987》,东北师范大学出版社,1990年,第38页。值得注意的是,此间中央的相关领导部委也一度调整。1952年11月,中央人民政府委员会决定成立高等教育部,部长为马叙伦。1958年"大跃进"后期,二者合为教育部,部长为杨秀峰。1963年,周恩来在国务院全体会议上宣布将教育部再分设为高等教育部和教育部。1964年3月,两部正式分开办公。参见张礼永、郭军:《筚路蓝缕1949—1966》,广东教育出版社,2009年,第9—10页;刘光主编:《新中国高等教育大事记1949—1987》,东北师范大学出版社,1990年,第41页。

② 刘光主编:《新中国高等教育大事记1949—1987》,东北师范大学出版社,1990年,第3页。

③ 刘光主编:《新中国高等教育大事记1949—1987》,东北师范大学出版社,1990年,第3—4页。

第一章
创建"新教育"的战略安排与策略谋划

经验,发挥三者合力,建设新民主主义教育,等等。①若说《共同纲领》是指导教育建设的方针,那么此次会议则对这一方针进行了具体化,对整个新民主主义建设时期教育变革都做了部署。这次会议也为此后的教育改革正式揭开了帷幕。1950年2月20日,钱俊瑞在全国学联执委会扩大会议上做了题为"改革旧教育、建设新教育"的报告,提出了四项工作:一是各级学校向工农开门;二是实行教育与生产劳动相结合;三是加强思想政治教育;四是坚决地有计划地有步骤地改革旧教育的课程、教材、教法和制度。

1950年4月2日,毛泽东表示:"恢复和发展人民教育是当前重要任务之一。"②6月6日,他向中共七届三中全会提交书面报告,提出要有步骤地谨慎地进行旧有学校教育事业和旧有社会文化事业的改造。③是年9月,毛泽东就教育工作问题打电话给钱俊瑞,指出:"全国人民要我们办广大的教育事业,这是件大事,一定要办好。"④

1950年6月,中央人民政府教育部在京召开第一次全国高等教育会议。毛泽东、周恩来等中央领导出席会议。周恩来发表重要讲话,指出:"文化教育一方面是政治的先导,另一方面它的改造又要在经济、政治变革之后才能完成。所以文化教育既是'先锋',又是'殿军'。""教育改革是比较超前的事,要有步骤地进行。"⑤马叙伦在报告中指出,应该开始积极吸收工农干部和工农青年进我们的高等学校,以培养工农出身的新型知识分子。⑥这次会议是新中国成立后第一次高等教育综合会议。大会讨论

---

① 刘光主编:《新中国高等教育大事记1949—1987》,东北师范大学出版社,1990年,第5—6页。
②《毛泽东年谱:一九四九——九七六》(第1卷),中央文献出版社,2013年,第109页。
③《毛泽东年谱:一九四九——九七六》(第1卷),中央文献出版社,2013年,第152页。
④《毛泽东年谱:一九四九——九七六》(第1卷),中央文献出版社,2013年,第393—394页。钱俊瑞此时任中共教育部党组书记、教育部部长兼高等教育司司长,1952年11月又任政务院文化教育委员会秘书长。
⑤《周恩来文化文选》,中央文献山版社,1998年,第390—391页。
⑥ 马叙伦:《第一次全国高等教育会议闭幕词》,《新华月报》1950年第3期。

非常热烈,"表现了自由讨论、追求真理的新的学术风气"[1]。此外,大会还讨论了高校课程改革、学制、组织规程、领导问题、编译教材等当时高等教育改造中的具体问题。[2]

随着局势逐步稳定,党和政府开始推进除旧布新的教育变革,积极探索创建"新教育"。系统性的教育改造逐步深入,在方向路线、质量和结构等诸多层面均有表现。在思想观念层面,坚持新民主主义方向,坚持为工农服务,大量招收工农子弟入学,培养新型知识分子,对知识分子进行思想改造。在组织结构上主要包括两方面:一方面是院系调整。调整院校结构,创办新大学,改造旧大学,合并或撤销私立和教会院校;调整系科结构。另一方面是治理结构变革。在政治结构方面,从校外大量调入其他系统的干部,加强党团组织的作用,设立政治辅导处;在业务开展模式方面,加强教研组的地位,客观上使之成为核心的基层组织。此外,在制度层面参照苏联经验进行教育教学改革,调整各项制度,大量聘任苏联专家,采用苏联式课程标准、教学大纲、教材、教法。

二、方向调整

在教育事业中,所谓"方向问题"的实质是为谁服务、培养什么人的问题,这是价值导向问题。根据国家的性质,教育工作由中国共产党负责领导,教育方针政策也主要由中国共产党根据人民意愿确定并通过人民政府颁布和实施。当时的重要工作之一,是确立教育为工农服务的方向,同时,对知识分子进行思想改造,使其洗去历史的烟尘,以新的状态继续前行,更好地适应新时代、新教育,更好地为工农服务。

(一)方针调整

《共同纲领》和第一次全国教育工作会议确立的新中国兴办教育的基本

---

[1] 马叙伦:《第一次全国高等教育会议闭幕词》,《新华月报》1950年第3期。
[2] 马叙伦:《第一次全国高等教育会议闭幕词》,《新华月报》1950年第3期;《周恩来文化文选》,中央文献出版社,1998年,第385—391页。

精神便是教育为国家建设服务,学校向工农兵开门。为了将此精神落实到位,教育部和全国总工会于1950年9月联合召开了第一次全国工农教育会议。会议上,马叙伦指出:"中央人民政府把发展工农教育,培养工农出身的新型知识分子,作为自己的极其重要的任务。国家对于工人、农民的教育将继续日益扩大其范围。"①

20世纪50年代初,新中国的发展面临着新的形势:土地改革在全国范围内基本完成;国民经济恢复工作提前实现预定目标;"一五"计划即将开始。新形势下,需要提出新的任务目标。1952年以后,毛泽东、周恩来、刘少奇多次提到党在过渡时期的总路线。随着国民经济恢复时期的结束,1953年起,教育改造的基调有所转变,教育部部长马叙伦表示:"教育建设为经济服务,首先要为国家工业化服务。""教育建设要服务于经济建设。经济建设的重点是工业,工业建设的重点是重工业。这就很显然地规定我们高等教育和中等技术教育应以培养高等和中等的工矿交通技术人才为首要重点。"②于是新民主主义教育转向社会主义教育的问题开始提上日程。新民主主义改革完成后,根据1952年提出的过渡时期的总路线,借鉴苏联经验,社会主义性质的教育大力开展起来。

办学方向和新教育方针的确立,直接体现在人才培养目标上。3月9日,教育部召开第一次全国中等教育会议,将学生健康列为亟须解决的重点问题之一。会议修正提出了《关于学生健康问题的决定(草案)》。7月13日,政务院通过了《关于改善各级学校学生健康状况的决定》,要求各校"调整学生日常学习与社团活动的负担、改进学校卫生工作、注意体育娱乐活动、改善学生生活、学校经费的支配应适当地照顾保健工作的需要"③。1953年6月30日,毛泽东在中南海接见中国新民主主义青年团的主席团成员时,对青年提出了"身体好、学习好、工作好"的要求,并表示"青年团的工作,要

---

① 张礼永、郭军:《筚路蓝缕1949—1966》,广东教育出版社,2009年,第95页。
② 张礼永、郭军:《筚路蓝缕1949—1966》,广东教育出版社,2009年,第69页。
③ 张礼永、郭军:《筚路蓝缕1949—1966》,广东教育出版社,2009年,第59—60页。

照顾多数,同时注意先进青年。"①

(二)观念变革

观念变革主要是确立向工农开放、为工农服务的办学方向;同时,对教师进行思想改造。

1950年2月,京、津各大专院校决定以《新民主主义论》为政治课教材,讲授提纲由教育部下达各校。中国新民主主义青年团中央委员会召开第一次学校改造会议,研究在学校中开展新民主主义的学习问题。5月29日,就召开第一次高等教育会议,毛泽东同教育部负责人表示:现在的文化教育领域中的进步力量还很小,马克思主义的力量比起资本主义的力量来要小得多。旧时学校是资本主义的,我们的新式学校要办成社会主义的。教育要改革,要变,但是不要急,要有步骤地变,一个时期可以少变一点。教育改革要同整个社会的变革配合好。政治课暂时维持原状。我们在这方面行事要谨慎,不要使自己陷于被动。失业问题得到解决,教育的改革就可以更大些。②

1951年9月,在系统性地"除旧布新"的时代劲流中,北京大学教授汤用彤、张景钺等人响应周恩来关于进行思想改造的号召,发起教师政治学习运动。学习运动在北大开展起来后,教育部认为这种学习对全国高校的教师是必要的,遂决定先由京、津高校开始,取得经验,推广全国。同时在教育部下成立北京天津高等学校教师学习委员会,在天津成立天津总分会,各大学成立分会,以统一领导这一学习运动。③9月间,京、津二十多所高校教师开展以改造思想、改革高等教育为目的的学习运动,学习时间为4到6个月。10月23日,毛泽东在全国政协一届三次会议的开会词中说:"我们的经济建设事业和文化教育事业的恢复和发展的改造,也已前进了一大步。""在我国的文化教育战线和各种知识分子中,根据中央人民政府

---

① 《毛泽东年谱:一九四九——九七六》(第1卷),中央文献出版社,2013年,第124页。
② 《毛泽东年谱:一九四九——九七六》(第1卷),中央文献出版社,2013年,第149页。
③ 《毛泽东年谱:一九四九——九七六》(第1卷),中央文献出版社,2013年,第395—396页。

的方针,广泛地开展了一个自我教育和自我改造的运动,这同样是我国值得庆贺的新气象。""思想改造,首先是各种知识分子的思想改造,是我国在各方面彻底实现民主改革和逐步实现工业化的重要条件之一。"[1]10月25日,郭沫若在会上做《关于文化教育的报告》,指出:"用马列主义教育全国人民,用毛泽东思想来教育全国人民,从思想战线上巩固人民民主专政,乃是我们教育改造的基本任务。"11月,全国各地高等学校、中等学校的教师相继开展思想改造运动。1952年秋,学习运动结束。全国参加这次学习的高校教师职员达91%、大学生达80%。

1952年10月27日,邓小平主持政务院会议,讨论全国高校教师思想改造的情况,总结道:"这个运动与其他运动一样,成绩是很大的。……如何巩固是一个大问题。要建设新的教学秩序。……现在国家转入建设阶段,教育部的工作也应转入建设阶段。"[2]通过这一系列努力,高校教师的观念发生了很大变化,更好地适应了后续的新形势。

三、结构改造

这一时期的结构调整主要包括三方面:新旧结构的调整、院系(主要是系科)结构调整和治理结构的调整。

(一)新旧调整

新旧调整,一方面是创办新大学,另一方面是改造老大学,撤销私立大学和教会学校。至1951年底,按情况全部结束外资津贴的各级学校,分别改为公办和中国人民自办,收回了教育自主权;之后实行了新学制,设立了新课程。

教育改革的重要内容之一就是学习苏联经验,改造中国旧教育。这一点,早在新中国成立之前已经成为党内共识。在对待学习苏联的问题上,毛

---

[1]《毛泽东年谱·一九四九——一九七六》(第1卷),中央文献出版社,2013年,第409页。
[2]《邓小平年谱:一九〇四——一九七四》(中),中央文献出版社,2009年,第1079页。

泽东历来强调:"要学习苏联,先把技术拿到手,自力更生。"①1949年6月30日,毛泽东撰文在宣示"一边倒"的方针时,明确表示:"我们必须向一切内行的人(不管什么)学……拜他们做老师,恭恭敬敬地学,老老实实地学。""苏联共产党就是我们的最好的先生,我们必须向他们学习。"②此前的6月26日,刘少奇已率团抵达莫斯科。7月7日,他致信斯大林,提出中国共产党代表团拟在莫斯科学习四方面内容,其中就有"苏联的文化教育";信中还请苏联政府为培养新中国的建设管理人才提供帮助,在苏联办一所专门学校,派出各方面的教师到中国工作等。③在较早解放的东北地区,学习苏联教育经验的工作已先行步入正轨。1949年7月25日,毛泽东电复在苏联访问的刘少奇等人,指出:同意在莫斯科建立一个中国大学。我们正需要学习苏联在各项工作中的、与资产阶级不同的一套学说和制度,设立这样一个大学是很必要的,但经费应由中国负担为适宜。同意在目前就开始派遣俄中参观团到苏联参观和学习各项经验。8月7日,毛泽东复电刘少奇、王稼祥,同意"中国大学不设在阿尔马达而设在北平,由苏联派教授。"④(该校即后来在华北大学基础上创办的中国人民大学)。8月,刘少奇带着两百多位苏联专家返华。10月5日,中苏友好协会成立,总会会长刘少奇发表讲话说:"我们要建国,同样也必须'以俄为师',学习苏联人民的建国经验。"⑤

创办中国人民大学不仅仅是要增建一所高校,培养一批干部,而是希望探索一种新型大学的建设模式。刘少奇对此甚为积极。1949年11月12日,他致信毛泽东并中央政治局各同志,报告该校筹建情况和建校计划:"照过去一样继续招收学生进行四个月的政治教育,以继续改造知识分子……人民大学拟由中央人民政府设立,任命中国人作校长,聘苏联同志为顾问。"⑥

---

① 《毛泽东年谱·一九四九——一九七六》(第1卷),中央文献出版社,2013年,第339页。
② 毛泽东:《论人民民主专政》,人民出版社,1994年,第20页。
③ 《刘少奇年谱·一八九八——一九六九》(下卷),中央文献出版社,1996年,第218页。
④ 《刘少奇年谱·一八九八——一九六九》(下卷),中央文献出版社,1996年,第220页;《毛泽东年谱·一九四九——一九七六》(第1卷),中央文献出版社,2013年,第538—541页。
⑤ 《建国以来刘少奇文稿》(第一册),中央文献出版社,1998年,第74页。
⑥ 《刘少奇年谱·一八九八——一九六九》(下卷),中央文献出版社,1996年,第264页。

同年12月16日,政务院会议根据中央政治局的建议,通过《关于成立中国人民大学的决定》。1950年1月24日,刘少奇签发《中共中央关于成立中国人民大学的决定》,并于同年10月在新创办的中国人民大学开学典礼上讲话,指出:"过去的旧大学一方面是使得中国人民得到了新的知识,同时另一方面是有很多的错误、缺点。因为他们的基本目的、方针是错误的,他们的学校是为资产阶级服务的,是压迫人民、剥削人民的。""我们是以为工农服务为目的。因此,我们国家的教育也应该是为这一目的而服务。我们的大学要教育出为人民服务的干部。……对旧大学的改造就要慢慢地、有步骤地需要经过相当长的时间来改造。但我们等不及,我们要开始办新的大学。""像中国人民大学这种新型的大学,在全中国只是第一个。""为了培养建设新中国的干部,创办了中国人民大学。"[1]同时,中央政府还创办了中国政法大学、中央美术学院、中央戏剧学院等一系列院校,而东北的哈工大等校则是此前学习苏联的先行者。

(二)系科调整

1952年和1953年,在早期试点工作的基础上,全国高校进行了大规模院系调整,同时开展教学改革。当时,教育部为适应经济建设需要而拟定全国工学院调整方案,这项工作为新中国成立初期大学教育与大规模经济建设的紧密结合发挥了重要作用。从1952年下半年起,按照"以培养工业建设人才和师资为重点,发展专门学院和专科学校,整顿和加强综合性大学"的方针,全国各地高校分期分批进行院系调整和专业设置的工作。调整的原则:一是将许多大学的文、理、法学院系合并,调整和加强综合性大学;二是将各大学的工学院和工科各系合并,组建多科性工业大学或独立为专门工学院,基本形成主要专业比较齐全的学科体系。[2]

1952年,中共中央制定了过渡时期的总路线。总路线对高等教育提出

---

[1]《在中国人民大学开学典礼上的讲话》,《刘少奇论教育》,教育科学出版社,1998年,第91—93页。

[2]《习仲勋传》(下卷),中央文献出版社,2013年,第213—214页。

了新的要求,即迫切需要通过改革和调整,培养大批高级专门人才以满足国家急需。1953年到1955年,高教部和教育部召开了全国综合大学及高等工业、财经、政法、农林、师范等各类院校工作会议,明确了各类院校改革的目标和要求,这些会议都对各类高校教学改革的问题进行了研讨。①

1952年元旦,《人民日报》发表社论指出:为了准备经济建设,必须准备干部。因此,应当在1952年改革教育制度,扩充中级和高级学校,以便大规模地培养所需要的干部;应在知识分子中展开思想改造运动,以便使现有的和将来的知识分子能够忠诚地服务于人民事业。②4月16日,《人民日报》发表教育部部长马叙伦在113次政务会议上所做的《关于全国工学院调整方案的报告》。经一系列酝酿,1952年7—9月间,全国四分之三的高校进行了院系调整和专业设置。经过调整,学校的性质和任务更为明确,打下了发展专门学院、巩固与加强综合性大学的基础,特别是加强和发展了高等工业学校。此间,私立大学全部改为公立③,教会院校全部撤销。这次调整是有计划、有步骤地巩固改革高等教育制度、教学组织的重大措施,使中国高等教育形成新格局。院系调整改变了我国高校分布不合理的状况,使绝大多数省份都有一所综合大学和工、农、医、师范等专门学院,使我国高等工业学校基本建成机械、电机、土木、化工等主要工科专业较齐全的体系。这对从根本上改变旧中国不能完全培养学科品类比较配套的工程技术人才的落后状况,有着战略意义。④但因缺乏经验,认识不足,不适当地砍掉有些文科专业,财经、政法、哲学等人文社会科学受到严重削弱。另外,由于对科技发展趋势认识不足,导致了理工分家、专业设置越来越细、专业面过窄等问题。

(三)治理体系调整

结构的调整,除了系科,还有治理体系。主要包括以下两方面:在政治和

---

① 《关于创办〈高等教育通讯〉的通知》,《高等教育通讯创刊号》1953年第5期。
② 刘光主编:《新中国高等教育大事记1949—1987》,东北师范大学出版社,1990年,第32页。
③ 刘光主编:《新中国高等教育大事记1949—1987》,东北师范大学出版社,1990年,第37页。
④ 刘光主编:《新中国高等教育大事记1949—1987》,东北师范大学出版社,1990年,第38页;张礼永、郭军:《筚路蓝缕1949—1966》,广东教育出版社,2009年,第46—47页。

第一章
创建"新教育"的战略安排与策略谋划

行政方面,在高校领导体制上逐步探索校长负责制;选派大批干部接管各级教育行政部门和各级各类学校,这些干部在基层逐渐建立党团组织,发展新成员,产生了相当大影响力;派送大批干部进入高校,充实政治工作队伍和辅导员队伍,加强对学生的政治领导。在业务方面,强化教研组的地位,取代系成为实体性组织。此后,有关方面还逐步强化了专业或专门化的地位。

关于高校领导体制的探索,当时各方均曾有诸多构想。1950年3月,北京师范大学在北京各高校中率先改行校长负责制,校长林砺儒表示:"学术、教育与政治,三者要结合起来,才能达成办学任务。"[1]1952年10月28日,教育部发出指示,在高等学校重点试行政治工作制度,设立政治辅导处,其任务是:指导教职员工的政治理论学习;协助教务处指导马列主义理论课的教学;指导教职员工和学生的社会活动;掌握教职员工和学生的政治思想情况,管理其历史政治材料;主持毕业生的鉴定,参加毕业生分配工作;参加教职员的聘任、升迁、奖惩等工作。[2]1953年5月18日,毛泽东主持召开中共中央政治局会议讨论文教工作,在谈到办学问题时提出:"办好学校,首先要解决学校的领导骨干问题,而且先要解决大学的领导骨干问题。同意从宣教部门与青年团抽调一批干部去充实大学的领导。训练与提高中学领导骨干很重要。有了坚强的校长,就会产生好的教员。"[3]自此,大批干部调入全国各高校。各级学校领导机构,参照东北地区的经验,在各地加强训练中学领导骨干。[4]

除此之外,高教体系还发生了其他的重要变革,如制度建设(学制、工作量制度、职称制度及劳动卫生制度等)和教学改革(课程、教材、教法等)。它们共同构成了当时影响深远的教育改革的主体,基本改变了旧教育的形态,

---

[1] 刘光主编:《新中国高等教育大事记1949—1987》,东北师范大学出版社,1990年,第8—9页。

[2] 刘光主编:《新中国高等教育大事记1949—1987》,东北师范大学出版社,1990年,第39—40页。

[3]《毛泽东年谱·一九四九——一九七六》(第2卷),中央文献出版社,2013年,第98页。

[4] 张礼永、郭军:《筚路蓝缕1949—1966》,广东教育出版社,2009年,第70页。

创建了新的教育格局。

由于当时对改革速度和规模的高度重视,也造成了质量的失衡,出现了"教育发展过热"的迹象。[1]1952年8月,习仲勋主持文教委工作,面对文教整体落后的情况,在进行深入调查分析后,建议中央召开一次全国大区文教委员会主任会议。建议得到周恩来、邓小平的支持,并于次年1月召开会议。[2]1月13日,习仲勋在报告中指出,文教工作必须与经济建设密切结合,并很好地为经济建设服务,总的方针是"调整巩固、重点发展、提高质量、稳步前进"。[3]这次会议明确了文教工作的指导思想,使大规模经济建设时期的文化教育工作有了良好开端,在此后一段时期内,高等教育改革的总体思路表现为"以培养工业建设人才和师资为重点,发展专门学院和专科学校,整顿和加强综合性大学"。是年5月,周恩来在政务院会议讨论高校院系调整计划时表示:"今后,我们的工作应该采取有重点地稳步前进的方针。"不能"好大喜功","一定要有重点,要稳步前进"。[4]1953年9月,中央人民政府通过了政务院文教委员会的工作报告,确定了今后文教工作的总方针为"整顿巩固、重点发展、提高质量、稳步前进"。在此期间,重点大学建设也提上日程。

余 论

1948—1953年间,在轰轰烈烈的时代背景下,中国高等教育与中国社会一样经历了深刻的历史变迁,发生了根本性的方向转变和结构转型,其演进路线大致是:由整体接收到系统改造再到质量提高。以上工作交错进行、同时并进,间或各有缓急。接收的过程,同时伴随着改造;在日后提高的过程中,也存在着改造。严格说来,在社会主义改造基本完成之前,教育改造的

---

[1] 蒋南翔:《总结历史经验调整教育工作》,《人民教育》1981年第1期;蒋南翔:《略论高等教育的发展速度和单纯追求升学率的问题》,《北京日报》1982年1月3日。

[2]《习仲勋传》(下卷),中央文献出版社,2013年,第214页。

[3]《习仲勋传》(下卷),中央文献出版社,2013年,第214—215页。

[4]《周恩来文化文选》,中央文献出版社,1998年,第411—412页。

过程就一直未曾停止。无疑,这是一个相当复杂的历史过程。

院系调整的完成,意味着新民主主义高等教育在全国基本确立,教育的性质发生了质的变革——方向和质量是教育的两个基本问题。1953年前后的教育改造中,随着方向问题(即质的问题)渐获解决,质量问题显得日趋突出。为了建设高质量的高等教育、探索适合国情的教育发展道路、建立新型的社会主义教育体系,有关各方开始了新一轮努力,在规模和质量上也经历了三次"大起大落"的历程。

从1953年起,我国"一五"计划开始,为适应其需要,并为"二五"计划做必要的准备,国家进一步有计划地调整教育,扩大和开办各类高校和中专学校,大力培养国家建设所需的各类人才。是年6月,毛泽东在主持中央政治局会议时,首先对过渡时期总路线做了一个比较完整的表述,即"从中华人民共和国成立到社会主义改造基本完成,这是一个过渡时期,党在这个时期的总路线和总任务,是要在相当长的时期内,还是实现社会主义工业化,逐步实现国家对农业、手工业和资本主义工商业的社会主义改造"。显然,在这一变革过程中,国家居于关键位置。此后,这一表述日臻完善。中国社会发展逐步进入新阶段,高教事业随之也进入了新的阶段。

上述时期是新中国成立后教育探索的开局时期,在路线方针、思想理念、结构调整及具体操作等方面都有一系列谋划和部署,具有战略眼光,基本形塑了日后高等教育的方向和框架。

第二节 高校治理体系及干部队伍建设

教育领导中很重要的一方面是组织领导(干部安排),它直接决定着思想领导、政策贯彻的效度和力度。

弗雷德里克·鲍尔德斯顿(Frederick E. Balderston)在论及现代大学时指出:"大学是我们最伟大且最恒久的社会机构",处于"最伟大""最恒久"机构的中枢地位。①在这样的中枢性机构中,领导者群体无疑有着特殊重要的地位。著名学者阿伦·内文斯(Allen Nevins)直言,大学"求得发展最大的压力不在于是否能找到教师,而在于是否能找到管理专家"②。在某种意义上,大学管理者对一所大学的发展有近乎决定性的影响。因此,要办好社会主义大学,高校的领导干部起着非常关键的作用。也正是意识到这一点,新中国成立后,中国共产党逐渐选任了一批具有较高政治水平的革命干部接管高校。他们对高等教育系统的有效领导和深度融入,在最大程度上保证了中共对高等教育事业的领导。坚持独立思考、矢志追求真理,无疑是大学精神的题中之义,然而在一个积贫积弱、百废待兴的国度,扎实推进办学工作,积极服务国家建设事业,同样也是大学义不容辞的艰巨使命。为了实现这样的目标,就必须要求各高校形成有远见、有担当、有力量的领导团队,以凝聚合力,应对挑战,推动事业发展。因此,对高校领导者的选拔、任用,无疑是一个不可忽视的重要任务。"选任什么干部"及"如何选任干部"是其中最重要的问题。在新中国成立之后的十余年间,中国共产党对此进行了多方面的探索。

无论是对新中国史的研究还是对高等教育的研究,这都是一个绕不过去的重要议题,其对现实的参考价值亦不言而喻。事实上,学界对此已有一系列相关研究,③但多数研究只是对某些具体个案的发掘和阐释,对此间高校干部群体所进行的系统的深度研究仍极为欠缺。因此,本节试图通过挖掘这一时期高校干部队伍在不同阶段所呈现的群体性特征,揭示中国共产党对高校干部选拔任用政策的深层思考和历史影响。为此,我们在此以1959年国家

---

① 眭依凡:《大学校长的教育理念与治校》,华东师范大学博士论文,2001年,第14页。
② [美]克拉克·克尔:《大学的功用》,陈学飞等译,江西教育出版社,1993年,第23页。
③ 如程斯辉:《新中国著名大学校长1949—1983》,湖北人民出版社,2007年;闫月勤:《为新中国高等教育发展开基创业——党政干部背景的大学校长研究》,《西南民族大学学报(人文社科版)》2009年第6期。

指定的全国重点大学(20所)和地方综合性高校(11所)的校级干部为样本,[①]进行深度探讨。应当说,在当时的历史条件下,这批全国重点大学及实力较强的综合性大学有着特殊的地位和影响力,在一定程度上代表了当时中国大学的总体水平和实力,亦"比较接近国家权力,较好地传达着国家意志"[②]。就此而言,其干部队伍的构成及特征理应具有一定的代表性。

一、"才德兼备":干部选任的基本思路

在中国历史上,在公职人员选任上,素来注重"选贤任能",其对德性的重视和对能力的关注由此可见。中国共产党成立以来,在干部选任中素来强调"德""才"兼顾的基本原则。对高校领导者的选任亦不例外。因为高校的领导者不仅仅是学术管理者,也是重要的国家干部(重点大学的校级正职均属高级干部),肩负重任,对综合素质有更高的要求。循此标准,一位理想的大学领导者理应兼具坚定的政治信仰和精湛的业务水平。但新中国成立之初,现实的困境使得当时高校干部的选任不得不有所迁就,呈现某些"技术偏向"。这种偏向促成有关方面留用或选拔了一批颇有影响的学者到领导岗位上。同时,为确保党对高校的领导,有关方面也派遣了部分得力干部

---

① 11所地方综合性高校分别是武汉大学、吉林大学、南开大学、兰州大学、中山大学、四川大学、西北大学、云南大学、山东大学、厦门大学、南京大学。除西北大学和云南大学外,这批学校在20世纪60年代也先后被确定为全国重点大学。当时,全国重点大学在全国教育体系中有很高的显示度,地方综合性大学也大都在各省市教育系统中处于优势地位,发挥着较强的辐射作用。总体而言,从资源、位势、贡献和政策支持等方面,这些高校在全国教育系统中都处于重要位置。此处共搜集到此31所大学共计183位校级干部的相关资料,其中校长及副校长(含校务委员会主任、副主任等相应职务,下同)61人,党委(党总支)书记及副书记60人,"双肩挑"干部62人。目前,其中部分干部的履历资料不详。笔者经多方搜寻,已较充分地掌握至少56位校长、45位书记及副书记的相关履历资料。在此主要基于以上数据进行探讨。值得一提的是,总体而言,能将相关履历资料较完整地保存至今并为人周知的这些干部,较那些履历资料已难以获取的干部,在其任职高校时期,很可能也有着更大影响力和更高能见度。因此有理由认为,对于那些对相关高校当时及此后产生较大影响的校级干部,大部分已囊括在笔者研究的相关数据库之中。

② 刘超、田正平:《中国近代大学教师评聘制度的历史考察——以国立名校为中心》,《浙江大学学报(人文社会科学版)》2020年第3期。

进行高校党政系统的初创工作。

(一)"才德兼备"的提出

1937年5月,毛泽东在延安召开的中国共产党全国代表会议上第一次较为全面地论述了共产党干部须具备的基本素质:"懂得马克思列宁主义,有政治远见,有工作能力,富于牺牲精神,能独立解决问题,在困难中不动摇,忠心耿耿地为民族、为阶级、为党而工作",并提出:"这些人不要自私自利,不要个人英雄主义和风头主义,不要懒惰和消极,不要自高自大的宗派主义,他们是大公无私的民族的阶级的英雄,这就是共产党员、党的干部、党的领袖应该有的性格和作风。"[1]随后,在1938年中共六届六中全会上,毛泽东进一步将此干部路线和政策概括为"才德兼备"。"中国共产党是在一个几万万人的大民族中领导伟大革命斗争的党,没有多数才德兼备的领导干部,是不能完成其历史任务的。"[2]新中国成立后,为避免干部任用上的偏差,第二次全国工作会议对干部任用标准进行了规范化的讨论,指出:"今后必须坚持'才德兼备'的干部标准。"[3]拥有坚定的共产主义信念和一定的专业知识水平与技能是中国共产党衡量干部是否合格的理想标准。

但现实情况是,当革命的胜利以燎原之势解决了长期以来困扰国家发展的统一问题后,新政权很快就深刻地体会到,建设新中国所要面临的挑战可能比推翻旧政权的任务更艰巨更复杂。在稳定政权和恢复发展经济社会的过程中,人力、技能和经验不足造成了严重困难。于是,迫切的问题是:如何整合干部资源,有效地支持社会的重建与发展。这样的现实使得党在干部任用上更为强调了"才"——业务能力。同时,采取两个策略解决干部缺口问题:对"留用人员"采取"包下来"的政策,因此,1952年以前,高校干部队伍中存在相当部分国民党时期的"留用人员";尽可能地充分使用各类人才,培养新干部,以确保党对各领域的领导,许多共产党员干部被派往高校进行

---

[1]《毛泽东选集》(第一卷),人民出版社,1991年,第277页。
[2]《毛泽东选集》(第二卷),人民出版社,1991年,第527页。
[3]《建国以来重要文献选编》(第4册),中央文献出版社,1994年,第519页。

第一章
创建"新教育"的战略安排与策略谋划

政治教育等工作,并在发展青年党员上下功夫。

以上情境和政策,使此时的高校干部选任工作呈现两个鲜明特征:一是从高校"留用人员"中选择了一批富有资望的知名学者担任行政干部;二是陆续增派了一批党员(大都较年轻)在高校担任党的干部,加强党务工作,并深度介入校务管理。

(二)新中国第一批知名高校校/院长

作为重点高校和历史悠久的地方综合性高校的领头人,这批校长的教育经历表明,这支高校干部队伍有着相当高的文化程度(表1—1)。在24所高校主政者中,具有博士和硕士学位的高达14人,占比达58%左右。但值得注意的是,在这些高校的24位大学校长中,学历不著者不乏其人,其中有一位是高中肄业,另一位则仅有中央党校和抗大的学习经历。这种反差出现的原因,大抵在于老解放区的高校校长选任仍依干部管理原则,首重政治素质;而新解放区的名校多以学术为本,校长须有一定学术影响力,方可服众,便于开展工作。因此,后者大都是以资望深、地位高的学者为校长(或校务委员会主任/主席),如汤用彤、冯友兰、梁希、吴有训、许崇清、李方训等人。从留学经历来看,此群体绝大部分具有留学欧美的背景并赢得了一定的国际声誉,足见长期的留学运动对中国高教系统的巨大影响。应当说,对国民党时期"留用人员"的重用,也充分显示了新中国成立之初在高校领导体制上所选用的校务委员会制度在民主管理方面的特殊功效。如1948年清华园解放后,清华大学第九十三次校务会议决议"因梅贻琦校长尚未回校,公推冯友兰为校务会议临时主席"[①]。此外,若分析这24位大学校长的政治身份,民主党派和无党派人士占据了半壁江山,所占比例近58%,充分显示了中国共产党对统战工作的高度重视和工作艺术。然而,这并不意味着会放松对干部的政治考察。1949年,刘少奇在为中共中央起草的给中共天津市委并平津战役总前委、中共中央华北局、中共北平市委的电报中对大学校长的遴选提出要"从原有人员中选择调整",但限定的条件是"必须忠实

---

① 方惠坚、张思铭:《清华大学志》,清华大学出版社,2001年,第25页。

愿意执行我们的教育方针"①。新一代大学校长中,除了那些历经革命战火淬炼的共产党员之外,其他人也都对中国共产党有着高度的认同。例如,1949年至1951年间掌管南京大学的梁希(校务委员会主席),是九三学社的积极发起者和筹备者。抗战时期,在以他为首的进步教授的影响下,国立中央大学农学院森林系被称为"红色系""共产党系",除积极支持学生们的革命行动外,梁希甚至鼓励进步同学"跟着共产党走",希望他们"戴红帽子,做进步青年"。②作为一名忠诚的党外布尔什维克,复旦大学校长张志让更直言要"做党的驯服工具","凡是党叫我做的事,我总是尽我可能去做;凡是党叫我不要做的事,即使这是我喜欢做的事,我也坚决不做"。③即便如素来称"不问政治,著书立说"的史学家陈垣也表现出了一定的思想倾向性。他不仅拒绝了南京政府接他南下的要求,而且在解放军入北平城时,从辅仁大学步行到西直门大街,站在马路旁欢迎解放军。而后陈垣在与友人的书信往来中频繁谈及自己"思想剧变"一事,又与其弟子在《人民日报》发表《致胡适公开信》,公开表明政治态度的转变。④

表1-1 24所高校第一批校/院长教育背景、政治身份与就任院校关系表

(单位:%)

文化程度				留学经历		政治面貌			与就任院校关系		
本专科	硕士	博士	专科以下	长期	无	中共党员	民主党派人士	无党派人士	任教或曾就读	其他	无
37.5	29.2	29.2	4.1	66.7	33.3	41.7	37.5	20.8	71.0	29.0	0

注:在31所大学中,此时交通大学尚未分离为上海交通大学和西安交通大学,中国人民大学(1950年)、北京工业学院(1956年)、北京航空学院(1952年)、中国科学技术大学(1958年)、哈尔滨军事工程学院(1953年)为新中国成立后中国共产党新建的新型大学,故暂不列入统计范围。

数据来源:中共党史人物研究会编:《中共党史人物传》,陕西人民出版社,1983年;此外,参考了各校校史、人物志对统计人员的基本情况说明。按,表中"其他"指的是负责人曾在大学所在地(但不在该校)工作。

---

① 《刘少奇年谱:一八九八——一九六九》(下卷),中央文献出版社,1996年,第179页。
② 《中共党史人物传》(第65卷),中国人民大学出版社,2017年,第147页。
③ 冯昕:《从青果巷走出的中国大法官——张志让》,《档案建设》2017年第12期。
④ 刘乃和:《陈垣年谱》,北京师范大学出版社,2002年,第174页。

第一章
创建"新教育"的战略安排与策略谋划

最后,从表1-1所列24所新中国第一批大学校长或学院院长的情况可看出,中央和各大区在选任高校干部时大体上坚持了毛泽东在《论联合政府》中提出的"扶助本地人管理本地的事业"[①]的原则,使71%的干部由大学内部产生;即便从与相关学校无直接渊源的干部中选任学校负责人时,有关方面也尽力安排熟悉当地情况的干部。如哈尔滨工业大学校长冯仲云在东北进行了长达二十余年的革命工作,东北全境解放以后,时任松江省省长的冯仲云成为哈工大新任校长人选,其在任期间将哈工大改建成学习苏联的五年制理工科大学,为哈工大迎来新中国成立后的"第一个黄金时代"奠定了基础。又如,曾长期在东北领导抗日联军任职的周保中,也因原籍为云南而被调回云南担任副省长并兼任云南大学校长。在1952年的院系调整中,著名作家、时任清华大学副教务长、中文系主任的李广田,也被组织远调,回到他曾工作的昆明任云南大学副校长,主持日常工作,协助周保中校长。原清华大学中文系主任、清华大学校务委员会副主任吴晗,则已于此前调任北京市副市长。这批人物此间的职务变动,最生动地诠释了"党管干部"的原则在高校的贯彻执行。

概言之,新中国首批校长的产生过程非常明晰地显示出中国共产党以"才德兼备"选任干部的基本思路和政策。从构成来看,这个群体或为归国留学生,或为国内名宿,或是政治过硬的革命干部。论资历,他们大都是各自领域中的佼佼者,如汤用彤是中国学术界久负盛名的一流学者,岳劼恒是卓有成就的物理学家,张志让早年留学欧美,归国后成为国内知名的法学家。专业领域里的丰富经验和出众威望,使他们堪当此任,足以维持校务的正常运行。即便此时有的高校还没有建立起强有力的党组织,这批人与中国共产党患难与共的亲密关系也成为中共和人民政府的文教政策在高校得以贯彻执行的重要保障。但应当指出的是,这个群体中的"留用人员"大部分由于特定的经历和价值倾向,在新政权着手改造"旧教育"时,往往并不完全适宜于新民主主义教育文化的精神气质。因此,这一群体的身份略显尴

---

①《毛泽东选集》(第三卷),人民出版社,1964年,第1091页。

尬：一方面，他们仍是"依靠"和"任用"的对象；另一方面，在时代的大变革中，他们也不可避免地成为"改造"和"替换"的对象。两种角色深度缠绕。在后续进程中，其中相当一部分逐步淡出领导岗位。这也是造成第一批校长任期普遍较短的缘由之一。可以说，"过渡性"是这批校长的最显著的特征之一。

(三)党组织建设的初创与发展

新中国成立前后，各高校党组织也陆续公开。但大部分高校仅有少数党员或若干党支部，并未成立党委。例如，1949年6月28日，清华大学党总支公布共有党员185人，①其中大部分是青年学生；11月，武汉大学成立了武大党组织，下设6个党支部，共有党员45人。②如此有限的党员相对于一个庞大的名校的有效治理，显属不足。在此情况下，要实现对高校的有效领导，是异常困难的。1951年9月，中央下达指示，为大中学校的政治课配备教员，并选派得力的干部担任党委书记。时任中组部副部长、人事部部长安子文在第一次全国组织工作会议上明确表示："现有的大、专学校和中等学校也是一批可贵的财产，应该很好地培养他们（包括改造他们的思想）。将来他们中有很多人是可以依靠的"，除了要注意培养和提拔一批产业工人出身的技术干部，"还应采取以下两种办法：第一，从党内、军队和现有的其他干部中有计划地选择一批经过一定的考验和锻炼的知识分子干部，加以专门技术的训练；第二，从工人学校、工农速成中学及工人子弟学校中，抽调一批年青的有相当文化的可以训练的人，加以专门技术的训练"。③安子文还表示："在经济建设的高潮到来以后，各方面需要很多新的干部"，届时更要"尽最大努力从工人、学生中大量培养、提拔。近年来，全国的干部已进行了大规模地调动，而今，国家各方面的建设工作正在积极准备，故即将以空前巨大的规模开展起来。在此种情况下，应该把干部专业化问题提到我们的

---

① 《清华大学九十年》，清华大学出版社，2001年，第164页。
② 吴贻谷：《武汉大学校史》，武汉大学出版社，1993年，第209页。
③ 安子文：《关于干部的教育、培养、提拔的问题》(1951年4月6日)，《中国共产党组织史资料》(第九卷)，中共党史出版社，2000年，第74—75页。

工作日程上。"①这种对干部选拔的态度,决定了在高校党组织建设中所要采取的政策,就是大胆吸收来自学生和青年队伍中的新干部。相关数据的深度挖掘表明,此间党委干部群体呈现如下特点:

第一,年轻化。在24位党委书记及党总支书记中,有相当部分学校的党总支书记由在校学生担任,这批人往往在新中国成立前就已成为学校地下支部的成员。如叶向忠在担任北京大学党总支书记、党委书记时年仅26岁,与他同岁的还有云南大学支部书记杨叔修,而清华大学党总支书记彭珮云年仅20岁,从任何意义上看,这批负责人都相当年轻。

第二,革命化。24位党委书记无不具备革命经历,这点与校长群体存在很大差异。党委书记的任命清一色选择革命干部,说明"以德为先"乃至"政治优先"仍是评价党员干部的核心标准,最倚重的无疑是经过长时间考验的革命战士。

第三,知识化或专业化。尽管与校长群体相比,党委书记的文化程度稍显逊色,但从当时整个干部的平均学历来看,大专以上学历仍达到67%,足以表明上级部门在考虑党委负责人时依旧将文化程度(即"才")作为重要遴选标准之一。因此,有关部门在人员安排上也并没有忽略专业化问题,而是有意识地将干部派赴与之专业对口(或接近)的院校任职。例如,被任命为上海第一医学院党委书记的宫乃泉,原就毕业于奉天医学院,随后投身革命并从事军队医务工作。"知识分子革命化""革命干部知识化"的理念,在这一重要群体的选任中,得到了最充分的呈现。

党委干部队伍呈现出的"年轻化"和"革命化"的特征,似乎显示了高校党的干部选任上内隐着某种偏好:一是"处于教育中的"易接受新思想的青年党员一代,二是历经革命战火淬炼的坚定的共产主义信仰者。至此,政治标准在干部选任中的优先地位,已隐然凸显并日渐明面化。

---

① 安子文:《关于干部的教育、培养、提拔的问题》(1951年4月6日),《中国共产党组织史资料》(第九卷),中共党史出版社,2000年,第75—76页。

二、"德才兼备":干部选任标准的调适

1952年高校开始进行大刀阔斧的院系调整,以便使高等教育更好地服务于大规模的经济建设。实践一再表明,"政治路线确定之后,干部就是决定的因素"[1]。中国共产党深知拥有一批具有高度政治觉悟的干部队伍是一笔巨大的政治财富。原有的追求效率的干部任命办法,随着各项事业转入正轨,弊端渐露。干部政策路线因此开始调整,高校干部也随之"更新换代"。

(一)干部选任原则与政策的转换

1953年,中央在第二次全国组织工作会议上,对干部任命问题做了集中阐述:"挑选和使用干部时,单纯强调业务能力,而不重视政治品质;只凭领导者个人好恶和对干部的一时印象,而不是按才德标准客观地考察干部,不是考察干部的全部历史和全部工作……"[2]同年底,为解决干部任命的随意性和主观性问题,中共中央发出《关于加强干部管理工作的决定》,再次明确干部选拔原则,即"必须坚决贯彻党的根据政治品质(德)和业务能力(才)来挑选干部"[3]。稍后,中央组织部又在《一九五五年八月一日给中央的工作报告》中将"德才兼备"具体化,即"具有高度的社会主义觉悟的,能够忠实地执行党的路线和政策的,有一定文化程度和理论水平的,熟悉业务或能够钻研业务的,对新鲜事物有敏锐的感觉和能够支持新生力量"[4]。至此,组织部门终于将干部选拔导向及政策以制度的形式确定下来,并指导了此后相当长时期的组织工作。

有关领导指出,干部任用上出现的任人唯亲、宗派主义、本位主义等错误,在于"只问技术不问政治的偏向",简言之是因"降低或违背这个'德才兼

---

[1]《毛泽东选集》(第2卷),人民出版社,1991年,第156页。
[2]《建国以来重要文献选编》(第4册),中央文献出版社,1994年,第533页。
[3]《中国共产党组织工作大事记》,辽宁人民出版社,1992年,第437页。
[4]《中国共产党组织工作大事记》,辽宁人民出版社,1992年,第462页。

备'的标准而发生的"①。从"才德兼备"到"德才兼备",看似细微差异,实则大有深意,这鲜明地昭示着决策部门在干部选任和考核标准上已明确地向"德"的维度倾斜,而"德"又首先是指政治素养。当然,这一思路并非首创。早在1951年,正在主政西南的邓小平就在拟定西南公教人员工资标准依据的意见中指出要以"才"和"德"为主要依据,但他强调在新区,将"德"提高一点十分必要。②显然,在来源复杂、分化严重的知识分子干部队伍中,"德"已变成一位合格干部的首要标准。

上述变化给大学本身领导干部队伍带来了大规模的流动,这种流动性主要表现在:学校干部队伍更新换代,之前"旧大学"的领导干部逐步淡出核心层的实职岗位,大量宣传、文教部门及共青团等系统人员调入高校领导干部系统。

(二)大学校/院长的"更新"

新中国第二批校长大都出任于院校调整时期,伴随高等教育的大规模改组,中国共产党将加强对高校的领导纳入重要日程之中。通过对28所大学的校/院长的各项情况进行统计(表1-2),结果显示,与此前对比,整个群体的文化程度稍有下降,博士和硕士比例缩减,本专科以下人数进一步增多,其中包含高中或仅有抗大和中央党校的教育经历人士。对"德"的判断,很多情况下是以政治身份、立场和个人历史为依据的,在这种"政治优先"为特征的用人导向下,往往容易降低对文化素质和业务能力的要求。伴随文化程度下降的还有留学人员的占比。但值得注意的是,留苏归国人员此时已开始在高校校/院长队伍中崭露头角,他们开始陆续出现在中国知名高校的正职岗位上。在此处所统计的28位大学校长中,中国人民大学校长吴玉章、云南大学校长周保中、第四军医大学校长杨锡光等人均具有留苏经历。尽管这批人物的专业成就和学术资望依旧无法与留学欧美出身的学者比肩,但他们代表了中国留学史上的一段特殊印迹,更是中国共产党培养的

---

① 《建国以来重要文献选编》(第4册),中央文献出版社,1994年,第533页。
② 《邓小平年谱:一九〇四——一九七四》(中),中央文献出版社,2009年,第991页。

"新"知识分子的重要依靠力量。从高校校/院长与任职高校的历史渊源看,在讲求"德""才"兼备的大环境之下,对就任学校事务熟悉与否似乎已不如先前看重,易言之,籍贯及与之相关学校的渊源,已不再是高校校/院长选任中的核心因素之一。尽管有关部门在高校校/院长安排时未必存在"地域回避"意识,但"本地人管理本地事业"的思路,此时已然明显淡化。这一点与民主革命时期有明显差异。从某种意义上可以理解为:随着中国共产党在全国执政地位的牢固确立,党组织的力量已逐步强大到可以较好地克服区域差异和机构差异而统筹协调干部选任,更好地从全局(而不只是"本地""本单位/部门")的高度进行干部任免和人事调配(布局);在干部任免中,能够从全局高度更充分地落实组织意图,增进整体利益,而无需过多地迁就于"本地"的局部/特殊需求。在此时的国家治理条件下,已具备相对成熟的条件充分落实"党管干部"的原则。这也是中国共产党主政后,在治党和治国方面的一个显著推进。

表1-2　1952年后28所高校校长/院长教育背景、政治身份与就任院校关系表

(单位:%)

文化程度				留学经历		政治面貌			与就任院校关系		
本专科	硕士	博士	专科以下	长期	无	中共党员	民主党派人士	无党派人士	任教或曾就读	其他	无
46	14	21	19	64	36	57	25	18	43	32	25

数据来源:中共党史人物研究会编:《中共党史人物传》,陕西人民出版社,1983年;此外,参考了各校校史、人物志中对统计人员的基本情况说明。

1952年院系调整以后,高校校/院长选任的主要参照标准已发生转向,政治过硬的先进知识分子获得任用的比例进一步提高,由此而逐步形成一个"革命化的职业校长"群体。[①]这个校长群体始终忠诚于党的教育事业,例如,从清华园走上革命道路的无产阶级教育家蒋南翔,在1952年12月上任

---

① 刘道玉:《中国应当怎样遴选大学校长》,《高教探索》2005年第2期。

清华时坦言道:"党的领导是胜利完成教育改革的关键。"①即便是作为民主人士中共"诤友"的马寅初也对中国共产党有着高度的认同和亲近感,他在北京大学的就职演说中明确表态道:"一个大学校长只有工作任务,没有建校方针;一个校长应以执行中央的政治、推动中央的方针为任务。"②

(三)其他系统人员的大量调入

根据1950年颁布的《高等学校暂行规程》,新中国"大学及专门学院采行校(院)长负责制"③。赋予校长较大的办学自主权,是一定历史环境下的必然选择。但度过国民经济三年恢复期后,中国共产党在相对成熟的条件下对高等教育进行了历史性的重建,同时也加速了高等教育系统中的党政建设进程。1953年1月,组织部发出《关于在高等学校发展党的工作中应注意的几个问题的通知》,要求必须迅速建立与健全高等学校党的组织机构,抓紧配备专职党务干部。④翌年,《人民教育》发表短评《争取党委领导,加强学校中的政治思想工作》,提出积极发挥党组织在学校中的作用,是学校领导干部的一种极其重要的责任,学校中的党组织是党的基层组织,它的任务是在学校师生群众中进行宣传、组织工作,以实现党和政府的教育方针、教育政策,保证教学计划的完成。⑤鉴于高校党组织力量的薄弱,中共中央通过持续抽调党员领导干部加强学校工作。1955年底,中共中央发出《关于配备高等学校政治工作干部的指示》,将补充高校政治工作干部视为加强党对高校领导的紧急措施。在此政策影响下,大量来自宣传部、共青团、军队等系统人员被调入高校领导干部系统(表1-3)。

---

① 中国高等教育学会、清华大学:《蒋南翔文集》,清华大学出版社,1998年,第432页。
② 徐斌:《天地良知——马寅初传》,浙江人民出版社,2008年,第169页。
③《高等学校暂行规程》,《人民教育》1950年第5期。
④ 张晓清:《高等学校党政领导体制研究》,天津人民出版社,2015年,第428页。
⑤《争取党委领导,加强学校的政治思想工作》,《人民教育》1954年第12期。

表1-3 1952—1955年相关高校领导干部基本情况表

姓名	任职年份（年）	学历	革命经历	调入前任职	调入后职位
崔耀先	1952—1956	中学	有	邢台地委副书记兼邢台军分区政委	中国人民大学党委书记
马寅初	1952—1960	博士	无	华东军政委员会副主席	北京大学校长
江隆基	1952—1958	本科	有	西北军政委员会教育部部长	北京大学副校长兼党委书记
蒋南翔	1952—1966	本科	有	共青团中央书记处书记	清华大学校长
袁永熙	1953—1956	本科	有	共青团中央学生部秘书主任、副部长	清华大学党委书记
吴德	1952—1957	中学	有	天津市副市长	天津大学校长
李曙森	1953—1965	本科	有	高等教育部高等工业教育司司长	天津大学党委书记兼副校长
武光	1954—1963	干部学校	有	粤西区党委第一书记、粤西军区政委	北京航空学院院长兼党委书记
周天行	1954—1956	中学	有	湛江市委副书记	北京航空学院党委副书记
陈望道	1952—1977	本科	有	华东高教局局长	复旦大学校长
杨西光	1954—1965	本科	有	福建省人民政府文教委员会主任委员	复旦大学党委书记
彭康	1952—1968	博士	有	华东军政委员会文教委员会主任	交通大学校长兼党委书记
秦德远	1953—1955	干部学校	有	西北军政委员会交通部办公室主任	北京医学院总支书记、党委第二书记
陈同生	1955—1963	干部学校	有	华东军政委员会副秘书长	上海第一医学院党委书记、院长
孟宪承	1952—1966	硕士	无	华东军政委员会教育部部长、华东行政委员会教育局局长	华东师范大学校长
胡友庭	1953—1955	中学	有	中共浙江省委办公厅副主任	华东师范大学党委书记
李昌	1953—1964	本科	有	中央人民政府扫盲工作委员会副主任、党组书记	哈尔滨工业大学校长兼党委书记
陈赓	1953—1961	黄埔军校	有	中国人民志愿军副司令员	哈尔滨军事工程学院院长、政委、党委书记
刘居英	1954—1966	本科	有	中朝联合铁道运输司令部（简称联运司）副司令员	哈尔滨军事工程学院副院长
张之强	1952—1965	本科	有	中央卫生研究院副院长	中国医科大学政委、党委书记
杨锡光	1953—1954	本科	有	中南军区卫生部医务部主任	第四军医大学校长兼党委副书记

第一章 创建"新教育"的战略安排与策略谋划

续表

姓名	任职年份（年）	学历	革命经历	调入前任职	调入后职位
曾育生	1954—1959	本科	有	西北军区卫生部部长、西北军区后勤部副部长	第四军医大学校长兼党委书记
张勃川	1953—1955	本科	有	教育部高等教育司副司长、高等教育部综合大学司司长	武汉大学党组书记、副校长
林迪生	1953—1959	本科	有	西北军政委员会教育部副部长	兰州大学校长
彭迪先	1953—1958	硕士	有	四川省人民政府委员兼文教委员会副主任	四川大学校长
张玉麟	1952—1954	大专	有	福建省共青团省委书记	厦门大学党委书记兼副校长
匡亚明	1955—1963	本科	有	新华社华东分社社长兼华东局副部长	东北人民大学校长、党委书记 吉林大学校长、党委书记
冯乃超	1951—1953 1954—1955	本科	有	中央人事部副部长	中山大学党支部书记、分党委党组书记
华岗	1951—1955	中学	有	中共上海工作委员会书记	山东大学校长、党委书记

数据来源：中共党史人物研究会编：《中共党史人物传》，陕西人民出版社，1983年；此外，参考了相关各校校史、人物志中对统计人员的基本情况说明。

据不完全统计，1952—1955年间，28所重点大学及地方性综合院系至少调入37名校级干部，其中资料不详的有8人。从其余29位调入人员相关资料的统计中可以看出，中央此时在高校党委书记的选择上集中于差异较大的两类群体：一类是受过系统高等教育、学术造诣较高的知识分子；另一类是文化程度较低，但革命资历较深的党员干部。在29位干部中，接受过正规高等教育的干部有20人，约占69%；有军事、干部学校及中学教育经历者9人，占比为31%（表1-3）。从原属系统来讲，29位调入人员中共有22位来自党政系统，约占76%，4位来自军队系统，其余3位则来自共青团系统（从全国其他的许多高校看，上述三大系统也构成了调入干部的主要来源）。从工作经历看，至少有10人此前从事文教行政工作，至少4人曾从事青年工作，而医科院校的3位干部，此前无一例外都是在卫生行政部门任职；另有几位干部(如杨西光、冯乃超、华岗等)此前就已是颇有成就的知名学者,对文教工作并不陌生。由此可见,上述人物中,完全由纯粹的行政干部调任高校主要干部者,仍属少数。从这个意义看,此时其他系统向高校系统的干部调任,总体而言仍可称"专业对口""内行领导内行"。从学校方面看,北京大学、清华大学、天津大学等7所名校的正职干部皆从其他系统调入。这无疑意味着资深党员干部在高校系统的影响力大幅提升,也意味着党在高校的凝聚力、领导力的显著强化。

而在高校系统中,显然党务干部的选任比行政干部的选任,更多地传递着上级组织部门的意图。其结果之一,便是党务干部由外部调入的比例明显高于行政干部,后者始终有相当一部分是由各高校系统内产生;前者管党务,后者管业务,二者分工合作。随着干部队伍的调整,党员占比进一步提高,但校长群体中依然有相当一部分是无党派人士和民主党派人士。在高校党组织的地位、作用、职责以及权限没有明确规定的情况下,这种情况很自然地造成党的干部与非党员干部(特别是校长)之间的某些隔阂。这种矛盾最明显地反映在越权决策上。例如,史学大家陈垣名义上是负责北京师范大学行政工作的校长,但实际上,他只分管空泛的校长办公室、大辞典编纂处和研究所三处,这种"组织体系上的党外排他性,使得挂虚职的陈垣脱离于北师大各系统,教务、人事等大权无缘经手"[1],以致不得不事事请示党委书记。党在解决上述问题的短期措施是,敦促党员干部与非党员领导建立和睦关系。周恩来就曾提醒党委书记、委员要"行政上的事由行政负责,书记也无必要去干涉",且要"经过学习,尊重专家,尊重群众意见"[2]。就二者间的关系,刘少奇指出,"党应当而且可以在思想上、政治上、方针政策上对于一切工作起领导作用",但这也并不等同于党应当包办和干涉一切。[3]在《修改党的章程的报告》中,邓小平也对此问题进行了说明,明确表示,不

---

[1] 陈徒手:《故国人民有所思:1949年后知识分子思想改造侧影》,生活·读书·新知三联书店,2013年,第64页。

[2]《毛泽东周恩来刘少奇邓小平论教育》,人民教育出版社,1994年,第381页。

[3]《刘少奇选集》(下卷),人民出版社,1985年,第264页。

应当"把各种纯粹行政性质的问题提到党内来讨论,混淆党的工作和国家机关工作所应有的界限"①。采取的长期措施包括对干部的思想作风进行彻底整顿,密切党群关系等。

三、"又专又红":高校系统"红色教育家"队伍的生成

截至1956年,各高校的党委书记等政治工作部门的领导骨干基本配齐。如上文所述,中国共产党高层在高校党委"一竿子插到底"所造成的影响上有着共识,并对此做了颇多工作,其中还包括改革校务领导体制,于1956年开始将校长负责制改为党委领导下的分工负责制,并率先在北京部分高校试行。北京市高等学校党委第一书记兼清华大学党委书记蒋南翔在《关于高等教育工作中的几个问题》的报告中指出党委统一领导下的分工负责制的优势:一方面可以使学校工作有集中统一的领导,在党委的领导下全面安排教学工作、科学研究工作、行政工作和政治思想工作,使校内各种组织互相配合、分工合作;另一方面可以更好地发扬党内民主,使党的领导工作在全体党员的监督下不断地得到改进。②但在具体工作中,党委应该领导和监督"什么"以及"如何"领导和监督这两大难题仍然悬而未决。显然,新制度仍有待完善,全面推行的条件还不够成熟。又恰逢此时党大力贯彻"双百"方针,一时间有关各方提出了改革高校领导体制的意见和建议,并形成了关于"教授治校"还是"党委治校"的争论热潮。③针对上述问题,在1958年的第一次全国教育工作会议上,中央宣传部部长陆定一回应道:"党委对教育事业要又红又专,要学会领导教育。"④在事实上明确了"一切教育行政机关和一切学校,应该受党委的领导"⑤,此后所有高校均开始实行党委领导

---

① 《邓小平文选(第一卷)》,人民出版社,1994年,第236页。
② 陈大白:《北京高等教育文献资料选编:1949—1976》,首都师范大学出版社,1993年,第336页。
③ 《教授治校好,还是党委制好——九三学社召开座谈会初步讨论改进高等学校制度问题》,《人民日报》1957年5月11日。
④ 《中国共产党组织工作大事记》,辽宁人民出版社,1992年,第840页。
⑤ 《建国以来重要文献选编》(第11册),中央文献出版社,1994年,第493页。

下的校务委员会负责制。这可视为中国共产党总结此前经验所作出的统筹性的制度选择。

概言之,围绕干部的成长目标而提出的人才标准,实则反映了毛泽东对社会主义建设需要什么样的干部的深邃思考。这一点,由陆定一的发言也可看出。教育领域对此迅速做出了反应,确定了"德才兼备,又红又专的干部路线和原则"[①]。而对此的贯彻和执行,在专业院校的领导干部安排上尤为突出(表1-4),清楚地反映出中共中央在高校干部任用问题上的上述特点。

表1-4 各专门院校负责人基本情况表

姓名	就任学校	职务	文化程度	政治身份	相关经历	备注
孙晓村	北京农业大学	校长	高中	民主党派	曾从事与农业相关的革命活动	
郭沫若	中国科学技术大学	校长	本科	中共党员	国务院副总理、科学规划委员会副主任	
胡传揆	北京医学院	校长	博士	无党派	医学博士	皮肤性病学家
曲正	北京医学院	党总书记	博士	中共党员	曾就读医学专业	微生物学家
孟宪承	华东师范大学	校长	硕士	无党派	教育学硕士	教育家
丁浩川	北京师范大学	党总支书记	大学肄业	中共党员	大学就读师范院校	教育家
李昌	哈尔滨工业大学	校长、党委书记	本科	中共党员	清华大学肄业	
黄家驷	中国医科大学	院长	博士	中共党员	医学博士	医学家
陈赓	哈尔滨军事工程学院	院长、政委、党委书记	黄埔军校	中共党员	中国人民解放军高级将领	后授大将军衔
曾育生	第四军医大学	党委书记、校长	本科	中共党员	医学专业	
周维	军事通信工程学院	院长、党委书记		中共党员	曾任无线电副大队长	少将军衔

---

① 刘光主编:《新中国高等教育大事记1949—1987》,东北师范大学出版社,1990年,第198页。

第一章
创建"新教育"的战略安排与策略谋划

从表1-4所列出的10所专门以及师范院校的负责人的情况可以得知，中共中央对高校负责人提出的要求主要是两条：第一，有精湛的业务能力，或具备相关经验；第二，具有坚定的共产主义信仰，即"又红又专"。首先，从技术和业务上来看，上列的11位高校负责人均有相关经历、经验，甚至是相关领域的出色人物。如在长期的革命战争中成长起来的一代战将——陈赓，便是其中的突出代表。1952年，陈赓回国就任哈尔滨军事工程学院院长。为何任命这位军务倥偬的解放军高级将领归国主政一所高等军事技术院校？原因之一或许在于，中共高层一致认为，陈赓上过黄埔军校，办过红军步兵学校以及红军干部团，这些丰富的历练足以让他胜任哈军工主官一职。[①]其次，作为"红色教育家"，就必然要有坚定的政治信仰，唯有如此才能在强有力地领导工作中将党的教育方针落实到各教育环节中。经历过革命战火淬炼的共产党员自是如此，无待赘言；作为民主党派或无党派人士的高校干部庶几近之，其中，学者型干部孙晓村、老一辈教育家孟宪承、为新中国的疾病防治事业立下汗马功劳的北京医学院院长胡传揆等，莫不充满干劲和热情，坚决执行党的意志，埋头苦干，扎扎实实服务于教育事业。

坚定的政治信仰，远大的理想追求，精湛的业务能力，是以毛泽东为核心的第一代中央领导集体对干部与知识分子的基本要求。从大历史的角度看，"红色教育家"群体所做的工作，最终为社会主义高等教育的发展奠定了坚实的基础。在这方面，经历了清末以来历次变革的革命老人和文化名宿吴玉章无疑是优秀代表。毛泽东称赞吴玉章"一辈子总是做好事""一贯的有益于青年与革命，"[②]邓小平盛赞其为"我国杰出的无产阶级革命家、教育家、历史学家、语言文字学家"。吴玉章在漫长的奋斗生涯中，经历了从资深的"无产阶级革命家"到新型的"无产阶级教育家"的身份转换，但他始终坚定不移地践行党的教育路线，致力于将中国人民大学建设成培养新型高级专门人才的坚强阵地。如吴玉章一般的这批"红色教育家"对社会主义高等

---

① 王建柱：《陈赓创建哈军工》，《世纪风采》2017年第6期。
② 《毛主席在庆贺吴玉章同志六十诞辰大会上的祝词》，《新中华报》1940年1月24日。

教育的贡献,无疑至深且钜。

他们中的很多人对新中国许多高等院校的发展做出了奠基性贡献,如蒋南翔之于清华大学,马寅初、江隆基之于北京大学,陈望道之于复旦大学,郭影秋之于南京大学等,均可为其中典范。

余 论

作为新兴的执政党,中国共产党在新中国成立后,"第一个迫切需要解决的问题就是自上而下地改变整个国家在各个层面的权力格局"[①]。在这场严峻的政治建设中,中国共产党需要一大批坚定的共产主义战士来传递和维系国家稳定及发展所需要的价值体系,作为"关键少数"的干部选拔和任用因此至关重要。对于高等教育本身而言,不管它对其他方面能产生多大程度上的实际影响,它"对于人的观念的影响进而对于社会进步包括政治发展的影响却是现实的"[②]。新中国成立初期高校干部群体的特征演变,大体体现了两条并行前进的线索:其一,党对形成自己的庞大的无产阶级知识分子队伍的理想目标的求索;其二,党立足国情对高等教育领导方式和建设路径的探索。

从"才德兼备"到"德才兼备"再到"又红又专"的演进,浓缩了那个时代的精神气质和高校干部的选拔原则,自然也塑造了此间中国高校干部的精神风貌和高校的氛围。干部选任导向的演变,往往牵涉高校领导体制的演变。从新中国成立最初的校务委员会负责制到1950年确立的校长负责制,以及在20世纪60年代后期出现的党委领导下的校务委员会负责制的转变,呈现的是中国共产党在高校的领导权由弱到强、由局部到全面的演化过程。这可谓是中共的"文化领导权"在新式高等教育系统中得以扎根的历史呈现。干部的领导力是高校办学方向与质量的决定性因素之一,当普遍具有

---

① 张乐天、陆洋:《新中国农村基层干部的文化解读——兼谈乡村社会变迁与国家政权建设》,《南京社会科学》2012年第6期。

② 王丽萍:《政治学视野中的教育与政治》,《民主与科学》2005年第2期。

共产主义革命气质的干部群体融入高等教育系统后,无疑从最大限度上保证了党对高等教育的领导以及高等教育的发展方向。对整个20世纪中国高等教育的变迁而言,或许这才是决定性的、影响最深远的历史转型。在某种意义上,它校准了中国高等教育的航向,形塑了新中国高等教育的基本框架、基本风格和精神气质。由此,高等教育体系以更积极的态势推进知识生产、参与国家建构。对新中国高等教育领导体制的理解和研析,无论如何不能忽视这一根本性转型。当然,毋庸讳言,在此进程中,中国高等教育及高校治理仍面临着某些尚待解决的问题,例如,如何在坚持党的领导的前提下妥善处理好党委和行政间的职权边界问题。事实表明,在当时的一系列探索中,积累了正反两方面的极为丰富的经验。

时光荏苒,当年的这一系列探索已过去半个多世纪。无论是世情、国情还是中国高等教育的发展进程,都已今非昔比。然而,往昔的这些思考和实践,仍不失其参考意义。决策者对"为谁选任干部""选任什么干部"和"如何选任干部"等一系列问题的抉择,不仅彰显着历史的智慧,富有深刻的社会意蕴,而且至今有着重要的时代价值。

第三节　高教系统之转型与大学之重构:
以蒋南翔及新清华为视点

在20世纪五六十年代的高等教育变革中,蒋南翔是一位非常重要、极具代表性的人物,也是共和国早期高等教育发展史中难以忽视的存在,而他之所以在教育界赢得如何地位,很大程度上又与其在清华大学的出色表现紧密相关。

蒋南翔与清华之间有着不解之缘,他是老清华的学子,更是新清华的首任校长。1952年11月,蒋南翔受命出任清华大学校长。但他并未立即走马上任,而是在团中央组织东北考察团,亲自实地考察了东北多地,其中重点考察了一批工业基地及哈尔滨工业大学和大连工学院等校——在当时,东北地区是中国基础最好的工业基地;而哈工大及大连工学院则是高校系统最早学习苏联的典型。对当时清华的现状,蒋南翔已颇为了解,对学校未来的发展方向,蒋南翔也已逐步酝酿出一系列构想。

一、优化学科布局的努力

在新中国成立前后的短短几年中,中国的政治环境发生了一系列急遽变化。清华也因之经历过诸多变化。从抗战时期开始,联大的领导者就希望日后建立具有更完备学科体系的"大大学"。1945年10月,梅贻琦在谈及清华复原时,指出"已向教育部说明发展计划,以后人才训练、学术研究并重",并将加办农学院、化工系、建筑系、语言人类学系,同时将气象组扩大为系[①]。当时,化工、航天、建筑等学科被认为是新型工科,而传统工科则主要是土木、机械、电机三大类。1946年,清华从联大复原后大幅扩张,由此形成了文、法、理、工、农5学院、22个系。

1948年北平和平解放后,多方面都开始酝酿对清华进行新的调整。在学校有关领导的精心筹划之下,清华向"大清华"方向发展。相关的系科进一步升级、完善。学校在1951年5月的规划中,拟将使学校扩建到14个学院,43个系,初具多科性"巨型大学"的雏形。但上级部门则倾向于将其改造为较为纯粹的理工科大学。1951年11月,中央人民政府召开了全国工学院院长会议,拟定了翌年高等工业教育院系调整方案。[②]据统计,截至1951年11月,全国共有工科系科(含地质系,下同)44种,233个系科,共计教师3097人,学生34597人(其中缺地质学一年级生的统计)[③]。高教部部长马叙伦认为:"若以经济建设方面的要求来衡量,要想在今后五六年内培养出十五万人的高级技术干部和管理干部,那是万万做不到的,尤

[①] 蔡仲德:《冯友兰先生年谱初编》,河南人民出版社,2000年,第311页。
[②]《中央人民政府教育部召开全国工学院院长会议拟定明年高等工业教育院系调整方案(1951年11月13日)》,清华大学校史研究室编:《清华大学史料选编》(第五卷上),清华大学出版社,2005年,第484页。
[③] 张宗麟:《改革高等工业教育的开端(1952年1月1日)》,清华大学校史研究室编:《清华大学史料选编》(第五卷上),清华大学出版社,2005年,第489页。

第一章
创建"新教育"的战略安排与策略谋划

其以工业建设的培养最为严重。"①于是开展了全国规模的院系大调整。清华的学科布局发生极大变故,其办学理念、领导体制、治理结构也因之而变,从此,教授"分别参加教研组,不属于系",学校也由"系办学"变为"教研组办学"。学校还着重批判"全面扩充"和"包罗万象"的思想。在院系调整中,北大按莫斯科大学的模式进行重组;清华则按照列宁格勒工学院的思路进行了调整,由一所具备文、法、理、工、农五大学科的综合性大学变为多科性工业大学。经此调整,清华原有系科仅保留七个,并新增了石油工程系。1953年9月,钢铁学院、航空学院及石油工程系等又从清华独立出去,这进一步削弱了清华的实力。

此次调整极大地改变了清华长期以来的学术生态和文化底蕴,影响了该校原有的学术基础、人才团队和学科布局;其基础研究的团队和学术根基都被基本抽空,师资力量明显下行。学校的规模亦在短期内急遽扩张。院系调整后,清华的院系及优秀教师数量大幅减少,在校生则由原先的2000余人急剧膨胀至6000余人;这样一来,师资严重匮乏,优良教师更是不足。学校在规模、质量和结构等方面都出现了严重失衡,这是其在短期内无论如何难以"消化"的。这不可避免地大幅削弱了清华在全国学界的领先地位。"此后相当一段时期内,教学工作和实用性研究成为其主要的职能"。在此情况下,清华如何前进,这是摆在校长面前一个十分严峻的根本问题。

1952年最后一天,蒋南翔回母校履新,开始推动一系列变革。在翌春的干部会上,他批评了清华的三件事,其一就是把整个理学院调走了。综合性大学对培养人才有其无法取代的优势,理工分校的消极影响是短期内难以弥补的。他把这比作是清华的一次大"腹泻"。为此,他在学科布局、人才培养和硬件建设等方面都大刀阔斧地推行了新举措。学校在"文革"前十余年间,始终在想方设法扩张,再度恢复较完备合理的学科布局。

在院系大调整中,清华原有的化工、航天、建筑等新兴的工程学科被彻

---

① 张宗麟:《改革高等工业教育的开端(1952年1月1日)》,清华大学校史研究室编:《清华大学史料选编》(第五卷上),清华大学出版社,2005年,第489页。

底撤并;尤其是化工系的调出,使清华发展齐全的新兴工学体系的基础荡然无存。对于此次调整,特别是由此造成的"理工分校"的结果,当时清华方面普遍持保留态度。蒋南翔更是认为,作为一个高等学府,清华不能只有一个工学院,清华的传统是文理结合、理工结合。但这样调整下来,许多优势都失去了。这对学生培养不利、对各院系之间的相互支援也不利。在东北考察时,蒋南翔就反复表示,把清华的理学院撤销出去是很不合适的,没有好的理科是办不好工科的;必须设法恢复清华的理学院。为逐步恢复较完整的学科布局,蒋南翔决意巧妙地通过发展新型工科,部分地恢复清华的理科。因清华已成工科大学,很多学校纷纷要把清华图书馆的文科书籍调走。蒋南翔阻止道:"我们自己不但要保留这些文科书,我们还要增加文科的书,这对学生的全面培养、提高学生的综合素质是有益处的。"他的努力为清华保留了很多重要的图书资料。

蒋南翔还特地在1956年的北京市教研工作会议上说:"理工应结合,不应完全分开,我们把全国最强的两个理科给拆了,清华的到了北大。麻省理工是理工合校的,我们为什么要分开?"[1]他还认为,在此次调整中,清华"工科方面的教师没有得到增加,相反是受到相当大的削弱",学生突然增多,而教师大为减少,缺乏师资的问题非常尖锐;"清华大学的师资,不但是数量太少,而且质量也差"。因此,清华一要团结改造原有教师,二要有计划地大胆放手培养新师资。[2] "理工分校"已是既成事实,只能采取相应的变通措施以逐步恢复清华的综合性大学的布局,至少是恢复到理工大学的格局。这无疑是一个紧迫而艰巨的任务。素为中国理学院最强重镇的清华,在院系调整后由一所具有较完备学科体系的多科性大学,变成了一所只有"土水建、机动电"等基础工科的工科大学,其文科面非常窄,只

---

[1] 据《滕藤访谈录》,2012年3月14日,北京。
[2] 蒋南翔:《向习仲勋、杨秀峰、中宣部、北京市委并中央的报告》,中国高等教育学会、清华大学编:《蒋南翔文集》,清华大学出版社,1998年,第450—461页。

第一章
创建"新教育"的战略安排与策略谋划

有马列教育。①无疑地,这大幅损耗了此前清华几十年的历史积累。经此调整,清华只剩下8个系(均为工科)、22个专业、15个专修科;北大则从6个学院、33个系、2个专修科,变为12个系,33个专业和7个专修科;清华的教授副教授只有100人左右,讲师以上总计百余人;而北大的教授副教授则增至218人,内有大量名教授。在1955年学部委员遴选中,膺选的清华教授仅7人;远远少于北大的27人。1956年全国教授分级,清华仅有一级教授9名,2级教授13名,1~2级教授1名;而同期北大一级教授27名,二级教授54名,1~2级教授1名;北京医学院一级教授12名,二级教授5名。在师资力量上,曾长期与北大并驾齐驱的清华,一时间已难望北大之项背。蒋南翔当时经常引用老校长梅贻琦的"大师论",也深知"大师"对"大学"之意义。他自然更深知,在此情势下,清华若要在教学、科研等领域恢复全面领先的地位,必须另辟蹊径,补齐教授。

为了弥补理学院调整出去的不足,蒋南翔在有关部门的同意下于1956—1958年先后增设了一批新兴的高科技专业。其中有计算机、半导体、自动化、材料科学和原子能等。他还建议在无线电系建立电子计算机专业,在电机系创建了全国最早的自动学与远动学专业,随后支持钟士模创立了中国第一个自动控制系专业。1955年1月,党中央作出了发展原子能事业的重大决策。蒋南翔主动请缨,请求由清华和北大一起承担原子能人才培养和科研工作;得到首肯后,清华于1955年春开始筹备工程物理系。在此形势下,蒋南翔站在国家战略的高度强调,清华只搞传统工科是不够的,要建新专业。他立即开始了大规模拓展升级清华的学科布局,增设一系列新兴的学科。1955年9月,蒋南翔率团访苏,就和平利用原子能和培养人才等问题进行考察。回国后,他立即向上级详细报告了北京大学和清华大学设置新专业的计划和采取的措施,并向有关部门报请增设了10个新专业,其中9个在工程物理系、1个在工程化学系。生物系也成为全校新学科成长

---

① 《忆清华岁月 思学科发展——何东昌口述》,郑小惠等:《清华记忆》,清华大学出版社,2011年,第198—199页。

的"工作母机"。清华逐步创建了一系列新兴工程学科,这成为日后理科复建的重要基础。

这些新设的新专业都是理工结合的交叉学科。这样一来,事实上是部分地恢复了数、理、化等理科的一些基本学科,也就等于把已拆解调整出来的理科系统复建起来(尽管主要是应用理科专业);学校也在传统的系科群外,发展出了一系列新兴系科,以及有关的基础学科。此外,蒋南翔还根据当时的战略形势,将"一尖(航天)、一圆(原子能)"列为重点发展的学科,明确指定要为"一尖、一圆"服务。这与当时中国未来的发展需求高度相关,与国际学术前沿的进展也比较接近。

这一具有远见和魄力的举措,不仅使清华大学拥有了一批全国少有的新兴专业,确保了清华大学日后几十年在全国教育界和学术界的引领地位,而这种理工俱备的、富有张力的学科布局,又使"教学、科研、生产三结合"的办学理念也有具体的依托和持续的后劲。这为学校日后几十年的长远奋斗打下了极为关键的基础。这一学科建设,是高瞻远瞩的抉择。由此一来,清华很好地适应了日后社会发展的需求,而且紧紧瞄准国际前沿、跟上了国际范围内第三次科技革命的浪潮,使中国在相对闭塞的条件下仍能基本追随世界尖端科技的发展。在当时的中国,能够在这新一轮的科技革命中引领中国对接世界的,清华当属佼佼者。可见,这一学科布局是结合校情、立足国情、通观世情放眼国际"三结合"的硕果。在蒋南翔治下,清华的硬件建设也实现长足进展;学科建设更是稳步前进,成就斐然。1955年10月,清华只有7个系;1959年,全校为11个系;到1962年前后,一个新的学科体系在清华基本建成;至1966年,全校已发展到12个系40个专业。

蒋南翔自始就主张:"我们需要学习苏联先进经验,但不能迷信不能盲目照搬,不唯洋,只唯实。"有人提出"苏联的经验就是我们的法令",但他坚持实事求是,认为不能迷信苏联经验。在当时一边倒地全面学苏的大潮中,蒋南翔在积极借鉴原解放区和苏联经验的同时,还提出要批判地继承老清华的一些做法,并学习西方的先进经验。蒋南翔就是这样通过批判地继承实现了综合创新、实现了清华学科布局的纵深突破,逐步探索出新清华的办学道路。

蒋南翔在领导教育建设的过程中,既关注方向问题(即为什么人服务),也关注质量问题(即怎样服务好)。他期待中国的若干所重点大学,不仅要接近苏联大学的水平,也要赶超欧美名校,因为没有高水平的大学,就无法持续培养一大批高水平的人才,不能实现学术独立和民族独立。

蒋南翔的努力使清华优化了学科布局和办学体制,为清华日后恢复文科,复建为综合性大学奠定了基础。清华终于东山再起,与综合性大学并驾齐驱,引领中国知识界追求学术独立和民族复兴。若非如此,清华绝不会有日后的地位,中国高教界亦难有今日的格局。

二、以"培养'人'"为根本

蒋南翔不仅重视学科建设,而且也重视人才培养。在办学工作中,他始终以人才培养为根本,强调面向国家需要培养人才。在清华的办学理念中,集中体现为"一个根本(培养人)、两个中心(教学中心和科研中心)、三方面结合(教学、科研和生产相结合)"。其中,人才培养的中心地位始终不曾动摇。而人才培养,应考虑到社会需求和国家中长期战略的需要。因此我们的大学要面向社会需要,坚持为国家为人民服务的办学方向,实现办学的高水平,培养大批高水平人才。唯此,才能真正实现学术独立,巩固民族独立,实现民族复兴。

在20世纪50年代中期,蒋南翔最早响应中央号召,提出清华要培养"红色工程师";但不少人据此简单化地理解为清华大学就只是要为国家培养红色工程师。蒋南翔在20世纪60年代纠正道:"这话不完全对,清华大学的确应该为国家培养红色工程师,但我们更要为国家培养各项事业最优秀的接班人。"[1]从办学目标看,这显然是一个高水平综合性大学的定位,而非纯工科大学的定位。蒋南翔要求学生在思想方面上爱国主义、集

---

[1]《蒋南翔校长在半工半读誓师大会上的讲话》,清华大学档案,全宗号2,目录号校3,案卷号200。

体主义和共产主义"三层楼";他注重学生的全面发展,也强调要在此基础上因材施教,推动学生个性化发展。学校注重选拔和培养尖子生,尤其是"千字号""万字号"的尖子生。这类尖子生大致被分成三支代表队:政治代表队、业务代表队和文体代表队。政治代表队即通过学生辅导员制度,从成绩在中等以上的学生中选拔有组织才能的学生从事思想政治工作,使他们得到全面地培养。"大跃进"时,有部分"中等"以下的学生也被选拔到辅导员队伍中。蒋南翔对此提出异议,他明确表示成绩不好的不能当辅导员,也不能参加文艺社团。蒋南翔希望将来从中能涌现一批党和国家的干部,包括部长、省长乃至副总理。他在60年代总结辅导员制度十年实践的基础上,在一次党员干部学习会上指出:"政治辅导员制度不仅是我们培养学校党政骨干的主要方式,而且是学校为国家培养党政干部的有效途径,将来在清华毕业生中会出现一批部长、省委书记。"[1]无疑地,蒋南翔"偏爱"那些全面发展的尖子生。而所有尖子生中,政治辅导员队伍又是其中最突出的代表。清华敢为人先地在全国首创政治辅导员制度,这是在清华育人工作中一项极富远见的战略决策,是新中国教育史上的创举。这一制度在当时就初见成效;而随着时间的推移,其效果日益突出,一批批人才由此而成长起来。在党的十四大、十五大、十六大选举产生的中央委员会成员中,每届都有9名中央委员及中央候补委员在20世纪五六十年代的清华学习期间担任过政治辅导员。党的十六大选举产生的党中央领导集体中,9位政治局常委中有4人曾于20世纪60年代在清华大学学习过,其中3人曾担任过政治辅导员(胡锦涛、吴邦国、吴官正)。[2]胡锦涛同志在校期间就同时是三支代表队的成员,既是政治上的尖子,也是业务尖

---

[1] 滕藤:《政治辅导员制度是培养德才兼备干部的有效途径》,《双肩挑:清华大学学生辅导员工作四十年的回顾与探索》,清华大学出版社,1993年,第21页。据回忆,当时学校"还不好提总理,因为周恩来总理在我们心目中的威望是非常高的"。参见《蒋南翔与清华"黄金一代"》,《刘冰文集》,甘肃人民出版社,2011年,第103页。

[2] 方惠坚等编著:《蒋南翔传》,清华大学出版社,2005年,第184页。

第一章
创建"新教育"的战略安排与策略谋划

子、文体尖子,在因材施教、又红又专等方面都极为突出。学校的报告亦特别提及,"政治辅导员胡锦涛,是水利系水工五一学生,他政治责任感强,努力钻研党的方针政策,学习成绩全部优秀,除完成一般学习任务外,还选修了土力学试验,教师反映他独立工作能力强,有创造性的见解"[①]。在清华校内,自20世纪60年代以来的相当一部分中高层领导干部,均曾担任过政治辅导员;首届辅导员方惠坚、第二届辅导员贺美英,都成为校党委书记。这一大批骨干,极大地推动了清华长期的发展。

清华的"业务代表队",目标之一就是培养具有国际水准的科学家。为此,蒋南翔特别重视选拔和培养极个别尖子生。因材施教在当时主要表现为选拔极少数学有余力的尖子生进行更高深的学习和研究,促使他们得到更好更快的个性化发展。为了培养更多高水平的研究型人才,蒋南翔还大力发展研究生教育。他把培养研究生视为选拔国家科学文化战线的"登山队",他指出,作为一个独立国家,我们本国所需要的高深学术人才,应该由本国培养;这是关系到我国教育独立和学术独立的大问题。

蒋南翔不赞成学生成为没有业余爱好和特长的"干面包";他希望学生们能够成为多才多艺的人才,既有助于提高自己的文艺修养,也有助于"为祖国健康工作五十年"。为此,他极重视学校的体育工作,还努力推动学校建立"文体代表队",使学生在"又红又专"的基础上保持健康的体魄,实现真正的全面发展。从1958年开始,学校专门分别抽调了100人组成文体团队。对这部分人,实行了"两个集体"(班集体及课外活动集体)。[②]这样双重领导的模式,是全国高教界的一大创新。蒋南翔以"又红又专又健"来要求青年学子,他认为只有三方面都突出的学生日后才能更容易成长为领军人物。日后,这些学子的发展证明了他的观点的正确性和预见性。

---

① 中共清华大学委员会:《清华大学党委关于配备半脱产政治辅导员工作的经验总结报告(初稿)》,清华大学档案,目录及党办1,案卷号65035。
② 参见艾知生:《缅怀我们的良师益友——南翔同志》,《蒋南翔纪念文集》,清华大学出版社,1990年,第144—145页;何东昌:《一位杰出的思想政治教育领导者 怀念艾知生同志》,《艾知生纪念文集》,清华大学出版社,2000年,第91页。

蒋南翔认为,办学校有两个关键:一是方向问题,一是质量问题。所谓方向,是要坚持为人民服务的社会主义方向;所谓质量,就是必须确保教育质量,坚持质量第一。一句话,"社会主义的大学必须是高质量的"。为提高学生的培养质量,清华两度延长学制,1953年由4年延为5年,1959年延长至6年(各专业的具体安排略有差异)。清华在人才培养过程中,既非常注重基础知识和基本理论,又非常强调实践环节,培养学生的动手能力。学生在校前三年学习基础课,之后有各种实习,最后一年至一年半"真刀真枪做毕业设计"。这样的毕业生,相当于其他学校的硕士生水平。因此,清华毕业生非常受欢迎。

在这样学科布局并不全面、"有工无理"的情况下,清华仍能以"理工结合"的培养模式使其人才培养工作领先全国。其毕业生大都成为既擅长理论又擅长动手的复合型人才。在日后的院士遴选中,清华校友不仅在工程院院士方面首屈一指,而且作为工科大学,其理科方面的院士也是全国领先的;这绝非偶然,它在很大程度上显然是受益于其"理工结合"的培养理念。而且其"双肩挑"等全面培养的模式,使学生在科技及工程管理、社会政治服务等方面也有突出成绩,其中不少人因此而成长为党和国家的领导人。

三、对教育发展的中国之路的探索

蒋南翔在办学过程中重要的贡献之一,就是逐步形成了清华独特的教育风格和办学理念,并以此有效地推动了办学实践的进展。自出掌清华开始,蒋南翔就开始自觉地在理论高度上进行一系列探讨。到20世纪60年代初,他提出著名的"三阶段、两点论"。

早在1954年,蒋南翔谈及清华工作时就讲道:"说革命,不是要把旧的一切都打碎,相反的,要尊重原有的传统。"他在学校里也常说:"老清华早有门槛高、底子厚(基础理论学得好)、后劲大这些好传统,要继承。"1956年6月,他在给中央起草的报告中谈道:"我们认为学习苏联经验进行院系调整在总的方面是对的,这使我国高等教育更加适应社会主义建设的需要,但当时没有更多地考虑到不要破坏我国原有的基础和传统,对于我国过去学习

第一章
创建"新教育"的战略安排与策略谋划

英美资产阶级的方法办了几十年教育,其中某些有用的经验也没有采取批判的态度来吸收,而有一概否定的倾向。"他还说:"我们在总结经验时,历史上好的东西就要继承下来,在继承的基础上进行发展。这里首先是要善于继承,只有善于继承,才能更好地发展。"[1]

1956年8月,蒋南翔与杨述、宋硕联合撰文指出:"向苏联先进经验学习,这是我国高等教育的主要方向,但并不是它的唯一内容。我们还要向人民民主国家的先进经验学习,同时也要向英美等资本主义国家学习有用的东西。……任何资本主义国家的新的科学技术,我们应该虚心学习。"蒋南翔还表示要继承老清华的好传统。他不仅重视继承,还强调要超越,他说:青出于蓝而胜于蓝,可以超越过去。要敢于超越,开创我们自己新的道路。[2]

1958年开始,清华开始探索自己的道路;而这一系列探索,最后则发展为系统的"三阶段、两点论"。1962年8月在党委工作会议上,蒋南翔正式提出:"第一阶段是老清华,第二阶段是1952年学苏,第三阶段是1958年以后。每个阶段好的都应保留,有缺点都应想办法克服,肯定成绩,克服缺点,推陈出新。……应该是'三阶段,两点论'。"这段话对统一学校领导班子关于办学方针的认识,具有非常重要的意义。"三阶段,两点论"思想是蒋南翔对他到清华十年办学历程的初步总结,也是他办学智慧的结晶。它源于蒋南翔丰富的工作历练,在哲学理念上则源于"一分为二"辩证法的思想。1965年8月,他在给毕业生讲话时说:"毛主席告诉我们,什么事情都要'一分为二',我们对人,也是'一分为二'。……'一分为二'即总有好的,也还有不足的地方。正因为有不足,才要更进步嘛。……假使我们不懂得'一分为二',那就是只有一点论!实际上是'一分为二',是两点论。"他还说:"应当用'一分为二'的观点,来对待学习苏联经验的问题,来对待我们学校的工作估计问题。我们应当正视自己工作中的缺点、错误,不断地努力加以克服",应当"善于

---

[1] 方惠坚等编著:《蒋南翔传》,清华大学出版社,2005年,第208—211页。
[2] 方惠坚等编著:《蒋南翔传》,清华大学出版社,2005年,第211页。

全面地正确地分清是非轻重,分清九个指头与一个指头之别,分清主流与非主流之别"。①这些论述,已不仅仅是介绍哲学思想和工作经验,而且是对为人处世的见道之言。

四、从"解剖麻雀"到总揽全局

经过长期的历练蒋南翔已绝非一般意义上的大学校长,他不仅有教育家的品格,而且有政治家的智慧和战略家的眼光。他上任不久,就于1953年致函习仲勋等中央领导同志,建议国家重点建设少数几所基础较好的大学,充分发挥重点大学的带头作用;其中建议将清华列入这批重点大学之中。这一建议很快得到采纳,清华受到重点扶持后很快东山再起,蒋南翔本人也成为高教界的头面人物,清华的办学经验因之广受瞩目。1955年他在全国高校会议上重点介绍了清华独特的办学经验,其中有政治辅导员制度、理工结合、劳卫制、先进班集体制度等具有清华特色的政策和措施。这在当时产生了全国性的影响,不少兄弟院校亦从中多有借鉴。

在担任了7年清华大学校长职务之后,蒋南翔被任命为教育部副部长,同时继续担任清华大学的党政领导职务;1961年7月任教育部党组副书记。三年严重困难时期后,国家进入"调整、巩固、充实、提高"的阶段,教育文化领域中也存在同样的问题。1961年1月,毛泽东在党的八届九中全会上号召全党大兴调查研究之风。是年3月,教育部根据党中央和毛泽东的指示,在中共中央总书记邓小平的直接领导下,从调查研究入手,开始草拟关于各级各类学校的工作条例。教育部副部长蒋南翔把主要精力用于草拟高等学校的工作条例。针对高等教育中存在的问题,教育部在听取各方面意见的基础上拟就《教育部直属高等学校暂行工作条例》("高校六十条")初稿报党中央审核。同年7月,邓小平主持中央书记处会议,听取蒋南翔对于该条例的起草说明并进行了讨论。8月,书记处连续召开会议,对条例草案修改稿进行逐条讨论和反复修改。8月5日,大家还讨论了中央关于讨论和试行这

---

① 方惠坚等编著:《蒋南翔传》,清华大学出版社,2005年,第211—212页。

个条例草案,以及邓小平和有关负责人彭真、陆定一、康生联名写给毛泽东及中央政治局常委各同志的信,信中汇报了条例草案的制定过程及其中一些较重要的内容。①

8月23日至9月16日,在庐山召开的中央工作会议上,对"高校六十条"草案和中央关于讨论和试行这个条例又进行了讨论。9月14日,中共中央书记处讨论通过了条例,并得到毛泽东的核准。毛泽东说:"总算有了自己的东西。"意即肯定该条例在探索我国自己的办学道路上所取得的初步成果。9月15日,中共中央发出《关于讨论和试行教育部直属高等学校暂行工作条例(草案)的指示》,同时发布了这个条例。此后,蒋南翔于1961年9月在教育部贯彻"高校六十条"会议上对这个条例进行了详细说明。在讲话中,他强调整个条例的实现要有一个过程,不能操之过急;要从实际出发,要适可而止,留有余地。

此后,他还主持起草了"中学五十条"和"小学四十条"。"高校六十条"发布后受到高校广大教职工的欢迎。各高等学校通过讨论这一文献,使学校工作很快走上正轨并初见成效。实践证明,"高校六十条"符合我国国情和高教办学规律并具有一些中国特色,为办好中国社会主义大学制定出一系列重要方针政策。在该文献的形成过程中,清华发挥了重要作用,在蒋南翔之外,何东昌等人也直接参与了起草工作。在起草过程中,蒋南翔等与中央领导同志保持着密切的互动,尤其是与邓小平、林枫等同志时有沟通。他们在教育思想、办学理念等方面达成了一系列共识。这一文献极为务实且富有哲学智慧,它是新中国教育家在探索中国特色的高水平大学建设之路的重要成果。

蒋南翔1960年升任教育部副部长,后接任高教部,并继续担任清华校长。在新中国史上,以教育部、高教部主要领导的身份而兼大学校长的情况,这是迄今为止唯一的特例。

①《邓小平年谱:一九〇四——一九七四(下)》,中央文献出版社,2009年,第1654页。

五、"在时代曲折中开拓"

蒋南翔在20世纪40年代起就是党内负有盛名的大知识分子,他尊重知识分子,并始终坚持独立思考。他初到清华时,校内教授副教授大部分是老清华留下的,旧教师们常常自觉是"未改造好的资产阶级知识分子",情绪低落。当时中央的政策是老知识分子中有5%的右派,但蒋南翔则提出要"争取团结百分之百",努力团结全体教师。他主张充分发挥新老两类教师的各自的优势,还重视职工的作用,说"教师和职工是学校的两个车轮,缺一不可",让职工也感到了地位的提升。[①]

自1957年以后,受大环境影响,校内一部分学生和青年教师出现了"宁'左'勿右"的倾向,有一部分人主张红专分工、先红后专,在实际操作中,有人则倾向于只红不专甚至发展到"以红代专"[②],将红与专割裂开来甚至对立起来,认为搞业务就是走白专道路。有的学生批评"劳逸结合",认为"劳"是劳动,是劳动人民、无产阶级;而"逸"是贪图安逸享乐,是资产阶级。于是乎,全校范围内也普遍批"白专",甚至爱因斯坦、居里夫人也被批判为资产阶级"白专"典型。蒋南翔立即纠正了这种倾向,他指出:"不能这么说,如果清华能培养出爱因斯坦、居里夫人这样的科学家,那也是我们的光荣",并说:"如果清华不能培养出林家翘这样的科学家,那不能说清华的教育改革是成功的。"

在此种环境下,业务工作受到较大的阻力,很多学生不敢放胆搞业务,即便是学习专业知识,也用《资本论》盖在上面打掩护。他针对当时一些学生中出现的不敢读书、不敢多学习业务,唯恐被别人说是"捞一把"的情况,纠正说:"到清华大学念书怎么能叫捞一把呢?假如这叫捞一把,那就是要捞一把嘛,要不,你为什么要到学校来念书啊?"他还针对当时批判"知识私有"的现象说,知识就是属于私人的,学知识只能通过自己的劳动。"假使知

[①] 徐葆耕:《清华精神生态史》,中国水利水电出版社,2011年,第212页。
[②] 蒋南翔:《三年来的估计和问题》,《新清华》第603期,1961年7月11日。

识不能私有,那么就不应该有知识,一穷二白最好,最革命;大知识分子就是大资产阶级,小知识分子就是小资产阶级,有知识就是资产阶级,没有知识就是无产阶级,这一来糟糕了,这无产阶级还能建设社会主义吗?还能有无产阶级的文化吗?没有了。"①现在还不应该批判知识私有,而是要把知识拿到手。当时社会上大力提倡工农群众知识化,知识分子劳动化;有的人则将此推到极端,提倡说清华大学培养的应该是普通劳动者。蒋南翔知道后,纠正道,不能这么说,所谓培养普通劳动者是指要有普通劳动者的精神状态和阶级立场,而清华大学是国家重点建设的大学,必须为国家培养大批高级专门人才;如果清华培养的劳动者"和普通劳动者一样,那么办清华大学干什么呢?我们要教学改革,要延长学制,还要办研究院,那何必呢?并不是知识人愈多,资产阶级思想越深,那样就糟糕了。"②据此可说,如果有的青年只满足于成为普通劳动者,那就不需要上大学,更不需要上清华这样的国家重点大学。以蒋南翔为代表的一批教育家,在时代大潮中,仍坚持高等教育的精英定位,坚持高标准、严要求。在复杂的环境中,蒋南翔坚持既要解放思想,又要实事求是,唯实创新,排除来自"左"和"右"的各种干扰。

蒋南翔曾说:"看学生的质量不仅要看现在,还要看三年、五年、十年、二十年";教育制度的得失成败亦然。正是对学科发展、人才成长的规律的深刻认识,使蒋南翔等人在具体工作中能有效地应对各种挑战,不唯上、不唯书、不唯洋,只唯实。善于探求真理,更敢于坚持真理。作为校长,蒋南翔始终强调既要有革命精神,又要有科学精神。这不能不说是一种难得的政治品格。

余 论

蒋南翔到清华后,开始了大刀阔斧的变革,在学科建设、团队建设、人才培养、办学思想、社会服务和文化引领等方面都有一系列开创性成就,也在

---

① 蒋南翔:《二年来的估计和问题》,《新清华》第603期,1961年7月11日。
② 蒋南翔:《三年来的估计和问题》,《新清华》第603期,1961年7月11日。

办学理念、治校风格、制度设计、领导体制、学科布局、校园文化等方面塑造了新清华的基本形态,奠定了此后清华半个多世纪的基本框架。

蒋南翔富有国家意识和国际视野,有着过人的战略远见和强大的领导力。其理工结合、又红又专的策略,非常有效地推动了清华的发展。在学科布局方面,他巩固了传统工科,又创建了新型工科和尖端科技,顺应了国家需要和战略规划,推动清华由工科大学演变为理工科大学,并为改革开放后复建为综合性大学奠定了关键性基础。在团队建设方面,清华培养了一支精干、坚强而年轻的干部队伍。学校要求干部"双肩挑",基本消除了不懂业务的纯政工干部。学校干部队伍也成为一个"不漏气的发动机",蒋南翔则是这一干部队伍的核心人物,有着很高的领导水平和很强的工作能力。在思想建设方面,清华凝结出一整套系统的办学思想,而所有这些,都是以人才培养为始基。其人才培养的突出成绩,则在此后几十年中彰显了巨大的威力,极大地推动了国家的发展和学校自身的成长。

蒋南翔是新清华历史上迄今为止任期最长的校长,是新清华的主要奠基者。在20世纪五六十年代,新清华因蒋南翔等人而再度成为中国的头部名校之一,蒋南翔亦因新清华而成为头等教育家和新中国高教事业奠基者之一。就此而言,他是一位富有全局性前瞻性眼光的战略型教育家,也是一位极富政治智慧的教育家。

第二章 "为农工服务"：对高等教育大众性的探索

第一节 高等教育定位的探索与调适

新民主主义革命时期，中国共产党就将文教建设作为重要工作之一，并一再强调教育的大众性（人民性）。1949年以前，在积贫积弱、文盲众多（超过80%）的中国，优质教育是一种稀缺资源，高等教育机会更是只能被少数人所享有，大量平民子弟被排除在高校之门外。以至于许多人批评其是"以权贵为中心"，"专以富人为中心"。[1]对于经济极为落后的农业国而言，农村地区的教育状况显然要更令人忧心。没有良好的乡村教育就不会有乡村的彻底改造，而没有"三农"问题的基本解决，中国的工业化、现代化自然也难以实现。此间中国共产党人在一系列论述中表达的教育方向及图景，在某种意义上显然是针对当时教育中所存在的诸多弊端而提出来的，其基本取向是教育要向各阶层开放、为工农服务，尤其要着力解决农村和农民的教育问题。毛泽东在新中国成立前夕即强调道："严重的问题是教育农民。"[2]《共同纲领》继承了这一思路，并结合建政初期的实际做了更清晰的刻画和布局。新中国成立后，有关各方更多地注重解决高等教育"为谁服务""怎样服务好"等问题，进行了诸多探索，取得了历史性成就，也经历了诸多挫折。

---

[1] 周谷城：《今日中国之教育》，《教育杂志》1927年第19卷第11期。
[2] 《论人民民主专政》，《毛泽东选集》（第4卷），人民出版社，1991年，第1477页。

一、"人民教育":从构想到实践

毛泽东素来重视文教工作,并一贯强调"教育很重要,不教育,就不能应付新的局面"[1]。抗战时期,随着局势的日趋明朗,他对日后中国"新教育"的构想也日渐清晰。他在《新民主主义论》中指出:"我们不但要把政治上受压迫、经济上受剥削的中国,变为一个政治上自由和经济上繁荣的中国,而且要把一个被旧文化统治因而愚昧落后的中国,变为一个被新文化统治因而文明先进的中国。"新民主主义文化应成为"世界新文化的一部分……主张理论与实践的一致","应为全民族中百分之九十以上的工农劳苦民众服务,并逐渐成为他们的文化"。[2]及至西柏坡时期,中央高层对日后的一系列建设工作、包括教育事业已有一系列擘画。

新中国成立后,如何改造旧教育、创建新型教育成为摆在有关各方面前的一大课题。《共同纲领》颁行不久,第一次全国教育工作会议于10月召开,会议确定了新中国的教育工作方针。如果说《共同纲领》是指导教育建设的总体思路,那么此次会议则对这一思路进行了具体化,使其成为整个教育工作的指针。[3]此后,有关方面又于1951年召开了第二教育工作会议。当时的社会迫切需要培养一批新型专门人才,包括又红又专的新型知识分子,高等教育无疑是培养新型高级专门人才的主渠道。毛泽东认为:"要改变社会就要革命,革命要靠革命青年。"[4]他重视青年知识分子的培养,致力于推动"工农分子知识化,知识分子工农化",消除"知识分子和工农分子的界限"。[5]刘少奇指出:"我们的大学要教育出为人民服务的干部。我们不只是破坏旧中国,而且还要建设新中国的经济、政治、文化,因此要培养建设新中国的干部。"1950年8月,周恩来在报告中指出,要在满目疮痍的旧中国的烂

---

[1]《毛泽东年谱:一九四九——一九七六》(第2卷),中央文献出版社,2013年,第39页。
[2] 毛泽东:《新民主主义论》,《解放》1940年2月20日。
[3] 张礼永、郭军:《筚路蓝缕1949—1966》,广东教育出版社,2009年,第6—7页。
[4]《毛泽东年谱:一九四九——一九七六》(第2卷),中央文献出版社,2013年,第383页。
[5]《毛泽东年谱:一九四九——一九七六》(第2卷),中央文献出版社,2013年,第35页。

第二章
"为农工服务":对高等教育大众性的探索

摊子上进行建设,"现有的专家不是太多而是不够","现在愈接触各种事实,愈使我们感到这个问题的严重性"。①在此情势下,有关部门开始对高校毕业生统一分配,以满足各行各业的人才需求。

1950年夏,有关各方积极筹备第一次高等教育会议。4月2日,毛泽东应马叙伦邀请为《人民教育》杂志创刊号题词:"恢复和发展人民教育是当前重要任务之一。"②1950年4月22日,毛泽东阅陆定一关于政务院文教委工作计划的报告,批示说"党的宣传教育工作亦应当有一个计划"。③5月29日召开第一次高等教育会议,毛泽东同教育部负责人谈高等教育工作。毛泽东说:教育要改革,要变,但是不要急,要有步骤地变;教育改革要同整个社会的变革配合好。可见毛泽东对教育的社会性、对教育与社会系统的内在关联有清醒的认知和深刻地把握,并把教育变革作为社会变革的一个重要方面。6月,第一次全国高等教育会议召开。会议代表一致认为,今后的高等教育应"培养具有高度文化水平的、掌握现代科学和技术成就的、全心全意为人民服务的、高级的国家建设人才而努力,应该准备开始积极吸收工农干部和工农青年进我们的高等学校,以培养工农出身的新型知识分子"④。6月8日,周恩来在大会发表讲话:"我们的教育是大众的,是为人民服务的,这是我们教育的方向。……我们的高等教育首先就要向工农开门,培养工农出身的新型知识分子。……但是,培养工农知识分子不是一下子就能办到的,需要有计划有步骤地进行,需要不断地努力。……我们一定要在若干年内从劳动人民中培养出大批新型的知识分子。"他指出:"不能取消大学教育培养高级建设人才的方针。……有必要将现有的大学调整得更好一点。目前,大学还不能大量地扩充与发展,高等教育只能根据我们经济的发展而

---

① 《建设与团结》,《周恩来选集》(下卷),人民出版社,1984年,第25—26页;《周恩来年谱:一九四九——一九七六》(中卷),中央文献出版社,1997年,第1073页。
② 《建设与团结》,《周恩来选集》(下卷),人民出版社,1984年,第109页。
③ 《建设与团结》,《周恩来选集》(下卷),人民出版社,1984年,第123页。
④ 马叙伦:《第一次全国高等教育会议闭幕词》,《新华月报》1950年第3期。

发展。"①以上论述也清晰地显示,有关各方虽然重视高等教育发展的速度和规模,但并不认可为此而降低标准和质量。这在当初就是有明确共识的,只是日后的实际操作难免遇到新的挑战和问题。

二、教育改造与"人民教育"的推进

《共同纲领》及一系列会议确立的基本精神是教育为国家建设服务、学校向工农开门。为更好地落实此精神,教育部和全国总工会于1950年9月联合召开了第一次全国工农教育会议。在开幕式上,马叙伦部长说,在旧中国"工农及其子女向来被排斥在国家教育的门外。这现象一直到共和国成立,才在全国范围内开始了根本的改变"。"中央人民政府把发展工农教育,培养工农出身的新型知识分子,作为自己极其重要的任务。国家对于工人、农民的教育将继续日益扩大其范围,并为他们开辟无限光辉的前途。"②

1950年12月14日,政务院总理周恩来署名发布文件,拟创办一种三年制工农速成中学,抽调工农干部和解放军指挥员战斗员,在三年间完成中等学校的基本课程,毕业以后直接升入大学或高等专科学校;其核心乃是"提高工农干部文化水平,适应建设事业需要"③。这一举措既牵涉到基础教育,也牵涉高等教育,它表明此后高校的生源结构和办学性质将迎来实质性转变,相当一部分工农子弟或工农兵干部将进入高校,意味着高等教育将真正落实"为工农兵服务"的办学方向。

为适应经济建设需要,教育部还拟定了全国工学院调整方案,促进大学教育与大规模经济建设紧密结合。④1952年元旦,《人民日报》发表社论指出,为准备经济建设,必须准备干部。因此,应当在1952年改革教育制度,

---

① 《在全国高等教育会议上的讲话》,《周恩来文化文选》,中央文献出版社,1998年,第386—390页。

② 张礼永、郭军:《筚路蓝缕1949—1966》,广东教育出版社,2009年,第94页。

③ 《提高工农干部文化水平,适应建设事业需要》,《周恩来文化文选》,中央文献出版社,1998年,第401—403页。

④ 《习仲勋传》(上卷),中央文献出版社,2008年,第213—214页。

第二章
"为农工服务":对高等教育大众性的探索

扩充中级和高级学校,以便大规模地培养所需干部;应当在知识分子中展开思想改造运动,以使现有的和将来的知识分子能够忠诚地服务于人民事业。[1]经过一系列酝酿,从1952年下半年起,对全国各地高校分期分批进行院系调整和专业设置的工作。[2]经此调整,尽管综合性大学数量骤减,但大学生总数和工科院校的数量及规模都空前扩张。这次调整是有计划、有组织、有步骤地改造高教制度、教学组织的重大措施,使高等教育形成了新格局,地域布局大大优化;但其也存在某些生搬硬套的倾向,对教育产生了长期的不利影响。院系调整使高等教育的结构发生根本变化,其办学方向也得以夯实,但质量问题则随之日渐突出。伴随着院系调整的,还有办学思路的变迁和高等教育样态的变化,以及高等教育规模的大幅扩张。

在中央领导的重视下,教育改造逐步推进,教育规模也在持续扩大。在相关思想的指导下,北方从1949年起、全国从1950年起进行了持续的高校扩招,同时陆续新设了一批院校,在校生人数亦持续大幅增长,达到空前的规模。1949年,全国已解放地区的高校共招收新生30573人、研究生242人,1953年招收新生81544人、研究生2887人,此外还有不少归侨子弟及来华留学生。[3]从1950年开始,高校在大幅扩招的同时,还强调考生的家庭出身,通过多种方式大幅提升工农子弟的比重。大量工农速成中学毕业生和机关、部队人员进入高校。此举在实质上乃强调教育的政治属性和政治选拔功能,对其业务属性(专业性)的关注则有所欠缺。许多高校也大面积地出现质量下滑的趋势,办学质量问题旋即凸显。这一趋势在1952年招收生中体现得尤为突出。对此,后续的纵深改革和质量提升显得非常迫切。

新中国成立伊始,有关各方就将高等教育作为教育工作的重中之重;为此还专门成立了高等教育部。1952年11月,中央决议,高教与普教分开,成

---

[1] 刘光主编:《新中国高等教育大事记1949—1987》,东北师范大学出版社,1990年,第32页。
[2] 刘光主编:《新中国高等教育大事记1949—1987》,东北师范大学出版社,1990年,第37页;《习仲勋传》(上卷),中央文献出版社,2008年,第213—214页。
[3] 刘光主编:《新中国高等教育大事记1949—1987》,东北师范大学出版社,1990年,第6、20、31、42、64页。

立高等教育部,部长为马叙伦;教育部部长为张奚若。12月25日举行成立大会。独立设部,是国家意志使然、是加强高等教育的客观需要,同时也助推了高教规模的过快扩张。12月,高教部召开京、津高校负责人座谈会,研究、解决高校因教学改革贪多冒进造成忙乱,影响教学效果和师生健康的问题。会议提出,教学改革必须有重点;采取苏联的教学计划、教学大纲与教材,应在不破坏科学系统整体性的原则下按我国高校具体情况加以适当压缩或精简;根据学生程度分班,积极帮助程度差的学生补习重点课程;减少或缓教一些课程,以减轻师生负担。①

在全国经济恢复基本完成的情况下,中共中央决定,从1953年起实行第一个五年计划。经济建设和文化建设是相辅而行的两个轮子,文教工作也提上了党和国家的重要日程。②新中国成立之初,中宣部的首任主官陆定一,积极贯彻中央精神,贯彻党的文教建设的总路线与总方针,并做了一系列努力。其中包括:发展工农教育,培养农民出身的新型知识分子;协助创办一所中国人民大学,抽调工农出身的学生入学学习;创办三年制的工农速成中学,抽调工农干部和解放军指战员在三年间完成中等学校的基本课程,毕业后直升高校。③随着院系调整进入后半程,文教工作的领导团队也出现了人事调整。随着政局日渐稳定,统一领导和经济建设地位凸显,国家的治理结构也进一步调整。新中国成立初期所形成的大区制走向尾声。1952年7月,刘少奇批转《关于加强党中央办事机构的意见》,提出拟于1953年初将各中央局的书记抽调出来,以加强中央领导。"五马进京"渐次启动,西南局第一书记邓小平率先于当年7月举家入京。1952年8月,邓小平被任命为政务院副总理。④同日,中央决定加强文教委的领导力量,任命习仲勋接替"老宣传"陆定一,担任政务院文教委副主任兼党组书记,协助政务院副总理兼文教委主任郭沫若,

---

① 刘光主编:《新中国高等教育大事记1949—1987》,东北师范大学出版社,1990年,第33—41页。

② 《习仲勋传》(上卷),中央文献出版社,2008年,第213—214页。

③ 陈清泉:《在中共高层50年:陆定一传奇人生》,人民出版社,2006年,第166—167页。

④ 《邓小平年谱:一九〇四——一九七四(中)》,中央文献出版社,2009年,第1065页。

第二章 "为农工服务"：对高等教育大众性的探索

领导文化部、教育部、高教部、卫生部等部委的工作。[①]1953年3月，有关文件规定：文教工作，由习仲勋负责。[②]1952—1954年间，基本确立了由邓小平、习仲勋协助周恩来掌管全国文教工作的格局。

三、反弹与应对：从扩张到调整和"重点发展"

随着"三大改造"顺利进展，社会性质逐渐变化，社会主义因素日增，社会变革总体上步入正轨，对高等教育作为上层建筑进行根本性改造的契机也日趋成熟。经济发展和现实社会的变革，特别是当时的"一五"计划的实施和配套工作，对教育发展提出了更高的要求。1952年，中共中央制定了过渡时期的总路线。总路线对高等教育提出了新的要求，即迫切需要通过改革和调整，培养大批高级专门人才以满足国家急需。1952—1953年，全国高等学校进行了大规模院系调整，同时开展教学改革。[③]1953年，教育改造的基调有所转变，特别是高等教育的改造。马叙伦在华北区各高校负责人座谈会上说："从今年起，国家大规模的、长期的、有计划地建设开始。教育建设为经济服务，首先要为国家工业化服务。"[④]由此，这一阶段的高等教育面临着双重任务：一方面是实现从新民主主义教育向社会主义教育的性质转变，另一方面是在规模扩张的条件下实现质量提升。这在中国教育史上是一场前所未有的复合型的变革。其对教育系统来说，无疑具有相当高的挑战度。

由于当时持续扩招和迅速扩张而造成的质量严重下滑，已成为教育工作中的一个突出问题。对此问题，一线的教育工作者有直接感受，而在中央

[①] 刘光主编：《新中国高等教育大事记1949—1987》，东北师范大学出版社，1990年，第38页；《习仲勋传》（上卷），中央文献出版社，2008年，第214页。

[②] 1953年3月10日，中共中央作出《关于加强中央人民政府系统各部门向中央请示报告制度及加强中央对政府工作领导的决定（草案）》，并下发实行。该草案对政府工作中各领导同志的分工做出明确规定：国家计划工作由高岗负责，文教工作由习仲勋负责。

[③] 按：1953—1955年，高教部和教育部又召开一系列工作会议，明确了各类院校改革的目标和要求。

[④] 张礼永、郭军：《筚路蓝缕1949—1966》，广东教育出版社，2009年，第68—69页。

层面,协助周恩来开展工作的邓小平、习仲勋等对此有着敏锐的洞察。1952年12月,邓小平在渝出席中共西南局的会议时,明确表示:现在应把钱主要用在大、中学方面;学校也要做好检查。①习仲勋在调研中注意到当时存在种种问题。高校对教学改革要求过急,有的学校试图以四年时间学完苏联五年制的课程,每周教学时间多达70至90小时,师生健康受到严重影响;许多地方脱离实际地实行"五年一贯制"。习仲勋认为,存在这些问题,主要是由于领导机关往往从主观愿望出发;许多方面贪多、图快,好大喜功。这就不可避免地要发生强迫命令、形式主义。针对这些情况,习仲勋指出,整顿文教摊子,必须先有稳妥的办法,然后再办。②

习仲勋主持文教委的工作后,面对文化教育整体落后、不适应大规模经济建设需要的情况,在经过深入调查分析和思考后,决定召开一次全国性会议。③1953年1月13日,习仲勋在会上作了关于1953年文教工作的方针和任务的报告。他在报告中指出:"教育是文教工作中的重点,而教育工作的重点是高等教育。必须研究解决高等学校教学改革中的问题,大力整顿中等技术学校,并吸收大量工人进入学校。"④文教工作必须很好地为经济建设服务。这次会议,明确了文教工作的指导思想,安排部署了1953年文教工作的任务,使大规模经济建设时期的文教工作有了一个良好开端。此次会议的精神代表着政务院的共识,并最终成为全党决策层的普遍共识,由此而转化为相应的文件和政策。由此,高层的思路也转化为国家意志,落实为各级部门和基层(包括教育第一线)的一系列积极行动。1953年3月13日,邓小平主持政务院的政务会议,听取并讨论马叙伦作的关于高校教改情况的报告,在总结时指出:这个报告总的精神是收缩的。即使收缩,也还是积极的,是有计划、有办法、有步骤的。高等教育部的工作,一方面要根据需要,一方面要根据可能,同时还需要超过些。还说:用苏联经验会一下子用不通的,需要结合

---

① 《邓小平年谱:一九〇四——一九七四》(中),中央文献出版社,2009年,第1084页。
② 《习仲勋传》(上卷),中央文献出版社,2008年,第215—216页。
③ 《习仲勋传》(上卷),中央文献出版社,2008年,第214页。
④ 刘光主编:《新中国高等教育大事记1949—1987》,东北师范大学出版社,1990年,第44页。

第二章
"为农工服务":对高等教育大众性的探索

实际。①这些文教工作一线领导者的意见,集中体现了当时的基本思路。

如前所述,这一阶段高教工作的思路是"以培养工业建设人才和师资为重点,发展专门学院和专科学校,整顿和加强综合性大学"。从字面意义上看,"重点发展"的对象主要是工科及师范院校,质量之"提高"则优先针对综合性大学,二者的指向有所差异。但就当时的实际操作而言,二者密切相关,主要是通过"整顿"实现"提高"。而为了提高,又需加强综合性大学进行重点建设,提高质量,培养更多高水平的师资。"整顿与提高"实际上成为这一时期高等教育发展的主线、主旋律。政策出台后,尽管当时高校扩招的步伐有所放缓,增速有所回落,但在绝对数量上仍在持续扩张。

"调整巩固、重点发展、提高质量、稳步前进",这16字中,每一句话都有特定的所指、有现实的配套政策,相互之间密切相连。提高质量是核心和统领性的,为此,必须克服忙乱,抓住重点,优先搞好少数高校,主抓综合性大学、工科院校及师范院校。改造发展新教育一以贯之的任务就是要扩大工农受教育的机会;但在教育急速改造的同时如何保障质量、实现数量(速度、规模)与质量(效益)的有机统一,则是个巨大的挑战。操之过急,则往往欲速不达。为坚持方向、提高质量,有关部门进行了多方面的探索,其中主要包括:提高中学质量,逐步扩充高中生源,加强速成中学的教育;加强课程和教材及培养体系建设,提高课程质量;加强大学的科研工作,以科研支持教学质量的提升;加强重点大学建设,抓住重点,优先建设少数重点大学,重点大学突出科学研究和师资培养的职能;加强干部保障和领导力量,增加必要的经费投入。②历史地看,上述措施对控制招生增幅的效果不算明显,但却对重点大学建设产生了深远影响。重点大学问题原本是政策调整的产物,最后则由临时"政策"变为一项传之久远的"制度",出现重点大学制度化,之

---

① 《邓小平年谱:一九〇四——一九七四》(中),中央文献出版社,2009年,第1103—1104页。
② 刘光主编:《新中国高等教育大事记1949—1987》,东北师范大学出版社,1990年,第50页;李莉琴、李欣茹:《"重点校"与"名校"辨析》,《教育科学研究》2008年第2期。

后成为中国高等教育制度的一部分。①

该制度的初衷是集中力量,保障少数高校迅速提高教育质量和科学水平,使之成为高教系统的领头羊。②是年6月,第二次全国教育工作会议提出了《关于有重点地办好一些中学与师范学校的意见》。9月,毛泽东提出"要办重点中学"。随后,"重点学校"制度推广到高教领域。在中央关于高等教育应坚持"十六字方针"的指导方针下,③1954年10月5日,高教部发布《关于重点学校和专家工作范围的决议》,指定中国人民大学、北京大学、清华大学等6所高校为全国重点大学。后陆续增加。其中,综合性大学有2所。④此举不仅创建了重点大学,而且使之制度化,延续至今。⑤

既然要切实提高质量,就必须抓好重点,而当时的重点主要是综合性大学和工科院校及师范院校。这一循序渐进的思想反映到了此后文教工作的各个层面。1953年5月,周恩来在政务院的会议上发言《院系调整要有重点

---

① 尽管这方面已有诸多共识,但在此后一段时期,高校师资力量的增加其实仍较为有限,特别是教师职称制度的约束产生了相当明显的影响。一方面,科学院系统及各部委的研究机构与高校在人才上存在着强有力的竞争;另一方面,高校内部的纵向流动、职称晋升方面存在显著不足。因此,高校的人才结构这一重要问题长时期未获充分解决,从而扭曲了师资队伍建设的逻辑。这不能不在相当程度上制约高校系统的创造活力和可持续发展的后劲。

② 实际上,自重点学校出现之初起,对重点学校制度的质疑就没有停止。例如,1955年《人民教育》第4期发表《在改进领导工作中,对"重点"应怎样正确认识?》,质疑其并未实现"取得经验,推动一般"的预期效果,反而产生了重点学校与非重点学校的矛盾;重点学校强调整顿压缩,与当时提出的"扩大和加快"工业化发展的形势格格不入,等等。后来,在20世纪60年代初的教育"整顿、巩固、提高"工作中,有关方面也曾重新提出重点学校制度。参见《问题解答》,《人民教育》1955年第4期;胡炳仙:《中国重点大学政策的历史逻辑与制度分析》,中国海洋大学出版社,2010年,第6—7页。

③ 马叙伦:《高等教育的方针、任务问题(1953年2月10日)》,何东昌:《中华人民共和国重要教育文献(1949—1975)》,海南出版社,1998年,第192—194页。

④ 何东昌:《中华人民共和国重要教育文献(1949—1975)》,海南出版社,1998年,第362页;胡炳仙:《中国重点大学政策的历史逻辑与制度分析》,中国海洋大学出版社,2010年,第28—29、6—7页。

⑤ 当然值得注意的是,重点大学群内部也存在竞争,国家对其也一直在动态调整。这一点,一直到数十年之后仍一以贯之。相关情况,可在与国际对标比较中得到更清晰地呈现。际兹不赘。

地稳步前进》,开头就说:"我们现在全面进行院系调整的各种条件是不是都已成熟了?要实事求是,不要盲目乐观。今后,我们的工作应该采取有重点地稳步前进的方针。……不是不进或冒进,也不是齐头并进"。"先搞重点,其他就可以逐步带动起来。……应该实事求是,首先是调整好综合大学和工科大学。"[1]"不要搞平均主义。""摊子不要铺得太大,一定要有重点"。[2]同年9月,中央政府通过了政务院文教委的工作报告,确定了今后文教工作的总方针。教育部编制颁发了1953年全国教育建设计划,这是新中国的第一个比较系统、完整的教育事业发展计划。[3]翌年7月9日,邓小平在主持政务院会议的总结讲话中强调:我们不能讲平均主义。教学纪律必须整顿。[4]通过这一系列的探索,当时的高等教育逐步克服忙乱,切实保障了质量提升。经此纠偏,高教发展逐步暂时重回正轨。

教育的性质在根本上取决于其所依存的社会的性质。社会性质的变化,自然决定了教育方向的变革。当时的高等教育坚持政治方向,坚持教育为国家建设服务、向工农开放;大量招收工农子弟和机关、部队工作人员,培养新型知识分子;对知识分子进行思想改造,助其更好地适应新的时代、新教育,更好地为工农服务。通过以上一系列方式,努力提高办学质量,更好地为国家建设培养人才。

四、教育"过渡阶段"的向度及逻辑

新中国成立初对高等教育规律的探索实践,有着非常丰富的内涵。方

---

[1]《院系调整要有重点地稳步前进》,《周恩来文化文选》,中央文献出版社,1998年,第411—412页。

[2]《院系调整要有重点地稳步前进》,《周恩来文化文选》,中央文献出版社,1998年,第412—413页。

[3] 按,1955年有关部门又进一步提出"以提高教育质量为重点,有计划有重点地稳步发展"的工作方针。

[4]《邓小平年谱:一九〇四——一九七四》(中),中央文献出版社,2009年,第1183—1184页。

向、质量和结构成为其中的三个重要向度;①此外,红(政治)与专(业务、制度化)、数量与质量等方面也是亟须协调。对这些基本问题的把握缺乏经验,是许多新政权普遍存在的问题。

方向、质量和结构三者密切相关。方向当然是统帅,要坚持向工农开门、要实现"大众的"高等教育,高校就不能不扩张;但为了服务得更好,就需要确保教育的高质量;为了实现方向与质量的高水平统一,则需要有合理的结构(治理结构、学科结构和区域布局)。应该说,到1953年,高等教育的方向日渐明晰、结构基本稳定后,质量问题开始显得更为突出。这也成为此后多年高等教育发展的最重要议题之一。

从指导思想看,高层对教育系统改造的最初思路原是主张渐进的;只是在当时复杂的形势下,在纵深的社会变革大潮中,实际上未能完全贯彻当初的原则,出现某种急躁冒进的趋势,造成较大偏差,引发了反弹。尽管当时高等教育的发展趋势和目标是实现大众化,但毕竟"普及"与"提高"、大众性(人民性)与大众化之间还是有巨大差异的。在基础教育领域,当时中国确有较快地普及小学教育的必要与可能,但在高教领域加速追求大众化,势将欲速而不达,使教育质量滑坡。

从延安时期开始,中国共产党就明确了今后教育的人民性,并开始致力于实现此目标。但是,"大众性"毕竟不等于"大众化"。大众性是教育的性质或价值取向,而大众化是教育的阶段或发展程度。前者是教育的社会政治属性,大众化是教育的专业形态,二者分属不同范畴,它们之间有着巨大的张力。显然,当时的有关决策者对此尚未有清晰的认识。现代高等教育是高度复杂的系统,高等教育大众化有着特定的内涵;其实现需要长期不懈

---

① 按:在某种意义上,规模也是其中一个重要向度,由此,这一构型可构成四重向度。这种规模,表现在宏观方面的全国教育规模,也表现于不同行业(领域)的高校的阵容及各高校的办学规模,亦囊括后文所论及的师资队伍的规模等。又,不同区域的高校数量及人才培养规模等,亦可在此列。如当时东北地区工业体系的重要性,对当地高校群的兴建与扩容、对高级专门人才的培养规模和对区域外人才的吸纳与集募,显然是有高度关联的。此问题,与高等教育关系实不在小。对此议题,拟另作详探。

第二章
"为农工服务":对高等教育大众性的探索

的努力,不可能仅凭热情和干劲而在短期内速成。纵观发达国家,从高教体系基本建立到实现高等教育大众化之间,莫不有相当长的"过渡期"。当时新生的人民政权,迫切期待实现"人民教育"的宏愿。但这是一个艰巨的历史过程,在当时的情况下是难以实现的。正如邓小平指出的那样,当时的中国,年轻人口众多,其数量和占比都远远超过西方国家,要在短短一两个五年计划内解决数千万青年的受高等教育的问题,是异常困难的。当时新生政权在此方面的认知水平和驾驭能力均显不足,亦缺乏治国理政的经验。对许多问题,未能获得更长时间从容探索。

表2-1 相关国家高等教育毛入学率的变迁

(单位:%)

年份	美国	英国	法国	德国	日本	意大利	中国	西班牙	奥地利	丹麦
1940	16	—	—	—	3.73	3.9	—	—	—	—
1949	21.11	—	5.17	—	4.83	5.74	0.26	—	—	—
1950	20.01	—	5.3	3.93	2.95	5.78	0.31	—	—	—
1951	18.99	—	5.38	4.02	4.24	5.62	0.34	—	—	—
1952	19.57	—	5.61	4.13	5.43	5.55	0.41	—	—	—
1953	20.78	—	5.73	4.26	6.05	5.44	0.45	—	—	—
1954	22.87	—	5.98	4.26	6.62	5.26	0.53	—	—	—
1955	24.80	—	6.07	4.4	7.01	5.23	0.60	—	—	—
1956	27.24	—	6.7	4.78	7.33	5.29	0.91	—	—	—
1957	30.11	—	7.23	5.03	7.61	5.49	1.01	—	—	—
1958	30.55	—	7.82	5.3	7.73	5.73	1.60	—	—	—
1959	31.84	—	8.33	5.42	7.88	6.07	2.16	—	—	—
1960	31.66	—	8.83	5.85	8.11	6.48	3.49	—	—	—
1962	32.08	4	12%	6.45	8.95	7.72	2.44	—	—	—
1963	35.48	—	14.18	6.91	10.06	8.39	2.25	—	—	—
1964	38.59	—	15.66	7.45	11.35	9.05	2.09	—	—	—
1969	47.47	—	19.04	11.47	14.74	15.15	0.15	—	—	—
1970	47.84	14.1	18.29	13.45	15.81	16.7	0.06	8.91	11.76	18.28
1973	49.73	—	19.55	16.03	21.57	20.94	0.52	—	—	—
1975	—	18.9	24.45	—	—	25.07	—	20.36	18.9	29.41
1978	53.07	—	24.15	20.32	34.32	25.91	1.56	—	—	—

续表

年份	美国	英国	法国	德国	日本	意大利	中国	西班牙	奥地利	丹麦
1980	56.48	—	24.58	20.99	34.03	25.49	2.24	24.2	23.2	28.6
1985	—	21.8	29.8	—	—	25.7	—	28.6	26.3	29.3
1990	—	30.2	39.6	—	—	30.8	—	36.7	35.2	36.5
1994	—	48.3	43	—	—	40.6	—	46.1	44.8	45
1995	81.8	48.3	51.0	41.1	40.90	41.4	6.86	—	—	—
2000	87	58	60	—	49.1	—	12.5	—	—	—
2003	—	63	—	—	—	—	17	—	—	—

资料来源：根据以下资料整理所得，"Appendix II Enrollment Rates in Higher Education, 1850—1992", Paul Windolf, *Expansion and Structual Change: Higher Education in Germany, the United States and Japan, 1870—1990,* Routledge, 2018, pp.259—262; UNESCO Statistics Yearbook, 1980, pp.157—215,1992(3), pp.17—70, 1998(3), pp.35—76;谢作栩：《中国高等教育大众化发展道路的研究》，福建教育出版社，2001年，第225—253页；张洪亚：《美、英、日三国高等教育大众化扩张重点之比较和借鉴》，《现代大学教育》2002年第3期；王祖林：《美英法日四国高等教育大众化实践途径比较及启示》，《石油教育》2009年第6期。按，因统计口径不同，不同版本的数据内容略有差异，此处暂时以此为准来参照讨论。相关理论阐发，可参见潘懋元、罗丹：《多国高等教育大众化模式比较研究》，《高等教育研究》2007年第3期；邬大光、胡艳婷：《解构与重构：对马丁·特罗大众化理论的再认识》，《复旦教育论坛》2023年第3期。

由表2-1可知，二战后，发达国家多在20世纪50年代到80年代（主要是战后西方的"黄金三十年"）先后实现高等教育大众化。[1]即便素称保守、最注重高等教育精英性的英国，也在逐步跟进。从精英高等教育到大众高等教育之间存在着一个"过渡阶段"，这一阶段或可缩短，但绝难跳跃。而这些

---

[1] Thomas D. Snyder, *120 Years of American Education*, US Department of Education, National Center for Education Statistics, 1993, p.55; UNESCO, *Statistical Yearbook*, UNESCO Publishing and Bernan Press, 1997, pp.62—95; RIHE International Seminar Reports, *Academic Reforms in the World: Situation and Perspective in the Massification Stage of Higher Education*, Hiroshima University, 1997, p.26. 相关研究，亦可参见巩象忠：《西方发达国家高等教育大众化对我国的启迪》，《中国教育研究论丛》2006年第5期。另须一提的是，在20世纪后期，作为东亚国家的韩国，其高等教育的发展亦非常迅速，规模和质量皆引人瞩目，可谓是全球高教界的亮点之一。限于篇幅，暂不赘述。

第二章
"为农工服务"：对高等教育大众性的探索

国家都经历了各自的过渡期(三四十年甚至近百年)，[1]才真正实现高等教育大众化。高等教育的这一转型是二战后的世界性浪潮，但各国的基点和策略显然有巨大差异，进度和成效也各具特点。20世纪50年代的中国在上述浪潮中虽然略为滞后，但并不落伍，仍基本赶上了这波潮流。然而，当时中国高等教育虽在强劲扩张，但其基础差、底子薄(1949年的毛入学率仅增至0.26%)，仍处于极度精英教育阶段，显然不可能在短期间内实现大众化。要让大量工农子弟享受优质高等教育，在当时无论如何是难以实现的。直到数十年后，随着条件日趋成熟，中国高等教育毛入学率才于2003年达到17%，从此进入大众化阶段。[2]上述过渡期大约半世纪。从全球看，中国高等教育的发展晚于发达国家，但与同期的其他后发国家相比，在科技教育方面的发展仍是较快的。

20世纪50年代的中国，无论是要在教育上"赶英超美"还是实现"大众的"高等教育，其实都大大超越当时的历史阶段，也大大超越了经济社会发展的现实基础。对此问题，当时已不乏反思之声。而更为深刻的反思则是在 二十年后的改革开放时期。正是在一代代清醒而务实的有识之士、有力之士的持续努力下，中国高等教育与社会经济协调发展，实现了大众化，实现了规模上的"赶英超美"。

余 论

新中国成立初期，纵深的时代裂变中，中国高等教育也发生了深刻嬗变。为了寻求中国自己的教育之路，各方开始了一系列新探索。在1953年1月的文教委主任会议后，从高层到基层，都对质量导向形成共识。"整顿与

---

[1] 对此，亦可参见潘懋元、谢作栩：《试论从精英到大众高等教育的"过渡阶段"》，《高等教育研究》2001年第2期；胡建华：《"后发国家"高等教育大众化的基本特点》，《教育发展研究》2002年第1期。

[2] 谢作栩、黄荣坦：《20世纪下半叶中国高等教育规模发展波动研究——兼21世纪初高等教育发展预测》，《教育研究》2000年第10期；谢作栩：《高等教育大众化量的规定性探析》，《江苏高教》2003年第6期；谢作栩：《试析高等教育大众化发展道路的形态——兼论中国高等教育规模扩张的"度"》，《东南学术》2002年第2期。

提高"成为此后一段时间高教工作的主线。

　　教育的接收、改造、调整与提高之间有甚多差异,但又深度纠缠,并非泾渭分明。严格说来,在整个社会主义改造基本完成之前,教育改造的过程就从未停止。在1953年开始的整顿提高后,高等教育进入了新阶段。"一五"期间,高等教育继续扩张。1958年,在"赶英超美"的口号声中,教育领域提出"15年普及高等教育"的口号,使中国普通高校从1957年的229所增至1960年的1289所。这一政策施行仅仅3年,便不得不做出调整。在整个五六十年代,高等教育出现了三次大起大落。正如调整是系列过程一样,后续进程中对数量与质量的再平衡,也是一个持续的过程。1954年宪法的颁行,意味着社会主义改造大局已定。根据中央的指示精神,高教部、教育部提出1956年教育事业的建设方针是:"加速发展、提高质量、全面规划、加强领导"。高等教育要尽可能地扩大数量,并抓紧制定12年远景规划。此后,教育事业发展迅速,出现了发展速度过快、超过了可能的条件等现象。对此情况,1957年有关部门提出要"适当收缩,保证重点",切实注意质量,务使计划放在既积极又充分稳妥可靠的基础上,重点是保证质量。1958年后,扩张势头再次兴起。一批名校向"万人大学"的规模扩张。以清华大学为例,该校在1948年只有4000余人,1959年,该校本科最大规模被定为11000人,北京大学为10000人。[1]应当说,高等教育的大众化、高等院校的巨型化,在当时已成世界性浪潮,许多发达国家的大学都已呈现"巨型化",[2]中国大学亦颇为相类。但是,二者的历史基础和具体特征显然是有明显差异的。对中国

---

[1]《中共中央关于印发教育工作的十个文件的通知(1959年5月17日)》,何东昌:《中华人民共和国重要教育文献(1949—1975)》,海南出版社,1998年,第903页。

[2] 按,世界高等教育史上的经典之作克拉克·科尔(Clark Kerr)的《大学之用》(*The Uses of The University*)便诞生于这一阶段,可谓对此浪潮的学术回应。事实上,当时美国大学在此浪潮中处于前列,其高等教育的变革和兴盛也异常突出。这是同时期的欧洲国家(昔日的学术中心)所难以企及的。正是一大批极富活力的巨型大学的崛起,促成了全球高等教育中心由欧洲向美国的大迁移。"多元巨型大学"(multiversity)是克拉克·科尔对相关现象的概括,很快便成为经典概念,并风靡西方高等教育界。当然,其正式传入中国,已是在数十年后的改革开放时期了。

第二章
"为农工服务":对高等教育大众性的探索

大学而言,学术积淀的薄弱和优秀师资的紧缺,无疑是一个非常突出的问题。1949年后,中国高校的教授人数一直呈下降趋势,到1977年只剩2288人,仅是1947年的1/3,年龄方面也严重老化。[1]在高校教职员队伍中,职员、政工干部的数量和占比迅速提升,高级教师数量维持低水平,占比更是持续大幅下行。这对师资队伍的优化升级是极为不利的。

对这些情况,此间许多有识之士也是有所认识的。其中,蒋南翔当时提出了独到的见解,日后更有一系列深刻的反思。他认为,教育建设要正确处理数量和质量、普及和提高、需要和可能的辩证关系;不考虑客观需要和国家所付出的代价,只追求数量,不注重质量,造成较大比例的"不合格"毕业生,将给国家造成人力物力的巨大浪费。谈及高等教育三次大起大落带来的重大困难留下的严重后遗症时,他语重心长地说:"如果现在无视质量问题,将要贻误于将来。"[2]他特地强调:"我们要求质量,也要求必要的数量。……经验反复证明,没有质量的数量是虚假的数量。盲目地追求虚假的数量,将造成巨大浪费,并留下各种后遗症。"[3]要办社会主义教育,必须坚持正确的方向;要在经济不发达的大国办教育,尤须注重质量。质量意识在任何时候都是不可忽视的。

对早期的中国高等教育来说,无论是"大众化"还是"提高"都是艰巨的任务。如何在促使大众高等教育急速前进(事实上很难做到"稳步前进")的"过渡期"内实现质的"提高",则更是巨大的挑战。作为主管领导的邓小平,在亲自见证了高等教育的进展与挫折后指出:"目前教育方面要解决的问题,主要是普及与提高的问题,我们的方针是,一要普及,二要提高,两者不能偏废。光普及不提高,科学文化不能很快进步;只提高不普及,也不能适应国家各方面的需要。""现在看来,普及问题比较容易解决,

---

[1]《第二次中国教育年鉴·第十四编·教育统计》,商务印书馆,1948年,第1404页。
[2] 蒋南翔:《谈谈当前的教育形式——在教育部座谈会上的讲话(摘要)》,中国高等教育学会、清华大学:《蒋南翔文集》,清华大学出版社,1998年,第993页。
[3] 蒋南翔:《谈谈当前的教育形式——在教育部座谈会上的讲话(摘要)》,中国高等教育学会、清华大学:《蒋南翔文集》,清华大学出版社,1998年,第1133页。

比较难的是如何提高。"①这是对教育发展的历史总结,也是对中国建设与改革的见道之言。

第二节 高校招生制度的张力及其因应

高校招生方式变革是20世纪50年代中国教育体系重建的重要标识之一。在新的社会秩序下出现的高校招生方式的变革,始终与时代环境及国家建设密切相关。是时,在高等教育入学机会分配问题上,决策者眼光向下,致力于普及"大众"教育,客观上促进了高校生源的多样化,但也不可避免地弱化了招生考试的选拔功能,潜在地制约了高校人才培养质量。对此,官方一直力图在"大众"与"精英"、"数量"与"质量"之间保持微妙的平衡,对扩大生源覆盖面和实现科学选材进行了艰苦求索,并最终奠定了今日招生考试的基本架构。历史地看,这一时期对招生制度的建构,隐含了"大众性"与"科学性"的双重逻辑,既体现出中国共产党对社会理想的不懈追求,也显示其在创建新式教育体系的过程中对教育规律的深层次探索。

1952年高考制度的创立是一项具有深远历史意义的招生考试改革。其制度影响及其所形塑的传统仍可见于今日的中国教育之中。它不仅为中国经济社会发展提供了强有力的人才支持和制度保障,也为社会的有效流动创造了具有普遍意义的现实通道,对个人权益和社会分配更是意义重大。因此,当社会发展催生新的招生方式时,必然引起学术界与公众的热议,从自主招生、高校综合招生模式到日后的"强基计划"莫不如此。先行研究在探讨招生方式时,或直面当前改革、从学理层面论证改革政策,或进行效果验证,具有很强的时效性。也有研究着眼于历代招生考试制度的变迁,以揭示招生考试制度发展的历史演进逻辑。但专注于对其制度变迁的宏大叙事不免忽略了制度演化背后的复杂性,而未能揭示出制度变革背后的结构性因素和推动力量。有鉴于此,本章拟对新中国早期招生制度的变革再作探讨,其核心问

---

① 邓小平:《办教育一要普及二要提高》,人民教育出版社,1990年,第16—19页。

第二章
"为农工服务":对高等教育大众性的探索

题是:20世纪50年代中国招生制度的变革过程中,为什么最终选择了统一招生模式?其中隐含着哪些张力?对中国教育制度和社会流动又意味着什么?

一、结构性转向:统一招生方式的创制

北洋政府时期,政府往往疲于应付乱局,在思想、文教方面较少介入,也甚少参与大学招生事务,只对国立大学新生入学资格作一般性的规定。由此,大学在招生考试上享有高度的自主权。南京国民政府建立后,政府积极刷新风气、力矫时弊,在加强对高等教育管控与整顿方面具有相当动力,开始对高等学校招生方式进行改革。全面抗日战争的爆发,客观上加速了这一进程。在高校西迁、社会动乱的情况下,大学招生困难、考生四处奔走应考,招考成本迅速提高,大学招生各自为政的局面难以为继。1938年,教育部设立统一招生委员会,由此委员会规划并执行统一招生各项事宜,并在国立大学实行统一招生考试(上海各院校除外)。①但在当时被视为"中国创举"②的统一招生,不久即停止实行。战争给中国经济带来的致命打击,也使政府控制大学的能力大为减弱。1942年,国民政府教育部为顾全高校和考生便利,将全国划分为十大考区,指定区内各公立院校联合招生,实行分区联合招生。同时,考虑到各院校有招收其他考区新生的需求,该部亦出台了"委托招生"办法,即凡不在本区的院校,可在征得他区同意后,委托其他区代为招生。总体而言,国民政府后期,招生方式频出,但大致以单独招生、联合招生、委托招生、成绩审查和保送免试五种招生形式为主,由各校采一种或兼采若干种。③

1949年中华人民共和国成立后,有关方面并没有立即启动根本性的教育改革,而是大致维持着原有局面,整个社会建设还处于"新旧交替的敏感

---

① 蒋超主编:《中国高考史·创立卷》,中国言实出版社,2008年,第227页。
② 郭祖超:《对于国立各院校统一招生之管见》,《教与学》1938年第8期。
③ 杨李娜:《民国时期的大学招考制度及其影响》,《漳州师范学院学报(哲学社会科学版)》2005年第4期。

阶段",决策者也没有迫切开展对"旧教育"的改革。[1]1949年9月通过的《中国人民协商会议共同纲领》明确规定,"人民政府应有计划有步骤地改革旧的教育制度、教育内容和教学法。"[2]因此,对旧教育一般采取"保护维持、加强领导、逐步改造的方针"[3]。这一指导方针在高等学校招生方式上也得到了贯彻。这一年全国所有公私立学校都按照原有办法进行招生,在全国范围内既有单独招生考试,也存在校际联合招生等方式。

当然,各地情况也有较大差异。除上述两种招生方式外,华东区的上海市1949年就已在全市"国立"院校内进行统一招生。上海市政府高等教育处在当时认为,统一招生能改变以前招生方式上的"不便与痛苦",改变学生四处投考、大学招生试题繁复的局面,在最大程度上"增加同学录取机会""节省同学财力物力"。[4]并且,通过统一招生能"对沪宁杭地区高中毕业后要升大学的学生,以及可能失学的学生数目进行估计,作为以后高等教育的办学依据"和"了解高中生学业和政治水平"。[5]不过,这一年上海的统一招生,仅有8所高校参加。其具体做法是由上海市高教部按照院、系、科制定招生计划,并对新生进行统一录取,统一分配到高校。这种探索显示了招生方式上的一种新迹象,它使得新政权逐渐注意到民国时期开始探索的统一招生制度与国家现代化建设的特殊需要之间的高度契合,并在日后使之成为新中国教育体系重建中的一个重要组成部分。

1950年,中央人民政府教育部颁布了新中国第一个高等学校招生文件——《关于高等学校一九五零年度暑期招考新生的规定》。在招生方式的选择上,该文件指出"根据该地区的具体情况,分别在适当地点定期实行全

---

[1] 李杨:《五十年代的院系调整与社会变迁——院系调整研究之一》,《开放时代》2005年第5期。
[2]《中国人民政治协商会议共同纲领》,《人民日报》1949年9月30日。
[3]《钱俊瑞副部长在第一次全国教育会议上的总结报告要点》,何东昌:《中华人民共和国重要教育文献(1949—1975)》,海南出版社,1998年,第9页。
[4] 潘谷屯、史最毅:《大学入学考试要好好的改革》,《文汇报》1949年7月17日。
[5] 上海市人民政府高等教育处:《关于1949年国立专科以上学校统一招生材料》,上海档案馆馆藏,档案号B1-1-2208-8。

第二章 "为农工服务":对高等教育大众性的探索

部或局部高等学校联合或统一招生"[1]。且规定了各大区高等学校的招生名额以及系科人数的比例。此时,教育部对推行大区内的统一招生或联合招生的态度已相当积极,并于1951年进一步统一了招生考试的时间,且将单独招生时间推迟在统一或联合招生之后。由于各大区成立了自己的招生委员会,在自己区域内进行联合招生,此时的联合招生实质上更倾向于大行政区范围内的统一招生。

1952年,教育部决定所有高等院校实行全国统一招生考试。《关于一九五二年全国高等学校招生计划及其实施问题的指示》的颁布,使得这一年成为"中国高校新旧招生制度的分水岭"[2]。统一招生方式在1952年的建制,首先与招生方式本身的效率问题密切相关。新中国成立初期,中等教育的薄弱造成当时高等教育生源存在着巨大缺口,导致招生计划无法完全依托现有高中毕业生。1952年暑期全国高等学校招生计划总计5万名,但此年全国暑期高中毕业生人数不过3.6万人(其中有43%聚集在华东地区)。[3]由于生源不足,各大行政区高等学校招生任务与各区生源存在着明显的失衡,使得新政权在招生方式上期待一种更有效率的做法,以结束招生局面的混乱状态,并解决录取标准参差不齐、应考成本高昂、区域招生失衡等问题。

统一招生制度在1952年之所以能够迅速推行,除了与整个招生方式本身的效率问题有关,还受益于行政指导基础的建立。招生方式的改革牵一发而动全身,作为一项系统工程,自上而下的改革需要有关各方的配合和支持。1950年,教育部颁布了《关于高等学校领导关系的决定》《高等学校暂行规程》等法令法规,将高等院校纳入统一的行政体制之中。《关于高等学校领导关系的决定》还特别强调了教育部负有统一领导全国高校的责任:"凡中央教育部所颁布的关于全国高等教育方针、政策和制度,高等学校法规,关于教育原则方面的指示,以及对于高等学校的设置变更和停办,大学校长、

---

[1] 《教育部关于高等学校一九五零年暑期招考新生的规定》,杨学为:《高考文献(上)》,高等教育出版社,2003年,第4页。
[2] 刘海峰:《1952—2012:高考建制的花甲回忆》,《高等教育研究》2012年第6期。
[3] 《中国教育年鉴:1949—1981》,中国大百科全书出版社,1984年,第1001页。

专门学院院长及专科学校校长的任免,教师学生的待遇,经费开支的标准等决定,全国高等学校均应执行。"①这意味着中国高等教育行政管理的全面革新。这种权力相对集中的领导体制,为日后高等教育统一招生考试提供了有力支持。

此外,统一招生得以推行,背后更深一层的原因在于政治经济形势的好转。恢复国民经济任务在1952年的提前完成为进一步推动社会改革提供了物质基础,同时也强化了人才培养的需求。1953年是第一个五年计划的开局之年,此时专业技术干部紧缺的状态已严重制约国民经济的发展。刘少奇即称,"搞建设就感觉人才太少,干部太少了"②。现实状况使新政权不得不考虑如何使教育体制更好地满足复杂多样的经济建设需要,并使之与相对紧缺的资源相适应。③由此,着眼于经济建设需要,第一次全国高等教育会议重新拟定了高等教育的方针和目标,确保"高等教育为生产建设服务"。这一现实,促使新政权运用其强大的统筹协调能力,将高等教育纳入为经济建设服务的轨道。

综上所述,高等学校招生由1950年的单独招生、各校联合招生,发展为1951年的大行政区范围内的统一招生,再到1952年的全国规模统一招生,其目的是在统一的计划、统一的组织领导、统一的录取调配下,对有限的人才资源进行审慎而有计划的调配。从总体上来看,招生方式的这种转变凸显领导者在社会建设进程中的一种考量和策略,即在经济建设需求与人才匮乏的矛盾下,统一招生可以"根据国家需要,按成绩等第,参照所填志愿来进行分配",最大化提升招生考试的效率。

二、"大众性"的落地:谁更有可能获得入学机会?

招生方式在事实上牵涉到"具有怎样身份的人更有可能获得这般的入学

---

① 《关于高等学校领导关系的决定》,《人民教育》1950年第5期。
② 《刘少奇论教育》,教育科学出版社,1998年,第100页。
③ [美]吉尔伯特·罗兹曼主编:《中国的现代化》,国家社会科学基金"比较现代化"课题组译,江苏人民出版社,2003年,第359页。

机会"①的分配问题。因为新政权对高等教育人民性/大众性的本质规定,在招生中切实保障社会中下层接受高等教育的机会成为统一招生政策中的重要内容。这些举措在扩大新中国初期高等教育生源的同时,也带来了高等教育质量的不平衡。因此,官方一直试图纠正缺乏协调、量质失衡的弊端。

(一)"向工农开门"

民国时期,对于教育机会不平等现象,各方素有抨击。早在1932年,国联教育考察团即在其报告书中批评道:"中国国家教育之经费,虽取之于人民全体,然自吾等之观之,则父母地位较佳或享有某种特权之子女,实受优越之待遇。就学校之地址,入学考试之制度,及纳费与奖学金之分配而论,在在皆有此种现象。"②一方面,大学教育成本高昂导致社会阶级间的不平等直接传导至教育领域,高等教育始终未能惠及大多数民众;另一方面,从招生政策本身来看,城乡差异、成本偏高、信息及文化隔离等因素导致的问题使民国时期的高校招生在事实上成为一种"精英角逐的场域"③。中华人民共和国成立后,新政权将文化教育的性质明确定位为"民族的、科学的、大众的",并优先关注社会中下层,让新中国的教育"操在工农劳苦群众的手里"④,并为"全民族百分之九十以上的工农劳苦民众服务"⑤。因此,周恩来在全国高等教育会议上指出:"我们的国家是以工人阶级为领导、工农联盟为基础的人民民主专政的国家。所以,我们的高等教育首先就要向工农开门,培养工农出身的新型知识分子。"⑥在建立一个更加平等、公正的社会方面,中国共产党显然要比前人运思更深、用力更多且走得更远。在"谁更有可能获得入学机会"这一问题上,其重要追求是让成千上万的工人农民受到高等教育,以培养大量工农出身的新型知识分子成为国家建设的新骨干。

---

① 吴愈晓:《社会分层视野下的中国教育公平:宏观趋势与微观机制》,《南京师大学报(社会科学版)》2020年第4期。
② 《国际联盟教育考察团报告书》,文海出版社有限公司,1932年,第26页。
③ 荀振芳、汪庆华:《自主招生:精英角逐的场域》,《清华大学教育研究》2011年第2期。
④ 《毛泽东周恩来刘少奇邓小平论教育》,人民教育出版社,1994年,第11页。
⑤ 《毛泽东选集》(第2卷),人民出版社,1991年,第706页。
⑥ 《周恩来选集》(下卷),人民出版社,1997年,第16页。

尽管高等学校招生"向工农开门"是新中国成立初期招生政策的显著特点，但直到中国共产党实现对各级各类教育的完全领导之前，工农出身的学生在高等学校招生中的比例增长仍然十分缓慢。1950年教育部采取措施对工人、农民降低了入学标准，全国事实上仅有400名学生按这种规定入学。之江大学1950年春季录取的69名新生的相关资料显示，新生家庭社会背景超过半数来自"通商口岸中的商人与专业技术人员家庭"（表2-2）——这与晚清民国教育精英的主要来源并无二致。[①]由此可见，在实行统一招生之前，新中国高校学生的社会来源并未出现结构性转型。

表2-2 之江大学1950年春季招生录取新生家庭成分统计表

家庭成分	一年级新生	编级生
工	4	3
农	2	—
商	25	14
公务	4	1
教育	1	2
自由职业	5	2
家务	4	1
运输业	—	1
共计	45	24

资料来源：之江大学：《之大招生委员会招生工作简章、来往函件及上级对招生工作指示及1950年新生录取统计表》，浙江省档案馆馆藏，L052-002-0058。

因此，在实现对高等教育的全面领导后，新政权通过统一招生中的优惠政策逐步地为工农青年打开高等教育的大门。同时，相关政策还对革命干部及革命军人、少数民族学生、华侨学生给予录取优待。1950年的招生规定对上述类别的学生采取从宽录取办法，此办法延用两年后，在1953年改为"当其考试成绩达到所报系科的录取标准时，应优先录取"。从可操作性来

[①] 梁晨等：《江山代有才人出——中国教育精英的来源与转变（1865—2014）》，《社会学研究》2017年第3期。

第二章
"为农工服务":对高等教育大众性的探索

看,"从宽录取"在招生标准的划定上存在诸多问题,如究竟要在多大程度上降低标准、以怎样的标准来降低录取分数线等。尺度的模糊必定会增加招生时操作不当的风险。相较之下,确定考试成绩达到一般录取标准后的优先选择方式,确保了政策在实施环节中的客观性和可操作性。1954年,高等教育部在录取的具体办法上,对工农作了相应的加分规定:参加理工农医类的考生,每门科目平均增加10分,总共增加50分;参加文法财经体育艺术类,每门科目平均增加15分,总共增加60分。[①]然后将其混入一般考生报名单中按成绩顺序录取分配。该加分政策表明在录取名额上,国家更倾向于扩大工农青年在文史、政法、财经类学校中的比例。但在1955年,国家又提出,对工农青年干部和工农子女"入学条件不能降低;只是当他们考试成绩达到所报考专业的录取标准,在与一般考生相同的情况下,可以优先录取,使他们易于进入志愿的专业和学校"[②]。1956年,又将"优先录取"政策变更为"在低于一般考生20分左右时应优先录取"。[③]

招生政策的反复调整显示出这一阶段的招生选拔存在两种面向:一种是以普及教育为主,对工农进行政策优惠的政治选拔机制;另一种是以提高教育质量为主,基于能力标准对考生进行筛选的教育选拔机制。第一种机制在当时的社会条件下"极大地减弱了出身背景与教育获得之间的联系"[④],推动了学生社会来源的多样化。1956年全国高等学校统一招考共计358559人,其中高中毕业生146409人,工农速中毕业生646人,中师毕业生22800人,中技毕业生190人,华侨学生1045人,港澳学生926人,小学教师67733人,复员建设军人、转业军人5235人,公司合营企业职工3507人,在职

[①] 杨学为:《中国高考史述论》,湖北人民出版社,2006年,第55页。
[②] 浙江省教育厅:《一九五五年全国高等学校统一招生录取新生办法(草稿)》,浙江省档案馆馆藏,档案号J039-007-145-209。
[③]《全国高等学校一九五六年暑期统一招生录取、分配办法》,杨学为:《高考文献(上)》,高等教育出版社,2003年,第210页。
[④] 李春玲:《社会政治变迁与教育机会不平等——家庭背景及制度因素对教育获得的影响(1940—2001)》,《中国社会科学》2003年第3期。

干部81386人，工商知识青年786人，停学待业知识青年27896人。①新政权在扩大社会流动性方面的决心，给之前难以进入高等学校的工农群体提供了机会，高校每年出身于工农的学生比例不断提高。

但是，当时参照苏联模式所建立起来的高等教育体系的目标之一，是要培养适应新中国建设需要的更专业化的高级建设人才。因此，对学业能力的要求随着社会建设的大规模展开也越来越高。以能力标准为主的教育选拔机制强调考生"学业质量"是否达标，工农群体在这一机制中并无多少优势；而政治选拔机制以先赋性家庭出身为标志对高等教育入学机会进行分配，为他们打开进入高等教育通道的同时，又不可避免地导致"学业质量"标准的降低。虽然，"政治选拔"和"教育选拔"在当时的历史环境中可能是招生选拔的一体之两面，但由于两者所强调的侧重点不同，最终造成"数量"和"质量"之间的明显矛盾。

(二)"保证质量，照顾数量"

表2—3显示，1952年统一招生创制时，高考录取率高达90.17%。由于生源与招生计划间存在巨大的缺额，有关部门在招生政策上不得不贯彻了"应收尽收"的原则。但在第二年，教育部对前一年的招生工作作出了"单纯完成数量的形式主义偏向"的评价，开始强调新生的质量问题，要求高等学校"培养足够数量并且完全合乎标准的高级科学技术人才"②。华东区高等学校招生委员会1954年招生工作总结显示了当年新生质量的情况及其给高校人才培养造成的影响，这一总结指出："今年新生的质量还不能完全适应高等学校的要求。如工农速成毕业生有的基础实在太差，以前仅上过二三年小学，也有原在速成识字学校学习的又到速成实验学校学习了一年半就升入大学，因此无法跟班。有的自己也失掉了学习信心。"③1955年，李富

---

① 全国高等学校招生委员会办公室：《招生工作简报(第14期)》，浙江省档案馆馆藏，档案号J039-008-203-129。
② 《高等学校的教学改革应当稳步前进》，《人民日报》1953年1月23日。
③ 浙江省人民政府教育厅：《中央、华东有关招生工作中的招生计划、报送在职干部、教师入学、政治审查、健康检查等工作的规定》，浙江省档案馆馆藏，档案号J039-007-145。

第二章
"为农工服务":对高等教育大众性的探索

春在《关于发展国民经济的第一个五年计划的报告》中呼吁,要"使提高质量和增加数量正确地结合起来"[①]。高等学校招生考试也明确提出"保证质量、照顾数量"的方针。由此不难看出,官方在招生工作的最初几年就以谨慎的态度在"数量与质量"之间保持一种更加平衡的做法。但生源的复杂程度却始终制约着招生工作的质量,同时社会主义改造高潮的到来提升了中国各项事业发展的规模和速度。尽管有关方面在高等学校招生考试上继续保持着对"质量"的重视,但1956年高等学校录取人数的激增明确显示其实际情况并没有达到官方所期待的平衡;而1953年以来这种力求平衡的做法最终在教育大革命中被彻底改变,社会系统的嬗变也使之基本弃置了此前在"数量与质量"之间力求平衡的制度模式。

此间的考录情况如表2-3所示:

表2-3　1952—1965年高考录取率

年度	考生数(万人)	录取数(万人)	录取率(%)
1952	5.9	5.32	90.17
1953	8	6.24	78
1954	12.5	9.23	73.84
1955	17.5	9.78	55.89
1956	36.1	18.64	51.63
1957	25.2	10.56	41.90
1958	27.4	26.56	96.93
1959	32.7	27.41	83.82
1960	32	28.41	88.78
1961	37.2	16.9	45.43
1962	38.9	10.68	27.46
1963	39.8	13.28	33.37
1964	34.4	14.7	42.73
1965	35	16.42	46.91

资料来源:为之:《中国高考与社会、经济的关系》,《中国考试》,1997年第1期。原表中"录取率"一列数据有误,已修改。

[①]《李富春选集》,中国计划出版社,1992年,第147页。

上表可以直观地表现为图2-1,从中可以发现高等学校招生出现过两次大起大落:一次是从1955年录取数的9.78万猛增至1956年的18.64万,随即又猛跌至1957年的10.56万;另一次是从1957年10.56万的录取数又激增到1958年的26.56万。不久,录取数又从1960年的28.41万猛降至1961年的16.9万及1962年的10.68万,变动幅度之大,异乎寻常。应该明确的是,在以"学业质量"为主的传统测验阶段,统一招生能较好地发挥人才甄别与选拔的功能,实现大规模人才选拔的基本需要。教育机会分配上的普惠性,也只是为了"使高等学校能够顺利容纳更多考生"[①]。但在提高考生"政治质量"的驱动下,1958年有关部门对工农高中毕业生、工农及工农干部采取保送方式,绕开统一招考这一筛选机制,使高校录取率达到顶峰。可见,在以"政治质量"为主要选拔标准的时期,先赋性的家庭出身在一定程度上甚至决定了个体的升学机会。同时,政治选拔机制下招生选拔功能的弱化,不仅不利于发挥招生选拔方式的"指挥棒"效应、推动教育发展,还对高等教育人才培养质量造成了潜在的损害。正是意识到这一点,官方于1959年重申教育发展"既要顾到数量,又要顾到质量",再次力图达到扩大高等教育受众和提高高等教育质量兼顾的局面。

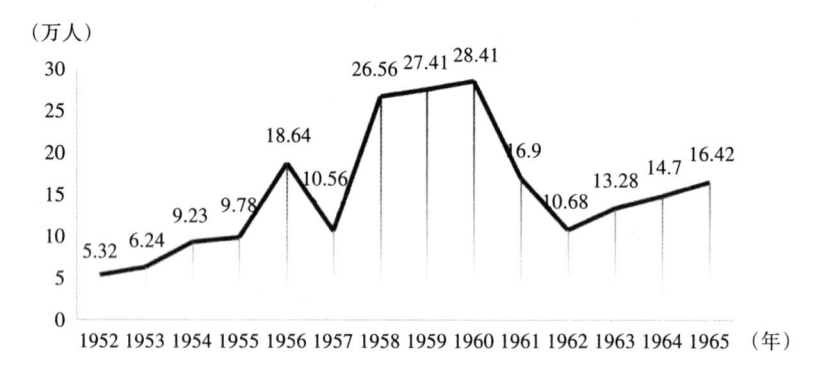

图2-1　1952—1965年中国高校本专科招生数

---

① 陆一:《学业竞争大众化与高考改革》,《教育研究》2021年第9期。

三、"科学性"的考量:用何种方式选材?

新政权采取一系列措施推动高等教育走向大众时,在客观结果上缓解了生源紧张的矛盾。当生源不再是制约高等学校招生的主要因素时,主管全国招考工作的高等教育部几度提出改革统一招生方式的要求,有意进行招生方式改革。如果说在"谁更有可能获得入学机会"的问题上,政府的主导政策在价值选择上是清楚且有共识的,那么在"用何种方式科学选材"的问题上,有关方面则一直处于摸索之中。在反复地深入讨论之后,全国统一招生方式最终在1959年被重新确立,形成了由中央计划、省市分散办理,高校负责直接录取新生的办法,并沿用至今。

(一)难题:国家意志与个体发展的张力

在国家进行大规模、大范围的集中录取和调配下,招生效率的提升是显而易见的:1952年全国高校预计招生5万人,最后实际共录取了新生65893人,[①]新生报到率由1950年的50%提高到95%以上;通过有计划地分配录取新生,保证了国家重点建设的需要,学科结构向工科倾斜、工科学生占比逐年攀升。这主要是通过招生统一调配给学校的结果。高度集权的制度对资源成功地进行了高效整合,但此种实行高度计划分配的模式,无论高校还是学生,在统一招生中存在着"被剥夺感"。作为一种利益分配机制,教育政策也应使个体的利益诉求得到合理表达,唯此才有利于调动其积极性。尽管官方在1953年就已注意到统一招生"计划分配的方式,适应各校、各系科的特点不够,结合学生的在校成绩和志愿不够",[②]但这些问题在当时仍未能避免。很显然,中国招生制度改革过程中,存在一个突出的矛盾:是不断强化招考中的国家意志?还是充分回应持续分化的个体需求?这一问题背后反映的是不同的利益方在教育系统中的微妙张力和复杂关系。

[①]《全国高等学校统一招生工作完成》,《文汇报》1952年9月27日。
[②] 浙江省人民政府教育厅:《中央、华东有关招生工作中的招生计划,报送在职干部,教师入学,政治审查,健康检查等工作的规定》,浙江省档案馆馆藏,档案号J039-007-145。

1958年,招生计划将一定年度的招生指标按照一定比例分配给不同地区、不同学校,形成当年的生源格局,因此招生计划"实质上就是对量化了的高等教育资源的分配"。①全国统一招生制度确立后,高校的主要责任是在招生机构领导下从事组织考试、阅卷评分等工作;新生的录取与分配,也是由招生机构统一进行。因此,高校在招生计划上并无配置权力,也无法自主选择生源。其在统一招生制度中的"不在场"和"被剥夺感"正是来源于此。高校的自主选择空间受到统一的制度框架和组织框架的限制,这明显抑制了其办学活力及办学效率,也不利于各高校办学特色的实现。要想通过统一和标准化的方式提高高校办学质量,在当时的条件下,只能减少学生人数或增加优质教师数量。显然,高校在这方面也遭到了困难。

与此同时,学生也较少有根据兴趣和能力进行自由选择的余地。为了保证招生任务的完成,往往需要考生志愿服从于高校招生计划。作为理性人的个体,考生在学校选择和专业填报上一般以自我发展的利益最大化为目的。但在高度统一的录取、分配体制下,大学生个人的前途被要求纳入社会主义建设需要的学科专业之中。一方面,国家建设所需、但条件较为艰苦的学校和专业填报人数较少,而诸如工科、医学这样的热门领域则出现考生志愿扎堆的现象。1952年华东区"报考工科和医科者,占考生总人数的百分之八十",而整个华东地区工科和医科招生计划只占全部招生计划的60%。②另一方面,新中国成立初期各区间的生源调配主要由教育部统一规定,华北、东北、西北三区学生来源少,华东、中南、西南学生来源较多的地区也负责为以上三区输送生源。但对考生而言,只有极少数愿意填报东北、西北地区高校。这种"赶浪头"现象在官方看来是因为很多学生存在"名利"思想。通过思想教育及制订相关政策(例如已录取的学生不得转院系及转学校、被录取者如不就读则次年不得再考等),考生升学问题被限定在国家需要的学科框架之

---

① 李峻:《我国高考政策变迁研究——基于"利益相关者理论"的分析》,华中科技大学博士论文,2009年,第98页。
② 华东军政委员会教育部:《全国高等学校1952年暑期招生华东区招生委员会工作总结》,上海档案馆馆藏,档案号B105-5-655-34。

中,个体也需要在国家意志与个人意愿的斗争间做出妥协。"不符志愿""强迫分配""分配不当"最后造成的往往是"厌学""退学"等结果。最终,无论是学校还是学生在制度中的"缺席",都导致了矛盾的产生。国家意志、学校需求及考生自主选择的强烈诉求之间,呈现着明显的紧张关系。

(二)争论:统一招生的存废

鉴于上述问题,高教部决定废止全国范围的统一录取、调配,将统一招生的组织领导形式改为"中央统一计划、大区组织执行,并由各校直接负责审查录取"[1]。但这种方式的改进,实质上并没有为高校赋予更多的自主空间,因为审查录取的新生最后仍然由地区招生委员会进行本区和外区的调配。不过,随着全国六大行政区的撤销,具体组织、执行统一招生的大行政区不复存在,1955年高教部先后召开了两次共有62所高校教务长参加的座谈会,进行关于"全国统一招生考试还是学校单独招生"问题的讨论。高教部人事二司提出"中央统一计划、省(市)领导之下的各高等学校联合(或相互委托)招生"以及"中央统一计划、省(市)组织领导,并以原大行政区为范围集中地进行录取分配的全国高等学校统一招生"两种招生方式。[2]第一种方式基本上是沿袭1952年以前的做法,教育部负责制订招生调配方案,规定各校在各地招生的大致控制数,而全部招生工作(包括报名、考试、阅卷、录取分配)交由高校自行办理。

但招生方式在这一年并没有彻底改变,阻力之一可能来自高校本身。当时仅有清华大学、交通大学、中山大学、北京大学四所院校同意联合招生的方案,因为对于大多数生源无法保证的高校而言,统一招生更为经济、有效。针对高校两种不同的态度,高教部仍然维持1954年的做法,但也做了新的改进:一是在工作体制上变更为"中央统一计划,省(市)组织领导,高等学校参加,并以原来的大行政区为范围集中地进行录取的全国高等学校

---

[1] 华东区高等学校招生委员会办公室:《华东区高等学校招生工作简报》,浙江省档案馆馆藏,档案号J039-022-003-027。

[2] 高等教育部人事第二司:《关于一九五五年高等学校招生工作的几个主要问题的意见》,杨学为:《高考文献(上)》,高等教育出版社,2003年,第70—71页。

统一招生";二是将民族、艺术、中国人民大学等学校从全国统一招生考试中分离,赋予它们自主招生的权利。应当说,统一招生在组织形式上并没有发生大的变化,对于生源和质量尚能保证的高校而言,这种办法似乎并不太受欢迎。值得注意的是,负责招生的高校招生委员会并不是一个正式的常设机构,而是每年统一招生工作开始之后,由高教局组织高校选派工作人员组成。上海高教局曾向高教部抱怨各高校对统一招生"缺乏热情","怕麻烦的情绪颇浓",在派遣工作人员方面存在消极怠慢的现象。[1]在消极对待的同时,上海几大主要高校校长组成的上海市高校招生委员会以生源充足为由,认为"联合招生或单独招生,今后逐渐成为可能"。[2]官方尽管承认统一招生中存在的缺陷,但以生源不敷招生需要和高校间条件悬殊等为由,在1956年仍进行统一招生。

1957年,情况再次出现变化。从官方公布的招生计划来看,当年计划招生12万人,高中应届毕业生19.9万,首次出现统一招生以来生源相对充裕的局面。因此,高教部认为由全国统一招生过渡到联合或单独招生的基本条件已经具备,拟从1957年开始"采取多校联合招生为主、单独招生为辅的办法",[3]并委托上海、江苏、湖北、四川、辽宁等地的教育厅及高校进行讨论。但在高教部汇总各地讨论情况后,大致出现三种意见:一是赞成单独或联合招生,以中南地区的大部分高校和华东、西南的部分高校为主;二是华北地区的大部分高校和华东、东北、西北的一部分高校,还有参加座谈的1957年高中毕业生、1956年高校新生,主张继续推行全国范围内的统一招生方式;三是华东地区的大部分高校和中南、西北、西南的部分高校主张以省市为范围的统一招生,以一种折中的办法既保持统招的优点,又可以克服过于集中

---

[1] 上海高等教育管理局:《1956年华东地区招生工作总结》,上海档案馆馆藏,档案号B243-1-82-60。
[2] 上海市高校招生委员会:《上海市高等学校招生工作委员会工作总结(草稿)》,上海档案馆馆藏,档案号B243-1-45-1。
[3] 杨学为:《中国高考史述论》,湖北人民出版社,2006年,第45页。

所造成的弊端。①但多数学校和学生仍主张维持原来的统一招生形式,因为全国统一招生比学校单独招生或联合招生更加节省成本。而这也足以解释为何在几番讨论后,最终仍维持了统一招生模式,说到底,其原因即在于:国家意志的渗透与介入有效地保证了入学机会分配的相对平等,以及统一招生制度本身相对经济和高效。

雷厉风行的招生方式改革在1958年得以进行。在经过反复讨论之后,1958年的最终做法是恢复到1952年以前的多样化招生模式,其中以单独招生或省、自治区、直辖市为单位的联合招生为主。多样化招生为高校创造了一个建设性空间,能够使其成为招生政策执行的关键主体,增强招生考试制度的活力。但在以"政治质量"为主要选拔标准的时期,高校招生的普惠性进一步增强,大幅弱化了招生考试的选拔功能。在经过1958年"大破大立"引发的混乱之后,1959年主管部门又进行了"收权"。高校招生也恢复了1958年以前的统一招生方式,但不再维持以原大行政区为范围的统一招生方式,而是采取"统一领导与分散办理相结合的方式",即由中央制定招生计划和新生来源计划,各省区市组织报名、政审、体检、考试、评卷等具体工作,高校仍然负责直接录取新生。这样的分省统招方式,由此而基本定型,并沿用至今。

余 论

从中国高等教育体系的演化历程看,20世纪五六十年代对高校招生方式的探索有着极为重要的社会意义,已远超越了大学改革本身。高校招生方式从政策制度到具体实践的整个过程,始终与国家建设的总体进程密切相关,其中呈现着两个较为突出的问题:

首先,这一时期高校招生方式的变革显示出第一代领导集体在"破旧立新"的热潮中,决心设计一种与新的国家建设、社会主义价值取向相配套的高等教育体系。但在如何使高等教育满足社会经济建设复杂多样的需要、

---

① 杨学为:《中国高考史述论》,湖北人民出版社,2006年,第47—49页。

使之与匮乏的资源相适应方面遭遇了巨大困难。高考制度在1952年的创制,就是决策者为解决这一问题所做出的努力。

其次,高校招生"向工农开门"反映执政者在政治理想上的一种追求,即创建真正属于"大众的"教育。虽然这一努力在客观结果上扩大了高校生源、扩大了高等教育的受益面,但招生规模的大幅扩张又给提高高等教育质量带来了巨大挑战。教育发展中这一"数量—质量"的两难选择,在当时的话语中成为"普及"和"提高"的矛盾。① 这一矛盾本身也显示了在当时的社会条件下,"政治选拔机制"与"科学选拔机制"间的内在张力。

但也应该看到,新中国成立后的十余年间,中国的教育体系始终在探索和调整之中,高校招生考试的探索与改革也一直在寻找更科学合理的方式。而这种改革,归根结底是为了创造一个更适合社会主义经济建设的选才育才方式,实现教育的最大效能。因此,尽管在统一招生存废问题上有过争论,但统一招生以其在效率与公平方面的优越性而被普遍认可并沿用至今。数十年来,相关各方对多元化招生方式的探索从未停止,但上述问题依旧是探索过程中不可回避的核心议题。随着中国高等教育逐步大众化乃至普及化,如何兼顾招生考试的科学性与人民性、如何保持"数量与质量"之间的高质量平衡依然是高等教育发展的现实课题。在20世纪50年代,那些不断重复的冲突与张力非常值得关注,它使我们看到中国高校招考模式独特的另一面,并提示我们如何立足中国实际创造性地构建"大众升学"与"选拔英才"相兼容的招生系统。

第三节　教育布局的调整及其成效

对高等教育及知识系统而言,结构问题与方向问题、质量问题等一样,有着不可忽视的意义。在20世纪中国的高等教育及知识系统变迁中,这一问题也体现得异常突出。

---

① 杨东平:《艰难的日出:中国现代教育的20世纪》,文汇出版社,2003年,第6页。

第二章
"为农工服务":对高等教育大众性的探索

可以说,长期以来,中国高等教育的空间格局始终随着时代的发展而不断演化,以求更好地适应时代需求。但无论如何强调区域高等教育均衡发展,由于多重复杂因素的共同作用,近代以来高等教育在区域上的非均衡发展都已是一个不争的事实。围绕此问题的讨论在学界已甚繁。相关研究大致可分为两大类:一是基于均衡发展的理想诉求,对大学机构在辽阔疆域上的分布现状进行探索,并分析了此种非均衡化所带来的负面影响,进而提出针对性的改进策略;二是承认高等教育格局非均衡发展的必然性和合理性,将高等教育区域发展的非均衡状态视为多种机制作用下高等教育多元发展的本质体现。

上述两种研究立场为人们理解中国高等教育格局的构成及问题都提供了一定的依据。然而在中国语境之中,学校空间布局不仅是一个现实问题,也是一个历史问题。要想理解今日中国高等教育之格局及其形成机制,还应以历史的眼光进行审慎的检视。新中国成立以后,在20世纪五六十年代对高等教育资源在地理分布上的关注及其调整,奠定了当代中国高等教育的基本格局。因此,本节拟从政策制定的角度,梳理新中国成立后十余年间高等院校在空间格局上的演进过程,以探究此种大规模调整背后的作用机制及其现实影响。

一、高等教育布局调整的历史脉络

长期以来,高等院校在地理分布上的变迁及其意涵一直是一个相当热门的学术议题。在历史长时段的发展与演变中,高等院校在区域上的扩展与社会变革的其他力量交织形成了当前的样态。自20世纪初国内外有识之士开始关注中国高校分布不均的问题以来,每个时期的决策者几乎都曾通过行政手段对此问题进行过矫正。尽管20世纪50年代后期院校在地埋上的无序扩张破坏了高等教育"数量"与"质量"之间的平衡,但区域发展上所采取的这种平衡发展战略,使得落后地区高等教育长期以来的贫弱状态得到了历史性改观。作为体现地区经济发展和科技文化水平的"地标",大学在城市和区域发展竞争中居于战略性地位,能为城市和区域提供长久的、强有力的支撑。为此,此处以高校为主要切入点进行深度探讨。

(一)1949年以前高等院校的分布概况

尽管对于中国现代高等教育的开端众说纷纭,但无论是天津北洋西学学堂、上海南洋公学,还是京师大学堂等开启我国现代大学先河的名校,这些现代意义上的学校都极其自然地设立在了沿海城市和通商口岸,如北京、天津、上海、广州等地。民国初年,政府部门及学术界开始关注幅员辽阔造成的教育不均衡问题,并就谋求全国学术、文化的平衡发展等议题提出了重要设想。如庄俞就指出:"全国宜规定若干大学区,某省与某省合为一区,某某省又与某某省合为一区,断不能于交通便利之处多设广开,而僻远省份之人致兴求学无门之叹也。"[1]1931年9月,应国民政府之邀,国际联盟教育考察团对中国教育进行了为期三个月的考察,在其报告书《中国教育之改进》中指出当时中国高等学府"皆集中于少数地方,如北平、上海等地,而适宜于高等学府之中心区域,往往完全缺乏大学,或为数甚少……其设置既毫无计划,且甚不平均,故常有大批学生负笈远道之现象。"[2]据当年全国高等教育统计显示,其时全国共计有103所高校,沿海城市高校所占比例高达58%,并且西北和西南的内陆地区仅有新疆(1所)、四川(1所)、甘肃(1所)设有高校。对此批评,国民政府迅速作出了回应,并于1936年颁行的《中华民国宪法草案》中明确规定:"国立大学及国立专科学校之设立,应注重地区之需要,以维持各地区人民享受高等教育之机会均等,而促进全国文化之平衡发展。"[3]然而,未待其付诸实质性的行动,抗日战争的全面爆发便迫使中国高等教育开启了一场规模空前的迁徙,中国教育的高速近代化进程也受到严重冲击。

从客观结果来看,大量高等学府在抗战时期向后方转移奠定了内陆地区高等教育的基础。至1947年,全国专科以上学校由1934年的110所增至

---

[1] 潘懋元、刘海峰:《中国近代教育史资料汇编》,上海教育出版社,2007年,第855页。
[2] 国联教育考察团:《中国教育之改进》,"国立"编译馆译,出版地不详,1932年,第55页。
[3] 中国第二历史档案馆:《中华民国史档案资料汇编"(第5辑第1编政治1)"》,江苏古籍出版社,1994年,第287页。

第二章
"为农工服务"：对高等教育大众性的探索

207所。以其中的本科院校为例，1947年130所本科以上学校分布重心在东部地区（83所）、西部地区（29所），中部地区总计18所，占比约为14%。并且，该层次院校在中部地区的分布主要集中在长江沿岸的湖北和湖南，仅两省学校数就达到了11所，河南、山西、安徽和江西这四个省份共计拥有7所本科以上院校。从以上数据的集中度来看，此时高校在地理上的聚集已经开始呈现出"东西强，中部弱"的特点：作为中国现代高等院校的主要聚集地，华东地区具有绝对优势，整个分布总体上呈现从东部沿海向中西部递减的趋势；西南地区作为抗日战争时期的政治、经济、军事和文化腹地，随着沿海地区高校的大量内迁，这一地区在抗日战争后成为当时中国高等院校相对集中的区域，在相当程度上改变了中国高等教育的传统空间布局；然而，尽管战争时局造成的迁移对中国高校布局做出了一定修正，全国高校地理分布不均的状况仍在继续，内蒙古、西藏、青海、宁夏等边远省份在当时仍未有一所正规高校。

(二)空间重构：1949—1953年高校布局的演化

1949年下半年始，全国小范围内的高等院校调整始终在平缓地推进。1952年，在前期高等学校院系局部调整的基础上，教育部制定了全国高等学校大规模的调整方案，对整个高等教育体系进行系统性重构。经过一年的调整，全国高校由211所减少到201所。1953年院系调整结束时，高等院校的总数已减少至182所。官方运用行政手段划分高等教育资源聚集区域和范围，这182所院校在地理上的调整主要以六大行政区为资源配置单位，与1950年的数据进行对比，调整后的整体格局主要表现为：

作为全国高等教育资源集聚指数最高的华东地区，在1950年集中了全国39%的高校，由于名不副实的院校及教会学校的大量撤销，其高校整体占比下调至30%，其中上海的高校数由35所减少至15所；西南地区的高校数存在同样缩减的情况，占比由1950年的15%减少至10%，仅四川一省就裁撤了不少办学质量不高的院校。从增长的情况方面来看，在华北地区，北京高校数量增加最为显著，由1950年的15所攀升至26所，进一步巩固了其学术文教中心的地位。解放较早的东北地区在新中国成立前就进行了调整，通过合并"伪满"时期的教育或学术机构等方式,设立了沈阳工学院、哈尔滨工业大学、东北大学、大连大学等高等院校,东北地区的高等教育实力有所增强。[1] 1949至1950年,整个西北地区有且仅有9所高等院校,尽管经过院系调整,到1953年高等教育得到一定程度的发展,但该地区高等院校的绝对数与其他地区相比仍然很低,并且宁夏、青海两省在当时仍没有一所真正意义上的大学。

此外,从高校师生空间分布来看(表2-4),此时高等教育资源仍然主要集中于华东和华北行政区,两大行政区聚集了全国半数以上的专任教师与学生,集聚程度明显高于其他行政区。西北和西南地区无论是高校专任教师数还是学生数,资源集中度远低于其他地区。

表2-4 1953年各大行政区专任教师数、学生数统计

行政区	学生数	百分比(%)	教师数	百分比(%)
总计	212181	100	33630	100
华北	51677	24.3	8788	26.1
东北	35809	17.0	5492	16.3
华东	59827	28.2	9110	27.0
中南	34181	16.1	5174	15.4
西南	19798	9.3	3239	9.6
西北	10889	5.1	1827	5.6

资料来源:《中国教育年鉴》编辑部编:《中国教育年鉴1949—1981》,中国大百科全书出版社1984年,第977—979页。

(三)空间扩张:1954—1960年高校布局的调适

按照官方对1952—1953年院系调整结果的评估,这两次院系调整"结束了院系庞杂纷乱、设置分布不合理的状态,走上了适应国家建设需要培养专业人才的道路"[2]。一方面,50年代初期的调整以大行政区为单位建立起了科

---

[1] 王红岩:《20世纪50年代中国高等学校院系调整的历史考察》,高等教育出版社,2004年,第176页。
[2] 中央人民政府高等教育部办公厅:《高等教育文献法令汇编(1949—1952)》,人民出版社,1954年,第60页。

第二章
"为农工服务":对高等教育大众性的探索

目齐全的高等教育体系,并按照六大区的行政中心配置建立起了北京、沈阳、上海、武汉、西安、重庆、成都等区域高等教育中心,配合了工业化建设。但另一方面,教育资源在行政中心地区的聚集造成了各省市地方之间的"中心—外围差异",该问题与经济发展格局影响下的东西差异一起构成了中国高等院校空间分布特征及均衡性演变的基本框架。直到50年代中后期,新的政策开始有计划地全面缩小沿海和内地、大城市和小城市之间的总差别。

1955年7月5日李富春在《关于发展国民经济的第一个五年计划的报告》中指出:"为了适应在全国范围内经济建设的需要,高等学校尤其是高等工业学校过分地集中在沿海城市的状况,在今后的发展计划中,应该逐步地加以改变。在沿海城市中,今后一般地不应该再新建和大规模地扩建高等学校。内地的高等学校应该按照合理的部署,逐步地建设起来。"[1]同年7月30日,高教部发布《关于1955—1957年高等院系调整有关事项的通知》进行第二次院系调整。此次院系调整目的在于改变高等学校过于集中在少数大城市或沿海城市的状况,并将沿海地区的一些高等学校的同类专业、系迁至内地组建新校,或加强内地原有学校,或将一些学校全部或部分迁往内地建设,增设新专业,扩大内地高校规模。[2]1955至1957年间,由江苏、浙江、山东、上海、天津、广东等沿海地区的一些高等学校调出有关专业迁往内地,在武汉、兰州、西安、成都等城市建设了测绘、石油、建筑、电讯、化工、动力等工业学院,并决定将上海交通大学、上海第一医学院、山东大学、华东航空学院等校迁至内地。[3]

截至1957年第二次院系调整结束之际,内地高等教育无论是高等院校数量还是质量都得到了实质性改观。作为当时建设重点的后方腹地的西北,西安的高等学校由1951年的8所,增至1957年的22所。这22所高校构筑了西北地区机、电、建筑、冶金、纺织、水利、军工等相对完整的高等工业学

---

[1]《为全部实现第一个五年计划而奋斗》,《人民日报》1955年7月8日。
[2] 王保华:《高等学校设置理论与实践》,华中师范大学出版社,2000年,第21—22页。
[3] 中央教育科学研究所:《中华人民共和国教育大事记:1949—1982》,教育科学出版社,1984年,第134页。

科体系，由此奠定了改革开放后西北高等工业教育在国家高等教育体系中的重要基础，为数十年后实施的开发振兴西部战略提供了重要条件。[①]同样身处在西北地区的甘肃，高等教育也得到了一定程度的发展。1957年，甘肃全省高校专任教师由1949年的238人发展至1187人，增加了4倍。"一五"计划期间，甘肃高校在校学生平均年增长速度为25.4%，发展速度明显高于全国平均水平的18.2%。[②]1955年，为适应西南无线电工业基地对电讯工程人才的需求，上海交通大学有线电系、华南工学院电讯系和南京工学院无线电系的部分教师调集成都，于1956年组建了全国第一所电子工业大学——成都电讯工程学院，上海第一医学院部分专业和教师也迁往重庆，成立了重庆医学院。[③]四川作为西南腹地，1957年，高校数量从第一次院系调整后的14所增至22所。

总体来看，此时的高校战略布局至少有三个方面值得提及：一是内地高等教育发展速度，尤其是西北、西南地区发展速度远高于其他地区，西安、重庆、武汉、成都成为全国高等教育重要基地之一，长期以来的教育洼地青海省也建立起了第一所高等院校——青海民族学院；二是原高等教育资源富集区的发展速度受到抑制，"华东的发展速度甚至在全国的平均线以下，北京的增长率和全国基本持平，不足1倍"[④]；三是内地与发达地区的关系不断发展，拓宽了高等教育资源地方整合的途径，内地高校数量由1951年的87所增至115所，在校学生数占比也由1951年的38.6%上升到44.1%。但这种整合依旧具有一定的局限性，就算是在地域广大的内陆地区，资源依旧被集中在作为地区中心的少数城市，例如西北地区的西安以及兰州集中了本地区的大多数高校资源，而青海、宁夏的高等教育在这一

---

① 杨澜涛、靳小勇：《再论交大西迁之实质、动因与历史影响》，《教育学报》2020年第4期。
② 甘肃教育资料编辑委员会编：《甘肃教育年鉴1949—1983》，甘肃教育出版社，1986年，第70页。
③ 《四川高等教育中等专业教育年鉴：1949—1985》，四川教育出版社，1988年，第12页。
④ 张燕燕、王孙禹、王敏：《我国高等教育资源区域分布历史演变驱动因素与作用机制分析》，《清华大学教育研究》2013年第2期。

时期发展仍然十分缓慢。

1958年,上述趋势出现了转折。由于国家对高等教育普及性、实用性的期望,以及地方管理权力的获得使得各省市将重点转向建立自己的大学体系,地方创办的大学明显增多。许多省份都在这一时期积极创办了各自的包括工、农、医、师范、政法、综合等类型的高等学校在内的高等教育体系,全日制高校从1957年的229所猛增至1960年的1289所。大批省属院校在辽阔的内陆疆域上建立起来,结果,除西藏外,宁夏也在这一时期内建立起了自己的高等学校,青海省的第一所综合大学——青海大学也在西宁市成立。由于各个省、自治区、直辖市的持续努力,高等院校在原有空间结构和形态上获得了进一步拓展,各大区高等教育整体的发展较为均衡,西部地区人均拥有的高校数量与中东部地区差距进一步缩小,也在一定程度上改变了省内高校过于集中于省会城市的状况。然而,高等学校这一时期在规模和地域上的扩张是以牺牲办学质量和学术水平为代价而实现的。从1958年至1960年,高校学生由65万人激增至96万人,学校数量的高速扩张不仅没有与高等教育质量齐头并进,还超过了国民经济的承载能力。

二、高等教育格局演变的作用机制

要更好地理解高等教育的空间布局,需要在经济、政策、教育的关系中去理解20世纪中叶高等教育格局演变的作用机制。国家建设的客观规律在新时期成为高等教育格局调整的基本依据;高等教育资源配置在经济不发达的内陆地区显示了政策上的均衡化倾向,但高等教育自身对经济和政策需要的反应也在一定程度上规范了高校在地理上的发展。

(一)经济制约

现代国家建设与高等教育实现紧密联结的基本逻辑是:首先,社会建设的目的之一乃在于为人民创造更好的生活,提高民众生活水平;其次,为实现这个目标,必须建立足以实现工业化的相应秩序;最后,高等教育被纳入这个秩序之中,其性质、任务和发展方向必须为现代化建设服务。

1950年6月召开的全国高等教育会议就中国高等教育事业的未来发展

问题,提出了三项基本方针,即:高等教育必须为国家建设,尤其是经济建设服务;高等教育向工农开放;向计划经济过渡。[①]这事实上成为此后相当一段时间内中国高等教育发展的总体原则和主导性思路。大学的发展方向在政治框架中被确定下来以后,大规模的改革并没有随之而来,其主要原因在于社会经济对高等教育改革的限制。

1949年,新诞生的中华人民共和国,所面临的是长期战乱后的国民经济严重衰退和全面萎缩的严峻形势:全国工业生产总值同历史上最高生产水平相比,下降了一半,人均国民收入仅相当于亚洲国家平均值的三分之二;及至1950年春夏之交,全国出现了市场萧条,工厂倒闭,工人失业增多的经济困难。[②]恢复和发展国民经济的问题迫在眉睫。而当度过三年国民经济恢复期,乃至1953年开始执行第一个五年计划时,大规模经济建设帷幕的拉开,不仅显示出国民经济形势的好转,也增强了对人才需求的紧迫性。但此时高等院校在分布上的状况是:1951年底,全国206所高校,集中分布于先进的沿海城市,其中北京(21所),天津(8所),江苏(12所),广东(12所),辽宁(15所),中西部地区高校相对集中于四川和湖北两省,其余省份高校数量仅占全国的14%。周恩来认为:"旧时的高等学校如此畸形地集中在沿海大城市,十分不利于建设社会主义。"[③]高校在地理分布上的过分集中不仅使得教育资源占有、受教育机会不平等成为肉眼可见的事实,也无法配合国家迅速实现工业化的宏伟计划。

只是,20世纪50年代初期国家按照行政区域配置高等教育资源时,最初并没有过多考虑高等院校在地理分布上的均衡化问题。高等教育此时的中心任务是按照苏联模式进行专业化重组,在六大行政区域中建立起包含综合、师范、农林、政法、医药类等完整的高等教育体系。客观来看,在高等教育和经济资源有限的情况下,国家以行政性整合手段将资源和权力高度

---

① 钱俊瑞:《当前教育建设的方针》,《人民教育》1950年第1期。
② 逢先知、金冲及:《毛泽东传:1949—1976》,中央文献出版社,2003年,第30—34页。
③ 《周恩来教育文选》,人民教育出版社,2000年,第183页。

第二章
"为农工服务":对高等教育大众性的探索

集中,采取"有重点地稳步前进,不齐头并进",实事求是地采取"重点建设"策略是有效且符合实际的,六大区的行政中心北京、沈阳、上海、武汉、西安、重庆、成都在第一次院系调整后成为新的高等教育中心。1953年,这几个省市的高校数就占了全国的42%。

(二)政策驱动

从表面上看,经济因素决定了20世纪中叶高等教育在空间格局上的划分与演变,资源有限性牵制了高等院校在辽阔疆域上的广泛分布;但将这种变动置于20世纪中叶国家、社会和教育的关系中去理解,高等教育的扩展在事实上也一直受到国家对社会所作公平承诺的广泛影响。

20世纪的中国教育在1949年被划为"旧"与"新"两个阶段。在否定旧教育秩序的基础上,1949年9月通过的《中国人民政治协商会议共同纲领》以"民族的、科学的、大众的文化教育"重新定义了新教育的性质。创建属于绝大多数人民的大众教育,是中国共产党在追求平等的时代背景下,关注个体发展的政治理想图景的表达。这种表达实际涉及了"高等教育向谁开放"以及"高等教育知识散播程度"两个问题。就第一个问题而言,官方认为教育理应"为全民族百分之九十以上的工农劳苦民众服务","人民政府应以提高人民文化水平、培养国家建设人才——发展为人民服务的思想为主要任务"[①],通过普及基础教育以及扩大高等教育机会的供给量,极大地减弱了当时社会中出身背景与教育获得之间的联系。既然教育要跨越家庭背景、社会阶级的限制面向社会中的绝大多数,那么在地域的分布上就不能仅仅局限在少数发达城市,因为这不仅增加了僻远地区的求学成本,也不利于知识在广阔疆域上的进一步普及。

20世纪50年代中期以后,中央政策开始有意识地调整地区之间的不平衡关系。这些政策主要集中在两个目的上:一是充分利用内陆地区的自然资源以改变该地区的经济面貌;二是利用沿海地区的物质资源以补拙,通过一整套措施控制人力、物力向不发达地区迁移和流动。根据"一五"计划财

---

① 吴畏:《教育方针的理论与实践》,河北教育出版社,1990年,第13—14页。

政投资的地区布局来看,在充分利用东部沿海老工业基地的基础上,为改变工业布局不合理的状况,新的工业基地布局明显向中部和西部地区倾斜。苏联援助的156项重点工程中的106个民用工业企业,大部分布置在东北和中部地区(东北50个、中部地区32个);44个国防企业,中部和西部地区就占了35个。①全国陆续建立起了包头、兰州、西安、武汉、重庆、成都、乌鲁木齐等新兴工业城市。诸如此类的行动将全国格局划分为沿海和内地两大经济带,政策向内地的倾斜暗示着对资源和财富再分配的均衡化努力,至少官方认为沿海和内地两者都需要较高程度的均衡发展。而这种发展是通过对人力和物力资源实行严格控制情况下的再分配实现的。高等教育领域同样如此。国家采取"拉平地区间差距的平衡发展战略"②,就是将沿海地区丰富的高等教育资源以行政化手段进行再分配,从而克服当时所批判的"畸形发展"状况,最终实现高等教育平衡发展的目的。

(三)高等教育发展的内在规范

同样需要指出的是,现代化建设的客观需求及政策所表达的期望影响了高等院校的空间格局。但社会发展的这种需要在高等教育领域的反映,在某个特定的环境里,又可能产生矛盾与冲突。

在1949年12月举行的第一次全国教育工作会议上,有关人士就曾声称以老解放区的教育经验为基础,吸收旧教育中有益的经验,利用苏联的经验改造教育。事实上,上述三种经验在20世纪50年代初期就已相互糅合,"普及教育"和"提高教育"也一直是五六十年代高等教育探索阶段的核心任务。一方面高等教育设法进行精英化教育以支撑现代化建设,但另一方面对教育普遍性和实用性的强调,又期望高等教育延续延安时期的本土化做法以更快的速度达到社会建设目的。两种不同路线构成了此时高等教育的一体两面。1958年9月,为配合经济建设上的发展,中共中央在《关于教育工作

---

① 《若干重大决策与事件的回顾》(上),中共党史出版社,2008年,第79页。
② 姜邦桥、刘成刚:《中国区域发展战略研究的回顾与前瞻》,《地域研究与开发》1990年第6期。

第二章
"为农工服务"：对高等教育大众性的探索

的指示》中提出："为了多快好省地发展教育事业，必须采取统一性与多样性相结合，普及和提高相结合，全面规划与地方分权相结合的原则"，"以15年左右的时间普及高等教育，然后再以15年左右的时间从事提高工作"。[①]新的战略力图消除苏联模式对中国教育的影响，但"普及"与"提高"两条腿走路的方针在实际中似乎并没有保持理想中的平衡。教育领域里的"跃进"抛弃了先前对提高教育质量的谨慎做法，同时国家扩大地方自主权的行动，使得高等教育暂时得以在此前高度统一和集中的管理体制中松绑，各省都积极筹建了自己的大学。

但大学在地理上的遍地开花并不能视为高等教育均衡化的结果。相反，很多人明显意识到，期望高等教育以更快的速度普及实用性教育，而在空间上进行无序扩张，无疑是忽略了政治的、经济的以及其他方面的限制条件，从而进一步破坏了高等教育发展的合理状态，且在人力、物力和财力等方面付出了巨大代价。1961年7月3日，教育部召开全国高等学校及中等学校调整工作会议，讨论了缩短战线、压缩规模、合理布局和通过调整工作集中提高教学质量等问题，邓小平在讨论文教工作时指出高等教育的任务是提高水平，要少办些学校，把它办好。在这样的情况下，教育部于1962年成立精简调整办公室，着手整顿高等教育发展上的混乱状态。值得注意的是，在调整过程中，仍然给予了落后地区一定的照顾。如陆定一在1959年中央教育工作会议上谈到当时高等教育发展中的一些问题时，提出整顿时要注意"对教育事业比较落后的省、自治区给以某种照顾"[②]。到1963年，全国高等学校由1960年的1289所调整合并为407所。

三、高等教育格局调整的影响及历史意义

从结果来看，20世纪中叶高等教育格局调整的历史后果主要有两个方

[①] 刘英杰主编：《中国教育大事典：1949—1990》（下册），浙江教育出版社，1993年，第1147页。

[②]《陆定一文集》，人民出版社，1992年，第618页。

面：一是在促成沿海和内地高等教育资源趋于平衡方面影响深远，奠定了内陆地区未来发展的基础；二是在很大程度上决定了当今优质高等教育资源的区域分布，"东西强、中部弱"的格局一直延续至今仍未很好地解决。

就第一个方面而言，国家运用行政手段对高等教育资源进行再分配，在高等院校的地理分布问题上率先关注了沿海与内地的差别。尤其是在50年代后期，高校调整着重扩大了长春、哈尔滨、呼和浩特、太原、郑州、西安、兰州、武汉、长沙、重庆等内地城市高等教育的规模。从长时段来看，在宏观区域发展上采取的这种平衡发展战略，使得落后地区高等教育长期以来的贫弱状态，在这一时期的变革中得到了历史性改观。高等院校在地理上的纵深推进为各地区经济文化教育的长远发展提供了重要保障，随着国家经济发展的注意力进一步向中西部倾斜，这些地区高等教育的发展也成为振兴西部战略中的重要支撑力量。

另一方面，"东西强、中部弱"的格局在这一时期得到了强化。有关方面于1952—1953年对高等教育格局的调整主要是在各大行政区内解决高等院校课程和专业设置的问题，但通过抽调其他优秀院校的专业、师资力量确保在某些中心地区集中优秀大学的做法，事实上使得大行政区内的不均衡问题持续存在，办学质量差距因此被进一步拉大。对中部地区而言，该次院系调整使得历史遗留下来的中部地区高等教育薄弱的问题进一步明显。到1953年底，全国14所综合大学中，中部地区仅有武汉大学1所综合性院校、东区地区有9所、西部地区则有4所。及至1955—1957年，国家在战略上开始修正中西部发展不平衡的问题，加强内地城市高等院校规模，处于夹缝中的中部地区面临着挑战。1963年全国共有教育部直属重点大学66所，其中，东部地区54所，中部地区5所，西部地区7所。尽管中部和西部地区在重点大学数量上并未有太大差别，但中部地区5所高校集中分布在长江沿岸的湖北、湖南等省份，河南、山西等人口大省没有一所重点高校。总体上西部地区高等教育资源分布优于中部地区更多的是政策干预的结果。因此，如果仅从推进高校地理分布的均衡化结果来看，以大行政区为单位对高等教育资源进行划分和配置，并没有根本改变在长期历史惯性下形成的高

第二章
"为农工服务"：对高等教育大众性的探索

等教育资源空间分布的严重失衡状况。1955—1957年第二次院系调整以平衡地区间的差距为战略，试图在资源有限的情况下解决长期以来存在的畸形发展问题。这一举措直接推动了西部地区高等教育的发展，但对中部地区的忽视又使得在宏观区域发展上仍然存在不平衡的问题。

如前所述，20世纪中叶，政府通过裁撤、合并、迁移等方式重塑了高等教育的空间格局。此间，高校在空间格局上的演化与变迁有其总体趋势，其在地理分布上以沿海和内地两大经济带为界并不断向内陆地区推进。高等教育发展在当时所采取的这种平衡发展战略受到经济、政治以及高等教育规律的影响。上述因素的多重交织形塑了20世纪五六十年代中国高等教育基本样态。整体来看，该时期的一系列探索在改变落后地区高等教育长期以来的贫弱状态方面具有深远的战略意义，而其间对规模与效益、教育与区域经济等问题的理解，也为今日中国高等教育格局的调整提供了历史镜鉴。

由此观之，从高等教育"均衡化"议题来审视20世纪中叶高等教育空间格局的变迁历程，有以下两个问题值得关注。首先，尽管这一时期政策偏好在高等院校空间格局的形成中是一个决定性因素，但经济发展水平制约的资源供给和高等教育发展的客观需求之间的矛盾又限制了高等教育在空间格局上的调整。作为社会资源再分配的一种手段，高等教育空间布局上的变动本质上是资源的重新配置。地区能够从高等院校的"集聚效应"中受益，为区域经济发展提供长久的动力。但所谓的"均衡化发展"并不是"一摊子铺开"式的平均化，高等院校在地理上的分布还需要考虑资源环境和社会经济承载力之间的平衡。20世纪50年代末期高等院校在空间上的无序扩张最终并没有达到政策的理想效果，数量上的激增超过了经济的承载能力，反而造成了各种资源的浪费。由此，对20世纪中叶高等教育空间格局调整省思的第二个问题是，高等教育格局的调整必须在公平与效率两个基本价值坐标上进行。高等教育在长期的历史惯性和自然地理等条件的限制下所形成的非均衡性，使得不同区域的人口未能平等地享有发展机会。20世纪中叶中国共产党推进区域均衡发展包括高等教育均衡发展的重大战略,在以"公平"为导向的前提下,将高等教育进一步向落后地区推进。这对当下的社会发展来说,也具有非常深远的影响。但50年代后期过快以及大规模地追求配额化的均衡,其后果将直接降低高等教育办学的社会效益。因此,高等教育的发展、高等院校在地理空间上的推进必须把握高等教育同社会变革之间的复杂关系,并考虑规模与效益、公平与效率等问题的协调发展,而这些问题在当今的现实语境中仍然无法回避。这也是日后中国作为超大型国家在大学建设中不可回避的历史议题。

无论如何,20世纪中叶相关各方对上述问题的思考和探索,为当今高等院校在地理分布上的调整提供了历史的镜鉴。正如刘少奇当时指出的那样,"文化教育等事业的发展,必须同经济建设的发展相适应,保持适当的比例关系,既要考虑经济建设和人民群众的需要,又不能超过实际的可能性,不能要求过多过急"[1]。这不仅是对当时高等教育发展的经验总结,也是对高等教育发展规律的真切认知,更是对日后中国教育改革发展的重要启示。进而言之,从哲学式方法论(methodology)意义上看,事物的发展依赖于保持必要的矛盾,而事物的协调发展则离不开维持基本的平衡。唯有如此,才可能使事业发展能成其大且行之久,而从经济学的角度看,"智慧的核心概念是持久性"[2]。要使中国高等教育真正为国家建设发挥长久的战略支撑作用,就必须使之在创建之初便打下扎实基础。这也就意味着在当时相对落后、发展失衡的情况下,必须创造性地实现其区域、学科、科学性及人民性等维度上的精致的平衡。而在当时的条件下,相关方面显然有此自觉,亦进行有坚实的努力。个中得失,将在日后的历史演进中渐次清晰。

---

[1]《刘少奇论教育》,教育科学出版社,1998年,第243页。

[2] E. F. Shumacher. *Small is Beautiful: Economics as if People Mattered*, Harper Perennial, 1975, p.33.

第三章　知识生产系统及其方式的变革

第一节　"计划科学"的兴起和扩散

知识生产是人类一种重要的认识和实践方式,反映着人类形塑自我和介入世界的探索。作为一个东方大国,中国在20世纪的知识生产具有某些普遍性,也因其社会土壤和时代情境而呈现出诸多独特的面向。与20世纪初中国的知识生产系统相比,20世纪末以来的中国知识生产无疑有了质的差异。这种强烈反差,可谓是一道非常奇特的历史景观。然而这一变化是如何发生的,则充满疑团。学界对此尚未有系统研究,纵或偶有论列,亦均为零星的提及。极个别相关讨论,也仅限于对特定个案(如事件、人物、机构、项目)的研究,且大都是短期的、片段式或局部性的考察,缺乏全球视野和长时段的眼光,无法进行整体观照和融贯性分析。鉴于此,本章拟扎根全球史,以时间和问题为线索,统揽结构、制度和事件等维度,通过时间序列分析和过程—事件分析,回溯20世纪中国知识生产系统的演化脉络、基本特征、内在张力和动力机制。

一、"计划科学"与科研体制的全球扩散

学术是人类共同的事业,并在近代实质性地成为一项全球性的事业,彰显着人类生生不息的智识活力和普遍主义的价值追求。在不同时代、不同国度,历来有许多学者致力于知识探索,并以此认识世界、改造世界、增进人

类福祉。在此方面,东西方各国均进行了重要努力。17世纪,科研的组织化初见端倪。法国率先出现了专业的科研机构——巴黎皇家科学院,以组织的力量开始职业化的近代科学研究。这一强有力的科研组织方式引领了当时的世界潮流。但高校的有组织科研迟迟未能起步。19世纪洪堡大学成立后,该校教授领衔的科研工作成为有组织的科研的早期范型。这种模式逐步扩张到许多国家,但仍主要限于高校或科研机构的范围,基本上未出现国家层面的有组织的科研。

一战中,许多新式科技大显身手,其中航空和雷达技术等的惊人威力给世人留下深刻印象。各国深受震动并开始越发重视科技。航空学科尤其迅速成为许多国家优先发展的重点,在德、英、法、美等国都突飞猛进,随后在苏、日亦有显著推进,在中国等也有所跟进。德国成为世界航空学科的中心。其中,具有"哥廷根学派"背景并一度担任亚琛工业大学航空学院院长的著名科学家冯·卡门(Theodore von Kármán)取得巨大成就。1926年受加州理工学院校长罗伯特·密立根(Robert Millikan)之邀,冯·卡门帮助该校建立航空实验室,建造风洞,功勋卓著。1930年,该校向其提供了古根海姆航空实验室主任职位,冯·卡门遂移民南加州洛杉矶,指导古根海姆气动力实验室和加州理工大学第一个风洞的设计和建设,由此促成了国际航空学科中心的洲际转移。1936年起,冯·卡门开始领导实验室研究导弹。他以加州理工学院为阵营,极大地引领了美国航空学科发展和相关知识的国际传播。他在二三十年代还亲自考察和指导了日、中、苏等国的航空学科发展。

面对这种日趋激烈的知识角逐,个体化的科研工作已难以应付形势需要,团队化的探索或有组织的科研在越来越多国家成为普遍现象。这首先出现在欧美,随后扩散至苏、日等国。在科研的组织工作方面,苏联属于后来者,其表现却一度最抢眼。1928年,苏联编制了国民经济建设第一个五年计划,着力以国营方式快速推进以重工业为重点、以国防为导向的工业化,这使其经济在短期内得到迅猛发展。1932年,该计划基本完成。苏联国力大增,呈现一派欣欣向荣之象,这与自由经济体制下资本主义世界在经济危机所遭受的煎熬形成鲜明对比。此时,英美等老牌西方国家在经济大恐慌

第三章
知识生产系统及其方式的变革

中"都显得很没落"。苏联重工业建设所取得的成就极具冲击力,世界各国纷纷关注其经济建设,特别是"计划经济"的模式。英国尤为突出,大量一线科学家纷纷卷入其中,由对"计划经济"的关注进而发展为对科学的社会关系的讨论。兼之英国也发生了关于战后重建计划的广泛讨论,由此形成一场轰轰烈烈的运动。一批左翼学者如剑桥大学的贝尔纳(John D. Bernal)、李约瑟(Joseph Needham)等更是极力渲染苏联计划的优越性。

1931年,苏联最高国民经济委员会计划研究工作负责人布哈林着手为下一个五年的科学研究制定计划,同时开始研究"科学计划"的相关问题。是年4月,布哈林主持召开科研工作规划会议时做了题为"论科研工作的规划"的报告。他认为科学有五个方面可以进行规划,并指出,最高计划机关只对科研工作的"基本方面"做出规定,计划须有一定的"灵活性和弹性"。两个月后,布哈林率团参加伦敦第二届国际科学史大会。苏联代表团在会上的报告激起了强烈反响。布哈林在报告中表示,苏联所实行的是新的社会主义经济;这是一种新的经济系统,它诞生了一种新的文化、新的科学、新的生活方式。他在介绍计划经济外,还首次在科学家面前提出了"计划科学"的概念。其观点很快引发各方激烈争论并产生巨大反响。布哈林和他的团员们的报告在会后一周被刊印了出来,这就是论文集《十字路口的科学》。1931年以后的许多年内,《自然》(Nature)杂志陆续出现了一系列诸如以"科学与服务""科学与经济""科学与工业""科学的社会关系""科学与政治""科学与政府"等为主题的文章。在整个20世纪30年代,其讨论最多的话题乃是"科学与社会"或"科学的社会关系",1931—1939年间共有30篇之多。可以说,科学与社会的关系或科学的社会功能在1938年已经成为一个热门话题,仅此一年直接相关文章数即高达12篇。1940年底,该杂志发起科学家讨论"科学、计划与自由"的话题。在自由主义思想渊薮的英国,科学家群体内部进行了长期的激烈争论(当时西方科学家以左派人士为主体)。双方各具拥趸,支持者以贝尔纳为代表,反对者则以波兰尼为代表,史称"贝—波之争"。支持者认为"计划科学"是改善人类命运的有效途径;反对者则辩称,"计划"会破坏自由研究,阻碍科学发展。这种论证波及全球,东西方许多国家都产生了不同的反响,直到二战末期才稍有消停。1939年,贝尔纳的力作《科学的社会功能》(*The Social Function of Science*)问世后,更是助推了这一论战。但不可否认,这一思潮与之后其他各国科学的计划化不无关系。

这场争论也彻底改变了世界对科学的认知。从此,以科学服务现实,日渐成为各国政府的共识。无论人们如何看待这两种迥异的思潮,计划科学事实上都已日渐扩散,世界各国都在不同程度上走上了计划科学之路。无论是中国学界所关注的日德式、苏联式样板,还是被认为不太适合中国国情的英美式范本,都已兴起"大科学体制",跨学科跨部门的大规模学术合作日渐普遍。在发展许多重大项目的过程中,国家的力量得到充分的表现。众所周知,二战后不久,美国政府批准了范内瓦·布什(Vannevar Bush)的报告《科学:无尽的前沿》(*Science: The Endless Frontier*),以支持基础研究。这项支持波兰尼所谓纯科学研究的工程,恰是一个庞大的"计划",而这正与贝尔纳最初的建议隐然吻合。①

事实上,为完成重大任务而设立特殊机构的"举国体制"不仅曾出现在实行计划经济的苏联,也出现在向来"信奉"市场经济体制的美国,而且多次扭转了美国的"国运"。美国虽实行资本主义市场体制,但每次遇到危机,都会设立此类机构来完成具有战略意义的重大任务。据称,美国从加入第二次世界大战以来,至少先后设立了三个特殊机构:战时生产局(War Production Board)、曼哈顿工程区(Engineering Division)和国防先进研究计划署(Defense Advanced Research Projects Agency, DARPA),随后又成立了专门负责太空任务的国家航空航天局(NASA)。②

尽管美国决策层在1939年10月就决定建立专门的"铀委员会"来推动原子能发展,但研究的主要方向是核物理科学和基础性材料技术。在大战迫近的1940年,麻省理工学院的工程师和科学家范内瓦·布什成为罗斯福

---

① 对此,可详见付邦红:《科学可以计划吗?——20世纪三四十年代以英国为中心的争论》,《科学学研究》2012年第7期。
② 路风、何鹏宇:《举国体制与重大突破——以特殊机构执行和完成重大任务的历史经验及启示》,《管理世界》2021年第7期。

总统的科学顾问,他与同事们在麻省理工学院设立了研究雷达的辐射实验室。为完成紧迫的任务,该实验室创造出"有联系的科学和技术挑战模式",并成为其他实验室的模本。布什在战争期间又创立了美国科学研究局,动员科学家为战争服务。在关键时刻,美国紧急创设了战时生产局,由其全权负责协调全国的经济生产活动,把市场中分散决策的私人企业迅速动员到统一规划的战争生产计划上。此举在极短时间内扭转了美国战争生产能力低效的局面。这一机构成为美国赢得战争的关键之一。而被视为"大科学"典范的,则是其"曼哈顿计划"。1942年,由美国总统直接领导的"最高政策小组"决定指派陆军工程兵团负责原子弹的生产工作。是年6月,罗斯福批准核武器计划报告,同意设立曼哈顿工程区来执行原子弹计划。举全美之力实施的"曼哈顿计划"用时超过3年,耗资至少20亿美元。随着曼哈顿工程的展开,许多在自由探索中悬而未决的科学研究才取得突破。[1]

作为首个实行计划科学的国家,苏联也紧跟着启动了原子能研制工作。美方1945年的资料显示,有12.5万人参与了"曼哈顿计划"。1949年苏联的数据则表明,仅参与工程建设的劳力就达234250人;从事核武器研制、运输、储存等工作的人员也有数十万,规模远超曼哈顿工程。1947—1949年苏联核计划的总开支为145亿卢布,折合14.5亿美元(按1936年苏联官方公布的汇率算)。[2]苏联的核工业体系规模巨大,形成了几个核工业城。1948—1950年间,其高校培养的工程物理、核物理及放射化学等学科的人才就达4600人。[3]截至1949年10月9日,第一管理总局中央机构的人员有1746人,下属企业、厂矿等工作人员达237878人。[4]工业建设管理总局参与第一

---

[1] 路风、何鹏宇:《举国体制与重大突破——以特殊机构执行和完成重大任务的历史经验及启示》,《管理世界》2021年第7期。
[2] 张文华:《苏联核计划中的核保密城市研究(1945—1953)》,吉林大学博士论文,2019年,第157—158页。
[3] 张文华:《苏联核计划中的核保密城市研究(1945—1953)》,吉林大学博士论文,2019年,第130页。
[4] 张文华:《苏联核计划中的核保密城市研究(1945—1953)》,吉林大学博士论文,2019年,第131页。

管理总局下属核工程建设的建筑工人达234250人。[1]如此浩繁的巨型工程,若非举国之力,实难想象。而若无此工程的成功,苏联当时的国势则很可能两样。

进入20世纪50年代后,苏联还开启了新的大科学工程。1956年,当时世界上最大的加速器即将在苏联杜布纳投入运行,苏联成立了有12个社会主义国家参加的联合原子核研究所。已闻名于国际核物理学界的王淦昌与力一、周光召、何祚庥等中国科学家来到了该所[2],其中王担任高能实验物理研究组组长,开展了卓有成效的工作,并发现了反西格玛负超子(anti-sigma negative hyperon, $\Sigma-$)。这一重大的科学成果在圈内引起轰动。苏联《自然》杂志指出:"实验上发现反西格玛负超子是在微观世界的图像上消灭了一个空白点。"[3]世界各国的报纸纷纷刊登关于这个发现的详细报道,"王淦昌"成了新闻导语中的主题词之一。关于反西格玛负超子发现的意义,当时,科学家认为"其科学上的意义仅次于正电子和反质子的发现"[4]。1958年后,中

---

[1] 张文华:《苏联核计划中的核保密城市研究(1945—1953)》,吉林大学博士论文,2019年,第133页。

[2] 胡济民等:《王淦昌和他的科学贡献》,科学出版社,1987年,第404页。

[3] 邓楠楠:《中国科学技术发展历程1949—2009》,中国科学技术出版社,2009年,第45页。

[4] 丁兆君、李守忱:《反西格马负超子($\Sigma-$)的发现前后》,《科技导报》2020年第38期。按:这一工作在反物质的发现史上有着重要意义。1932年,狄拉克关于正电子存在的预言被证实,1936年安德森因此获得诺贝尔物理学奖。1955年塞格雷和钱伯林利用高能加速器发现了反质子,他们因此获1959年物理奖。第二年又有人发现了反质子。1959年王淦昌等人发现了反西格玛负超子。这些都为反物质的存在提供了证据。莱因斯等利用大型反应堆,经过3年的努力,终于在1956年直接探测到铀裂变过程中所产生的反中微子。他因此获1995年物理学奖。到1968年,人们才探测到了来自太阳的中微子。1947年鲍威尔利用自己发明的照相乳胶技术在宇宙线中找到1934年汤川秀树提出的介子场理论中预言的介子。汤川秀树获1949年物理奖,鲍威尔获1950年物理奖。到20世纪50年代末,基本粒子的数目已达30种。这些粒子绝大多数是从宇宙射线中发现的。自1951年费米首次发现共振态粒子以来,至80年代已发现的共振态粒子达300多种。后来,欧洲中心的300亿电子伏加速器上发现了另一种反超子——反克赛负超子。于是,在高能物理的历史上,反西格玛负超子和反克赛负超子被并列为公认的最早发现的两个负超子。这两项发现对证实反粒子的普遍存在提供了有力的证据。

国科学家陆续撤回国内。苏联还通过举国体制于1957年10月率先成功发射第一颗人造地球卫星,开创了人类航天的新纪元。

日本方面也实行了类似的科技体制。日本于1907年在中国东北设立"满铁中央实验所"。①于1935年在长春成立的"大陆科学院",在1942年发展到17个研究室、1个分院,在册职工808人。其规模之宏大,数倍于中国顶尖学术机构中央研究院及西南联大。该所还通过"举国体制"②,"使科学研究加以综合集中化"③。在二战期间,除美国在研发原子能之外,英国的卡文迪许实验室、法国的居里实验室和德国的柏林达列姆威廉皇帝化学实验室,也都在竞相开展同类研究、争当国际前沿,而且都是集中国家精英力量来开展工作,可谓举全国之力。在同一时期,国民政府方面也有所动作,中央研究院的因应乃是显例。各国的这一系列探索,都可谓非常时期的非常之举,然而这一特殊状态此后逐渐常态化。

综上,"计划科学"的概念正式出现于1931年,20世纪40年代后期已扩散到全球。它往往表现为大科学体制,成为许多国家重大工程的实施模式的"标配",特别是在筹办研制原子能等重大工程时,迄今为止,几乎所有国家都不约而同地采用了"举国体制"。此模式的出现和扩散当然与苏联因素有关,但无疑也与各国对效率和可控性的迫切需求有关,与其对危机和不确定性的防范意识有关。当然,这本身也与"国家"形态的裂变有关。近代以来,"国家"本身发生了剧烈嬗变和深刻转型,它日益成为"'所有事物聚集在一起'的中心点"④。国家越来越成熟,日趋"自然化",日益成为"充满活力的和有效力的……具有主导性的中心"⑤。在此条件下,国家直接深度介入知

---

① 张剑:《从格致到科学》,中国工人出版社,2022年,第184页。
② 刘国华:《伪满洲国大陆科学院》,《中国科技史料》1986年第4期。
③ 满洲国史编纂刊行会:《满洲国史(分论)》(下),东北沦陷十四年史吉林编写组译,东北师范大学出版社,1990年,第177页。
④ 此系涂尔干的观点。参见《中译版序言》,[美]乔尔·S. 米格代尔:《强社会与弱国家》,张长东等译,江苏人民出版社,2022年,第3页。
⑤ [美]乔尔·S. 米格代尔:《社会中的国家》,李扬、郭 聪译,江苏人民出版社,2022年,第215、251页。

识生产,也就势所必然。

二、"集众式"科研工作在中国的推展

中国是世界现代化浪潮中的后来者。现代科学在中国起步明显晚于西方,发展程度也相去甚远,但其发展历程亦颇具特色。1921年以前,中国高校数量有限,且基本上没有制度化的科研活动。此时,新式科学研究主要散布于实业部地质调查所和中国科学社等极个别官方或民间机构,它们皆非高校或独立的科研院所。这种情况也造成了这些机构及其所属学科的先发优势,使地学与生物学这两个地方性学科成为中国最早发展起来的现代学科。①1924年,中国科学社还出版《发展中国科学计划书》,提出了发展中国科学的计划。②

稍后一段时期,尽管部分知名高校如北京大学、东南大学等出现了零星的科研工作,但主要是参照域外学术的附随性研究。直到20世纪20年代末,科研工作才在中国渐成气候。这主要表现为一批专业的文教机构的成长,尤其是1928年成立的中研院及同期崛起的以北大、清华为代表的一批名校。自此,原创性的科学研究从个别老牌科研机构逐步向高校扩展,出现了一系列研究型大学。持续的制度化的科研活动在中国蔚盛一时,科研的体制化达到新高度。由此,知识生产方式及其管理就成为一个新的议题。"中国的兰克"傅斯年执掌的中研院史语所在这方面可谓开先河。傅斯年于1928年宣称:"历史学和语言学发展到现在,已经不容易由个人作孤立的研究了……集众的工作渐渐地成一切工作的样式了"③。傅斯年所领导的多学科"集众式研究",将新的知识生产方式引入中国,这对中国的人文社会科学研究几乎是前所未有的探索。他领导下的史语所设立了语言、历史、考古三

---

① 张剑:《从格致到科学》,中国工人出版社,2022年,第344—349页。
② 付邦红:《1946年中国一份发展科学的长期计划》,《广西民族学院学报(自然科学版)》2005年第1期。
③ 傅斯年:《历史语言研究所工作之旨趣》,《史料论略及其他》,辽宁教育出版社,1997年,第49页。

第三章
知识生产系统及其方式的变革

组(陈寅恪、赵元任和李济三位组长均为原清华国学院名流,且都曾在哈佛留学),开展了一系列高水平的工作。殷墟的发掘成为举世瞩目的重大学术工程,在国际上影响巨大,在伯希和(Paul Pelliot)力荐之下获得1932年度的儒莲奖(Prix Stanislas Julien)。这是全球首个获得该奖的学术机构,也是中国学术成果获得该奖的开端,对近代中国的人文学术研究具有历史性意义。史语所的这种工作模式产生了深远影响,科研的分工合作日渐成为一种常见的知识生产方式。顾颉刚等在20世纪30年代编《禹贡》时亦明确表示:"我们不希望出来几个天才,把所有问题解决了,而是希望聚集若干肯作苦工的人,穷年累月去钻研,用平凡的力量,合作的精神,造成伟大的事业,因为唯有这样才有切实的结果。正如砖石建筑的胜于蜃气楼台。我们确实承认,在这个团体中的个人是平等的,我们和其他团体也是平等的。"①另一个标志性事件则是1932年启动、由军方牵头、诸多名校竞标参与的航空工程研究。上述二者堪称中国科研团队化运作的早期范例。此种知识生产模式,与其说关注杰出学者个人的创造力,不如说更强调制度设计的科学和团队协作的有力实施。1935年,中研院在拟定新的工作计划时,也出现了明显转向,学者的个性化学术兴趣已逐步让位于组织需求,最后又更多地服从于国家战略需求。于此,个人、机构与国家之间的张力体现得非常明显。其中的许多决策,都是在时间和资源有限的条件下不得已的抉择,但由此促成了项目制的兴起,此亦其客观收获之一。从日后二十余年的实情来看,真正对全国科学计划具有较大影响力者,的确当首推中研院。作为当时的中央直属机构,它也是兼科学研究和学术联络、指导、奖励诸任于一身的最高学术机关。②

同样,在清华大学,中国物理学界"第一把手"吴有训于1929年建立中国首个近代物理学实验室,进行X射线研究。其团队有多名研究人员,并持

---

① 谭其骧撰、顾颉刚修订:《〈禹贡〉发刊词》,《禹贡》1934年第一卷第1期。
② 付邦红:《1946年中国一份发展科学的长期计划》,《广西民族学院学报(自然科学版)》2005年第1期。

续壮大。对高校科研的团队化运作来说，吴有训的团队可谓开先河。全国抗战前夕，许多学会开始相互联合，促进不同组织或学科领域的工作协同。这表明，经过多年的积淀，中国的科研工作已逐步超越个别机构的畛域，迈向更大范围内的统合，其组织化程度已提升到新的水准。到1930年前后，尽管中国已陆续出现一系列学术研究的平台（如高校、科研院所、学会等），然而个体化的科研仍处于主导性地位，多数科研活动尚未被纳入严密的现代体制、进行高度的体制化，有组织有计划的科研活动仍是少数。

20世纪30年代以后，世界性的社会动荡和经济大萧条使西方的种种社会矛盾日趋尖锐。而苏联作为新兴国家，却通过计划经济取得了巨大的工业化成就，迸发出充分的活力。这种强烈的反差塑造着世界思潮和世人对许多问题的认知。在此背景下，国民党再没有跟随英美而是效仿苏联的体制，便不足为奇。[1]"九一八"事变后，民族危机空前严重。为了救亡图存，越来越多的人关注苏联经验，甚至主张"以俄为师"。中国思想界于1932年前后开始密切关注苏联经济建设成就。尽管中国主流知识界以自由派为主，与英美等国有更多的精神联系，然而在当时形势下，许多人无疑对苏联表现出更强烈的兴趣，相当多的自由派人物将视线由英美转向苏联[2]。与美国关系密切的国民党当局也对几乎有赶英超美之势的苏联的动态多有措意。许多自由派知识分子也纷纷抛弃前见，转而推崇苏联建设成就，不少人还力主学习其五年计划的建设模式。1932年12月，清华教授蒋廷黻提出，中国应派人赴苏考察，"苏俄的经验可资借鉴者正复不少，计

---

[1] 何兆武：《上学记（修订版）》，生活·读书·新知三联书店，2008年，第8—9页。
[2] 当然，此时中国思想界并非铁板一块，对苏联的看法亦见仁见智。可参见白冰、李洁：《九二五年北方知识界关于中俄关系的争论》，《党史研究与教学》2018年第5期；黄岭峻：《30—40年代中国思想界的"计划经济"思潮》，《近代史研究》2000年第2期；陈延湘：《1928—1937年〈大公报〉等报刊对中苏关系认识的演变》，《近代史研究》2006年第3期；冯峰：《"旅俄游记"看1930年代知识分子对苏联的态度》，《青岛大学师范学院学报》2019年第4期；胡旭华《近代中国自由主义知识分子视域中的苏俄——以胡适为中心的考察》，《安徽史学》2010年第4期；陈金鹏：《20世纪二三十年代中国知识分子访客现象探析》，《天中学刊》2014年第5期；鲁法芹：《东方杂志与社会主义思潮在中国的传播》，山东大学博士论文，2011年。

第三章
知识生产系统及其方式的变革

划化的经济是其最大端"①。

在民族危机的催逼和域外榜样的影响下,从20世纪30年代起,饱受内忧外患之苦的国人纷纷关注苏联"计划经济"。中国朝野各界逐渐掀起一股"计划经济"思潮。思想界也兴起一股浓烈的"国家经济干预论"思潮,人们普遍认可统制经济或计划经济,②甚至出现"人才统制""教育统制"的呼声。国人对计划的理解,也从经济领域迁延至知识生产领域。许多人视其为济世良方。素以"自由派领袖"自居的胡适,1934年感叹道:"一个国家能养三百万不能捍卫国家的兵,而至今不肯计划任何区域的国民义务教育,这是最大的耻辱。"③罗家伦亦表示:"实施计划教育,对于全国人才之需要……及其支配之用途,国家应有整个之打算。"④何清儒提出,中央各组织"应对于全国现今及将来逐年增加的人才需要,有整个的计算。然后根据这计算筹划人才的养成和分配"⑤。1934年,时任教育部部长王世杰在接见学生代表时,亦坦承"教育统制是为教育部之责任"⑥。在时人看来,自由资本主义道路不适合中国经济发展的需要,苏联社会主义经济建设模式是中国可资借鉴的榜样。⑦1933年,国民政府接受了"部分计划"的统制经济论。⑧1937年,国民党五届三中全会通过《国防经济建设方案》和《中国经济建设方案》,宣布

---

① 蒋廷黻:《中俄复交》,《独立评论》1932年第32期。
② 阎书钦:《苏联经济建设成就对二十世纪三十年代中国的思想影响》,《中共党史研究》2019年第1期。
③ 胡适:《信心与反省》,《独立评论》1934年第103期。
④ 罗家伦:《解决青年职业问题和政治安定问题之两条途径》,《中央周报》1934年第322期。
⑤ 何清儒:《人才统制》,《教育与职业》1934年第155期。
⑥ 《本国教育文化史的新页——北平各大学毕业生职业运动(三):推派代表晋京请愿》,《教育杂志》1934年第1期。
⑦ 阎书钦:《苏联经济建设成就对二十世纪三十年代中国的思想影响》,《中共党史研究》2019年第1期。
⑧ 当然,这种"统制"不仅表现在经济方面,在人才和学术方面表现亦甚突出,稍后出现的国防设计委员会和资源委员会,都有明显的"统制"色彩,旨在通过军工系统的优先现代化撬动整个国家的现代化,而就其渊源看,这种制度设计明显受到英美后面的影响,全国抗战时期的侍从室则使这一做法达到极致。

"中国经济建设之政策应为计划经济"。1938年，国民党临时全国代表大会宣言指出："抗战期间，关于经济建设，政府必当根据民生主义之信条施行计划经济。"五届六中全会通过了"统一关于经济资源之调整研究、具体设计，籍树立计划经济之基础以利建国案"①。对"计划经济"的钦佩，强化了国人对"计划科学"的认同。由此，"科学计划"在华逐步萌生，知识国家化的态势愈显强劲，当局对知识系统的介入及大学国立化热潮持续推进。然而计划科学的正式出现尚在数年后。

三、中国"科学计划"的筹划与夭折

约在1942年，加州理工学院博士、时任中研院化学所所长吴学周受中研院评议会委托，拟写了《我国战后科学研究计划刍议》（以下简称《刍议》），讨论战后中国的科研建设问题。从其定位看，它基本上可视为一个国家科学发展规划。《刍议》中大量运用布哈林及贝尔纳关于"计划科学"的理论（强调各方"合作"），同时也吸收了波兰尼关于科学自由的相关理论（该理论优先关注"自由"）。《刍议》提出，根据形势需要，有必要邀"科学家拟具全国科学研究计划"。这或许是中国科学家首次运用计划理论对科学发展进行"计划"。其中的许多思路在当时并未实行，但在日后新中国的科技发展中却得到很好体现，并产生了深远影响。②值得注意的是，在日趋密切的国际交流中，国际上有关思潮和人物的影响也直接投射到中国的计划科学之中。太平洋战争爆发后，英国亟需推荐工作人员来中国加强交流。计划科学的拥趸、英国文化委员会科学处处长葛罗瑟（James G.Crowther）推荐了李约瑟；后者遂来华任职并于1945年为中国政府编制了一份科学发展规划，从诸多方面为战后中国科学发展指路。③

---

① 阎书钦：《抗战时期国统区关于国、民营经济的论争》，《天津师范大学学报（社会科学版）》2008年第2期。

② 阎书钦：《抗战时期国统区关于国、民营经济的论争》，《天津师范大学学报（社会科学版）》2008年第2期。

③ 付邦红：《吴学周"计划科学"思想管窥》，《科学学研究》2008年第6期。

第三章
知识生产系统及其方式的变革

1946年,蒋介石要求教育部与中研院针对"今后发展应用科学之步骤"拟出十年计划及逐年进度呈核。教育部召集中研院及各科专家经"详慎商讨",最后形成《发展应用科学十年计划(草案)》并于当年12月呈蒋鉴核。该计划被认为是目前最早的一份由政府出台、采用此种规范称谓的计划。这堪称民国时期官方科学计划的一个代表。该计划建议成立由各方要人组成的"科学技术指导委员会"。它将人才分为"普通人才"(技术人员)和"基本人才"(科学理论研究人员),而其重点在后者。这一草案反映出学界与当局在认识上显然有别:蒋介石政府要求的计划对象是"应用科学";教育部和中研院及各科专家却认为"理论科学为应用科学之基础,欲求应用科学之发展,必同时注意理论科学之研究"。他们积极呼吁"成立一个专门负责拟定科学发展计划,培植'基本人才'的机构",并表示"此计划如被采纳实行,五年之后,我国即可有四五个完善之大学及一两个完善之研究院,而我国应用科学之基础亦可奠定矣"[1]。此种表态,无疑体现着学界及学术行政界对未来学术独立的规划。

1945年,原子弹爆炸成功后,各国深感震惊,并意识到原子时代已然来临。国民政府旋即积极寻求机会开展原子能研究,决定派出吴大猷、曾昭抡、华罗庚三位科学家赴美考察,并要求其各推荐两名助手同去。吴推举了李政道和朱光亚。到美后,美方并不对中国人开放相关技术。这几位科学家只得在相关高校担任访问学者,并将学生送入各校深造。

当时作为国家最高学术机构的中央研究院,最早对原子核物理的发展做出了反应。物理学家、中研院总干事萨本栋向蒋介石提出了设置近代物理研究所的方案,以进行原子能和微波这两个二战期间的"明星"项目的研究。但得到的答复是"暂时缓办"。1946年,萨本栋接任物理所代理所长职,他对该所研究计划作了重大调整,新开了原子核物理和电子学两个研究专题。萨本栋还联合时任中央大学物理系主任赵忠尧,加强中研院与中央大

---

[1] 付邦红:《1946年中国一份发展科学的长期计划》,《广西民族学院学报(自然科学版)》2005年第1期。

学的密切合作,推动原子能研究。1946年7月,美国在太平洋上的比基尼岛进行了第二次原子弹试验,美国政府特邀英、法、苏、中四大盟国各派两名代表前往太平洋观"战"①。时任外交部部长王世杰要求中研院和军政部各派一名专家前往,中研院派了物理所兼任研究员、中央大学教授赵忠尧。赵忠尧由此成为中国首位亲见原子弹爆炸的人。他为此深受震动。行前,萨本栋特让赵忠尧带上5万美金顺便在美国采购核物理实验设备。赵抵美后,因经费支绌,干脆"滞留"美国,②辗转于加州理工学院和麻省理工学院等校"打工"和学习③,终于在1948年冬基本搜集到了这些器件(1950年,赵忠尧开始酝酿回国但受到美方阻挠,历尽曲折,他终于在年底回到中国)④。

1945年9月6日,胡适被任命为北大校长。9月19日,理学院院长饶毓泰提出发展北大理科和工科的建议:"今自原子炸弹成功,原子核物理之研究有不容一日缓者,张文裕先生在此方面有独立研究经验,成绩甚佳,拟请其加入北大。彭桓武君……与马仕俊、张宗燧三人为吾国研究原子核理论之最有希望者"。胡任北大校长后,于1947年7至8月间致函白崇禧、陈诚,请他们从国防经费中拨专款资助北大建立原子核研究中心,他认为这是"一件关系国家大计的事",并"提议在北京大学集中全国研究原子能的第一流物理学者,专心研究最新的物理学理论与实验……以为国家将来国防工业之用"。他关注的人选包括钱三强、何泽慧、胡宁、吴健雄、张文裕、张宗燧、吴大猷、马仕俊、袁家骝,"以上九人,可谓极全国之选"。前述学者均任职于

---

① 段治文、钟学敏:《核物理先驱——赵忠尧传》,浙江人民出版社,2007年,第105—153页;虞昊、黄延复:《中国科技的基石——叶企孙和科学大师们(第二版)》,复旦大学出版社,2008年,第116—125页。

② 段治文、钟学敏:《核物理先驱——赵忠尧传》,浙江人民出版社,2007年,第114—116页。

③ 段治文、钟学敏:《核物理先驱——赵忠尧传》,浙江人民出版社,2007年,第147页。

④ 值得一提的是,1951年1月赵忠尧到京后,政务院副总理兼文化教育委员会主任、中科院院长郭沫若亲自主持了对李四光、竺可桢、吴有训、钱三强等数十名科学家欢迎宴会。 随后,赵忠尧开始任职于中国科学院近代物理所。1955年,赵忠尧膺中国科学院首届学部委员。1958年,中国科学技术大学创建时,赵忠尧负责筹建近代物理系并任系主任。他对中国尖端科技发展贡献甚巨。

第三章
知识生产系统及其方式的变革

美、英、爱尔兰的学术机构。"我们决定把北大献给国家,作原子物理的研究中心。人才罗致,由北大负全责。"他希望对方划拨50万美元购置设备,并表示这是"为国家科学前途计"。胡适显然力主把北大物理学系建设成为中国原子能研究中心。傅斯年当年在中研院所率先力行的集众式制度化科研,至此已正式升级为胡适主导下的新北大(此前由傅代理校长)的"举国式"知识生产模式。由此,中国知识生产史的一个重要裂变已基本成型,一个建制化的军工学复合体的构想已隐隐然呼之欲出,令人眩目。

当局其实亦曾有此意。1946年6月,国防部设立原子能研究委员会,与此前成立的国防科学委员会合作进行原子弹研制。蒋介石指示拨款50万美元。1947年4月,国防部部长白崇禧向蒋介石呈请拨款240余万美元创设原子能研究所,蒋介石暂未允。胡适此时提出将北大物理系建设成为原子能研究中心,正好切合了国民政府特别是白崇禧之意。但学界和军方的关注点并不一致,且局势动荡,自然未能获批。[①]饶毓泰开启、胡适具体操办的将北大建设成为中国原子能研究中心的梦想终成泡影。

显然,在当时的条件下,中国不可能具备足够的力量顺利开展原子能研究。在此进程中,不同方面的竞争和博弈也颇为明显,牵涉了复杂的人才争夺。南京和北平两大学术中心之间的竞争尤其突出,而这种争夺又集中在对有数的杰出科学家等稀缺资源的竞争上。这也决定着牵头组织原子科学研究中心的主导权问题。在当时各校竞争激烈的形势下,显然难以默契合作。1947年起,梅贻琦即邀钱三强回清华任教,稍后,胡适也代表北大发出邀约。钱三强接受了清华之邀,不得不退还了胡适的聘书。1948年3月,已名扬世界的钱三强致函梅贻琦,表示了其归国后致力于原子能研究的计划,并"极力拥护在北平设立一联合原子核物理中心之计划","自原子核物理发展以来,学术研究规模亦远超于前",今后学科方面应寻求合适的"发展方

---

① 张剑:《学术独立之梦——饶毓泰致函胡适欲在北京大学筹建学术中心及其影响》,《中国科技史杂志》2014年第4期;胡升华:《从"学术独立"到"国家科学"兼及中国物理学会和〈物理学报〉的历史观察》,《科学文化评论》2019年第4期。

式"。①此间,南京的学术圈亦对此多有关注。如中研院的萨本栋及中大的吴有训、赵忠尧和施士元等,均对此颇为热心。萨本栋、赵忠尧曾数次来函约钱三强归国后到南京任职,钱"皆婉辞"。不过,钱三强认为中研院与中大"之合作方式似可借鉴","教学研究合而为一……以规模而论,中央拟组织之中心"与其"预想中之计划亦颇相合"。②因此,他建议利用北平学术机构多的优势,推动清华、北大及北平研究院等机构开展联合研究,尽快取得成效。而在此期间,彭桓武也从欧洲归国。尽管当时中国人才仍相对有限,经过多年积累,原子能研究方面亦略有家底,然从欧洲学术中心回到国内名校的钱三强,很快颇感落差。他坦言"欧洲科学研究之组织,已日趋完善",中国虽不乏优秀人才,但没有得到良好组织和充分利用,"科学界的情形与若干年前没有多大区别"。③中西之间在知识生产范式上存在明显的代差。钱三强认为:"大规模集体民主之研究之重要,在欧洲朝野已视为唯一目标。"④无疑,当时学术发展的最大困难之一正是缺乏有效的组织,难以开展大规模协作。这显然不足以支撑原子弹的研制工作。赵忠尧此前通过考察美方的原子弹试验也惊觉,国内的许多研究早已落后,"与先进国家的差距,正呈几何级数地拉大"⑤。更重要的是,北平积极筹备以待钱三强北上主持研究中心之际,美国大使馆获悉情报后立即致电萨本栋,"有报告说,北方一组科学家要求中国政府允许在北平建立原子能研究中心",并要求萨提供"真实情报"。⑥由此,被寄予厚望的"北平计划"在重压下胎死腹中。1948年底,钱

---

① 《钱三强致梅贻琦校长的信(1948年)》,顾良飞:《清华大学档案精品集》,清华大学出版社,2011年,第85页。
② 《钱三强致梅贻琦校长的信(1948年)》,顾良飞:《清华大学档案精品集》,清华大学出版社,2011年,第85页。
③ 《钱三强回国在清华大学物理系作演讲》,《中国新闻报》1948年4月8日;王春江:《裂变之光——记钱三强》,中国青年出版社,1990年,第161页。
④ 《记钱三强先生座谈之言》,《社友》1948年第87期。
⑤ 虞昊、黄延复:《中国科技的基石——叶企孙和科学大师们(第二版)》,复旦大学出版社,2008年,第120页。
⑥ 葛能全:《钱三强》,山东友谊出版社,2006年,第106页。

又向时任清华大学地下党组织的负责人何东昌商询推进原子能研究事宜,何东昌建议暂缓。①然而许多有识之士对此事业的酝酿并未就此中辍。此间,学界仍做了许多基础性工作并颇有成就,培养的许多人才日后也发挥了重要作用。

在发展"大科学"的同时,有关方面也在积极推动"大大学"建设。1945年9月,冯友兰撰文表示,中国迫切需要实现"知识上的独立,学术上的自主"。他建议集中力量将基础较好的几所大学办成真正的学术中心即"大大学","替国家定下知识学术独立的百年计划"。此建议与胡适稍后提出的"十年计划"高度一致。1947年9月,胡适发表《争取学术独立的十年计划》,认为中国教育应"有一个自觉的十年计划……要在十年之中建立起中国学术独立的基础"。其近期规划是十年内分两步走,"集中国家的最大力量,培植五个到十个成绩最好的大学……使他们成为第一流的学术中心,使他们成为国家学术独立的根据地"。②"大大学"和"大科学"已成为当时的大趋势,但此须有相当的基础条件。然而在当时战乱频仍、国力衰微的情况下,几乎没有现实可能性。1951年在院系调整前夕,费孝通等清华学人还提出"大清华"计划,欲将学校系科大幅扩充,但此计划最终未能实现。③

四、"大科学计划"之重启及其实效

1949年中华人民共和国成立,科学发展进一步被纳入国家运作的轨道,学界逐步服膺"人民科学"的理念,学术研究日益由学者的个人志趣转向国家的事业。在新的历史条件下,"计划科学"由理念变为客观事实,并派生出一系列制度安排。

---

① 黄文辉:《工物系首任系主任何东昌的原子能情结》,工程物理系庆50周年纪念文集编写组:《半世纪峥嵘岁月 新时期再铸辉煌:清华大学工程物理系建系50周年纪念文集(1956—2006)》,2007年,第237页。
② 胡适:《争取学术独立的十年计划》,《中央日报》1947年9月28日,第2版。
③ 《附件二:院系调整后的院系组织表(共14学院43系)》,清华大学档案,目录号校办1,档案号510025;《京津高等学校院系调整清华大学筹备委员会第二阶段工作报告》,清华大学校史研究室编:《清华大学史料选编》(第五卷上),清华大学出版社,2005年,第517—519页。

新中国初期的科学体制深受苏联影响。按照"人民科学"的指导方针，政务院文教委对新成立的中科院明确下达了基本任务，要求根据近代科研的趋势"作有计划的理论与实验的研究，以期赶上国际先进水平"，"强调科学研究的计划性与集体性，以加强各学科研究间有机的联系"。中科院的其他几位副院长如竺可桢、吴有训、李四光等也深刻反思过去"为科学而科学"的思想，强调要让科学为人民谋福利。无论如何变革，中国有识之士对许多新兴学科和前沿问题的关注仍一如既往。其中，就有一度形成热潮的原子能研究工作。

从"一五"计划开始，中国大规模经济建设取得显著成效。为加强科研工作，中国科学院于1955年成立学部有效地遴选和组织了一批精英人才；1956年1月，中央召开知识分子问题会议，部署制定《1956—1967年科学技术发展远景规划》（下称《远景规划》）；5月，周恩来在中南海招待参加全国科学规划工作的300多名科学家，勉励他们争取在12年内使我国重要的和急需的科学技术部门接近或赶上世界先进水平。他强调："要尽量采用世界先进技术，瞄准当时的新兴科学、新兴技术，不失时机地'迎头赶上'。"[①]在中央指导下，各方开始编制该规划的修正草案。在周恩来和国务院科学规划委员会负责人陈毅、李富春、聂荣臻等领导下，经过来自23个单位的787名科学家半年多努力，该草案终于在1956年12月编成。该草案共确定57项国家重要科学技术任务和616个中心问题。在此基础上，规划精选出有全局性意义的12个重点，在人力、物力上予以优先保证。[②]对某些特别重要而在中国却很薄弱甚至空白的学科，规划采取了紧急措施，如发展计算机技术、半导体技术、无线电电子学、自动化和远距离操纵技术；加上当时保密的原子弹和导弹研究两项绝密任务，共六项紧急措施，构成中国发展尖端技术的关键措施。[③]规划的制定和实施，奠定了中国科技发展的组织机构基础、队

[①]《周恩来传：1898—1976》（下），中央文献出版社，2008年，第1094页。
[②] 方惠坚等编著：《蒋南翔传》，清华大学出版社，2005年，第180—181页。
[③]《周恩来传：1898—1976》（下），中央文献出版社，2008年，第1095—1096页。

伍基础和学科基础。由此，许多高新科技如原子能、喷气技术、电子计算机、半导体和无线电电子学技术等，得到了迅速发展；在传统科学技术领域，也开辟了新的课题；一系列新兴工业在中国大地上开始建立。[1]这一规划显著推动了学科建设和研究队伍发展。其中物理学科的规划包含了10余个分支学科，其中有原子核物理和基本粒子物理等3个重点学科。循此，中科院也相继成立了一批物理学专科研究所。所有这些都为中国科技发展和国家建设奠定了一定的基础。这种尖端科技的发展，还需科研部门与其他行业的协调与配合，特别是需要与教育的融合。而这种融合，在很大程度上又依赖于高校。在编制并实施《远景规划》的同时，中宣部等有关部门也联合编制了《1956—1967年哲学社会科学发展规划纲要（修正草案）》，对100多个重点学科领域作了规划。

1949年后，由于国家"全国一盘棋"地持续进行机构重组和人才调动，北京成为全国遥遥领先的学术重镇和高级人才最密集的地方，而新成立的中科院则迅速成为中国学术的"火车头"。大量科研工作和科研骨干逐步从高校转移到庞大的中科院系统[2]，国家的科研职能也基本转入其中。1950年，中科院近代物理研究所成立，国家将全国各地的大量优秀学者调集其中。其所长钱三强，副所长王淦昌、彭桓武，均为当时国际知名的核物理学家，研究人员则有赵忠尧、何泽慧、邓稼先、杨澄中、杨承宗、胡宁、于敏、谢家麟等。这些人才储备为日后的尖端科技发展奠定了基础。在1955年的学部委员遴选中，数理化学部有48人膺选，钱三强、王淦昌、彭桓武、赵忠尧4人均在列。[3]该所实力之强劲，在全院也卓越不群。1952年10月，实际负责工作的王淦昌主持制定了该所1953—1957年第一个五年计划，明确规定了该所的主要方向、任务及各方面的具体目标。这涵盖了核物理、放射化学、宇宙线研究、理论研究等方面；其中核物理方面包括"加速完成粒子加速器和探测器，

---

[1]《周恩来传：1898—1976》（下），中央文献出版社，2008年，第1096页。

[2] Richard P. Suttmeier, "Science Policy Shifts, Organizational Change and China's Development," *The China Quarterly*, No.62, 1975, pp. 207-241.

[3] 王霞：《彭桓武传》，中国青年出版社，2015年，第99页。

逐步开展原子核的基本研究,并为原子能的应用准备进行工作"[①]。

在科学规划的过程中,曾牵动无数人心的原子能研究事业再次被提上日程。这一计划当时始终被最高决策层列为"一号工程"并保持最高密级。1955年1月,周恩来同李四光、钱三强谈话,详细了解了中国原子能科学研究的相关情况。次日,毛泽东主持召开中央书记处扩大会议,李四光、钱三强等也参加。会上,毛泽东作出了发展原子能事业的战略决策。[②]科学界决定学习苏联,发扬"大协作精神"来达成目标。[③]为开创和发展原子能事业,急需培养大批专门人才。为此,1955年初,中央指派刘杰、张劲夫、钱三强、蒋南翔、江隆基等8人组成培养核科技人才的教育领导小组。经国务院批准,由蒋南翔和钱三强负责,在苏联和东欧的中国留学生中挑选相关专业的学生,安排其学习核技术和工程专业。1955年5、6月间,国务院三办选派一批党政干部到北大;7月,国务院决定在北京大学建立培养核科学人才的单位物理研究室,靠挂在物理系。同期,周恩来批准钱三强等人的建议,抽调浙大、东北人大、复旦的胡济民、朱光亚等到北大,参与创办技术物理系,并组建了强大的师资队伍。由此,胡济民、虞福春、朱光亚等著名核物理学家和骨干教师集中在北大开展筹建工作。同时,有关部门还派人从北大、吉大、南开、复旦、南大、武大、中大等校物理系选调学生。在此期间,清华大学也自告奋勇地申请创办工程物理系,得到国务院批准。从此,北大建立了由胡济民、虞福春、卢鹤绂等领衔的技术物理系,清华也创建了何东昌执印的工程物理系,二者各具特色。1958年,聂荣臻提议,并在周恩来支持下,中科院创办了中国科学技术大学,采取系所结合的办学方针,由近代物理研究所负责办近代物理系和近代化学系;[④]其主要带头人是赵忠尧、杨承宗等。是

[①] 胡济民等:《王淦昌和他的科学贡献》,科学出版社,1987年,第403页。
[②] 中央文献研究室科研部图书馆:《周恩来人生纪实》(下),凤凰出版社,2011年,第1016页。
[③] 葛能全:《钱三强》,山东友谊出版社,2006年,第148页。
[④] 中央文献研究室科研部图书馆:《周恩来人生纪实(下)》,凤凰出版社,2011年,第1016—1017页。

第三章
知识生产系统及其方式的变革

年,近物所由十几人发展到百余人。①北大、清华与中科院这三个最重要的科研中心紧密合作,构成了一个学术轴心,相互促进,硕果颇丰。另一个重要基地兰州大学,也在积极开展相关工作。

为研究和解决高校中原子能方面的干部培养问题,1955年9—10月,蒋南翔率中国高等教育考察团访苏(代表团成员有周培源、钱伟长、胡济民,另有翻译邢家鲤等),并特别访问了苏联原子能研究重镇莫斯科大学等机构。②访苏归来后,蒋于11月向高教部呈报了访苏报告。③他在报告中请求上级部门"给予大力支持,以便集中力量,首先把北大和清华的新专业和新专门化,迅速地建立和充实起来,使我国在培养原子能干部方面的迫切工作,得以有效展开"。12月,蒋南翔致信北京市委并呈报中央及周总理的报告中,提出了拟在清华工程物理系设实验核子物理、同位素物理、空气动力学、稀有元素分离工艺等9个专业的计划,④经中央批准很快得到实施。1956年10月,清华正式成立工程物理系,内部逐步形成多个教研组。为实现目标,各方都积极利用"全国一盘棋"的大科技体制开展"大兵团协同作战"。在中央支持下,清华从校内外调集了大批优秀师生集中起来投身于原子能事业。如从校内其他系调入何东昌、吕应中、滕藤等,从外校调入汪家鼎(天大)、李文才(石油工业部)、何增禄(浙大)等,选任了留学归国的张礼等,校外兼职的有高联佩(留美),还有苏联专家瓦采特多等。⑤另有一批哈工大、南工等院校的优秀师生也被调入该系。该系以"理工结合、又红又专"为指导思想,取得了显著成效。该系与北大、中科院等机构紧密合作,建起了全国专业最齐全的核科学技术系,培养和代培了大批人才。

在清华,工物系与无线电系是当时全校最重要的两个由尖端专业组成

---

① 任欣发:《播春者——核物理学家钱三强》,科学普及出版社,1989年,第60 62页。
② 方惠坚等编著:《蒋南翔传》,清华大学出版社,2005年,第160—161页。
③ 顾良飞:《清华大学档案精品集》,清华大学出版社,2011年,第98页。
④ 《蒋南翔校长申请在清华大学创办新技术专业的信函(1955年)》,顾良飞:《清华大学档案精品集》,清华大学出版社,2011年,第99页。
⑤ 工程物理系庆50周年纪念文集编写组:《半世纪峥嵘岁月 新时期再铸辉煌:清华大学工程物理系建系50周年纪念文集(1956—2006)》,2007年,第4—5、12—19页。

的大系,很好地服务了"一圆(原子弹)一尖(导弹)"的研制工作。通过一系列努力,清华逐步建成了一批全国少有的新兴专业,并借此部分地复建了清华的理科系统,[①]由1952年的8个系、22个专业发展为1966年的12个系、40个专业,办学规模大幅扩张,由此从工科大学发展到初具理工科大学的雏形,昔日"大清华"的追求仍得以部分实现。

值得注意的是,二战后开始的新一轮以原子能科技、电子计算机等为代表的科技革命浪潮,正席卷西方发达国家。当时在与西方相对隔阂的条件下,中国部分名校仍通过增设一系列新兴学科专业大致跟上了第三次科技革命浪潮。这些新专业的创建及成长,可谓厥功至伟。[②]

在此进程中,"大科学体制"在其他诸多探索中亦多有体现。随着中苏关系日益紧张,苏联于1960年6月宣布暂停对华技术支持并撤走所有专家。中国的核工业建设顿时陷入困境。决策者开始感到有必要对开发"国防尖端武器"进行集中统筹协调。1961年1月,聂荣臻在汇报提纲中提出,要"集中力量,把各方面的力量统统组织起来,通力合作来完成国家任务","从中央到地方都要扭在一起……统一安排"。在1961年的极端困难中,张爱萍于11月向中央提交报告,认为当前的困难主要属于工程性的问题,而工程性的问题是可以通过组织协作解决的。报告建议由中央和国务院出面协调,进行一次全国性的大协作大会战,在1964年进行核爆是完全可能的。翌年6月,毛泽东明确表态支持。10月,罗瑞卿向中共中央和毛泽东提交报告,建议"在中央直接领导下,成立一个专门委员会,加强对原子能工业的领导……并在必需的人力、物力上进行具体调度","及时解决遇到的各种问题"。毛泽东立即批示"要大力协同做好这件工作"。次月,周恩来主持召开中央专委第一次会议,宣布中共中央直接领导的中央专门委员会正式成立,主任为周恩来,成员有贺龙、李富春、李先念等7位副总理和赵尔陆、张爱萍

---

① 高景德、李传信:《南翔同志与水木清华同在》,《蒋南翔纪念文集》,清华大学出版社,1990年,第154—155页。
② 《止而后定止于至善——解沛基口述》,郑小惠等:《清华记忆:清华大学老校友口述历史》,清华大学出版社,2011年,第175页。

等7位部长级干部。中央专委实际上是党中央在"两弹"上的全权代表,其职权远远超越二机部和国防工业系统,可在全国动员一切力量完成国家需要的重大任务。中央专委成立后,围绕原子弹研制的各项重大问题召开过多次专委会。在专委的协调下,26个部委,20个省(自治区、直辖市),900多家工厂、科研机构、高校参加了攻关会战。在专委的有力领导下,中国第一颗原子弹于1964年试爆成功。此后,中央专委的体制仍得以延续下来。以上可见,在中国科学大科学发展,特别是原子能研制过程中,在每个重要方面和环节上都体现出大科学的特点,在一定程度上呈现出"举国体制"的某些取向。[①]这与此前美国的"曼哈顿计划"和苏联的核工业计划是高度相通的。

五、"计划科学"的国家化和全球化:国际竞争与知识跃迁

统上,近代以来的知识生产从作坊式科研发展为集众式的大科学,这种知识生产方式的迭代是近代以来一个全球性的现象,无论是西方国家还是中国等非西方国家,都经历了这个历程。其显著特点在于组织化、体制化,"有组织的科研"越来越成为一种常态,组织、体制的力量越来越突出。它经历了两个显著变迁:一是在主体上,由个体拓展到科研院所,进而扩展到各类学术机构,并出现机构或学科集群之间的联合,最终走向了国家层面,经此"国家化",确立了"举国体制";其二是这种国家化的模式,经历了从西方向全球的扩散,呈现"全球化"。中国知识生产方式的变革也是这一全球性浪潮中的一部分。这一知识生产国家化的过程贯穿了清末民初至20世纪60年代。它基本反映了中国知识界从新旧混杂的体制实质性地转型为现代知识体制的过程。至此,中国新式知识生产体制也趋于初步定型。这一进程漫长曲折,但呈现出一些趋势性的特征。

这种知识生产方式的变化与社会变革紧密关联。近代以来,知识生产越来越多地被纳入特定的体制之中,整个知识生产系统的体制化程度越来

[①] 路风、何鹏宇:《举国体制与重大突破——以特殊机构执行和完成重大任务的历史经验及启示》,《管理世界》2021年第7期。

越高,出现了一系列知识密集型产业。由此,知识及知识人的集中程度越来越高,学术权力亦日趋集中,许多重要的工作则往往是以某些重大项目为抓手来展开的,如1928年以后的殷墟发掘工程、1932年启动的航空工程研究,以及1945年延续至20世纪60年代的原子能研制工作。这种生产方式对大学和科研机构也产生了新的影响,要求其不断扩张规模、加强协作,并越来越多地面向社会,承担社会责任、承载国家意志、服务国家战略。随着国家越来越多地介入知识生产,各国科学发展的组织化和计划性也越来越明显。不仅科研工作如此,教育学术机构在这一时期也呈现明显的国家化趋势,许多大学日趋国立化(在中国集中表现为南开和厦大两所私立名校先后改为国立),私立大学的资源筹措也越来越多地依赖于政府,日益受到国家支持和统领。

在现代社会,"科学没有组织就没有力量"[1]。大科学研究已日益超越个体和机构之畛域。它迫切需要"专家集团"的力量,也需要国家力量来协调和扶持,而唯有强有力的国家才能更好地推动这一计划。前述一系列科学计划的萌芽和运作过程,在某种程度上代表着中国知识生产的国家化进程,它起步于1928年前后,成型于1956年,而到20世纪60年代以"两弹一星"为代表的一系列工程的成功,意味着这一思路取得了突破性进展和重要成效。当然,它也不可避免地遇到挑战,面临着一系列深层次的难题和困境。

在此环境下,科研日益从个人志趣变为组织的任务乃至国家的事业,个体化知识生产的空间日渐有限。越来越多的知识人被逐步纳入体制内。体制化的高端形态乃是国家化。至此,知识生产的组织化达到最高形态。国家化就意味着知识生产所承担的不仅仅是个人、机构或地方的事务,而是国家事务。大科学研究规模巨大,较之传统科研,其任务更艰巨、工作范围和规模更庞杂,需要更多资源,统筹协调也更难。其运作的难度、成本和风险等,都决定着只有国家才有足够的资源、能力去统筹协调各方、共担重责,以

---

[1] Sally G. Kohlstedt et al., *The Establishment of Science in America: 150 Years of the American Association for the Advancement of Science*, Rutgers University Press, 1999, p.13.

第三章
知识生产系统及其方式的变革

长期稳定的支持,确保足够的持续性和可控性,抵抗风险和不确定性。国家对此责无旁贷。由此,科研系统成为国有机构,呈现"国立、国有、国营"等特征。1945—1948年间中国南北诸多机构之间围绕原子能研究主导权的竞争,就足以证明,不超越个别机构、部门或区域的立场,是难以统筹协调、集中力量发展大科学的,也是难以抗衡域外势力的。于此,国家的力量显得尤其迫切。只是,当时的国家能力深度受限,不足以担此重任。与苏联实行计划经济几乎同期,西方国家在经济领域中的作用也发生了明显变化。历史上,"曼哈顿计划"、苏联的核计划及杜布纳联合研究所等,都是以国家力量发展科学的典型案例。国家是国际政治中最重要的行为体。为应对国家间竞争,拓展生存空间,各国都加强了对知识生产的介入,以此增强自身的竞争力。在此情势下,知识虽保持着其某些固有的特质,但无疑已被越来越多地纳入国家建构的进程中,彰显出越来越强的国家属性。20世纪东西方各主要国家的探索均印证着这一点。

当然,这种体制化进程与个体或个性化的关系,也是需要关注的新议题。在组织化程度越来越高的条件下,科研系统及相关机构越来越庞大,制度化和科层化的面向随之彰显;个人才情及其灵心善感对推动知识生产及学术原创的意义,也成为一个不容回避的重要议题。

早在19世纪的环境下,在论及教育和学术时,大量贤人智者都高扬学者的自主性。德国哲学家谢林坚称"全部哲学的开端和终点都是自由"[1]。高官出身但又深谙教育学术之道的著名学者洪堡,在缔造柏林大学时,也始终强调个体学者的近乎决定性的意义,因为他深知"文化领域中的一切都依赖于自由思想的创造力"[2],"问题的关键就在于选对人才"[3]。及至"总体化"

---

[1] [美]特里·平卡德:《德国哲学1760—1860:观念论的遗产》,侯振武译,中国人民大学出版社,2019年,第2页。

[2] [德]海因里希·冯·特赖奇克:《十九世纪德国史(第一卷)》,李娟译,上海三联书店,2021年,第313页。

[3] Daniel Fallon, *The German University*, Colorado Associated University Press, 1980, pp.13–14.

的20世纪国家的角色也由"中立国家"日益转变为"整体国家",国家与社会之间彼此渗透,社会原有的"中立性"和"自律性"日趋消解。①此时,个体与时代的张力也随之彰显。路德维希·冯·米塞斯(Ludwig Heinrich Edler von Mises)指出:"在极其伟大的智力成就和艺术成就领域",使天才"的工作具有特殊光彩的那点东西……是独一无二的"。②爱因斯坦称:"一个组织要实现它的目的,就必须有一个人去思考、去指挥,并且全面担负起责任来。"但他更强调,在丰富多彩的人类生活中、在驱动人类向前的东西中,在最本质的意义上,真正可贵的是"有创造性、有感情的个人,是人格"③。可见,在有组织的科研持续升级的同时,个体仍有其独特价值,个体的率性和灵性仍应有其空间。人是社会性的存在;同样,知识也是社会建构的产物,知识系统亦是社会系统中的一部分。知识系统能发展到什么程度,不只仅取决于知识界的努力,不只取决于个别精英人物的引领,而是更多地取决于各系统的有机协同,取决于时代的造就。科学能达到何等水平,取决于社会的基础条件、环境条件及人类的能动性。这是科技发展历程所一再印证的,其中一切兴衰得失和演化嬗递,俱是鲜活的例证。

20世纪的知识史表明,在知识发展的进程中,军政因素是一个长期被低估,却异常重要的因素。它深刻地影响了人类的地缘政治、文化版图和学术进展,自然也不断形塑着人的生存方式、生产方式和思维方式。军事现象的高度复杂性和破坏性,直接催生了许多交叉研究和新兴学科,持续推动科技发展和知识生产的转型。前述"计划科学"在全球的知识扩散历程可谓显例。

人类在20世纪与形形色色的战争长期相伴,而军事因素深刻地重塑了

---

① 张旭东:《文化政治的激化:从韦伯到施米特》,《全球化时代的文化认同》,上海人民出版社,2021年,第524—525页。
② [奥]路德维希·冯·米塞斯:《经济科学的最终基础:一篇关于方法的论文》,朱泱译,商务印书馆,2015年,第71页。
③ 《爱因斯坦文集(第三卷)》,许良英等译,商务印书馆,2010年,第57—58页;[美]爱因斯坦:《我的世界观》,张卜天译,商务印书馆,2018年,第5—6页。

第三章
知识生产系统及其方式的变革

20世纪的学术进展和大学样貌。有论者指出:"20世纪以来,世界各国的科学家们以不同的方式参与军事研究,大学也逐渐从军事研究的边缘走向了中心。"[1]各国学者及学术机构参与军事研究并不罕见,并已成为军事科技发展中的重要力量。[2]一战后兴起的航空学科和二战开始后勃兴的原子能学科,作为当时全球最突出的新兴学科,都与战争高度关联。正是军事上的迫切需求,直接强有力推动了这些相关学科的勃兴,带动了相关学科集群的成长。一战后,航空工程得到极大发展,德国、英国表现突出,美、日等国也急起直追。自二战前夕起,大量欧洲科学家转移到美国,促成了美国航空及原子能科学的猛进。[3]二战后,原子能科技进一步推动知识跃迁。该技术扩散到广大非西方世界,大量国家普遍建立了举国体制。后来的冷战更是助推了这一态势。这也完全印证了恩格斯所说的"社会一旦有技术上的需要,这种需要就会比十所大学更能把科学推向前进"[4]。前述讨论,无疑已从知识内驱力、国家、国际关系的交互作用等因素,部分地解释近代以来中国知识生产的动力机制/系统。

中国高等教育近代化在1895年前后才正式起步,远远晚于任何西方国家,也晚于日本、印度。而到20世纪30年代,其知识生产的进程总体上落后于西方二三十年。可见,此间中国学术的发展进度仍是相对较快的。在列强环伺、空间逼仄和资源紧缺的近代中国,国家的支持对学术发展尤其不可或缺。此外,前述进程或许还表明,和其他许多重要工作一样,中国学术的

---

[1] 翟一达:《科学与军事:日本科学共同体对军事研究的态度形成与演变》,《日本学刊》2022年第2期;宋琦等:《大学中军事技术的发展及影响》,《科学理论》2014年第14期。

[2] 高云峰、陈希:《美国研究型大学与军事科研的互动发展》,《清华大学教育研究》2004年第5期;孙佳:《英国大学发展国防科研的概况及其启示》,《世界教育信息》2010年第4期。

[3] 对此,可参见李工真的三篇论文:《世界物理学研究中心从德国向美国的转移》,《中国地质大学学报(社会科学版)》2014年第6期;《美国是如何成为"世界化学研究中心"的》,《中国地质大学学报(社会科学版)》2015年第15期;《世界科学文化中心的洲际大转移》,《世界历史评论》2020年第7期。

[4]《恩格斯致瓦尔特·博尔吉乌斯》,《马克思恩格斯选集》(第四卷),人民出版社,2012年,第648页。

进展(特别是重大工程的推进)仍有其历史延续性。知识系统以其强大的韧性和内驱力,经受住了一次次剧烈的社会动荡、穿越了时代变革的分水岭,一直延续到20世纪中后期。历史的变革固然引人瞩目,历史的延续性也同样不宜低估。这是此前历史叙事所长期遮蔽的,也是有待今人继续挖掘的议题。

第二节 "规划科学"模式在哲学社会科学领域的施用:以《自然辩证法研究规划草案》为视点

新中国成立后,哲学社会科学走上了由国家主导的"规划科学"模式的道路。但受环境影响、制度缺失等因素的影响,制定的各项哲学社会科学规划大都形同虚设,只有1956年制定的《自然辩证法(数学和自然科学中的哲学问题)十二年(1956—1967年)研究规划草案》幸运地成为集中体现并延续上述"规划科学"模式的一个成功特例。虽然草案本身还只是一个不完善的学术性工作计划,但它依然充分发挥了"规划科学"模式的积极作用,推动了具有中国特色的自然辩证法事业的发展,在中国自然辩证法发展史上具有极其重要的地位和作用。

1956年,中国共产党发出了"向现代科学进军"的号召,选择了苏联"规划科学"模式,分别制定了《一九五六——一九六七年哲学社会科学规划纲要(修正草案)》(以下简称《哲学社会科学规划纲要》)和《一九五六——一九六七年科学技术发展远景规划纲要(修正草案)》(以下简称《科学技术发展远景规划纲要》)。最初,中共中央只打算制定自然科学方面的发展规划,哲学社会科学方面的规划并不在计划之中,只是由于光远提出[①],得到周恩来同意和支持,该计划才得以制定。而《哲学社会科学规划纲要》的主要意义即在于使新中国哲学社会科学走上了"规划科学"模式的道路。但由于形势变

---

① 详情可参见于光远:《我的故事》,大众文艺出版社,2000年,第20页;孙小礼:《长功夫、大功夫、硬功夫和苦功夫——于光远与自然辩证法》,《自然辩证法研究》2014年第9期。

第三章
知识生产系统及其方式的变革

化,《哲学社会科学规划纲要》及其各子项目或被"束之高阁",或成效不彰,只有一个子项目——《自然辩证法(数学和自然科学中的哲学问题)十二年(1956—1967年)研究规划草案》(以下简称《自然辩证法研究规划草案》)得以较大程度地保留和继续实施,发挥了"规划科学"模式的积极作用,产生了诸多成果,推动了中国自然辩证法事业的发展。

这一文件虽然涉及学科领域有限,影响也不及《科学技术发展远景规划纲要》,但其在当时仍有力地推动了相关研究的进展;更重要的是,它为新中国哲学社会科学发展道路进行了可贵探索、积累了重要经验,对日后中国哲学社会科学的长期发展有探路、奠基之功。它事实上成为深入理解中国哲学社会科学发展脉络和特质的一个重要窗口。然而目前学界对相关议题的研究仍相当薄弱。迄今为止,对哲学社会科学规划的研究大都集中于对规划本身制定过程的论述,如储著武详细阐述了1956—1967年哲学社会科学规划的制定过程,薛倩详细地考证了这一哲学社会科学规划形成的背景和过程及中国哲学社会科学的体制化过程,朱晨、李正华对改革开放初期哲学社会科学规划的制定过程进行了详细论述,李洁则在此基础上以中央宣传部的指导作用为视角,分析了新中国哲学社会科学"规划科学"模式的创立及意义。[①]前述研究已在操作层面解释了中国哲学社会科学规划的早期开展。本章则在先行研究的基础上,从梳理《自然辩证法研究规划草案》的主要内容与实施效果入手,探讨在面临诸多挑战时,"规划科学"模式仍能得以延续和发展的深层原因及意涵。

---

① 对此,可参见储著武:《1956—1967年哲学社会科学规划工作的历史考察》,《当代中国史研究》2019年第1期;朱晨、李正华:《改革开放初期的哲学社会科学规划工作(1978—1982)》,《晋阳学刊》2020年第3期;李洁:《新中国哲学社会科学"规划科学"模式的创立》,《中共党史研究》2019年第5期;李国强:《我国哲学社会科学规划工作的发展历程》,《理论导报》1999年第9期;薛倩:《中国科学院哲学社会科学部的发展历程与历史贡献》,《当代中国史研究》2017年第5期。

一、《自然辩证法研究规划草案》的研制和实施

一般认为,"规划科学"作为学术概念出现于20世纪80年代。[①]1982年8月,德国科学家贝希曼在第十届世界社会学大会上正式提出"规划科学"的概念,认为"'规划科学'就是大科学,以解决大问题为目标,综合运用各种学科,通过科学的组织,使科学有计划地协调发展"[②]。但在社会主义国家发展的具体实践中,"规划科学"的出现远远早于上述概念提出的时间,并形成了一定的"规划科学"模式。苏联是较早"按照自觉的方针和计划来加强科学事业"[③]的国家。

1930年,苏联科学院首次制定全面的科学研究计划,采用"由上而下和由下而上相结合的办法",即"先由科学院根据国民经济和科学发展的要求,向各所发出指示,结合科学家的建议,然后据以制定计划。计划制定后交部长会议,由国家计划委员会会同有关部门审查,提出批评及意见,然后交科学院修改,再交部长会议批准执行"[④]。由此可见,苏联在建设社会主义的实践初期所形成的"规划科学"模式特征主要有三:一是科学研究应首先服务于本国经济建设的需要,二是体现执政党的意志,三是由国家集中相关科研力量有目的、有重点、有计划地进行规划工作。

毫无疑问,苏联将"规划科学"和社会主义制度结合得比较成功,如因"规划科学"成就的苏联人造地球卫星的首次成功发射就曾造成美国20世纪50年代的"卫星恐慌"[⑤]。新中国成立后,面对繁重的国内社会重建、经济建设任务以及复杂的国际形势,再加上中国实行向苏联"一边倒"的外交政

[①] 董光璧:《中国近现代科学技术史论纲》,湖南教育出版社,1992年,第124页。
[②] [英]J. D. 贝尔纳:《科学的社会功能》,陈体芳译,广西师范大学出版社,2003年,第268页。
[③] 童大林:《我国科学技术进入第二个黄金时代》,《科学学研究》1983年第1期。
[④] 吴艳等:《中苏两国科学院科学合作资料选辑》,山东教育出版社,2008年。
[⑤] [美]L. 迪安·韦布:《美国教育史:一部伟大的美国实验》,陈露茜、李朝阳译,安徽教育出版社,2010年,第312页;Herold J., Sputnik in American Education: A History and Reappraisal, *McGill Journal of Education*, 1974, No.3, p.157。

第三章
知识生产系统及其方式的变革

策,哲学社会科学和自然科学建设很自然借鉴了苏联的"规划科学"模式,并在实践中形成了鲜明的中国特色。

由于20世纪50年代国内国际形势复杂、哲学社会科学具有意识形态属性等原因,相较于苏联,中国哲学社会科学"规划科学"模式在主张哲学社会科学应服从社会主义建设的战略需要、由国家主导进行大规模的科研规划项目的同时,更突出体现了执政党的意志,隐然呈现出"政党中心主义"的工作方法论取向。新中国哲学社会科学"规划科学"模式创立的标志是《哲学社会科学规划纲要》的制定。《哲学社会科学规划纲要》的制定本来对中国哲学社会科学发展有着极大的推动作用,但可惜的是,只有《自然辩证法研究规划草案》在制定之后因环境庇佑而得以较为全面地保留和实施,成为集中体现并延续新中国哲学社会科学"规划科学"模式的一个典型成功案例。

自然辩证法反映马克思主义的自然观和自然科学观,是马克思主义理论的重要组成部分,自20世纪二三十年代起在中国传播和发展,并吸引了一批研究者。新中国成立后,随着自然科学事业地位的大大提高,在自然科学界中"宣传唯物主义的思想,反对唯心主义的思想"[1],并用马列主义思想武装自然科学工作者就成为必须认真对待的问题。相应地,自然辩证法的地位与作用也越来越突出。1956年制定哲学社会科学规划时,考虑到自然辩证法的重要性,经于光远建议,潘梓年、范长江、张劲夫等人同意,有关部门制定了《自然辩证法研究规划草案》。[2]

上述草案充分体现了"规划科学"模式的特征。首先,它突出体现了执政党的意志。草案制定的一大目的是清除唯心主义对中国自然科学的不良影响,其内容很重要的一部分也是要对自然科学领域的唯心主义思想进行批判。这完全符合中国共产党对马克思主义哲学的一贯坚持与倡导。《关于研究规划草案的几点说明》(以下简称《说明》)还提出了进行这项规划工作

---

[1]《建国以来重要文献选编》(第六册),中央文献出版社,1993年,第64页。
[2] 孙小礼:《长功夫、大功夫、硬功夫和苦功夫——于光远与自然辩证法》,《自然辩证法研究》2014年第9期。

的具体方法,在需要哲学家和自然科学家密切合作的同时,应在规划工作中彻底地贯彻中国共产党所提倡的"百家争鸣"方针。①其次,该草案明确了自然辩证法应服务于中国社会主义建设的战略需要。《说明》指出这项规划工作既可以促进哲学的发展,也可以帮助自然科学家摆脱唯心主义的影响。②因此,这对于发展中国的科学事业和社会主义建设都具有重要作用。最后,这一草案在制定方法和推进规划工作的具体操作上也体现了它是由国家主导的大规模、有规划的科研项目。草案的制定方法是,由中宣部科学处处长于光远亲自主持,集中一些自然辩证法工作者和一批自然科学家共同讨论制定。③结合当时中国社会主义建设的实际,规划草案主要拟定了九类研究题目,每类题目再列出若干个子题目,"对于其中一些重要问题,又分别请对该问题有专长或有兴趣的人写说明书,以便对问题所在和目前研究状况作些说明"④。为保证规划工作顺利进行,有关方面开展的具体工作主要有:在中国科学院哲学研究所成立"自然辩证法"组;创办"研究通讯";搜集国内外有关资料,并且帮助出版机构翻译和出版有关资料,等等。⑤

值得一提的是,在这一草案制定后不久,有两项具体工作立即得到了落实,从而有力推动了规划工作的开展:一是1956年6月成立"自然辩证法"组,这是新中国第一个自然辩证法的专业研究机构;二是创办《自然辩证法研究通讯》(以下简称《通讯》),这是新中国第一个自然辩证法的专业学术刊物。⑥在当时的环境下,"规划科学"模式并没有随形势变化而中断。这主要

---

① 《关于研究规划草案的几点说明》,《自然辩证法(自然科学中的哲学问题)研究通讯》,1956年第00期(创刊号)。
② 《关于研究规划草案的几点说明》,《自然辩证法(自然科学中的哲学问题)研究通讯》,1956年第00期(创刊号)。
③ 龚育之:《自然辩证法在中国》,北京大学出版社,1996年,第21页。
④ 《关于研究规划草案的几点说明》,《自然辩证法(自然科学中的哲学问题)研究通讯》,1956年第00期(创刊号)。
⑤ 《关于研究规划草案的几点说明》,《自然辩证法(自然科学中的哲学问题)研究通讯》,1956年第00期(创刊号)。
⑥ 龚育之:《自然辩证法在中国》,北京大学出版社,1996年,第22页。

第三章　知识生产系统及其方式的变革

表现在：

首先,积极开展自然辩证法基本学术资料的建设工作。《自然辩证法研究规划草案》曾提出要加强有关资料的搜集、翻译和出版工作。1962年9月9日,龚育之在《人民日报》发表《对自然辩证法研究的一点意见》,再次强调了对学术资料进行整理和编译的重要性;而学术资料的建设工作之所以如此重要,主要原因之一就是因为其服务于当时国内反对唯心主义哲学的客观需要。由于自然科学的重要性,和中国哲学家一样,资产阶级哲学家也时刻关注自然科学的发展,并企图通过"极力歪曲利用自然科学成果来论证唯心主义哲学"和"攻击马克思主义哲学"。这明显违背中国共产党一贯坚持马克思主义哲学的基本原则,因此需要搜集和编辑有关资料来研究和批判唯心主义哲学。相关的一系列学术资料建设工作无疑是成功的,我国出版社相继出版了爱因斯坦、波恩、波尔等人的著作,还由此引发了我国学者对相关问题的热烈讨论,对当时国内自然辩证法的宣传、学习和研究都起到了推动作用。

其次,根据社会主义建设对科学技术的需求,组织相关自然辩证法座谈会。早在建党之初,中国共产党就明确了科学技术的重要作用。1956年中国开始探索"自己的建设社会主义道路"[①]后,党中央日益重视科学技术的地位和作用。在这种大背景下,1960年8月,中国科学院哲学研究所在哈尔滨召开了新中国成立以后第一次大规模的自然辩证法座谈会。这次会议紧密结合实践,重点讨论了一篇关于生产实践和技术发展辩证法的论文。[②]党中央和毛泽东主席对此高度重视,1960年11月,《光明日报》发表了这篇题为《从设计积木式机床论机床内部矛盾的规律》的论文,之后《红旗》根据毛主席的建议转载了这篇文章。与此同时,国内学界也对这个问题展开了热烈的讨论。可以说,这次座谈会使自然辩证法的学习和研究从理论领域进入

[①] 中共中央党史研究室著、胡绳主编:《中国共产党的七十年》,中共党史出版社,1991年,第293页。

[②] 龚育之:《自然辩证法在中国》,北京大学出版社,1996年,第27页。

实践领域,对中国的自然辩证法事业发展而言是一个意义深远的新开拓。

最后,《通讯》复刊。《通讯》作为国内学者集中讨论和交流自然辩证法的园地,其重要性不言而喻,但《通讯》的发展并不顺利。1957年,"自然辩证法"组内的许良英、赵中立、陈步等人受到冲击,给组内的工作带来了很大困难,组内的其他研究人员只能勉力地继续维持刊物的编辑工作。[①]1960年,根据国家整顿刊物的指示精神,哲学研究所决定集中精力主办《哲学研究》,《通讯》被迫停刊。直到1963年8月,在于光远等人的努力下,经批准,《通讯》才被复刊。《通讯》复刊后,得到了毛泽东的重视和支持,并发表了一些重要文章,如日本学者坂田昌一的《基本粒子的新概念》[②]、中国学者周培源的《相对性原理真是没有必要的吗?》[③]等。这些文章的发表引起了国内学者对相关问题的热烈讨论,从而对推动国内自然辩证法研究、促进中外学术交流等起到了极为重要的作用。

此外,根据这一草案,于光远等人在国家支持下,有关方面先后在上海、黑龙江、广东省等地建立自然辩证法研究会,在北京大学、中国科学院哲学研究所等高校和研究院所招收自然辩证法专业研究生,在中共中央高级党校开办自然辩证法研究班,从而为中国自然辩证法事业的发展提供了坚实的人才(含专家和干部等)保障。

二、《自然辩证法研究规划草案》的成功缘由

在1957年之后的一段时期内,在历次运动的冲击下,《哲学社会科学规划纲要》和其他各子项目在整体上都受到了抑制。其中,《自然辩证法研究规划草案》虽然也受到了一定抑制,但由于种种因素受到的影响相对较小并得以继续实施,进而推动了中国自然辩证法事业的发展。在当时条件下,这不能不说是相当"幸运"。此中或有某些偶然因素,但无疑又有诸多相对确

---

① 《龚育之访谈录》,中央文献出版社,2009年,第74页。
② [日]坂田昌一:《基本粒子的新概念》,段生林译,《自然辩证法研究通讯》1963年第1期。
③ 周培源:《相对性原理真是没有必要的吗?》,《自然辩证法研究通讯》1963年第2期。

定的成因。概言之,其原因或在于以下四点:

(一)自然辩证法本身的独特性质

《说明》指出:"在哲学和自然科学之间是存在着这样一门科学,正像在哲学和社会科学之间存在着一门历史唯物主义一样。这门科学,我们暂定名为'自然辩证法'。"[①]同时,自然辩证法具有联结科学技术与马克思主义的重要功能,是从具体科学技术认识上升到马克思主义普遍原理的一个中间环节。因此,自然辩证法具有独特的桥梁性质。

一方面,与西方国家学者不同,中国学者一直是在自然辩证法名义下从事自然科学研究,并始终强调马克思主义的理论指导作用,坚决反对和抵制自然科学中的唯心主义思想。这不仅有利于新中国自然科学事业的发展,而且有利于通过自然科学发展进一步巩固国家政权、推动国家发展。另一方面,随着科学技术的不断发展,自然辩证法的研究取向、研究内容、研究重点等必然会随之发生相应的改变。而自然辩证法作为马克思主义理论的重要组成部分,其本身的变化和发展也会进一步推动马克思主义理论的不断完善与发展。因此,虽然受到政治时势的影响,但自然辩证法由于其独特的桥梁性质,能在马克思主义旗帜下相对有效地继续进行本学科相关问题的研究。

(二)中央领导人的一贯重视与支持

以毛泽东为代表的中共高层领导人,一贯注重理论研究,重视自然辩证法的传播与发展。[②]事实上,早在延安时期,毛泽东就开始关注自然辩证法方面的学习、宣传和研究。毛泽东于1937年在延安撰写的《实践论》和《矛盾论》,成为用辩证法解决中国革命实际问题的经典著作。1938年9月,延安新哲学会成立,毛泽东、朱德等许多中共领导人亲自参加并指导新哲学会的活动,掀起了一股加紧理论研究的热潮。1940年2月,自然科学研究会在延安成立,毛泽东出席大会并发表重要讲话。他明确指出了自然科学研究

---

① 《关于研究规划草案的几点说明》,《自然辩证法(自然科学中的哲学问题)研究通讯》,1956年第00期(创刊号)。

② 李蕉:《毛泽东与中国的自然辩证法研究》,《自然辩证法研究》2017年第12期。

的重要性,号召大家都去研究自然科学。①1943年12月,毛泽东在给刘少奇的一封信中明确提到自然辩证法。他认为:"此书有恩格斯两篇短文,十分精彩,可以看。"②正是在毛泽东的大力号召与支持下,一批科技工作者投身自然辩证法的研究,推动了中国自然辩证法事业的发展。新中国成立后,毛泽东依然十分关注自然辩证法的研究。20世纪50年代初,毛泽东的"两论"、恩格斯《自然辩证法》一书中译版的相继出版,使自然辩证法受到更多人的注意。1956年,针对国内照抄照搬苏联遗传学界错误观点的做法,毛泽东及时提出"百花齐放、百家争鸣"的方针,鼓励国内学界自由探讨学术问题。同年,在党中央的支持下,《自然辩证法研究规划草案》得以制定。作为草案一大举措的《通讯》出刊后,因主要面向的是专业人士而发行量并不大,但毛泽东却对其尤为关注。1963年8月,《通讯》复刊,刊登了一篇日本学者坂田昌一的文章,引起了毛泽东的注意。同年12月,毛泽东在听取聂荣臻关于十年科学技术规划问题的汇报时,提到了《通讯》。他指出,《通讯》"曾停了很久,现在复刊了,复刊了就好"③。1964年8月,毛泽东在北戴河谈哲学问题时还特意提到了坂田昌一的文章,随后他在和于光远、周培源的谈话中再次强调了自然科学研究的重要性,强调哲学探讨应与自然科学研究相结合。④毫无疑问,毛泽东对自然辩证法研究的认识、重视与支持,不仅对草案能否继续实施,而且对中国整个自然辩证法事业是否向前发展均产生了重要影响。

(三)于光远等人的积极推动

于光远一生致力于中国的自然辩证法事业,被国内学界公认为"自然辩证法这门科学的创建人"⑤。于光远与自然辩证法的渊源可以追溯到其早

---

① 《毛泽东文集》(第二卷),人民出版社,2001年,第269—270页。
② 《毛泽东书信选集》,中央文献出版社,2004年,第196页。
③ 《毛泽东年谱:一九四九——一九七六》(第5卷),中央文献出版社,2013年,第295页。
④ 《毛泽东文集》(第八卷),人民出版社,1999年,第389—394页。
⑤ 孙小礼:《长功夫、大功夫、硬功夫和苦功夫——于光远与自然辩证法》,《自然辩证法研究》2014年第9期。

年在清华物理系求学的时候。当时,他选修了一门张申府教授的"形而上学"课,通过对课程所列参考书的阅读,他对自然科学哲学问题产生了浓厚兴趣。1936年夏,于光远在上海参加了自然科学研究会,研究会的一系列活动引导他进一步学习和研究自然辩证法。1939年从北平调往延安后,于光远利用延安的有利条件,系统学习和研究自然辩证法,并积极参与或筹建自然辩证法的相关活动。譬如,他认真研读了恩格斯的《自然辩证法》、成为延安新哲学会的会员、参与筹建陕甘宁边区自然科学研究会等等。新中国成立后,就任中宣部科学处处长的于光远更加积极地推动自然辩证法事业的发展。这一部门是中宣部下属的一个职能部门,也是联结党中央和科学界的一个核心机构。这一部门由于既了解党制定科技政策的详细过程,又了解科学界执行相关政策的具体情况,因此相比其他组织或个人更便于开展自然辩证法的研究。在于光远等人的带领下,科学处也确实在自然辩证法领域做了很多出色的工作,如组织召开青岛遗传学座谈会、组织制定《自然辩证法研究规划草案》等。更难能可贵的是,在《自然辩证法研究规划草案》受到冲击以后,于光远并没有就此放弃自然辩证法事业,而是一等到合适时机就设法积极推动自然辩证法的学习、宣传和研究,如组织《通讯》复刊、召开全国性的自然辩证法座谈会、招收自然辩证法专业研究生,等。[1]因此,于光远对自然辩证法事业的坚持与努力,是《自然辩证法研究规划草案》能得以继续实施的一大原因。

(四)国际形势及中西关系的影响

在国际上,虽然新中国一成立就受到苏联、欧亚各人民民主国家等国家的承认,但以美国为首的一些国家始终拒绝承认新中国,并试图通过多种路径,如干涉朝鲜战争、实施贸易限制等,来阻挠甚至破坏新中国的建设和发展。这对刚成立的新中国而言确实是巨大的威胁。相应地,发展国家经济以巩固新生政权就成为当时新中国所面临的首要问题。在如此情境下,自然科学在新中国的重要性势必凸显。但与此同时,资产阶级国家必然会采

---

[1] 于光远:《中国的科学技术哲学——自然辩证法》,科学出版社,2013年,第195页。

取种种措施阻碍自然科学在新中国的发展,其中的一个典型措施就是极力攻击马克思主义哲学,宣扬用唯心主义哲学来指导自然科学的发展,因而对我国自然科学界造成了一定的消极影响。因此,坚持马克思主义对自然科学的指导地位、清除唯心主义对自然科学的消极影响,是当时新中国必须完成的一项十分艰巨而又紧迫的任务。而自然辩证法的学习和宣传,正好有利于这项任务的完成。

20世纪60年代,中国开始一场批判帝国主义、批判修正主义和批判资产阶级的斗争。其中,翻译、出版西方大科学家的著作,并从哲学上对他们的一些观点进行批判,"是批判修正主义、资产阶级工作的一部分"[①]。而这项工作,在当时也主要是由自然辩证法研究者完成的。毫无疑问,这项工作的完成,对坚持马克思主义的指导地位、推动中国自然科学的发展都起到了积极作用。因此,自然辩证法的学习、宣传和研究,对处于复杂的国际形势之中、面临重重外部挑战的新中国来说,始终有着特殊重要的意义。

三、"规划科学"模式的中国化表达

"规划科学"模式的特征决定了其独特的优越性。它强调国家的主导地位,具有可预期性与可规划性,因而保障了国家对相关项目进行系统的规划与管理。同时,它能依据国家需求在短时间内迅速集中全国规模的人力、物力与财力资源,并对资源进行最有效的整合和利用,最大程度地保障相关项目的顺利进行。因此,"规划科学"模式对科学发展、经济建设、国家发展等都具有重要作用。当然,"规划科学"模式也存在一定的局限性,如行政化倾向较为严重、对学者的积极性和主动性激励不足等。但总体而言,"规划科学"模式的积极作用远远大于消极作用。作为在"规划科学"模式下制定的《自然辩证法研究规划草案》,不仅充分体现与延续了"规划科学"模式的特征,而且还积极发挥了"规划科学"模式的效能,推动了中国自然辩证法事业

---

① 熊卫民:《于光远与自然辩证法在中国的发展范岱年先生访谈录》,《科学文化评论》2015年第2期。

的发展。

(一)促进了自然辩证法学科的建制化发展

一般而言,一个专门学科正式形成的主要标志包括:形成了相应的专业领域,建立了专门的研究机构,创办了专业的学术刊物,创建了专门的学会,培养了专业研究生和进行了基本学术资料的建设,等等。无疑,《自然辩证法研究规划草案》几乎包含了上述所有内容,并且在实践层面实现了这些内容。它不仅确立了自然辩证法的学术取向、学科性质、研究内容、研究方法及研究意义,还制定了具体的学科发展措施。通过国家的大力支持和于光远等人的积极推动,草案制定的这些具体措施均被有效实施,如成立了"自然辩证法"组、创办了《通讯》、创建了自然辩证法研究会等。之后,于光远等人还以《自然辩证法研究规划草案》为基础,结合实际和国家发展需求,不断在自然辩证法领域中补充新的研究内容,从而进一步推动了自然辩证法学科的建制化发展。[1]而且正是由于之前草案的有效实施已为自然辩证法研究奠定了良好基础,之后自然辩证法研究才能得到迅速的恢复和发展,学科的建制化过程才能更加顺利,最终得以形成了极具中国特色的自然辩证法学科。因此,《自然辩证法研究规划草案》的制定不仅是自然辩证法学科建制化的开始,还"对自然辩证法学科的发展具有总结历史开辟未来的划时代意义"[2]。

(二)推动了自然辩证法中国化的重大成果——中国马克思主义科学技术观的发展

"规划科学"模式的一大特征是强调由国家统筹,充分发挥国家力量,并密切结合国家需求来进行规划工作。这也就决定了在"规划科学"模式制定下的《自然辩证法研究规划草案》并不是对恩格斯自然辩证法思想的照搬照抄,而是将其与中国实际密切结合,进而推动了具有中国特色的自然辩证法事业的发展。《自然辩证法研究规划草案》中提出的积极学习国外先进科学、

---

[1] 李惠国:《〈自然辩证法〉在中国的传播和研究》,《自然辩证法研究》2015年第11期。
[2] 李惠国:《〈自然辩证法〉在中国的传播和研究》,《自然辩证法研究》2015年第11期。

彻底贯彻"百家争鸣"的方针等建议均体现了草案对中国实情的充分考虑。当然，以草案为基础，自然辩证法中国化取得了很多成果，其中一大成果便是形成了凝聚中共领导人智慧的中国马克思主义科学技术观。毛泽东作为党的第一代中央领导集体的核心，始终重视自然辩证法研究，坚持将自然辩证法研究与中国具体实际相结合，适时提出了开展群众性的技术革新和技术革命运动、建立工人阶级科学技术队伍等观点，形成了毛泽东科学技术思想。此后，自邓小平以来的党的历任领导人都根据实际情况，创造性地提出了符合中国国情的科学技术理论，最终逐步形成了科学的、系统的、代表自然辩证法中国化发展最新理论体系和具体实践的中国马克思主义科学技术观。中国马克思主义科学技术观具有鲜明的时代特征和民族特色，对中国科学技术的发展具有战略指导意义。

(三) 抵制了唯心主义哲学对中国自然科学的消极影响

如前文所述，新中国成立后，西方国家通过极力宣扬自然科学中唯心主义哲学的科学性与重要性，在中国自然科学界造成了一定的思想混乱。因此，清除唯心主义哲学对自然科学的消极影响，是当时新中国面临的一项紧迫任务。毫无疑问，《自然辩证法研究规划草案》在批评自然科学中的唯心主义思想方面做出了诸多努力，有利于这项任务的完成。比如，草案的主要内容之一就是研究和批判自然科学中的各种唯心主义思想。草案制定后，于光远等人在全国范围内组织专家学者撰写相关文章，并召开相关会议。通过这些举措，使中国学者加深了对马克思主义的理解和认同，其中部分学者还开始致力于马克思主义的宣传和研究。[①] 总之，这一草案的制定与实施，在极大程度上捍卫了马克思主义在自然科学领域的指导地位，减少了唯心主义哲学对我国自然科学的消极影响，推动了中国自然科学事业的发展，进而也为中国知识体系建设奠定了一定的基础。

---

① 当时中国各学科领域的众多知名学者先后发表了一系列关于在科学研究中坚持马克思主义原则的文章，参见竺可桢：《中国科学的新方向》，《科学》1950年第4期；华罗庚：《一个数学工作者学习"实践论"和"矛盾论"的初步体会》，《科学通报》1952年第7期，等等。

第三章 知识生产系统及其方式的变革

（四）加强了哲学家和自然科学家之间的密切合作

自然辩证法研究是一种特殊的理论研究。开展自然辩证法方面的研究，必须依靠哲学家和自然科学家的合作。这是因为，一方面哲学家只有在全面掌握和深入分析自然科学材料的基础上，才能从理论上概括自然科学的新成果；另一方面"尽管自然科学不涉及人类的事务和经验，也没有被看作由社会的观点和意图所直接决定，却被科学暗中默认的哲学前提间接决定"[1]。因此，自然科学家只有掌握辩证唯物主义，才能科学有效地解决相关理论问题。所以两者的合作，对于自然辩证法研究是完全必要的。基于这种情况，草案不仅从理论上强调要加强哲学家和自然科学家的合作，还充分发挥了"规划科学"模式可以集中国家优势资源的积极作用，通过各种措施从实践上进一步加强了两者之间的合作。譬如，草案制定后，于光远等人在全国范围内广泛组织广大哲学家和自然科学家参加自然辩证法座谈会、培养自然辩证法研究生等，从而使更多的哲学家和自然科学家加入了自然辩证法的研究队伍[2]。而且随着实践的发展，中国的自然辩证法研究者逐渐意识到，不仅需要加强哲学家和自然科学家之间的合作，而且还需要以此为基础，加强社会科学工作者和自然科学工作者之间的合作。这种合作关系的建立和发展，对中国自然辩证法事业的发展具有重要意义。

余 论

"规划科学"模式在中国的出现和发展并非偶然，在某种意义上，它与中国的社会主义制度和思想存在某种内在关联或深度耦合。因此，在社会主义国家实行"规划科学"模式是一种很自然且可行的选择。事实上，早在二战之前，由于科技的迅猛发展和各国所处环境的日趋复杂，越来越多的国家开始以各种形式介入本国的知识生产和学术建设，这在当时近乎成为热潮。

---

[1] [以]约瑟夫·本-戴维：《科学家在社会中的角色：一项比较研究》，刘晓译，生活·读书·新知三联书店，2020年，第9页。

[2] 孙小礼：《长功夫、大功夫、硬功夫和苦功夫——丁光远与自然辩证法》，《自然辩证法研究》2014年第9期。

当时的苏联即如此,同期的西方发达国家也大都如此,中国亦不例外。新中国成立后,由于种种原因,哲学社会科学很自然地采用了"规划科学"模式。《自然辩证法研究规划草案》就是成功实施"规划科学"模式的一个范例。这一草案本身虽然较为粗糙,只是一个不具有法律效力的意向性的工作计划,但它仍有着不可估量的历史地位和作用。草案充分发挥了"规划科学"模式的积极作用,推动了中国自然辩证法事业的发展,在中国自然辩证法事业发展史上具有里程碑式的意义。

以上尝试,虽只是新中国成立后不久的短短几年间的探索,然而,其意义绝不限于此。它不仅推动了个别学科领域的发展和知识增长,培育了一批相关领域的干部和专业人才,而且为国家日后领导哲学社会科学建设积累了必要的经验。改革开放以后,中国在不断深化的社会主义建设的实践中,放弃了长期以来的计划经济模式,逐步探索和确立了社会主义市场经济体制。但在学术文化建设方面,中国并没有放弃20世纪五六十年代的某些经验和做法,而是进一步延续和完善了"规划科学"模式,并设立各级各类科学基金推动哲学社会科学研究的制度化、系统化和可持续发展,取得了显著成效。也正是在此条件下,中国哲学社会科学的发展达到了新的水平。站在新的历史节点上,回顾往昔的种种探索,似更能体察到其中丰富的历史意涵。

第三节 高校、中科院之竞合与科研体制的演化

近代以来,科学研究逐步成为专门的职业系统和许多人的志业,且随其日趋制度化而日益成为一种社会建制和国家事业。它不仅仅满足人类认知的需要或"对扎实有用知识的渴望"[1],而且担负着日益繁重的社会功能。科研系统的规模日趋庞大,专业的知识生产部门一般由多个子系统构成,内部

---

[1] [英]阿德里安·泰尼斯伍德:《英国皇家学会:现代科学的起点》,王兢译,北京燕山出版社,2020年,第63页。

第三章
知识生产系统及其方式的变革

关系往往非常复杂。

随着中国学术共同体的持续发育,自20世纪20年代起,科研在中国学术界逐渐制度化,在当时形成了两大科研系统:一是以头部国立高校为轴心的高校系统,二是以国立中央研究院为代表的科研院所。二者各有归属:高校是教育学术机构,隶属于国民政府教育部;而中央研究院则是最高学术研究机构,直属于国民政府。它们一道构成了中国学术共同体的主轴。随着这两大系统的崛起,中国学术共同体逐步生成,学术体制也于20世纪30年代初成型。一战后,科研的组织化、集团化在发达国家已成为普遍现象。中国亦有所跟进。与许多欧美国家类似,中国高校在国家学术系统中居主体地位,科研院所则处于辅助或次中心的地位。科研的体制化首先表现为大学科研的制度化。总体上来说,在近代中国,高校是中国科学进展的主要推动力,是中国学术重心所在。中国物理学元老、时任清华大学物理系主任的吴有训于1935年注意到中国"具有相当工作中心的学科,似乎不少。……最不发达的数学、物理、化学及工程,也均有了相当的基础,且事实上每一个学科均似乎形成了几个中心"[1]。而这几个中心几乎均为知名高校。各学科的学术共同体也是以相关高校为核心而生成的。及至1949年,随着时代骤变,中国学术文教事业开始进行历史转向,学术体制和科研系统也发生了深刻变迁。新成立的中国科学院一方面吸纳了原中央研究院、北平研究院等科研机构的部分人员、设施和学科基础,同时也进行了一系列调整,在指导思想、领导力量、治理体系、精神气质等方面表现出新的特征。在最初几年内,该院呈现新旧混杂、新陈交替的过渡状态。随着社会改造的逐步深化,中国的科研体系也开始相应地展现出一系列新特点,其结构及价值取向亦有变化。在新中国成立的短短十余年间,中国科研体制经历了深刻的嬗变,亦获得了长足发展。其中,中央高校与中科院的关系尤其醒目:二者最初相对独立,随后关系紧张,之后在中央领导协调下关系有所缓和并密切合作,一起开展了大量工作,有效推动了知识生产和国家的学术发展。

---

[1] 吴有训:《学术独立工作与留学考试》,《独立评论》1935年第151期。

对上述进程,学界迄今鲜有研究;纵偶有涉及,也往往不无偏差。许多论者认为此间中国科研体制是铁板一块,其变革是一步到位的;但对其中的复杂过程和多重张力并无感知或未予深究,导致了诸多标签化的理解,没有洞察其中动态博弈的过程及其对中国科研体制生成的能动性作用。亦有个别研究曾论及高校与中科院之关系,但主要是在中观层面讨论二者的紧张关系及有限合作,并未系统考察中国科研体系的顶层设计、内部架构、运行模式等议题。于今,内中仍有某些历史谜题有待厘清。本章拟考察二者关系的演化历程和历史意蕴,以更好地挖掘新中国初期学术体系深层次变迁的脉络和逻辑。本节的核心议题是:中国科研体制的早期结构是怎样的?它是如何形成的?其中有何张力?这些张力如何推进其演化?演化的成效如何?其历史意涵是什么?

一、社会变迁与学术界的结构转型

社会的变迁往往造成文教系统的深刻变革。近代中国遭遇了百年未有之强敌,及随之而来的千年未有之变局,在急遽转型的晚近社会,伴随着系统性的社会重构,1949年也成为20世纪中国教育的分水岭,造就了两种迥异的历史景观,其哲学基础、运作逻辑、外在形态和社会意涵等方面均有质的差异。自1949年起,中国方面陆续派遣多个领域的高规格代表团访问苏联,对其教育、科技和文化体制进行了细致考察,并以极优厚的待遇聘请大批苏联专家来华传授经验。这些感性认知和相关信息成为此后中国开展大规模的教育、文化改造的主要参考,中国的教育学术体制也由此被刻上了深刻的苏联印记。

面对即将开启的历史大变革,文教系统对未来充满憧憬,教育部更是踌躇满志。1950年6月,第一次全国高等教育会议召开时,教育部部长马叙伦表示:要加强高校与科学院各部门的联系,有组织有计划地进行研究工作;整顿和加强高校内研究部和研究所的组织,使这些研究机构成为培养新中

第三章
知识生产系统及其方式的变革

国高校师资的主要场所。[①]显然,对于未来的发展,教育界人士有诸多擘画和期许。只是,日后的变革无疑与许多人原初的预判相去甚远。1951年,在全面学苏热潮中,大规模院系调整逐步启动并全面铺开,重塑了高校的体系版图和发展逻辑。这一过程同时也是系统地学习苏联的过程,是苏联模式渗入中国文教体制的过程。院系调整重在"发展专门学院和专科学校,整顿和提高综合大学,形成高等工业学校专业比较齐全的体系"。这些皆是为了适应计划经济、工业化建设和培养专门人才之急迫需要[②]。在调整中,高校的区域布局和专业结构变化很大,各高校内部的组织模式也发生了实质性变革[③]。

此过程持续达数年,基本上清除了近代教育的余绪,形塑了新的教育形态。一方面,它开启了中国高等教育的新路径和新阶段。这主要表现在:教育方针政策的调整,培育了新的学术气质;高等教育规模大幅扩张、向广大社会中下层民众开放,有效地促进了社会流动;区域布局和学科结构更趋合理,某些学科如工科、农科等应用型学科得到有效充实,为各行各业培养了大批专门人才。然而在另一方面,这次调整操之过急、用力过猛,许多工作做得不够周到细致,也引发了一系列新的失衡,例如:教育规模的迅猛扩张稀释了师资力量,分散了人才;更因师资紧缺,不得不在短期内增补了大量初级教师(多为大学肄业),明显降低了高级教师的占比和师资队伍水准;院校结构不合理,综合大学占比过低;学科划分过细、过于刚性;专才教育一统天下,使人才适应性不足;俄语被指定为第一外语,造成英语教育被严重削弱、英语人才稀缺等。此外,从组织架构看,高校裁撤了学院,弱化了系的实体性地位,以苏联引进的教学研究指导组取而代之,各项工作均依托于教研组。这种高校基层组织的建立有力地推动了教学改革,也带来了新的难题。

---

① 《马叙伦部长在第一次全国高等教育会议上的开幕词》,中央人民政府高等教育部办公厅:《高等教育文献法令汇编:1949—1952》,人民出版社,1954年,第11—15页。
② 胡绳主编:《中国共产党的七十年》,中共党史出版社,1991年,第395页。
③ 《马叙伦部长在第一次全国高等教育会议上的开幕词》,中央人民政府高等教育部办公厅:《高等教育文献法令汇编:1949—1952》,人民出版社,1954年,第11—15页。

经此改革,高度专业化的高等教育体系得以建立,专业教育培养口径也变得更窄。有人认为,学苏联的过程中在本科教育中设置专业,"对我们工科教育,在一定程度上几乎起到了决定性的作用"[①]。曾昭抡也认为,"工学院方面的专业,分得特别细",例如原来的机械制造组若按苏联制度,可分成四十余个专业。[②]苏联高等教育的布局方式、行政隶属关系也直接影响了中国的高教改革。时人按苏联高校的分类框架,对中国高校进行了重新分类,一些老牌综合大学被大幅拆分为文理科大学或专门院校;各类专业性院校由各部委领导的体制也被趁势移植过来。1955—1956年度,全国有高校194所,其中综合大学14所、工业院校42所、各类专业学院138所,大量基础较好的高校被拆解为专门院校,综合大学占比降到近代以来的最低点。[③]时任高教部部长马叙伦直言:此次调整"是依据苏联高等学校制度……根本改变了旧的高等学校设置混乱"的状况。[④]

在时人惯常的认知中,苏联学术体制的特点之一乃是教育与科研相分离,高校基本上只从事教学、不做科研[⑤],科研主要由科学院负责。这种认知直接影响了中国的探索,此次调整造成了教学与科研的强行分离及高校教学与科研的剥离。其实,这是对苏联模式的误读。苏联曾深受欧陆模式影响,其高校一般分综合大学、技术学院和专门学院三类。在早期,苏联高校确实不太注重科研,但综合大学除外,其与科学院关系非常密切。科学院的很多研究人员本就是大学教师。1956年起,苏共中央和部长会议更是多

---

① 朱九思:《任重而道远(一九八五年十二月十二日在全国部分高等工业院校教学改革座谈会上的发言)》,《高等教育研究》1986年第1期。

② 曾昭抡:《高等学校的"专业"设置问题》,《人民教育》1952年第9期。

③ 中华人民共和国高等教育部:《1955年全国高等教育统计资料简编》(内部资料),1956年,第29页。

④ 张黎:《五十年代初院系调整对我国高等化学教育的影响》,《自然辩证法通讯》1992年第2期。

⑤ Froumin I., and Leshukov O., "The Soviet flagship university model and its contemporary transition," in Douglass J. A. (ed.), *The New Flagship University: Changing the Paradigm from Global Ranking to National Relevancy*, Palgrave Macmillan, 2016, pp.173–189.

第三章
知识生产系统及其方式的变革

次决定"加强高等学校的科研工作",各类高校的科研工作由此得到普遍强化,经费相当可观,经过持续增长,最终逐步超过了科学院。[①]科研已成为苏联高校的基本任务之一,许多高校还有大量科研人员和研究机构。这些研究工作与国家、企业建设事业密切结合。当时有的中国学者赴苏考察时也认识到这一点。程今吾在1951年就撰文称:"进行科学研究工作,是苏联高等学校的任务之一。……有些学校并设有科学研究机关,有些专家、学者专门从事科研。"[②]翌年,付克也指出,"苏联的高等学校是重视科研工作的"[③]。然而这些意见影响甚微,并未得到应有的重视。

一般地说,中国的院系调整后先是强调教学第一,后又强调以教学为主[④],尚未对高校科研给予足够重视。总体上,这次调整取得了显著成效,也承袭了苏式教育的诸多特点。后者的缺点对中国教育产生了长期的不利影响:"这种'大一统'的培养模式,不但妨碍学生学习主动性、创造性的发挥,而且非常不利于因材施教,培养'拔尖'人才。学术思想也比较僵化,不利于探索争鸣。"[⑤]这严重影响了中国教育的多样性,使中国教育长期陷入单一、僵化的模式和思维定式,尤其是在人文社会科学方面,"久久难以摆脱苏联教条主义的束缚,陷入完全封闭的状态,不能及时研究和借鉴其他国家的新成就"[⑥]。这也在一定程度上制约了学科交流交融和复合型人才培养。更重要的问题还在于,教研组事实上取代了院系的地位;教研组及一系列配套制度和文化,在强化大学的教学功能的同时,也大幅弱化了科研的基础条件,使大学科研缺乏有力的组织及制度基础。由此,许多干部和部门"只重教学,把教授的工作看成只是教书"[⑦]。教、研分离严重削弱了大学的科研能力,特别是基础研

[①] 张西水:《苏联大力加强高等学校的科学研究》,《中国高等教育》1988年第3期。
[②] 程今吾:《苏联高等教育情况介绍》,《人民教育》1951年第2期。
[③] 付克:《苏联高等学校的科学研究工作》,《人民教育》1952年第11期。
[④] 钱伟长:《对高等教育改革的一些意见》,《上海高教研究》1985年第2期。
[⑤] 郝维谦、龙正中:《高等教育史》,海南出版社,2000年,第122页。
[⑥] 储朝晖:《中国教育六十年纪事与启思》(上册),山西教育出版社,2013年,第32页。
[⑦]《我所见到的科学研究和高等教育工作中的 些问题——严希纯的发言》,《人民日报》1957年3月23日。

究能力。这也不可避免地抑制了教师的个性和创造性,严重侵蚀了中国教育的学术自主性。此外,高校"重视基础科学不够,专业分得过细","图书仪器缺乏","人才设备没有合理使用",部门之间协调不够。"某些领导……把办高等教育和科学工作看成像带军队或办工厂那样一般化并且要求早日见效",[①]无疑也制约着教育的发展。

足见,经此调整,中国高校系统在组织建制、制度、文化和人才等方面都已明显失去了对高水平科研的支撑条件,其在科研系统中的地位也明显弱势。大量科研工作和科研骨干也已从高校转移到中科院系统[②],国家的科研职能也基本转入庞大的中科院系统[③],后者在知识创新系统内位势更高,掌握的学术资源更多。而这不仅仅是对高校科研能力的削弱,也是对其办学水平的挑战,更是对中国学术体系长远发展的深层次的钳制。在1949年以前,中国学术的中心主要是一批名牌大学,而院系调整后,学术中心随即转移。在学术体制中,高校的地位与中科院早已不可同日而语。以新兴的原子能学科为例,1955年,中央做出发展原子能事业的战略决策后,多个中央部委统筹协调从全国各地调集人才充实几个名校的原子能学科,加强人才培养工作。然而,作为两个最重要的教学重镇,北大、清华该学科的教授直到1957年总计仍不足10人[④]。中科院物理所(后改称原子能所)的研究员数量则数倍于此数,1955年,该所仅学部委员就达4人(赵忠尧、王淦昌、钱三强、彭桓武),均为国际知名学者[⑤];至1959年,该所直接从事研究的人员达1493人[⑥]。据不完全统

[①] 王霞:《彭桓武传》,中国青年出版社,2015年,第220页。

[②] Richard P. Suttmeier, "Science Policy Shifts, Organizational Change and China's Development," *The China Quarterly*, No.62, 1975, pp.207–241.

[③] 葛能全:《钱三强》,山东友谊出版社,2006年。

[④] 北大方面的骨干教师有胡济民、虞福春、朱光亚、卢鹤绂、梅镇岳等,清华方面有何增禄、汪家鼎等。参见工程物理系系庆50周年纪念文集编写组:《半世纪峥嵘岁月 新时期再铸辉煌:清华大学工程物理系建系50周年纪念文集(1956—2006)》,2007年,第18页。由于得到中科院彭桓武等人的支援,北大方面也有学生宣称"北大物理排理论物理第一"。参见王霞:《彭桓武传》,中国青年出版社,2015年,第105页。

[⑤] 王霞:《彭桓武传》,中国青年出版社,2015年,第99页。

[⑥] 葛能全:《钱三强》,山东友谊出版社,2006年,第264页。

计,该所在1959年至1965年7月间,为高校培训科技人员1185人①。就该学科来看,其学术中心无疑在中科院,高校系统则难望其项背。

从知识体系的分工看,经此调整,高校被主要定位为人才培养的中心和主阵地,而中科院则是科研中心。国家的科技布局也是循此框架而建构的。由此,国家的科研系统与教育系统、科研中心与人才培养中心形成了制度性分离:前者主要属于中科院,后者则依托高校;在高校,科研工作已主要移交给极少数综合大学,由其培养大学师资和研究(特别是基础研究)人才,而其他专门院校主要培养产业部门的人才。这无疑对高校科研工作的活力与创造性提出了巨大挑战。院系调整对高校科研力量的弱化不言而喻,但高校对此局面并不甘心。二者之间的分工看似已完成,无形的竞争却仍在持续且日趋激烈。

1956年1月,周恩来在报告中提出,"各个高等学校中的科学力量,占全国科学力量的绝大部分,必须在全国科学发展计划的指导之下,大力发展科学研究工作",并大量培养现代科技的新生力量。②这是中央较早地明确提出要重视高校科研工作。在当时的条件下,要以如此少的综合大学承担提升高校学术水平、推动国家学术进步之重任,实可谓相当困难。有关专家直言:"六亿人口的国家,只靠科学院里的少数科学工作者来负起这个重担子,那是不够的。我们必须动员所有高等学校的教师们,积极发挥他们的潜力来从事科学研究工作。"③如何切实维系高校在学术创新体系中的地位已成为一个迫切的难题。为此,多个部门都进行了艰辛探索,高校系统更是积极应对和不懈努力。

二、中国科学院之崛起及其与高校之争

与高校在科研系统中的地位下沉相比,中科院的强势崛起是这一时期

---

① 王霞:《彭桓武传》,中国青年出版社,2015年,第96页。
② 周恩来:《关于知识分子问题的报告》,《人民日报》1956年1月30日。
③《如何发挥高等学校教师在科学研究上应有的潜力——董爽秋的发言》,《人民日报》1957年3月20日。

学术体制的显著变化。1949年6月,有关方面开始筹建科学院。陆定一时任中宣部部长,受命全面负责政务院文化教育委员会系统各部门的筹建,科学院的具体工作则主要依靠一个内线的小班子。①是年9月,全国政协第一届全体会议通过《中华人民共和国中央人民政府组织法》,规定科学院作为政府部门之一,受政务院领导,受文教委指导。足见科学院的筹建是组建中央政府大构想的一个组成部分。10月,中央人民政府委员会任命政务院总理和各部委负责人,郭沫若为科学院院长,陈伯达、李四光、陶孟和、竺可桢为副院长。不日,竺可桢主持会议讨论科学院准备接管前中央研究院、北平研究院等研究机构的问题。在某种意义上,新政权确实是在原中央研究院、北平研究院的基础上组建了强大的中国科学院,这种成立实体科学院之举正是对苏联做法的借鉴,迥异于美、法等国模式。11月,中国科学院成立,开始办公。②根据文件规定,中科院是政务院之下的部级机构,负责"组织并指导全国的科学研究,以提高中国的科学研究水平"③。当时,科学被归并在文教事业中,而中科院被认为是上层建筑领域的部门,受中宣部领导。

新中国成立之初,就确立了自然科学与社会科学相统一的科学领导体制。中宣部下设科学卫生处(1951年成立,1954年改为科学处),政务院下设文教委及中科院,这些机构的成立奠定了新中国科技发展的基础。中科院一度被赋予管理全国科学工作之责。1950年6月,政务院文教委明确指出,中国科学院担负"建立并加强各学科研究之间的有机联系"及"调查全国科学人才,予以有计划地分配和补充"等基本任务。④翌年3月,政务院进一步明确中科院承担"计划与指导全国的科学研究事业"之责。⑤但中科院成

---

① 详见姚蜀平:《中国科学院的筹备与建立》,《中国科技史料》1989年第10卷第3期;王扬宗:《1949—1950年的科代会:共和国科学事业的开端》,《科学文化评论》2008年第2期;樊洪业:《"中华全国第一次自然科学工作者代表大会筹备会"留影》,《中国科技史杂志》2013年第34卷第1期。
② 樊洪业:《〈建立人民科学院草案〉的来龙去脉》,《中国科技史料》2000年第4期。
③ 葛能全:《钱三强》,山东友谊出版社,2006年,第191页。
④ 《建国以来重要文献选编》(第1册),中央文献出版社,2011年,第250页。
⑤ 周恩来:《中央人民政府政务院关于科学研究工作的指示》,《科学通报》1951年第11期。

第三章
知识生产系统及其方式的变革

立后将工作重点放在内部工作上,难以顾及对全国科学发展的谋划和领导。1952年11月成立的国家计划委员会理应负责全国科学规划工作,然亦缺乏相关经验。因此,对一个新生的政权来说,全面地、大规模地领导科学事业,犹有困难。

在高校与中科院的关系问题上,有关方面曾有激烈争议,其中主要形成两种意见。高教部部长杨秀峰认为,按当时的美国模式,大学应该致力于基础研究,国家科研系统应以高校为主。中科院院长郭沫若则认为,苏联科学院的院士都在大学兼职,甚至主要在大学工作;中国科学院应独立开展一些重大研究,一般性的研究则可放在大学。最后,郭沫若的意见占据上风。[1]由此,中科院不仅成为全国科研的中心,也成为全国科研管理与决策机构。政府将大量科研经费投入中科院而非高教系统,造成了教育与科研的体制性区隔。高校与中科院之间日趋疏离,高校内部的教学和科研也被强行分离。这无疑违背了现代科学发展的趋势。然而,这并未成为各方共识,更未影响当时的政策的导向。

中科院成立后,影响日渐扩大,很快拥有五六百名高级研究人员及更多的初、中级科研人员(而1950年国内被认为有相当成就的科学家仅有718人)。[2]其规模远在北大、清华等老牌名校之上。这使许多高校及高教部都感受到强大的竞争压力。有人甚至认为中科院就是"全中国科学"的代名词。[3]这也深刻改变了中国科学研究体系的结构,使中国的科研进展在一段时间内主要依赖中科院。因此,此间的一系列调整绝不仅是改变了高校的力量和职能,而是形塑了新的格局,即由中科院主导国家的科研系统、科研进展和学术评价。这对此前高校系统长期的引领地位无疑是一个根本性逆转,可谓前所未有之大变局。各学术机构由此面临着新的生存环境。有关方面很快意识到,如何维持高校在科研系统(知识创新系统)中的地位已成

---

[1]《王义遒访谈》,北京,2017年11月6日。
[2] 葛能全:《钱三强》,山东友谊出版社,2006年,第193页。
[3]《如何发挥高等学校教师在科学研究上应有的潜力——董渭秋的发言》,《人民日报》1957年3月20日。

为一个迫切、艰难的议题。为此,高教部及高校系统乃至其他有关部门都进行了艰辛探索。

中科院创建伊始,大量优秀学者陆续汇聚于此,成为人才高地。院系调整前后,更有成批量的知名学者从高校涌入中科院,新从海外归国的知名学者也大都被科学院收入囊中。此演化成一种风气,以至于许多人认为从事科研工作须"集中到科学院去才有条件",这造成大量高校教师对本职颇"不安心"①。而在当时情况下,教师教学任务繁重,"在时间分配上教学与科学研究存在一定的矛盾是必然的"②。作为业务顶梁柱的老教师"大都感到任务繁重,他们既要教学,又要培养青年教师,还要参加社会上的政治活动,一部分老教授又要担任行政领导工作,这样把开展科学研究工作就搞到几乎没有时间了"③。如此一来,更是加剧了高校中优秀学者的流失。在当时的科研系统中,科学院显然处于强势地位。在此后一段时间里,高校与科学院的关系一直颇为微妙。在全国科研人才紧缺的情况下,中科院持续从高校调集各学科最优秀的学术人才,招致高校强烈不满。

中共中央在1954年3月对中国科学院党组的报告批示道:"我国科学基础薄弱,而科学研究干部的成长和科学研究经验的积累,都需要相当长时期,必须奋发努力,急起直追,否则就会由于科学落后而阻碍国家建设事业。"批示还系统阐明了建立以中科院为中心、包括高校和各生产部门科研机构在内的全国科研工作体系的方针。④对于中科院在国家科学事业中的地位和任务分工问题,批示称:"科学院是全国科学研究的中心,除了应以主要力量组织本院的科学研究工作外还必须密切联系全国科学工作者,协助各方面的科学研究工作。"此批示被认为是中国共产党为科学工作制定的重

---

① 《高等师范学校中的科学研究工作——余宝笙的发言》,《人民日报》1957年3月23日。
② 《提高高等教育的质量——曾昭抡的发言》,《人民日报》1957年3月18日。
③ 中央教育科学研究所:《中华人民共和国教育大事记:1949—1982》,教育科学出版社,1984年。
④ 中共中央党史研究室著、胡绳主编:《中国共产党的七十年》,中共党史出版社,1991年,第395页。

第三章
知识生产系统及其方式的变革

要方针。自当年9月起,科学院不再被列为政府部门,而成为一个专事科研的事业单位。1955年6月,中科院学部委员会成立,自然科学方面的学部委员有190人,来自高校的有61名,仅占32.1%;哲学社会科学方面有64人,高校教师有21名,仅占32.5%。[1]学部委员会把各界顶尖学者囊括其中,吸纳了全国主要的学术权威。就全国的学术格局和关键资源分配而言,科学院几乎在各主要学科部门皆占主导地位,由此,中科院被认定为"国家最高学术机关"和"全国科学研究的中心"。在这样的地方,普遍被认为"容易成名"。因此,中科院成为许多有志于学术的青年的向往之地。相比之下,高校毕业留校任教,则往往被认为"太没有意思"[2]。对此,当时的名校领导者也并不讳言,在国家的制度设计上,它已正式成为全国科研的领导机构和中国科研体系的中枢,是中央政府在发展国家科技方面的"派出机构,是当然的指挥中心"。而该中心的核心人物之一则是副院长吴有训,他是"科技战线最高指挥员"[3]。并且,当时一般被认为能在国际上代表中国科技水准的科学家如钱学森、王淦昌和华罗庚等,也都在该院任职,[4]他们对当时的中国来说"实在是太重要了"[5]。1955年9月,中科院还率先着手编制发展远景计划,这成为国家科学规划的预热。

大约与此同时,中央决策层从国家发展战略层面出发,对科学事业和知识分子问题给予了特别关注。1956年1月,中共中央召开知识分子问题会议,发出"向现代科学进军"的号召。周恩来指出,"为了有系统地提高我国科学水平",要"集中最优秀的科学力量和最优秀的大学毕业生到科学研究方面"。[6]从此,中科院长期被公认为是中国科学事业发展的"火车头"。

---

[1] 中央教育科学研究所:《中华人民共和国教育大事记:1949—1982》,教育科学出版社,1984年,第133页。
[2] 蒋南翔:《送一九五七年毕业同学》,《中国青年》1957年第18期。
[3] 林家治:《吴有训图传》,湖北人民出版社,2006年,第171页。
[4] 林家治:《吴有训图传》,湖北人民出版社,2006年,第155—160页。
[5] 林家治:《吴有训图传》,湖北人民出版社,2006年,第160页。
[6] 北京师大高等学校干部进修班:《高等校科学研究院文献法令选编》,北京师范大学高等学校干部进修班,1982年,第17页。

1960年7月,中科院还根据需要成立新技术局,负责管理全院有关国防尖端科研工作,中科院在国防事业中发挥着极为重要的作用。

1956年3月,国务院成立科学规划委员会。该委员会是负责全国科研规划和计划的制订、监督推行和协调、合理安排各系统科研人力、物力的领导机构。中科院的学者们在其中发挥重要作用。1956年10月,陈毅、李富春、聂荣臻联名向中央送呈关于科学规划工作的报告和《1956—1967年科学技术发展远景规划纲要(修正草案)》(以下简称"纲要草案")。该文件专门阐述了国家"科学研究工作的体制":"正确地建立我国科学研究工作的体制,使我国的科学技术力量能在统一的科学研究工作系统中,按照合理的分工合作的原则,有计划地协调地进行工作,是顺利完成国家的科学技术任务的重要条件。……我国的统一的科学研究工作系统,是由中国科学院、产业部门的研究机构、高等学校和地方研究机构四个方面组成的。在这个系统中,科学院是学术领导核心,产业部门的研究机构和高等学校是两支主要力量,地方研究机构则是不可缺少的助手。"因此,首先必须"用最大力量来加强中国科学院,使它成为领导全国提高科学水平,培养新生力量的火车头"。[1]必须使科学院逐步形成一支坚强的科学核心队伍,使之在科学的若干主要部门内,真能担当起突破阵地、开拓新的科学领域之重任[2]。

中科院继续强势发展,其与高校的正面竞争也持续升级。1956—1957年,双方再次发生激烈的人才争夺战,以致出现郭沫若与杨秀峰"双声夺珠"之事。[3]毛泽东于1957年3月指示,要在二者之间划"三八线","停战协定"由科学规划委员会开会讨论。4月,该委员会召开科学体制问题座谈会。会上,国家技术委主任黄敬主张,中科院的大部分研究机构应交给产业部门

---

[1] 樊洪业主编:《中国科学院编年史:1949—1999》,上海科技教育出版社,1999年,第72—73页。

[2] 刘英杰主编:《中国教育大事典:1840年以前》(下册),浙江教育出版社,2004年,第1313页。

[3] 张志会:《一九五七年中科院与高教部的"双声夺珠"》,《中国科学报》2015年5月15日。

第三章
知识生产系统及其方式的变革

和高校。高教部副部长黄松龄认为基础研究部分应交给高校[①]；科学院与高校应重视高级科学干部的培养和输送。而中科院方面则持不同意见，双方相持不下。经商讨，二者之间正式划界，明确了各自的职权范围。这次会议一锤定音，基本确定了此后数十年中国科学工作体制，也基本限定了高校科研的工作环境。

对此，高校只能接受，但未必完全信服，暗中角力仍在继续。中科院党组先后两次就此表态："对业已建立的中国科学院必须继续加强，不能削弱。"高校须"进一步开展科研工作"。"高校进行科研的基础比较薄弱，高教部应有步骤有重点地推动和组织高校的科研工作"。"高教系统科研工作能否加强，不取决于科学院的存废和地位。倘若取消科学院，腾出600名高级研究人员，1000多万外汇，分散给227所高校，顶不了多大用处，对国家来说，反而取消了一个可以集中使用的力量；科学院与高教系统在科学工作上，要正确分工，密切合作，不要过分强调矛盾。"[②]应当说，这是中科院一贯的态度。1953年上半年，以钱三强为首的中国代表团访问了苏联科学院、各部委及很多大学。很多科学家归国后在报告中都指出，苏联的科研和教学是相结合的。张文佑指出，苏联高校的教学"是建筑在科学研究的基础上的……大学内设有研究所，各系有教研室，副校长有一人专门主持全校的研究工作"[③]。1957年夏，秦仁昌等赴苏联开会时也发现，苏联高校"和科学院之间的关系是正常的，并没有如目前我国高教部与科学院之间那种不够协调的情况。首先，苏联高等学校内教学与研究是完全结合起来的，教师不进

[①] 实际上，1949年钱三强在参与筹建中科院时，就明确科学院要重在"提高"，不仅要从事应用技术研究，也要高度重视基础研究，力争在国际学术中赢得一席之地。而这显然与高校的工作范围大有重叠。日后若干年内，高校的科研工作不仅规模有限，而且"提高"的导向和成效并不突出。

[②] 樊洪山主编：《中国科学院编年史：1949—1999》，上海科技教育出版社，1999年，第78—79页。

[③] 张文佑：《我所看到的苏联地质科学》，《科学通报》1953年第12期。

行研究的现象是绝无仅有的"[1]。苏联高校的学术骨干往往也是科学院的学者,故高校"和研究机关是密切合作,融成一体的"[2]。为了推进高校科研,许多人还建议进一步加强高校与中科院的深度合作,充分发挥苏联专家的作用,并认为苏联高校教授的研究时间"也有合理的安排。……正因为时间有了保证,苏联科学家的成就是大的";此外还要加强国际交流,"要赶上国际科学先进水平,而不首先掌握国际有关的科学研究情报,是不可想象的"[3]。1957年底,郭沫若率中国科技代表团访苏后,也指出教研结合是苏联高校的一个原则:苏联高校中"教学和科学研究一般结合得很好……相辅相成的。教师不作科学研究,决不可能提高教学质量……我国有些人认为教学和科学研究相矛盾的说法,他们很不了解"[4]。以上言说当然基本属实,但在当时显然错怪了高校系统,因为当时的实际情况是:高校并非无意于科研工作,而实在是有心无力、形势所迫,是有此意愿却基本不具备科研必要的基础条件;高校科研在客观上不能不有求于中科院的支援。在此情况下,双方显然难以和谐共赢。

1957年6月13日,聂荣臻副总理在科学规划委员会会议上指明,在我国统一的科学研究体系中,"中国科学院是全国的学术领导和重点研究中心,中国有一个拥有必要的科学研究机构的国家科学院是完全正确的,合乎世界科学发展总趋势的。政府必须对中国科学院担负的重点任务给予积极支持",统筹全国科研工作。这一表态显然是有所指的。在此大势之下,中科院在国家学术体系中的主导地位已不可撼动,高校自当居辅助地位。应当说,有中科院这样一个中心当然是"完全正确的""合乎世界趋势的";然而,

---

[1] 《值得研究的几个问题——秦仁昌谈在苏联进行学术访问的感想的书面发言》,《人民日报》1957年7月8日。

[2] 《值得研究的几个问题——秦仁昌谈在苏联进行学术访问的感想的书面发言》,《人民日报》1957年7月8日。

[3] 《值得研究的几个问题——秦仁昌谈在苏联进行学术访问的感想的书面发言》,《人民日报》1957年7月8日。

[4] 郭沫若:《加强中苏科学合作为促进科学事业的大跃进而战斗——访苏科学技术代表团总结报告(摘要)》,《科学通报》1958年第7期。

高校实行教研并重,同样也是必要的、合乎趋势的。说到底,当时中央的决策或只是资源有限条件下的无奈之举①。高校与中科院持续数年的紧张关系固然是资源之争、位势之争、政策支持之争,但更主要的还是学术主导权之争。而从当时中央的表态来看,上述争夺之胜负事实上已见分晓,短期内再无翻盘的可能。

三、高校重振科研的努力

时人深知,高校科研工作"也是提高教学质量的重要一环",离开科研的教学乃无源之水。杨秀峰即认为:"高等学校不只是传授已有知识的场所,而且是创造新知识的场所;既是国家培养专门人才的机构,同时又是科学研究的机构。教学和科学研究应是紧密地结合在一起的。"②因此,高校科研工作是"办好高等教育的要求和规律性所规定了的任务"③。为不断提高教学质量,高校教师"必须进行科学研究工作。高等学校中的科学力量占全国科学力量的很大一部分……在科学研究方面也负有很大的责任"。④高校"为了提高师资水平,提高教学质量……必须进行科学研究工作。过去几年,在高等学校中,有领导有计划地开展科学研究工作是注意得很不够的,因此教师的潜力未能得到发挥"。⑤也有人认为,"教师在繁重的教学工作之余,挤出时间从事科研,而这科研工作还不算工作量,这是不合理的"。各高校的科研设备"一般说来,是很差的"。"科学院过去与个别的高等学校也有些联系,那还不

---

① 从组织的运作看,"科研十四条"由国家科学技术委员会与中科院共同提出,无疑表明中科院对全国科研工作的统领地位。国家科委主任聂荣臻和中科院院长郭沫若均为国务院副总理,后者分管文教工作,是高教部部长的直属领导,行政地位高于高教部主官,更高于各高校校长。在国家科学体系的定位中,个中主次不言而喻。至于全国哲学社会科学工作,更是由中科院哲学社会科学部统筹(上一级部门则是中宣部,后者的主官一般为党的领导人)。高校与中科院地位的转变须待几十年之后了。
② 《提高高等教育的质量——曾昭抡的发言》,《人民日报》1957年3月18日。
③ 《提高高等教育的质量——曾昭抡的发言》,《人民日报》1957年3月18日。
④ 《高等教育部长杨秀峰的发言》,《人民日报》1956年6月22日。
⑤ 《提高高等学校的师资水平和教学质量——章央芬代表的发言》,《人民日报》1956年6月28日。

够得很。"因此,建议减少教师的教学任务、充实研究工作的设备、"保证一定的研究费用",并"希望科学院能与各高等学校多多取得联系"。[1]

在院系调整后的一系列政策过程中,高教部及高校越来越深刻地感受到中科院的强势和高校在国家科研体系中的地位回落,而且意识到这种格局将是制度化、常态化的,故其所面临的挑战也就愈发艰巨。高校科研功能的萎缩,不仅仅是高校本身的损失,而且势将造成学术生态的变动,影响国家整个科研系统的格局和后劲。为恢复和增强高校科研能力、重振高校科研系统、提升高校在科研体系中的地位,高教部及各高校审时度势,进行了持续努力。高教部还进行了一系列探索,如:首先,为各校增加了教学辅助人员的编制和科学工作助手的编制;其次,保证教师业务工作的时间,特别是学有专长的教师的业务工作时间,并解决科研项目投资、经费、图书、设备问题;再次,积极推进高校与科学院及各业务部门的互相协作;此外,注重培养师资,提高师资质量,合理安排教师进修,并调集全国著名学者编写高水平教材,推动学术研究和人才培养。[2]这一努力的标志性起点当推1953年召开的全国综合大学会议。

(一)科研制度化的重启

1953年3月,中共中央在对中国科学院党组报告的批示中指出:科学院和高等学校应认真进行培养青年科学研究人员的工作,并建立制度加以保证;应每年选拔一定数量的最优秀的大学毕业生去做科研工作;在高校招生和选拔留学生时,除应有大量学生学习技术科学以外,还应保证相当数量的优秀学生学习基础科学和社会科学。[3]这是大规模院系调整后,高层较早地对高校科研进行的公开表态之一。

高校系统充分抓住了此契机。1953年9月,高教部召开全国综合大学会议,许多重要人物参加,其中有高教部及相关高校的许多重要干部参加。

---

[1] 《建国以来重要文献选编》(第1册),中央文献出版社,2011年。
[2] 林家治:《吴有训图传》,湖北人民出版社,2006年。
[3] 刘光主编:《新中国高等教育大事记1949—1987》,东北师范大学出版社,1990年,第66页。

第三章
知识生产系统及其方式的变革

会议一致认为综合大学应"有计划有步骤地开展科学研究工作,使研究与教学紧密地结合起来"[①];"应特别重视科学研究工作,以提高教育质量,提高学术水平,并与各研究机构和业务部门取得密切合作"[②]。马叙伦报告指出:综合大学是各种专科性高等学校和科学研究机构的基础;应取得科学院和其他有关研究机构以及有关业务部门的帮助与合作,使大学的科学研究工作更好地开展。[③]高校应该接受科学院委托的研究任务。马叙伦又指出:"综合大学虽主要是高等教育机构,但同时也是科学研究机构……是其他高等学校和研究机构的基础,是国家文化和科学发展的重要标志。"[④]会议还提出,综合大学的主要任务是培养包括社会科学在内的从事研究或教学的专门人才。据此,各综合大学开始组建社会科学研究机构。[⑤]在当时的高教体制下,综合大学在全国高校中处于龙头地位,其思路和政策无疑将直接带动其他高校的变革。因此,此次会议及后续举措在某种意义上无疑也意味着高校总体思路和办学方向的转型。

1954年4月,高教部长杨秀峰在介绍中国人民大学的经验讨论会上发言,对该校学苏经验的特点总结了6点,其一就是提倡和大力组织科研工作以提高教师的水平和质量。[⑥]同年7月,高教部在此基础上下发报告,强调了教学改革的5项任务,其中之一为高校科研工作。报告指出:"科学研究不仅是认真贯彻教学改革,全面实现教学计划、提高教学质量、培养研究人才的中心环节而且有助于国家建设。高等学校特别是综合大学如不开展科

---

① 《综合大学即将展开科学研究工作》,《科学通报》1953年第12期。
② 刘英杰主编:《中国教育大事典:1840年以前》(下册),浙江教育出版社,2004年,第1334页。
③ 《关于综合大学的方针和任务的报告》,中央人民政府高等教育部办公厅:《高等教育文献法令汇编:1949—1952》,人民出版社,1954年,第15—19页。
④ 《高等教育部关于全国综合大学会议、全国高等财经教育会议、中国人民大学教学经验讨论会、全国政法教育会议的报告》,何东昌主编:《中华人民共和国重要教育文献(1949—1975)》,海南出版社,1998年,第352—354页。
⑤ 何东昌:《当代中国教育》,当代中国出版社,1996年,第542页。
⑥ 郝维谦、龙正中:《高等教育史》,海南出版社,2000年,第4页。

学研究,就失去了前进的动力"①。至此,中国高校正式重启科研制度化进程,科研在高校工作中的地位再次提升。更多教师从繁重的教学工作中获得一定的解放,实现了教学与科研的结合,为科研工作的开展提供了可能。

(二)科研工作的组织实施和推进

许多高校对此进行了积极探索并获得显著成绩。1954年,南开大学副校长杨石先指出:高校教师是科研的重要力量,研究生、应届毕业生都可参加科研;应扩大研究生的规模;建议"在重点学校重点系建立研究小组"②。吉林大学校长匡亚明也强调大学的主要任务是教学,但教学要与科研相结合。③该校还拟设置6个研究室,并提出希望和中国科学院长春分院合作。在此热潮中,北京大学再次敢为人先。1955年4至5月,北大举行1954—1955科学讨论会,校长马寅初在会上指出:科学研究工作是高校尤其是综合大学的一项基本任务。④北大于该学年开始了有计划的教学研究工作,全校各系都掀起了科研工作的热潮,中文、历史、哲学、数学、物理、化学等诸多学科(专门化)的科研工作都取得了显著成效,如中文系的学者们这一时期开创了现代文学、汉语史和文艺理论等诸多新的研究领域,推出了一系列国内外公认的成果,并开展了一系列富有成效的学术讨论。⑤北大物理学系也建成了相当完整的学科体系并培养了大批人才,科研工作颇有成就。⑥作为中国高校的领头羊,北大的探索有力地促进了科研新风的形成。全国许多高校开始有计划地进行科研工作。在接下来的1956年,全国有65所高校举行了全校性科学讨论会。学生方面亦然。1956年5月,北大、清华等校首次举

---

① 《高等教育部关于全国综合大学会议、全国高等财经教育会议、中国人民大学教学经验讨论会、全国政法教育会议的报告》,何东昌主编:《中华人民共和国重要教育文献(1949—1975)》,海南出版社,1998年,第352—354页。

② 杨石先:《发挥科学潜力积极开展高等学校研究工作》,《科学通报》1954年第6期。

③ 杨石先:《发挥科学潜力积极开展高等学校研究工作》,《科学通报》1954年第6期。

④ 刘光主编:《新中国高等教育大事记1949—1987》,东北师范大学出版社,1990年,第84页。

⑤ 马跃:《北京大学中文系简史(1910—1998)》,北京大学出版社,1998年,第52—57页。

⑥ 沈克琦、赵凯华:《北京大学物理系90年》,《物理》2003年第10期。

第三章
知识生产系统及其方式的变革

行学生科学报告会。随后,全国许多高校也掀起了这一热潮。到1957年,已有41所高校出版了学报①。至此,高校科研工作的制度及平台建设开始初具雏形。复旦大学、吉林大学等校的科学研究和学术活动也相当活跃。据不完全统计,复旦大学从1962年1月至10月,各系举行校内学术报告讨论会共871次、发表论文134篇;请校外专家来校做报告18次,教师外出做学术报告84次。吉林大学从1962年5月至9月,共举行全校性的学术讲演会48次,并恢复出版该校的自然科学和社会科学学报。由于相关各校科研工作逐步兴起,大量成果需要刊载,也促成了各高校学报的发展。此后,复旦大学副校长苏步青又撰文指出,为培养大批高质量人才,高校必须有很高的教学质量,而"开展科学研究,对提高教学质量又具有十分重大的意义",必须将高校科研工作与提高教学质量紧密结合起来。②

在南京大学,社会科学的研究活动也开展得有声有色。如该校历史系的科研工作一度相当活跃,教学与科研的结合也相当深入。在世界史方面,王绳祖教授编译了史料选集《1900—1914年的国际关系》,并交由三联书店出版;随后开始研究19世纪60—70年代英俄在新疆的角逐专题,并开始从事帝国主义时期国际关系史的研究。蒋孟引教授为开设英国史(资产阶级革命以后)课程,则投身于研究英国近代史和中英外交关系。赵理海教授偏重国际法研究,并完成了《苏伊士运河问题与国际法》的论文。胡允恭教授则结合日本史的专题讲授,重点研究日本近代史和中日外交关系。王觉非教授在讲授苏联史课程外,还于1956年完成论文《十九世纪末列宁反对俄国民粹派的斗争》,并提交科学讨论会进行讨论;次年又投身于新的专题研究。在中国史方面,王栻教授完成了《严复传》并交付出版。蒙元史大家陈恭禄教授除讲授鸦片战争史专题外,还继续从事中国近代史研究,时有论著推出。韩儒林教授于1956年参加蒙、苏、中三国史学家在乌兰巴托举行的会议,讨论合作编写3卷本蒙古通史,并分担了部分编写

---

① 刘英杰主编:《中国教育大事典:1840年以前》(下册),浙江教育出版社,2004年,第129页。
② 苏步青:《高速度地开展高等学校的科学研究》,《人民日报》1960年1月11日。

工作。有的教研组则采取集体研究,合写农民战争史著作。中国现代史方面的科学活动也已正式启动,教师们一面充实中国现代史的教学,一面进行专题研究。老教师们还高度重视培养学术的新生力量,全系有6位教师在培养副博士研究生[①]。

此间,哲学社会科学研究进一步得到各级部门的重视。1956年,在"向科学进军"的热潮中,国家制定了哲学社会科学发展规划,各高校也制定了社会科学研究计划,开始组建社会科学专门研究机构,高校教师普遍开展了相关研究并取得了一定成果。[②]1961年,中宣部会同教育部、文化部召开全国高校文科和艺术院校教材编选计划会议。陆定一到会强调,"在社会科学里边也不能随便乱贴标签"[③]。到1966年,高校建立的专门社会科学研究机构达60个。

(三)政策及资源支持:加强重点大学和综合大学建设

为加强高校的科学研究,国家日益重视重点大学及综合大学建设。如前已述及,清华大学校长蒋南翔于1953年3月致函习仲勋、杨秀峰等,称:要迅速有效地培养出大批高质量专门人才,在目前条件下,有"可能而且必须有计划地使少数重点学校及早达到较高的要求,以便先取得经验"[④]。蒋力主通过优先发展少数高校来带动全国高校的总体发展。这种倡导非均衡发展的"宝塔尖"理论招致普遍争议,但中央最终认可了该思路。1954年8月,高教部发出《关于清华大学工作的决定》,认为该校已从旧型大学逐步改造为实行苏联教育制度的新型多科性工业大学;在高等教育工业学科方面有必要先以较多的力量办好清华[⑤]。次月,周恩来指出:"为了适应经济建设的需要,教育部门应该集中力量首先发展和改进高等教育。"10月,中央指定了

[①] 南秀:《南京大学历史系教师积极研究历史资料》,《人民日报》1957年1月3日。
[②] 马跃:《北京大学中文系简史(1910—1998)》,北京大学出版社,1998年,第542页。
[③] 刘英杰主编:《中国教育大事典:1840年以前》(下册),浙江教育出版社,2004年,第291页。
[④] 蒋南翔:《向习仲勋、杨秀峰、中宣部、北京市委并中央的报告》,中国高等教育学会、清华大学编:《蒋南翔文集》,清华大学出版社,1998年,第450—461页。
[⑤] 刘英杰主编:《中国教育大事典:1840年以前》(下册),浙江教育出版社,2004年,第111页。

第三章
知识生产系统及其方式的变革

首批(6所)重点大学,其中综合大学1所,工科大学2所。1959年起,国家又先后确定一批重点建设高校。在1960年的64所重点大学中,有综合大学13所、工科院校32所,入选的综合大学和工科院校已超过全部重点大学的半数,而其中的综合大学多属老牌名校,在民国时期已负有盛名。这些重点高校不仅在教学方面起着骨干带头作用,而且建成了一批代表国家科技水平的研究基地。

尽管综合大学的数量已然骤减,其在高教界仍地位显要,在高校科研系统中更处于引领地位,承担着培养学者和高校师资之重任。因此,综合大学的水平在一定程度上决定着全国高校的学术水平;要加强高校科研,就必须着重建设好综合大学。而在历次指定的重点大学中,综合大学的占比大大超过其他类型高校。1954年12月,高教部还向国务院报告,大区行政机构撤销后,原大区管理的高校变更管理关系,其中综合大学等院校由高教部直管。可以说,此间中国教育的发展是以高等教育为重心,而高等教育发展又以综合大学及工科大学为优先,它们构成了重点大学的主体。

为推动高校发展,相关部门屡次召开全国性会议,其中关于综合大学的会议处于优先和突出的位置。1954年7—8月,高教部、中科院联合召开全国综合大学暑期教学研究座谈会。1960年2月,教育部召开高等教育重点学校问题座谈会,讨论高等教育(自然科学部分)中重点学校的作用、任务及如何办好重点学校等问题。会议认为,全国重点学校不但要在全国同类高校中起带头提高教育质量和科学水平的作用,而且应在3到8年内力争成为世界最先进的高等学府。会议还对全国高校(特别是重点院校)的规模和专业设置、研究生院设置、科研协作和师资干部保障等问题进行了探讨。[1]同年4月,教育部又召开了23所直属重点高校党委书记、党员校长会议,讨论并制定了这些院校的1960—1962年科技发展计划。会议主要精神是,围绕原子能和喷气技术两大中心,全面开展尖端科技、国民经

---

[1] 中央教育科学研究所编:《中华人民共和国教育大事记(1949—1982)》,教育科学出版社,1983年,第272—273页。

济重大科技问题和基础理论的研究。[①]稍后,中央文件又对部分高校提出了总任务:集中主要力量向上述三方面进军;积极参加工农业和交通运输业的技术革新,技术革命运动;按照"协作配套,各有特点相结合"的原则,使各校教学、科研、生产形成"一条龙";在若干主要方面,在三年内赶上世界最先进水平,为力争获得独创性的成果,为提前完成国家十二年科学技术发展规划做出贡献。[②]此间,国家还新建了一批高校。如1958年中科院和教育部联合创办了中国科学技术大学,由中科院院长郭沫若兼任校长。该校沟通了高校与科研院所两大系统、两大"方面军",可谓前所未有的跨系统的探索。该校教学工作多由中科院的专家担任,较为尊重专家意见和办学规律,很快就成为名校。[③]

(四)队伍建设及后备人才培养

为加强科研力量,高校积极推动队伍建设和后备人才培养。师资对高校工作的意义不言而喻,[④]高校科研工作直接取决于其师资力量。而当时,高校的师资问题显得异常突出。时人直言,师资问题是"最重要的因素,但

[①]《高等教育部关于全国综合大学会议、全国高等财经教育会议、中国人民大学教学经验讨论会、全国政法教育会议的报告》,何东昌主编:《中华人民共和国重要教育文献(1949—1975)》,海南出版社,1998年,第159页。

[②]刘英杰主编:《中国教育大事典:1840年以前》(下册),浙江教育出版社,2004年,第1317页。

[③]王霞:《彭桓武传》,中国青年出版社,2015年,第53页。

[④]《综合大学即将展开科学研究工作》,《科学通报》1953年第12期。

第三章
知识生产系统及其方式的变革

恰恰也是目下最难解决的问题"①。官媒亦对此极为关切:"要想完成科学研究工作的艰巨任务,改进和提高高等教育的质量,决定性的关键就是要切实解决高等学校的师资问题。"目前高校"师资水平的提高,还远远赶不上……提高教学质量和开展科学研究的要求。这种情况再继续下去……将产生严重的后果"。为解决高校师资问题,"需要充分发挥现有师资的潜在力量,尤其要大力培养新生力量,逐步提高现有教师的教学和科学水平"。要"对学校各项工作和人力使用进行合理地调整,尽力保证教师每周能有六分之五的时间来从事教学和科学研究工作……对于学有专长的教师,应尽可能地配备必要的助手和协助解决仪器设备、图书资料等问题";必须采取一系列办法,统筹安排;国家应"逐年分批地补充数量足够的高等学校优秀的毕业生当助教和研究生。……在最近几年内,要……为学校留下必要数量和质量优秀的师资"。高校"今后还要负责培养副博士和博士等高级教学和科学研究人员……高等学校还可以组织科学研究人员和厂矿工程技术人员来兼课"。除了保障师资数量外,还需要"保证和提高师资的质量",通过多种方式提高其水平。"其次要大力发展高等学校研究生部……根据苏联先进经验,提高师资质量的基本措施,就是通过研究生部来培养具有副博士水平的师资。在一些重点高等学校还可以培养更高一级的师资。"此外,"还需选派

---

① 《提高高等学校的师资水平和教学质量——章央芬代表的发言》,《人民日报》1956年6月28日。章央芬在此次发言中还指出:"解放几年来,高等学校的学生数字增加很快,但留作师资的毕业生,却是每年不能满足要求。而1956年所增加的学生数字比过去任何一年要多得多,因此矛盾也就特别显明起来了。"对此,她建议:"第一,对今后毕业生统一分配,必须考虑到所分配去担任工作的轻重缓急。过去在这方面是有些缺点的。……希望有关部门在今后分配毕业生时,应该给高等学校多留师资。这样才能保证眼下数量任务和将来毕业生的质量的完成。""第二,要增设教学辅助人员。"章央芬还认为:"过去几年,我们强调了学习苏联,而对其他国家的科学成就不学习是有缺点的,在学习苏联上,有些生搬硬套也是不对的。……今后我们应继续向苏联学习,结合中国具体情况,分析具体问题来决定学些什么,如何执行……同时,我们必须特别注意向一切其他国家学习,学习他们在科学和技术上的先进经验。但不管学习苏联也好,学习其他国家也好,在学习中,更应该注意结合我国具体情况,发挥我们自己的独立创造精神。"

优秀毕业生即教师出国攻读研究生"①。

人们普遍认为,为了充实师资力量,应想方设法,一方面增加教师数量,另一方面改善教师的工作条件、保障教师的科研时间,并推动教师的成长和进修(有人还建议实行高校教师学术休假,到中科院进修),还要与科研机构及产业部门合力培养新师资和提高原有师资水平。同时,有人还建议选派留学生出国深造,归国后充实师资队伍,并从归国人才中延揽人才。②而高校及主管部门也在条件允许的前提下做了一定的努力。

科研工作的开展不仅需要大批优秀教师,也需要广大研究生的投入。研究生是科研工作的预备役和生力军,也是未来的骨干力量。从长期来看,他们与高校科研工作的前途休戚与共。作为当时国家科技的"登山队",研究生的培养直接关乎高校乃至全国学术界的水平。早在1950年,中国人民大学就已开始培养研究生,他们毕业后大都成为其他高校的教学骨干,然而其他高校仍未能大规模启动新式研究生培养工作。这一工作仍有待中科院带动。1955年,《中国科学院研究生暂行条例》公布后,中科院即决定招收第一批研究生。有关方面指出:"科学干部的培养是决定科学发展的重要因素"③;"必须尽快地培养大量的科学工作干部,才能够顺利地担负起国家向科学工作提出的巨大任务"④;"作为国家培养科学干部的基本形式,应该是建立正规的研究生制度,选拔最优秀的、在科学上最有培养前途的"人才"集中精力学习和进行创造性的研究"⑤。这样可较快地培养出"较高级的科学干部"。在中科院研究生制度建立后,有条件的高校应"建立正规的研究生制度";其他高校也应结合科研工作"积极创造这样的条件。高等学校研究生制度的建立可以进一步提高学校的教学质量和科学研究工作的水平"⑥。

---

① 《逐步解决高等学校师资问题》,《人民日报》1956年11月21日。
② 《高教部接受正确的批评和建议 选派留学生将采取自由报考方式 六年来我国共派留学生七千多名,三百多人学成回国》,《人民日报》1957年5月29日。
③ 《积极培养科学研究工作的新生力量》,《人民日报》1955年9月6日。
④ 《积极培养科学研究工作的新生力量》,《人民日报》1955年9月6日。
⑤ 《积极培养科学研究工作的新生力量》,《人民日报》1955年9月6日。
⑥ 《积极培养科学研究工作的新生力量》,《人民日报》1955年9月6日。

第三章　知识生产系统及其方式的变革

科研机构及高校的学者应"指导科学机关的研究生,以进一步加强两方面的合作"①。"科学的将来属于青年一代",各方应"保证这一重大任务的胜利实现"②。在1956年1月,中科院就招考录取了65名研究生,同年秋又录取了第二批研究生(300余名)。在其带动下,高校也于当年开始持续招收研究生,其首次招收1015名副博士研究生,导师则有刘仙洲、梁思成、孟昭英、杨石先、钱令希等著名学者③。

1956年6月,高教部长杨秀峰在第一届人大三次会议的报告中提出,"为提高高校的科学水平","为国家建设事业和培养专家做出重大贡献",高等学校必须有一部分学术水平很高的教师指导重要的科研工作,"培养大量博士、副博士研究生";④并表示此培养任务须由科学院同高教部在国家统一计划指导下安排。11月,《人民日报》指出:"要完成科研工作的艰巨任务、提高高校教育质量,决定性的关键是要切实解决师资问题……尤其要大力培养新生力量。"⑤1959年7月,有关部门指出:有计划地加强培养研究生工作,应该成为高等教育的一项重要任务。⑥同年,全国有条件的70余所高校都继续招收研究生,以培养能独立开展科研工作的高校师资。⑦有关各方对此高度重视并决心"认真培养好"。事实也证明,已毕业的研究生在高校教学科研中"起了一定的作用,不少人已经成为教师中的骨干力量"。为确保培

---

① 《积极培养科学研究工作的新生力量》,《人民日报》1955年9月6日。
② 《积极培养科学研究工作的新生力量》,《人民日报》1955年9月6日。
③ 《全国综合大学和部分高等专科学校 招收一千多副博士研究生 擅长各类专业的教授将分别担任导师》,《人民日报》1956年7月19日。
④ 《当前高等教育工作的几个主要问题——高等教育部长杨秀峰在第一届全国人民代表大会第三次会议上的发言》,何东昌主编:《中华人民共和国重要教育文献(1949—1975)》,海南出版社,1998年,第641—644页。
⑤ 《全国综合大学和部分高等专科学校 招收一千多副博士研究生 擅长各类专业的教授将分别担任导师》,《人民日报》1956年7月19日。
⑥ 《教育部关于高等学校培养研究生工作的几点意见(1959年7月21日)》,何东昌主编:《中华人民共和国重要教育文献(1949—1975)》,海南出版社,1998年,第915页。
⑦ 《适应高等教育事业发展的需要 七十多所高等学校招收研究生》,《人民日报》1959年9月8日。

养质量,学校在制度上也实行了必要的倾斜,使教师能更好地把研究生培养成学术人才。①

1962年,全国招收研究生的机构达百余所,近百所高校从4000余名考生中招收了800余名研究生,其中许多人在工作中已颇有成绩。而该年度招生的研究生导师有许多是知名学者,如复旦大学校长陈望道及副校长苏步青、北京大学副校长王竹溪、吉林大学副校长唐敖庆、同济大学副校长李国豪等。②相比之下,中国科学院的位势更突出。是年,该院的50个研究所招收了213名研究生;182名导师中有华罗庚、赵忠尧、郭永怀、夏鼐等国际知名学者,如此强大的阵容是任何高校都难以企及的。③中科院毕业的研究生"绝大多数都具有较坚实的理论基础和独立的工作能力……有的甚至掌握了四五门外文",成为各科研单位的骨干。鉴于此前研究生培养的显著成效,1963年研究生招生机构的范围继续扩大,招生1600余人。④研究生培养的过程也是开展科研工作的过程,因此这支日益壮大的学术生力军有力地推动了当时的科研工作。1963年1月,教育部召开高校研究生工作会议。会议明确,高校培养研究生是为国家培养攀登科学高峰的优秀后备军,建立健全高校研究生培养制度是培养较高水平的高校师资和科研人员的一项根本措施。⑤教育部又于7月下发通知,对理工农医各专业研究生的培养方案进行了原则规定,明确要求使研究生具备独立的科研能力。周恩来也强调指出,在科技发展日新月异的时代,"只有加强科学研究,才能突破科学技术

---

① 《努力培养质量更高的研究生》,《人民日报》1959年9月8日。
② 《近百所高等学校积极培养专门人才 新收八百多研究生入学深造》,《人民日报》1962年9月26日。
③ 《中国科学院吸收一批研究生》,《人民日报》1962年9月2日。
④ 《全国一百多个高等学校和研究机构 明年将招收一千六百多研究生》,《人民日报》1962年12月19日。
⑤ 《高等教育部关于全国综合大学会议、全国高等财经教育会议、中国人民大学教学经验讨论会、全国政法教育会议的报告》,何东昌主编:《中华人民共和国重要教育文献(1949—1975)》,海南出版社,1998年,第205页。

尖端,赶上世界先进水平"①。显然,有关各方将研究生培养放在相当突出的位置。

以上努力不仅仅是对高校科研工作的重振,而且是对整个高校办学格局的调整和开拓。正是这些努力为日后高校科研工作的推进奠定了基础。多年后,北京举办直属高校科学技术研究成果展览会,朱德、邓小平等领导同志特地参观了展览,邓小平表示:高校科研工作"很值得提倡"②。

四、国家统筹与院校合作

中科院勃兴以来,其与高校的区隔、竞争和紧张关系已是众所周知的事实。这显然并非中央之本意,从中国科技事业发展的大局来说,客观上也要求二者之间适当分工并密切合作。然而,二者分属相对独立的系统,各有其诉求和思路,达成高度共识绝非易事,故需更高层面的力量来推动其合作。高校方面很早就呼吁加强与中科院的合作,选派教师到中科院进修,邀请中科院学者来兼课和培养研究生,③但收效不佳。对此,主管部门和相关领导进行了积极统筹和协调。高层显然对高校期望甚殷。中央在1954年3月的批示中表示,"科学院是全国科学研究的中心",但全国各高校"集中了大量的科学研究人员,为提高高等学校教学的科学水平,也必须在高等学校开展科学研究工作",高教部应"从现在起,在与教学工作相协调的条件下,有步骤地积极地推动和组织这项工作"。④尽管二者各有分工,但仍有个别高校与中科院联系非常紧密。例如,北大许多名教授都来自中科院,在两边兼职。当然,较之强调政治挂帅的高校,"尊重专家,尊重科学家"的中科院的学术生态无疑更佳,对学者更具吸引力。此间,校院协同开展的工作主要包

---

① 《全面发展,做有社会主义觉悟的有文化的劳动者》,《周恩来教育文选》,教育科学出版社,1984年,第219页。
② 方惠坚等编著:《蒋南翔传》(第二版),清华大学出版社,2013年,第294页。
③ 《逐步解决高等学校师资问题》,《人民日报》1956年11月21日。
④ 详见《关于目前中科院工作的基本情况和今后工作任务给中央的报告》《中国科学院党组关于目前本院工作基本情况和今后工作任务的报告及中央批示》,中国科学院档案馆,档案号1954-01-001。

括以下几方面。

(一)积极搞活体制机制,加强交流合作

有关部门一直积极推动高校与其他科研系统及国外院校的交流合作。而高校也积极响应,抓住和创造各种机会与科学院等机构积极合作,谋求共同发展。这在合作研究和研究生培养上表现突出。1955年7月,全国人大会议通过的"一五"计划提出,在"一五"期间要努力建立国家科学研究基础;除中科院外,高校"在密切结合教学任务的条件下,应尽可能地组织和提高科研工作",使高等教育的科研工作进一步在国家建设中发挥作用。[①]1956年1月,中科院、高教部联合发出开展合作的通知,提出可以采用和推广多种合作方式。[②]在各种主要方式中,研究人员的兼职无疑是最有效的手段之一。当时清华大学的钱伟长、吴仲华及复旦大学的苏步青均在中科院担任重要兼职,而中科院的学者在高校兼职则更为常见。这种密切协作取得了许多实际成效。高教部颁发文件推动高校科研工作,鼓励共同组织综合的科学考察队开展调研;科学院应尽可能代高校培养青年教师,高校亦应尽可能代科学院培养研究生或青年科学干部;高校为提高教学质量,可"商请科学院的某些科学家进行某种教学工作",高校学生来实习时,"科学院应尽可能予以便利"[③]。也正是在这一年度,高校普遍加强科研工作,许多高校举办了全校性科学讨论会,有的还举办了科研成果展览会,[④]或与生产部门、中科院建立科研合作关系。是年3月,高教部、中科院联合发出通知,决定在南京大学等校建立一

[①]《我所见到的科学研究和高等教育工作中的一些问题——严希纯的发言》,《人民日报》1957年3月23日。

[②]《高等教育部关于全国综合大学会议、全国高等财经教育会议、中国人民大学教学经验讨论会、全国政法教育会议的报告》,何东昌主编:《中华人民共和国重要教育文献(1949—1975)》,海南出版社,1998年,第99页。

[③]《中国科学院、高等教育部联合发出〈关于高等学校和科学研究机关几项试行的合作办法的通知〉(1956年1月11日)》,何东昌主编:《中华人民共和国重要教育文献(1949—1975)》,海南出版社,1998年,第552页。

[④]《我所见到的科学研究和高等教育工作中的一些问题——严希纯的发言》,《人民日报》1957年3月23日。

第三章
知识生产系统及其方式的变革

批科研机构。有关部门也建议政府各部建立和加强必要的研究机构,同科学院分工合作。1957年1月,高等教育部发布文件,大力提倡各校之间互派教师进行短期讲学,培养和提高各校师资,促进科研发展。

1956年6月,高教部部长杨秀峰在全国人大的会议报告中比较系统地谈到了当时高等教育发展的问题。他表示:高校的基本任务是为国家培养高级建设人才与科学后备力量;而为了不断提高教学质量,高校教师又必须进行科研工作。高校中的"科学力量占全国科学力量的很大一部分,为了争取在12年内使我国最急需的科学部门接近世界先进水平",高校"在科学研究方面也负有很大的责任","目前科学院和各部门都在结合编制12年的科学研究规划……不可免地要考虑抽调高等学校水平较高的教师来加强本部门的科学力量。但是如果削弱高等学校已经十分紧张的师资力量,尤其是降低高等学校的教师水平,也就会削弱培养科学干部与技术干部的力量"。[1]他坦承高校的教学与科研之间已形成明显的矛盾。为此,他建议:第一,科学院"统一指导全国各方面的科学研究工作"[2]。第二,"科学院和业务部门新设的研究机构,尽可能同有关高校结合,设在一起"[3],这样便于研究人员互相兼职,也有利于开展研究和培养干部。最好在初期就同高校相关教研相结合,在高校内设置相关的科学研究室。这些研究室由高校领导。第三,培养研究生和博士生的任务,应由科学院同高教部在国家统一计划指导下,统一安排;在招收和培养工作方面,也要互相配合。第四,要坚决保障

---

[1]《当前高等教育工作的几个主要问题——高等教育部长杨秀峰在第一届全国人民代表大会第三次会议上的发言》,何东昌主编:《中华人民共和国重要教育文献(1949—1975)》,海南出版社,1998年,第643页。

[2]《当前高等教育工作的几个主要问题——高等教育部长杨秀峰在第一届全国人民代表大会第三次会议上的发言》,何东昌主编:《中华人民共和国重要教育文献(1949—1975)》,海南出版社,1998年,第643页。

[3]《当前高等教育工作的几个主要问题——高等教育部长杨秀峰在第一届全国人民代表大会第三次会议上的发言》,何东昌主编:《中华人民共和国重要教育文献(1949—1975)》,海南出版社,1998年,第643页。

教师的业务工作时间。通过各种办法为教师开展科研和进修创造条件①。无疑,杨秀峰的发言较为集中地反映了教育界人士的一些忧虑,也代表了部分有识之士的相关思考。次月,纲要草案又提出:中国"统一的科学研究工作系统"由中科院及高校等四方面组成;其中,"科学院是学术领导核心,产业部门的研究机构和高等学校是两支主要力量"。②同年9月,周恩来在中共八大上做关于"二五"计划的报告,表示"必须逐步地建立和健全中国科学院和各业务部门的科学研究机构,加强高等学校的科学研究工作,并且做到各方面分工合作,密切结合"③,充分发挥科研人员的积极性和创造性。

1957年6月,聂荣臻指出:"高等学校科学研究工作必须积极提倡,大力加强。教学和科学研究同是高等学校的基本任务,两者必须结合";高校应"努力创造条件,努力使自己在某几门或某一门科学的领域内,逐步成为全国科学研究中心或中心之一",亦可根据条件逐步成立独立的研究室和研究所;④高校是一支重要的科技力量,"既要充分发挥科学院系统和产业系统的科学技术力量,又要把高等学校的力量充分发挥出来,把高等学校的科学力量比作'游击队'的说法是不适当的"⑤。这种定调显然与前几年的模糊态度大有不同。上述精神在高校得到了很好的贯彻并取得了显著成效。据统计,及至1957年上半年,高校和科学院合作建立了15个研究机构,和产业部门合作建立了31个研究机构。⑥是月,周恩来又在全国人大会议上指出,为

---

① 《当前高等教育工作的几个主要问题——高等教育部长杨秀峰在第一届全国人民代表大会第三次会议上的发言》,何东昌主编:《中华人民共和国重要教育文献(1949—1975)》,海南出版社,1998年,第643—644页。

② 刘英杰主编:《中国教育大事典:1840年以前》(下册),浙江教育出版社,2004年,第1313页。

③ 中共中央党校理论研究室编:《历史的丰碑·中华人民共和国史全鉴》(第4卷·经济卷),中央文献出版社,2004年,第391页。

④ 刘英杰主编:《中国教育大事典:1840年以前》(下册),浙江教育出版社,2004年,第1313页。

⑤ 刘英杰主编:《中国教育大事典:1840年以前》(下册),浙江教育出版社,2004年,第1313页。

⑥ 刘英杰主编:《中国教育大事典:1840年以前》(下册),浙江教育出版社,2004年,第1329页。

第三章
知识生产系统及其方式的变革

了有效地发展我国科学研究工作,必须贯彻协作原则;全国科研力量应统筹安排,"一方面是适当分工,另一方面更重要的是密切协作";我国科研工作系统应由四方面组成,在此系统中,中科院是"全国学术领导和重点研究的中心",高校等则是"我国科学研究的广阔基地",有关部门必须提倡协作精神,推行协调方案。

1959年11月,国家科委、教育部、中科院联合主持召开了高校科学研究工作(自然科学部分)会议,进一步提出应根据工作需要,有计划、有重点地在高校增加科研人员和建立研究机构,要"加强协作,改善学校与各地科学院合建研究机构的领导关系"①。聂荣臻在次月的会议上指出:发展科学技术的重要措施之一是大力培养科技队伍;高等教育还要更大发展;大学教师要搞研究;高校科研工作要大力开展,要招收研究生,不断提高科技水平,使高校成为传授新知识和创造新知识的场所。②

(二)全面协力服务国家战略

在20世纪50年代,国家先后编制并实施了两个五年计划,以推动国家建设。对这些重要安排,高校与中科院都深度参与其中并发挥了重要作用。在科学规划的编制实施过程中,二者也密切合作,抓住契机促进了发展。

二战后,全球科技迅猛发展,国际竞争日趋白热化。为了推动科技进步,1954年,国家计委、中科院开始制定国民经济发展的长期计划。1955年1月,苏联专家柯夫达建议中方编制科学发展远景规划。刘少奇在4月的中央政治局会议上责成国家计委、中科院落实这一建议。经过努力,规划工作进展顺利。1956年1月,中科院和高教部发出通知,通过试行办法加强全国高校和中科院的进一步合作研究,在人才培养、资源共享方面深度协作。③同月,中央决定成立国务院科学规划委员会,制定科学事业的方针、政策、计

---

① 张文佑:《我所看到的苏联地质科学》,《科学通报》1953年第12期。
② 刘光主编:《新中国高等教育大事记1949—1987》,东北师范大学出版社,1990年,第157页。
③《高等学校和科学研究机关 决定进一步合作进行科学研究工作》,《人民日报》1956年1月15日。

划和重大措施,负责统筹安排中科院、高校等四方面的工作。①该委员会在周恩来、陈毅、李富春、聂荣臻等人的组织领导下,集中大批专家编制1956年至1967年全国科学发展远景规划及若干方面的具体计划。1月31日,国务院成立科学远景规划小组。国务院直接抓科学院、高校和产业部门三方面的科研工作,着手制定国家科学发展规划。3月14日,国务院科学规划委员会成立大会举行,并确立了两大任务:一是迎头赶上国际先进水平,二是在全国组建科学机构。规划的制定工作全面展开。国务院科学远景规划小组以中科院各学部为基础,集中全国一批科学家,历时半年,编制出了纲要草案。②该草案提出:必须重视高校内的巨大科学力量,鼓励并组织高校教师积极参加科研工作;高校中科研力量较强的教研室和实验室应独立担当重要的科学研究任务;高校应接受产业部门和科学院委托的任务,必要时,高校可成立独立的研究室,"应鼓励产业部门和科学院把规模较小的科学研究机构附设在高等学校里面"③。国务院下发文件,规定了高校与科研机构的合作科研方式、专家协作科研的方式等。此后科研工作在高校中的地位进一步提升。④在推动科技规划事业的同时,国家也组织编制了《一九五六——一九六七哲学社会科学规划纲要(修正草案)》。⑤该规划虽未能全面施行,但仍部分地促进了哲学社会科学工作的进展。

上述规划的编制基本是参照中科院各所来设定学科的,也是以中科院为核心力量来开展的,并形成了"以任务带学科"的科学规划模式。各高校之前的学科大都不够完整,许多高校遂借此良机参与其中,增设了一批新兴学科专业,使学科体系得以扩展和升级,也增强了自身科研力量,并为高校

---

① 周恩来:《教育改革和向科学进军问题》,中央教育科学研究所编:《周恩来教育文选》,教育科学出版社,1984年,第160—161页。
② 张文佑:《我所看到的苏联地质科学》,《科学通报》1953年第12期。
③ 张文佑:《我所看到的苏联地质科学》,《科学通报》1953年第12期。
④ 《我所见到的科学研究和高等教育工作中的一些问题——严希纯的发言》,《人民日报》1957年3月23日。
⑤ 储著武:《1956—1967年哲学社会科学规划工作的历史考察》,《当代中国史研究》2019年第1期。

第三章 知识生产系统及其方式的变革

科研系统的持续发展创造了条件。这无疑补救了院系调整对高校科研的削弱。应当承认,这些国家科技规划主要还是由中科院牵头的,在规划编制和实施过程中,科学院的地位有所巩固,实力得到增强,而高校的科研工作也有明显起色并做出了相应贡献。此过程可谓共进和双赢。于中国科研系统而言,这是一个重要的契机,使之大大加强并有力地促进了国家科技发展、介入了国家建设的历史进程。

在原子弹和导弹(即"一圆一尖")研制方面,高校、中科院和产业部门的有机协同尤为突出。自从1955年1月中央做出发展原子能事业的战略部署后,三者密切合作,持续开展了长期的深度合作:科研方面主要由中科院物理研究所牵头,汇集了大量一流专家;人才培养则主要委托北大、清华和兰州大学等校,其中北大的朱光亚、胡济民等学者还在中科院兼职;具体生产则由二机部等落实推进。

(三)提高政策水平,加强激励和保障

为了更好地服务国家建设、发展高校的学科专业,有关各方进一步加强了政策的灵活性。高教部于1956年6月规定:凡是由于工作需要,或是由于设置新专业、建立新学校以及为了充分发挥教师专长、合理使用人才,需要对教师做必要的调动或调整时,高教部可做统一的调动或调整;各中央业务部门和省、自治区、直辖市可在所主管学校间进行教师调动或调整。[1]有关部门还探索建立学术界的奖励、激励和职称晋升机制。为了鼓励科研,中科院还于1956年专门设立了科学奖(1957年1月公布)。这一奖励虽由中科院设立并负责遴选,但覆盖了全国各系统各行业,其中清华大学教授钱伟长、东北人民大学教授唐敖庆等均获此殊荣。为提高教师科学研究的积极性和创造性,高教部也于1956年6月发布《高等学校科学研究奖励暂行办法(草案)》,每1年或2年举行一次科研成果评奖工作。[2]

---

[1] 刘英杰主编:《中国教育大事典:1840年以前》(下册),浙江教育出版社,2004年,第169页。
[2] 《高等学校科学研究奖励暂行办法(草案)》,何东昌主编:《中华人民共和国重要教育文献(1949—1975)》,海南出版社,1998年,第646页。

走向"大大学"和"大科学"
——中国高等教育及知识系统变革研究

1961年7月和9月,在总结新中国科教发展经验的基础上,中共中央先后批准试行了"科研十四条"和"高校六十条"。这固然是对此前政策的纠偏,但更是对苏联影响的进一步清理。这些政策对教学与科研相结合、高校与科学院合作、高校教学与科研兼顾等取向无疑再度做了制度化努力。"高校六十条"明确把科研作为高校的重要任务,指出:"在保证完成教学任务的前提下,高等学校应积极地开展科学研究以提高教育质量与学术水平。"1962年,南开大学成立了全国高校第一个元素有机化学研究所,逐渐发展为集科研、教学于一体的研究所。许多高校积极开展科学研究和学术活动。"科研十四条"虽由国家科委与中科院联合起草,但也同样指导了高校的科研工作。在当时,这些文件不仅有力地推动了知识分子工作,也直接推动了高校发展,提高了其科研质量。1963年4月,有关方面还颁发《教育部直属高等学校自然科学研究工作暂行简则(草案)》,规定:高校在某些科学领域内,"有较强的学术指导力量、承担需要长期进行的重大科学研究任务,并需要较多的科学研究专职人员时,经过教育部批准,可以设置科学研究机构"。科研机构的主要行政领导人,"原则上应为学术领导人"[1]。翌年,经国家科委同意,教育部直属高校设立了18个研究所、室。[2]

高校和科研院所素来是高级知识分子密集的场域。无论是高校建设还是科研工作,都与知识分子密切相关。为此,有关部门一直高度重视知识分子问题。毛泽东强调专家是国家的宝贵财富;周恩来更是直接关心和推动知识分子工作,一方面引导知识分子转变思想以适应新时代,另一方面注意保障其科研时间和工作生活条件。1951年9月在京、津高等学校教师学习会上,周恩来做了重要讲话。1956年初,中央召开全国知识分子会议,周恩来做了《关于知识分子问题的报告》。毛泽东称赞"这个会议开得好",并表示中国应该有大批知识分子,全党要努力学习科学知识,为迅速赶上世界先

---

[1] 刘英杰主编:《中国教育大事典:1840年以前》(下册),浙江教育出版社,2004年,第1329页。

[2] 刘英杰主编:《中国教育大事典:1840年以前》(下册),浙江教育出版社,2004年,第1329页。

进科学水平而奋斗。1961年的广州会议更是营造了激励知识分子贡献力量的良好环境。

此外,相关各方还关注国际交流合作,结合实际,"向一切其他国家学习……先进经验"①。有关部门还在尽可能的情况下,进一步加强国际科研交流合作。②1956年3月,国务院批准高教部的相关规定,表示国内外高校可直接交换教学资料、书籍和其他出版物及仪器设计图样;相互通信交流教学工作、科研工作和行政工作的经验;交换参加国际学术会议的情况;经国务院批准的临时邀请专家可来华讲学和参加专业性会议等。到1957年11月,中国已有63所高校和苏联等国家高校之间建立了直接联系③。20世纪50年代初,中国仍是世界科学工作者协会(World Federation of Scientific Workers,简称WFSW,即世界科协)的活跃成员之一。1956年4月,在北京香山饭店举办了该协会"第十六届执行理事会和成立十周年纪念会",来自美国之外的17个会员国的1400多位科学工作者参与了会议。参会的中国科学家有6人:李四光(世界科协副主席)、周培源(名誉秘书)、华罗庚(区域理事)、陈康白(观察员)、涂长望(观察员)、沈其益(观察员)。中苏关系紧张后,中国的对外交流政策也有所调整,并于20世纪60年代中期开始尝试与西方加强联系④并举办了少量国际会议。1964年8月,中国方面举办了北京科学讨论会,国务院副总理陈毅、聂荣臻均出席相关活动。⑤此间亦有部分中国学者出国交流,如在1955年,北大教授翦伯赞、周一良出席在莱登举行的汉学家大会。翌年,中国代表团(团长翦伯赞,团员周一良、夏鼐、张芝联)

---

① 《综合大学即将展开科学研究工作》,《科学通报》1953年第12期。
② 《培养建设人才和加强科学研究工作》,《周恩来教育文选》,教育科学出版社,1984年,第140页。
③ 刘英杰主编:《中国教育大事典:1840年以前》(下册),浙江教育出版社,2004年,第103页。
④ Dean G., and Macioti M., "Scientific institutions in China," *Minerva*, Vol. 11, No. 3, 1973, pp.318-334.
⑤ 据当时的报道,此次会议有亚洲、非洲、拉丁美洲、大洋洲44个国家和地区的367位科学家参加。会议极为隆重,相关各界均对此高度重视。详情可参见薛华:《科学史上光辉的新篇章——记1964年北京科学讨论会》,《科学通报》1964年第9期。

再次出席在巴黎举行的汉学家会议。①此次与会者约200人,苏联有2人,捷克有2人,民主德国有5人。直到1963年夏秋为止,中国的重要学术期刊《科学通报》仍在持续追踪报道国外的科学进展。因此,仍有部分中国学者对域外的知识进展有所了解。至于各种形式的内参或要报,仍在密切跟进欧美国家的科技进展和社会政治动态。因此,中央决策者对西方的认知仍有诸多资讯通道,其研判和决策也有相应的信息基础。

余 论

新中国成立之际便筹建了独立而庞大的中科院系统,这部分地造成了中科院与高校关系的紧张。随后的院系调整直接制约了高校科研系统的运行,削弱了其科研实力。为此,高校开始了重振科研系统的长期努力。在后续进程中,高校与科学院始终保持着微妙的张力和持久的竞争。中央既对二者进行了划界,又积极促成其密切合作。二者的关系随环境及双方力量对比的变化而不断变化,而这又不断形塑着中国科研体制的变迁。在此进程中,1956—1957年乃是关键节点:1956年,国家两大科学规划颁行,这客观上要求各方力量的精诚合作;1957年,中央正式对高校与中科院的关系进行协调,使二者开始在相对明晰的定位下深度合作。

从1956年起,高校的科研工作得到了实质性进展,在机构、队伍、学科、经费和项目等方面都有所改观。特别是《一九五六——一九六七年科学技术发展远景规划纲要(修正草案)》《一九五六——一九六七年哲学社会科学规划纲要(修正草案)》的编制和实施,使高校与中科院的关系更为密切,并

---

① 值得注意的是,翦伯赞、周一良、张芝联均为北京大学教授,而周一良、夏鼐均曾在清华大学求学或工作。可见,在人文学术方面,北大此时仍在全国有相当的地位,院系调整前的清华则有相当的积淀和贡献。以上几位大都属同期中国史学和考古学界为数不多的在国际上较有影响的活跃学者。参见翦伯赞:《第九次青年汉学家会议纪要》,《历史研究》1956年第12期。另,香港大学此次派出了罗香林、饶宗颐两位学者;海外华人学者亦不乏其人(如郑德坤、贺光中等)。参见陈怀宇:《国际中国社会史大论战——以1956年中国历史分期问题讨论为中心》,《文史哲》2017年第1期。而20世纪30年代活跃于北平的德国学者傅吾康,此时已是欧洲文学界极有影响的人物。

第三章
知识生产系统及其方式的变革

使高校新建了一批学科专业,充实了教学科研力量。由此,高校的科研工作得到明显加强,在原子能、计算机、半导体等新兴领域颇有建树;国家的科研系统亦获较大发展,个别领域还实现了突破。这不仅带动了中国的科技进步,也很好地服务了国家战略,部分地缩小了与国际先进水平的差距。自然,这也印证了中国科研体制的效能。在这一时期,部分重点大学或综合大学在科研方面取得了显著成绩,其中北京大学、复旦大学、南京大学、南开大学、吉林大学等表现突出,作为工科大学的清华大学、浙江大学、西安交通大学等亦颇为出色。

新中国成立后十余年间,随着条件的变化,高校与中科院之关系呈现明显的由合到分、由分返合的历程。在1952年院系调整前,高校仍处于中国科研体制的主导地位,初创的中科院对高校还多有倚赖。因此,二者虽已呈"分家"之势,但仍有许多合作。院系调整后,高校科研被大幅剥离,中科院在科研系统中渐居主导,二者分化明显。高校于1953年开始努力重建科研系统并于1956年渐臻佳境,其与科学院进行了激烈竞争并产生一系列冲突。为此,高层于1957年介入此事,对二者进行了正式分界。由此,二者呈制度化的分工状态。而在此后,因形势需要二者又有所合作,并呈联合之势。在非常情况下,由于对科研工作的迫切需要,国家开始倾向于将高校与科研院所一视同仁。如此一来,高校不仅是人才培养的中心,还成为科研的次中心,地位明显提升。这个过程也是新政权立足国情不断探索更适切的学术体制和发展道路的过程。

在某种意义上,上述竞争实乃主导权之争。在早期,国家优先支持中科院,资源分配也倾向于此。这是财力有限、人才紧缺条件下的权宜之计。就国家战略而言,无疑还是希望尽量消弭二者之间的隔阂、发挥双方的积极性,使二者有序竞合、协调发展。随着局面相对好转,国家开始在维持中科院主导地位的前提下,有意识地对二者统筹兼顾,使之共同前进。在此后相当长时期内的国家科研系统中,科学院是中心,是火车头,但高校也是重要的方面军,也有所进展。决策层则力求超脱,使二者长期并行,既相互竞争,也相互协作。这无疑是一种领导智慧。这一过程很好地彰显了新政权的规划体制、科教领导体制和治国理政的某些思路,体现出较强的国家主导性和目标导向的特征。1956年起施行的科学规划工作虽由中科院牵头,学科及项目设定也主要参照中科院的架构来布局,但在此过程中,中央开始以实质性举措来推动高校的科研工作,使高校此前多年的吁请正式上升为国家意志,并最终取得了显著成效。而国家的科研体系也较好地实现了动态平衡。这对国家科技事业的发展是一项重要的战略安排。

高校与中科院的关系不仅仅反映二者的人事关联、势力消长和深度交互,而且直接关乎中国科研的发展模式及道路选择:到底是以高校为中心还是以科学院为主导?到底是教学与科研并重还是教学与科研相对独立?其背后隐含的抉择主要在于:是继续延续此前的科研模式(曾以美式制度为蓝本),还是更多地靠近苏联早期模式、把中国科研体制锚定于苏式轨道上?这是一个根本性抉择。在当时的条件下,或许并无太多腾挪空间。这一取径影响了此后数十年中国学术的发展。尽管相关科技规划的实施部分地矫正了原有模式的局限,但仍未能完全改变其总体格局和运作逻辑。近代以来特别是二战之后,知识生产范式深度转型,其组织化程度越来越高。在此情境下,作为后发国家,中国应如何规划科技发展?如何组建科研体系以发挥最大效能?应建设怎样的知识系统及知识生产体制以回应国家需求?这些都是极具挑战性的重要课题。在开国之初、创业维艰之际,有关各方对此进行了艰辛而富有创造性的探索,开创了新中国科技体系的早期形态,为日后的科技发展奠定了基础。此间,国家发挥了重要的统筹协调作用。从制度设计看,国家层面的委员会制度无疑是一个有效的体制,其中承担大量具体工作的则是国务院科学规划委员会及国家科学技术委员会。在此制度安排下,军民双方共同参与,推动跨部门协同工作,站在全局高度综合考量,统筹兼顾,颇有成效。

当然,较之同期全球范围内如火如荼的科技革命,中国科技的进展仍存在诸多局限,高校的科研表现与欧美名校犹有相当距离,有着难以跨越的鸿沟。这一时期,中国高校仍只能算是人才培养的中心,而无法成为科学研究的中心,中国的教育系统与科研系统之间存在着制度性的区隔;在人才培养方面,其专才教育亦有明显局限。因此,高校如何再度成为"教学和科研相结合的中心"[1],遂成为下一阶段的艰巨任务。在当时,特定的时代环境和科研体制成就了中科院;数十年后,高校自身的优势又使其在新一轮竞争中迸发出更大活力。到20世纪末,中国高校系统再次建成教研结合的文教中心,培育出一批实力较强的研究型大学,一批重点大学逐步成为科研工作的"国家队",在国际上初具能见度。至此,在校院之争中,高校逐步具有更大优势;中科院也由高校科研的上级领导机构,变为与之大致对等的学术机构[2]。这也意味着中国学术系统在很大程度上已从早期的模式中脱胎换骨,挣脱了历史的重负,进入新的阶段。

---

[1] 钱伟长:《我国新时期的高等教育》,《上海高教研究》1985年第3期。
[2]《高等教育部关于全国综合大学会议、全国高等财经教育会议、中国人民大学教学经验讨论会、全国政法教育会议的报告》,何东昌主编:《中华人民共和国重要教育文献(1949—1975)》,海南出版社,1998年,第387页。

终章　中国大学与科研系统之离合：基于长时段的回溯与评估

　　大学是一个复杂的有机体。它既是教育机构也是学术机构，并处于诸多社会领域的交汇点上。因此，它当之无愧地成为观测现代社会智识生活和精神状况的绝佳视点。科研是现代大学的基本职能之一，大学水平往往体现在其科研质量上。然而大学首先是作为人才培养机构而出现和存在的。近代以来的中国经历过极为丰富和复杂的历程，而中国大学也随着时代变迁而经历了极为复杂的纵深变革和历史性转型。大学在中国的知识生产体系中的地位和作用如何、呈现怎样的脉络、有何启示？对这些问题的探讨，可以为我们更深刻地理解中国大学的变迁提供重要参考。对此问题的研究，至今仍罕见；极个别相关研究，也局限于断代研究，未能跨越近代和当代的历史段限进行融贯的考察。本章拟突破现有研究图式，进行"长时段"（long-term history）的历史考察和"中距"（middle range）的结构解析，考辨二者之离合、挖掘历史的深层面向。

一、科研制度化与学术中心的生成

　　19世纪末，在移植西方制度和文化的热潮中，中国逐步建立了一系列近代高等教育机构。在早期，比较出色的高校有北洋大学、北京大学和南高师—东南大学等。在中华民国初期，北京大学则一度是最高教育行政机关及最高教育机构，被各界公认为全国最高学府，处于中国高教界的中枢地位。蔡元培主导下的北大变革，主要借鉴德国洪堡型大学的模式，取得了出色的成绩。郭秉文主政下的东南大学，基本对标美式研究型大学（主要是哥伦比亚

终章
中国大学与科研系统之离合：基于长时段的回溯与评估

大学），无形中促进了教学与科研的有机融合。尽管时人并没有多少实质性的、系统的研究，也缺乏国际水平的成果（主要还是知识接引和学科移植），并没有形成正规的科研制度，但当时的努力确实形成了一种研究的意识，初步塑造了一种自主研究的学术取向。

一直到20世纪20年代前期，北大引入的德国大学模式和东南大学所导入的美国大学模式，形成了中国大学的两种基本范型。北大贯彻学术分科、注重基础研究，而东南大学则引入社会力量推动教学科研的可持续发展，这对推进中国大学的近代化和科研制度化都有重要意义。然而，科研系统的建成绝非朝夕之功。尽管自清末以来，就始终有部分学者勤于著述并卓然有成，但这毕竟只是个人行为，未能成为大学中普遍的研究风气，更未催生出可操作的、完善的科研制度和组织体系。换言之，个体化的科研尽管不无成效，但组织化的科研工作迟迟未能起步。

严格来说，中国学术界真正形成较好的研究基础和普遍的学术的风气，是在20世纪20年代末才开始的。一般地说，在1928年之后，国内才开始有越来越多的高校开始积极筹建系统的科研体系，开展普遍的研究活动，并逐步组建科研团队、形成研究系列。至此，大学科研已正式启动制度化进程。大学内的科研工作得以制度化，正式成为大学的职能之一，并内化为教师工作的基本要求。这意味着柏林大学的经验在中国的真正落地，也意味着引入美国模式借以追求的取向的初成。在此进程中，具有美国背景的中基会更是资助了一批中国顶级学者开展原创性研究，如翁文灏、庄长恭、李济等（当时均为庚款研究教授）。这不仅形成了科研资助制度，也形成了良好的评价——奖励制度和优良的学术文化。制度是"一组要素，它们共同形成了人类行为中的规则"[1]；而文化则可被视为一种"缓慢移动的制度"（slow-moving institution）[2]。在道格拉斯（Douglass North）看来，信仰的偏好是制度中的

---

[1] [美]乔尔·莫基尔：《增长的文化：现代经济的起源》，胡思捷译，中国人民大学出版社，2020年，第10页。

[2] Roland, Gérard. , "Understanding Institutional Change: Fast Moving and Slow-Moving Institutions", *Standing in Comparative Institutional Development*, 2004, 138(4), pp. 109-131.

"支架",而文化则"构建了制度形成的基础",为其提供了合法性。制度创造了文化演变发生的环境,而文化则"有助于决定什么样的制度会出现,但它不能保证结果"。①制度与文化相互成就,共同造就了近代中国学术黄金发展期的到来。

及至20世纪30年代中叶,中国学术已取得长足进步,达到相当高的水平。中国学术进入相对自觉、自主、自为的阶段。在重重挑战和困境中,中国大学仍实现了长足进步,赢得了国际的认可。1933年,有学者欣喜地宣称:"民国以来大学生的能力实已颇多进步。……北京大学中央大学(连前东南大学在内)及清华大学的……即使未曾出洋,也颇有人能在它们的专门工作中有实在的贡献,和良好的成绩。"②外国学者考察之后,也认为:"中国似乎已达到起飞点,新一代知识分子"的"成果通常是高质量的。"抗战前夕开始,"在几个有相当标准的大学里,学生的平均程度,逐年提高,其中好的可以比外国大学同级的学生没有愧色"③。胡适日后也回忆道:"中日战争没有发生时,从北平到广东,从上海到成都,差不多有一百多所的公私立大学,当时每一个大学师生都在埋头研究,假如没有日本的侵略,敢说我国在今日世界的学术境域中,一定占着一席重要的地位。"④蒋廷黻认为,在抗战前几年"清华有了长足的进步。到了抗战军兴之际",清华"毫无疑问的,足够大学界的国际水准。"⑤哥大校友、清华文学院院长冯友兰也在1936年说:"在这个很短的时间内,清华已经有了很多的成就。在中国及世界的学术界上,已得了相当的地位",已"跻入世界名大学之林"。⑥日后,他亦称:"在对日全面战争开始以前,

---

① [美]乔尔·莫基尔:《增长的文化:现代经济的起源》,胡思捷译,中国人民大学出版社,2020年,第9—11页。
② 咏霓:《中国大学生的成绩与缺点》,《独立评论》1933年第37期。
③《大学与中学之联系》,罗家伦:《文化教育与青年》,商务印书馆,1947年,第143—147页。
④ 胡适:《中国的私立大学》,《东海大学校刊》1958年第13期。
⑤ 蒋廷黻:《怀念梅校长》,黄延复:《梅贻琦先生纪念集》,吉林文史出版社,1995年,第64、66页。
⑥ 冯友兰:《清华廿五周年纪念》,《清华副刊》1936年4月26日。

清华的进度真是一日千里,对于融合中西新旧一方面也特别成功。"①

此后,尽管日本全面侵华战争打乱了中国学术文教的进度,但中国学术仍有所进步,达到了举世瞩目的水平。抗战时期来华访问的李约瑟,对中国大学的水平和成就大为惊叹,1944—1947年间,李约瑟所在的中英科学合作馆推介了138篇各学科的论文给英、美等国的重要刊物或权威期刊并收到了各个编辑部的反馈意见,其中评语包括"一项一流的研究";"对于在孤立之中工作的人这是一项卓越的研究";"一篇超凡的好论文"②,等等。中英科学合作馆的工作报告指出:"除了那些未定的以外,我们送的稿件有73篇被接受,12篇退回作者修改即被接受的占86%。鉴于在最严酷的战争条件下在一个几乎完全没有工业化的国家从事科学工作的异常困难,这些数字应该被看作是中国科学高水平的明证。"③李约瑟对昆明学者在战时的艰苦条件下坚持高水平的教学科研工作印象深刻,常对他的秘书黄兴宗说:"就科学成就而言,昆明这个地方常常使他想到剑桥。"④1948年12月,身为北大校长的胡适,也不无自得地称:"在世界大学的发达史上,刚满五十岁的北京大学真是一个小弟弟……这个小弟弟年纪虽不大,着实有点志气。"⑤

在各学科中,地学和物理学最为突出。其中地学方面的科研和人才培养深度融合,许多青年学子积极参与科研,并且在早期就有着可喜的学术表现。总体而言,当时中国学术界,除了传统渊深的中国学研究领域成绩卓著,在其他学科领域,同样涌现了一大批知名学者,如数学方面的陈省身、华罗庚、许宝騄,物理学方面的吴有训、王淦昌,化学方面的萨本铁,医科方面的林可胜,文科的陈达,在国际学术发表方面都极为出色。他们有力地推动了学科领域的进展,也在国际上赢得了一定能见度。

---

① 冯友兰:《清华的回顾与前瞻》,《清华旬刊(校庆三十七周年特刊)》1948年。
②《科学前哨》,李约瑟:《李约瑟游记》,贵州人民出版社,1999年,第62页。
③《科学前哨》,李约瑟:《李约瑟游记》,贵州人民出版社,1999年,第61页。
④ 王钱国忠:《李约瑟传》,上海科学普及出版社,2007年,第64页。
⑤ 详参胡适:《北京大学五十周年》,《北京大学五十周年纪念集》,北京大学出版社,1948年,第1—5页。

这些学者分别隶属于不同的机构,而这些机构之间也互有交流,密切合作。从机构分布而言,北京大学、清华大学、中央研究院、中央大学、燕京大学等,一流学者较为集中。此外,北平研究院以及地质调查所、中国科学社等,也都颇为突出。在各主要学科领域,其学术中心也大都在高校而不在科研院所。这就涉及知识界的深层结构问题。

在民国时期的学术共同体中,地位重要的主要有高校系统和以中央研究院为代表的研究机构系统。其中,二者各有归属,高校是教育学术机构,而中央研究院则是最高学术研究机构。从当时实际情况来看,实质性开展科研工作的中心是在高校系统,而中央研究院则是学术评议中心和组织协调机构(亦有一定评价功能)。全国学术中心主要分布于若干顶尖国立名校,北方以北京大学、清华大学为主,南方以中央大学为核心。以至于1948年院士遴选过程中,清华系的周培源、萨本栋致函校长梅贻琦说:吾校"人才密集","向为学术中心之一"。一些具体的学科领域,其中心也往往长期锁定于相关名校,如法学领域的东吴大学法学院、经济学/商学领域的南开大学、医学领域的协和医学院、农学方面的金陵大学等,都被公认为该学科的中心。总体而言,高校的优势地位相当明显,是普遍公认的主力军。而在规模甚大、学科齐全的中央研究院,在许多学科方面并不突出。

从20世纪20年代起,科研的组织化、集团化在发达国家已成为普遍现象,中国也有所跟进。而和许多欧美国家类似,在国家学术系统中,中国高校同样处于明显的主体地位,科研院所处于辅助地位或次中心地位。科研的体制化,首先表现为大学科研的制度化。对外而言,科研工作已成为上级部门及社会各界赋予大学的一项基本职能,大学成为知识创新系统的发动机;对内而言,科研成为大学的最核心的工作之一,而且处于"越来越'高'的层次"①,它日益成为评价大学及其教师的核心要件之一。这种制度安排,成为20世纪三四十年代中国学术持续猛进的坚实的制度基础,为当时的人才

---

① [美]伊曼纽尔·沃勒斯坦、[肯尼亚]克莱斯特·儒玛、[美]埃弗林·凯勒等:《开放社会科学》,刘锋译,生活·读书·新知三联书店,1997年,第79页。

培养、工业化和国防建设都做出了一定贡献,也为中国学术的后续发展提供了可能。至此,中国的军工学复合体已初见雏形,并彰显出强大的效能和令人瞩目的前景。知识政治亦成为一个难以忽视的主要议题。当然,历史的发展并非线性的,实际情况可能会与预期有所差异,而此后一段时期的发展道路正是如此。在时代的巨变中,知识界原有的制度框架、观念和人事格局,都随之发生了巨大变化。

二、知识转型与科研重心之游离

新中国成立后,伴随着轰轰烈烈的社会主义改造的,还有深刻的文教转型。从1951年起,大规模的院系调整逐步全面铺开,延续达数年之久。调整后的高等学校大幅度扩大招生。①

此次调整基本按照苏联高校的分类框架,将中国高校划分为综合大学、工业大学和专门学院三类。各类专业性院校归各部委领导的体制也被移植了过来,农业农村部、卫生部等各政府部委都有自己下属的高校。许多老牌综合大学则被改造成了工业大学。②而且俄语取代了英语的第一外语地位,大量苏联出版物(特别是各级各类教材)引入中国。时任高教部部长马叙伦直言:"这次院系调整是依据苏联高等学校制度,从庞杂纷乱的旧大学中取消院的一级,调整出工、农、医、师范、政法、财经等系科独立建院或与原有同类学院合并集中,并根据培养国家建设各类专门人才的需要,结合各校师资设备等条件,普遍设置各种专业,根本改变了旧的高等学校设置混乱,系科重叠,教学脱离实际的状况。"③在调整中,高校无疑已主要被定位于人才培养的中心位置。而更早于此已然崛起的是另一个庞大且专业的科学研究系统——中国科学院。1949年底,中国科学院成立,其影响日渐扩大。其规模

---

① 胡绳主编:《中国共产党的七十年》,中共党史出版社,1991年,第395页。

② 中华人民共和国高等教育部:《1955年全国高等教育统计资料简编》(内部资料),1956年,第29页。

③ 张藜:《五十年代初院系调整对我国高等化学教育的影响》,《自然辩证法通讯》1992年第2期。

不仅远超过任一高校,也使许多高校,甚至高等教育行政部门都感受到强烈的竞争压力。这也深刻改变了中国知识界的结构,使中国的科研进展在一段时间内主要锚定于中国科学院的基石之上。

在此后几年中(特别是院系调整中),大量知名学者从高校调入中科院。在全国科研人才紧缺的情况下,1956—1957年间,中科院和高教部之间发生了激烈的人才争夺战。中科院从高等学校调集了一批最优秀的学者,引起高校的强烈不满(详情见上章所述)。[1]高校呼请中央进行干预。然而国家高层对此自有擘画。1954年3月,中共中央的批示对此进行了及时的干预。1955年6月召开学部成立大会,科学院被认定为"国家最高学术机关"和"全国科学研究的中心"。1956年1月,周恩来在中共中央召开的知识分子问题会议上,又将中科院提到了中国科学界"火车头"的位置上。同年10月,陈毅等向中央送呈《十二年规划纲要(修正草案)》,表示:"在中国的科研系统中,科学院是学术领导核心",我们首先必须"使科学院逐步形成为一支坚强的科学核心队伍"。[2]1957年6月,聂荣臻副总理在国务院科学规划委员会第四次扩大会议上指明,在我国统一的科学研究体系中,中科院是"全国的学术领导和重点研究中心"[3],统筹全国科研工作。如此一来,中国科学院在国家学术体系中的主导地位不言而喻。

上述局面对长期以来高校系统的引领地位无疑是一个很大的触动。为了提升高校在科研系统中的地位,教育行政部门及各高校审时度势,进行了持续的努力。1950年6月,在第一次全国高等教育会议上,部长马叙伦等做出了一系列部署。[4]1951年5月,为实施"高等学校暂行规程"等相关规定,

---

[1] 张志会:《一九五七年中科院与高教部的"双声夺珠"》,科学网,http://news.sciencenet.cn/htmlnews/2015/5/318899.shtm,2015年5月15日。

[2] 刘英杰主编:《中国教育大事典:1840年以前》(下册),浙江教育出版社,2004年,第1313页。

[3] 张应吾:《中华人民共和国科学技术大事记(1949—1988)》,科学技术文献出版社,1989年,第113页。

[4] 《马叙伦部长在第一次全国高等教育会议上的开幕词》,中央人民政府高等教育部办公厅:《高等教育文献法令汇编:1949—1952》,人民出版社,1954年,第14页。

终章
中国大学与科研系统之离合：基于长时段的回溯与评估

有关文件明确，教学研究指导组"为高等学校的基本教学组织"，教研组的工作包括，"制定研究工作的计划，进行研究工作"，"提高本组教师的政治与学术水平，并培养研究生"。①

从理论上说，这些思路都颇有价值，也具有可行性，但在当时条件下，也面临着诸多变数的影响。1952年，在全面学苏热潮中掀起的院系调整，极大地提升了教学工作的地位，但也削弱了对科研工作的制度支持；初级教师迅猛增加，也明显降低了高级教师的占比和师资队伍水准。中国学习苏联设立了教研组，"教研组（室）是保证教学改革顺利进行的基层组织"，举凡教学、科研、人事思想政治工作乃至日常管理等各项工作，"都应通过教研组的集体工作来进行"。这种严格的基层教学组织的建立，有力地推动了教学改革工作。②但苏联高等教育中存在的诸多缺点，思想僵化、"大一统"的培养模式也"在相当长的时间里都或多或少对我国高等教育产生了不良的影响"③，侵蚀了中国教育的多样性和自主性，使之后来长期陷入思维定式。④

在此次变革中，教研室取代院系的地位，客观上弱化了科研基础，且使学科之间的交流融合更为困难，由此也对高校科研工作的活力与创造性形成巨大挑战。其所引发的突出问题，还包括大量基础好的高校被改组为专门院校，综合大学占比降到近代以来的最低点。当时，从分工来说，专门院校主要为各产业部门培养人才，唯综合大学能较好地承担培养高校师资和学术人才（特别是基础研究人才）之重任。要通过如此少的综合大学提升全国高校学术水平，实可谓相当困难。如何维持高校在学术体系中的地位和贡献，已成为一个迫切的难题。为此，诸多部门都进行了各种努力和艰辛探索。高校系统更是积极贯彻中央精神，积极创造和利用一切机会推动高校科研事业的发展。

---

① 《关于华北区高等学校教学研究指导组暂行办法》，中央人民政府高等教育部办公厅：《高等教育文献法令汇编：1949—1952》，人民出版社，1954年，第68页。
② 郝维谦、龙正中：《高等教育史》，海南出版社，2000年，第107页。
③ 郝维谦、龙正中：《高等教育史》，海南出版社，2000年，第122页。
④ 储朝晖：《中国教育六十年纪事与启思（上册）》，山西教育出版社，2013年，第32页。

首先是清醒地研判形势、寻求对策，充实师资力量，持续加强科研。1953年3月，中共中央在对中科院党组报告的批示中指出，科学院和高等学校应认真进行培养青年科学研究人员的工作，并建立制度加以保证。应每年选拔一定数量的最优秀的大学毕业生（包括基础学科、技术科学和社会科学）去做科学研究工作。①1953年9月，在高教部召开的全国综合大学会议上，马叙伦表示。高校应该接受科学院委托的研究任务。②会议强调了科学研究工作对"综合大学的特殊重要性"③。马叙伦指出："综合大学虽主要是高等教育机构，但同时也是科学研究机构……综合大学办得好坏，培养出来的干部质量如何，对各研究机构和全部高等教育事业的发展有密切关系。"④就此意义而言，综合大学与其他高等教育事业的发展有密切关系，在国内科技文化事业中有着基础性地位。⑤1954年7月，高教部在总结上述会议研讨内容的基础上，下发报告，将高校的科研工作作为其教学改革的重点之一。⑥在此形势下，中国高校系统重新将科研制度化正式挂上日程，实质性地开展了一系列研究，并取得了一定成效。⑦北京大学从1954—1955学年开始了有计划的教学研究工作，全校有270多位教师从事将近300个专题的研究，学校还于1955年4—5月举行了科学讨论会。⑧

此间，国家的一项重要措施是有计划地持续推进重点大学建设，发挥示范带头作用。1954年，中央指定了6所大学为重点大学；20世纪60年代

---

① 刘光主编：《新中国高等教育大事记1949—1987》，东北师范大学出版社，1990年，第66页。
② 《中央人民政府高等教育部关于综合大学的方针和任务的报道》，中央人民政府高等教育部办公厅：《高等教育文献法令汇编：1949—1952》，人民出版社，1954年，第19页。
③ 刘英杰主编：《中国教育大事典：1840年以前》（下册），浙江教育出版社，2004年，第1334页。
④ 《高等教育部关于全国综合大学会议、全国高等财经教育会议、中国人民大学教学经验讨论会、全国政法教育会议的报告》，何东昌：《中华人民共和国重要教育文献（1949—1975）》，海南出版社，1998年，第352页。
⑤ 何东昌：《当代中国教育》，当代中国出版社，1996年，第542页。
⑥ 郝维谦、龙正中：《高等教育史》，海南出版社，2000年，第114页。
⑦ 何东昌：《中华人民共和国教育史》（上卷），海南出版社，2007年，第191页。
⑧ 刘光主编：《新中国高等教育大事记1949—1987》，东北师范大学出版社，1990年，第84页。

终章
中国大学与科研系统之离合：基于长时段的回溯与评估

初,为加强高校的科学研究,国家又先后确定和建设了64所重点高等学校。这些重点高校不仅在教学方面起着骨干带头作用,而且形成了一批代表着国家科技水平的研究基地。从1963年起,国家给高等学校专门拨发科研经费,增设了专职科研人员编制,从而有力地推动了高校科研工作的进展。[①]1960年2月,教育部在天津召开了高等教育重点学校问题座谈会。[②]1960年4月,教育部又召开直属23所重点高等学校党委书记、党员校院长会议,讨论并制定了这些院校的1960—1962年科学技术发展计划。[③]稍后,中央文件又对部分高校提出了总任务。[④]此间,国家还有计划地扩大了高校的阵容,1958年9月正式成立的中国科学技术大学便是其重要代表。这在中国教育史上是前所未有的重要探索。[⑤]

同时,高校还想方设法调动一切有利因素,大力加强与相关各方的协作,特别是与科学院的合作及与国内外院校的交流。事实上,有关部门一直积极推动此类事宜,而高校也积极响应,抓住和创造各种有利机会与科学院积极合作,实现共同发展。为了加强协作,1956年1月,中国科学院、高等教育部联合发出《关于高等学校和科学研究机关几项试行的合作办法的通知》,提出三点:可以共同采用和推广合作研究、代培教师及研究生、委托进行科研工作等合作方式;鼓励科学家在双方兼职;制定科学研究的规划、计划,以及在大学里共建科研机构等。[⑥]高校与科学院之间的密切协作,取得了诸多成效。在1956年1月的知识分子问题会议上,周恩来指

[①] 何东昌:《当代中国教育》,当代中国出版社,1996年,第526页。

[②] 中央教育科学研究所编:《中华人民共和国教育大事记(1949—1982)》,教育科学出版社,1983年,第266页。

[③] 中央教育科学研究所编:《中华人民共和国教育大事记(1949—1982)》,教育科学出版社,1983年,第272—273页。

[④] 刘英杰主编:《中国教育大事典:1840年以前》(下册),浙江教育出版社,2004年,第1317页。

[⑤] 刘光主编:《新中国高等教育大事记1949—1987》,东北师范大学出版社,1990年,第140页。

[⑥] 刘光主编:《新中国高等教育大事记1949—1987》,东北师范大学出版社,1990年,第99页。

出:"高等学校的科学力量占全国科学力量的绝大部分。……必须在全国科学发展计划的指导之下,大力发展科学研究工作,并且大量地培养……新生力量。"[1]1956年6月,一届全国人大三次会议上的有关文件表示:科学院应"统一指导全国各方面的科学研究工作";科学院和业务部门新设的研究机构,尽可能同有关高校结合,设在一起,这样既便于高校教师和研究所的研究人员互相兼职,有利于开展科学研究和培养干部,也有利于节省经费。1957年1月,高教部发布《关于各校互派教师讲学的几项规定》,认为大力提倡各校之间互派教师做短期讲学,对于发挥中国专家的作用,培养和提高各校师资,促进科研发展都有重要意义。[2]1957年6月,主持全国科技工作(同时也是国防工业和"两弹"研制工作的指挥者)的国务院副总理聂荣臻[3]指出,高等学校也可以根据条件逐步成立独立的研究室和研究所。[4]"高等学校是一支重要的科学技术力量。"[5]此外,国家还鼓励高校与国外院校之间建立了直接联系。[6]

---

[1] 周恩来:《关于知识分子问题的报告》,《人民日报》1955年1月30日。

[2] 刘光主编:《新中国高等教育大事记1949—1987》,东北师范大学出版社,1990年,第117页。

[3] 聂荣臻早年与周恩来、邓小平、陈毅、李富春、李维汉等旅法勤工俭学,对发达国家的情况较为熟悉。20世纪50年代,他在国务院和中央军委担任要职,并做了大量的知识分子工作。毛泽东曾称他为"厚道人"。聂荣臻一贯倡导尊重知识、尊重人才,并身体力行。在他主管全国和军队科技工作后,更是视知识分子为国家的宝贝。他始终关心知识分子工作,勉励科学家们以事业为重,继续为国防现代化做贡献。1962年2月,聂荣臻在广州主持召开了全国科技工作会议,他和周恩来、陈毅一起,正确地估计了我国知识分子队伍的基本状况,为知识分子"脱帽加冕",宣布他们是人民的知识分子、革命的知识分子。详见《聂荣臻:新中国国防科技事业的奠基者》,人民网,http://dangshi.people.com.cn/n1/2020/0514/c85037-31708120.html,2018年6月13日。

[4] 刘英杰主编:《中国教育大事典:1840年以前》(下册),浙江教育出版社,2004年,第1313页。

[5] 刘英杰主编:《中国教育大事典:1840年以前》(下册),浙江教育出版社,2004年,第1314页。

[6] 刘光主编:《新中国高等教育大事记1949—1987》,东北师范大学出版社,1990年,第103页。

终章
中国大学与科研系统之离合:基于长时段的回溯与评估

此外,有关部门还加强研究生等后备人才的培养。1955年8月5日,国务院全体会议第17次会议通过《中国科学院研究生暂行条例》。[1]后来,高教部又提出,必须"培养大量博士、副博士研究生"。[2]1959年,有关部门又对此作了指示。1963年1月,教育部在北京召开高等学校研究工作会议,着重讨论修订关于研究所培养的相关文件。建立和健全高校研究生培养制度,是中国培养较高水平的高校师资和科研人员的一项根本措施。会议讨论了研究生的培养目标,认为研究生必须又红又专。会议讨论通过了相关文件,教育部于4月29日、7月11日分别下发各校试行。[3]7月11日教育部发布的通知指出,在研究生培养中,"只有加强科学研究,才能突破科学技术尖端,赶上世界先进水平"[4]。

此间,高校还主动服务于国家战略,争取积极有为。在20世纪50年代,高校不仅积极参与国家工业化建设,还参与编制实施了"一五"计划和"二五"计划,并深度参与了《1956—1967年科学技术发展远景规划纲要(草案)》及《一九五六——一九六七哲学社会科学规划纲要(修正草案)》的编制、实施工作。[5]为了鼓励教师进行科研工作的积极性和创造性,高教部还于1956年探索建立了对高校科研的奖励制度。1961年,中央在起草《科研工作十四条》和《高校六十条》前后,又于1963年4月颁发了《教育部直属高等学校自然科学研究工作暂行简则(草案)》规定,高校在某些科学领域内,根据现实基础和重大需求,经教育部批准,可设置科学研究机构。[6]许多高校

---

[1]《中国科学院研究生暂行条例》,《人民日报》1955年9月1日。
[2]《高等教育部长杨秀峰在第一届全国人民代表大会第三次会议上的发言》,何东昌:《中华人民共和国重要教育文献(1949—1975)》,海南出版社,1998年,第643页。
[3] 刘光主编:《新中国高等教育大事记1949—1987》,东北师范大学出版社,1990年,第205页。
[4]《全面发展,做有社会主义觉悟的有文化的劳动者》,《周恩来教育文选》,教育科学出版社,1984年,第208—222页。
[5] 储著武:《1956—1967年哲学社会科学规划工作的历史考察》,《当代中国史研究》2019年第1期;李洁:《新中国哲学社会科学"规划科学"模式的创立》,《中共党史研究》2019年第5期。
[6] 刘英杰主编:《中国教育大事典:1840年以前》(下册),浙江教育出版社,2004年,第1329页。

积极开展科学研究和学术活动,内容丰富,成效显著。

经持续努力,高校科研系统初具规模,科研队伍和研究领域均有所扩大,取得了一批较高水平的成果。[1]高校为高新技术产业发展提供了人才和技术准备,在自动化、半导体、电子学、喷气技术、计算机、原子能等新型学科专业方面取得重要成就,有力地促进了中国高新技术的发展。[2]1965年底,高教部举行直属高校科学技术研究成果展览会,共展出217项展品。比较突出的成果如北京大学与中国科学院合作的人工合成牛胰岛素研究,吉林大学的配位场理论研究,南京大学与中科院、地矿部合作的华南花岗岩的地质、地球化学及成矿规律的研究,清华大学的原子反应堆建造等,都在展览会上展出。各方普遍反映高校科研工作花钱不多,成效很大。邓小平总书记参观后,特此表态说:"高等学校的科学研究很值得提倡。"[3]到1966年为止,高校建立的专门社会科学研究机构有60个,其研究领域不断拓宽,质量亦有提高,基本上形成了一支社会科学研究队伍。[4]

与此同时,中国仅在有限的条件下尽可能地与外界保持某种程度的知识交流。如前所述,20世纪50年代初,中国仍在世界科学工作者协会中颇为活跃,[5]李四光和周培源还先后担任过该协会的副主席。此后一段时期内,由于种种原因,中国的国际交流明显收窄,与西方学术圈产生了一定距离。[6]

三、学术中心的位移与扩散

中苏关系破裂后,中国开始重新密切关注美国等西方国家的科学研究。

---

[1] 何东昌:《当代中国教育》,当代中国出版社,1996年,第542页。
[2] 何东昌:《当代中国教育》,当代中国出版社,1996年,第535—537页。
[3] 郝维谦、龙正中:《高等教育史》,海南出版社,2000年,第239页。
[4] 何东昌:《当代中国教育》,当代中国出版社,1996年,第542页。
[5] 赵宗:《世界科学工作者协会举行第十六届执行理事会和成立十周年纪念会》,《科学通报》1956年第5期。
[6] Bigelow, K. W, "Some Comparative Reflections on Soviet and Chinese Higher Education," *Comparative Education Review*, No.3, April, 1962, pp.169–173.

终章
中国大学与科研系统之离合：基于长时段的回溯与评估

20世纪60年代中，中国开始和美国等西方国家交换科技文献。[1]1965年，中国向麻省理工学院图书馆请求获得几篇大气物理方面的论文。[2]中国也举办过少数国际会议，如1964年的"北京科学论坛"和1966年的"夏季物理座谈会"。[3]1966年5月至1970年5月，中国高校陷入停顿状态，不仅科研工作难以开展，最基本的教学也被迫停顿，广大教师的正常生活深受冲击，中国科研系统与国际科学界几乎脱节。基于科学引文索引（SCI）数据库的分析表明，1973年中国只发表了1篇科学引文索引论文。[4]对此局面，有识之士深感忧虑并进行了诸多努力。1972年6月，6位美国计算机科学家访华，走访了中国科学院计算研究所、北京计算科学研究所、清华大学等单位。他们认为，中国在完全缺乏外界援助的情况下，在计算科学方面还是取得了一些进展。同时，人们也意识到，中国科技要持续发展，迫切需要把科技发展摆在优先位置，并扩大与西方世界的互动。[5]

从1971年起，曾长期紧张的中美关系开始缓和。继基辛格秘密访华之后，美国总统尼克松于1972年2月访华。其间，中美双方在上海发表联合公报，标志着中美关系开始走向关系正常化。此后，中美交流合作迅速升温，而许多华人学者在其中走在前列。1972年7月，周恩来总理会见著名物理学家杨振宁。杨振宁提出希望"倡导一下基础理论的学习和研究"的意见。周恩来立即指示参加陪见的北大负责人周培源回去要把北大理科办好，把基础理论水平提高，强调"要认真实施"，"这是我交给你的任务。有什么障碍要扫

---

[1] Dean, G., and Macioti, M., "Scientific institutions in China," *Minerva*, No.3, November, 1973, pp.318-334.

[2] Orleans, L. A., "Research and development in Communist China," *Science*, No.3787, July, 1967, pp.392-400.

[3] Hershatter, G., *Remapping China: Fissures in historical terrain*, Stanford University Press, 1996, p.218.

[4] Frame, J. D., Narin, F., and Carpenter, M. P., "The distribution of world science," *Social Studies of Science*, No.4, July, 1977, pp.501-516.

[5] Cheatham, T. E., Clark, W. A., Holt, A. W., Ornstein, S. M., Perlis, A. J., and Simon, H. A., "Computing in China: A travel report," *Science*, No.182, October, 1973, pp.134-140.

除,有什么钉子要拔掉"。①这以后周恩来还多次指示要加强基础理论研究。这一指示引起了高度关注。当时主持工作的清华大学党委副书记何东昌也积极贯彻周恩来的指示,开办了四个研究班(其在日后显示出成效)。②

  1977年,在邓小平等人推动下,中国开始恢复高考,并逐步恢复高校正常办学秩序。高等教育开始得到持续发展。20世纪70年代末以来,与经济领域的改革开放进程相一致,中国高等教育领域也开启了改革之路。此间,中国一方面积极恢复与西方国家的交流,一方面反思苏联模式,在诸多领域肃清苏联因素长期以来对中国的负面影响(尽管在操作层面也开始与苏联领导人同时考虑中苏关系的正常化问题)。③为此,中国学界进行了一系列拨乱反正,例如从强调专业化到拓展基础教育和通识教育、从大力发展专科学校到发展综合型高校、从教育与科研的分离到"两个中心"的建设等。

  从这一阶段起,中国学者针对苏联模式对中国科研、教育的影响进行了系统的反思和矫正。在不同层面、不同场合中越来越多的声音认为要解决苏联模式已不适用于高等教育发展的问题。1984年,教育部委托京、沪等地高教局召开了"高等学校师资管理研究讨论会",参会代表们指出教研室制度是"五十年代初院系调整、学习苏联的产物",目前已不能完全适应"把学校建设为教学、科研两个中心"之需,需要做出改变。④人们曾以为,"专业"是苏联优于西方的一大特色,也是中国必须借鉴的成功经验,而后来的实践帮助人们澄清了认识上的误区。1985年,时任华中工学院院长朱九思在"全国部分高等工业院校教学改革座谈会"上,肯定了学习苏联的合理性,但也

---

① 《周恩来年谱:一九四九——一九七六(上卷)》,中央文献出版社,1997年,第536页。
② 校友通讯编辑部:《固体物理研究班的启示》,清华大学网站,https://www.tsinghua.edu.cn/info/1985/77167.htm,2021年9月4日。
③ Zubok, V., "The Soviet Union and China in the 1980s: reconciliation and divorce," *Cold War History*, No.2, May, 2017, pp.121-141.
④ 孙霄兵、王革:《调整师资队伍结构促进人才合理流动——1984年高校师资管理研讨会纪实》,《中国高等教育》1984年第12期。

终章
中国大学与科研系统之离合:基于长时段的回溯与评估

认为苏联模式是"历史留给我们的一个沉重负担"。[1]清华大学教授侯世昌、吴佑寿则认为,教育上全面照搬苏联带来了消极影响,"这样的教育体系是呆滞的、僵化的,难于发展和创新"[2]。这一时期,许多曾经留苏的学者也在反思苏联教育模式对中国的影响。如早年留学莫斯科的教育专家周蕖即在1984年撰文表示,对解放初借鉴的苏联教育经验应该有历史的、具体的分析;从远期后果来看,这种模式存在诸多问题,如理工分家、有些专业设置过窄、外语教学单一化、对学生个性重视不够等。[3]在对苏联模式的反思热潮中,杨振宁、田长霖、钱致榕等在美的华裔科学家的意见受到中国领导人的高度重视,其中田长霖多次受到邓小平等人接见。[4]伴随着系统地反思,深入的教育改革和全方位的国际交流合作得以顺利开展。中国高等教育及科研实验呈现出了新局面。有关各方进行了一系列系统改革和纵深调整,为科研工作的水平提升和制度化打下了坚实基础。

在这些相关改革中,最重要的或许是恢复大学的科研功能,大力强化科研工作,加强科研基础建设;使科学制度化,内嵌为大学体制的一部分,并使之成为教师升级的必要条件。教育与科研的分离一直被认为是苏联模式的显著特点之一,这种特点也影响了中国20世纪50年代的高等教育改革,[5]造成了教育与科研的强行分离及高校中教学与科研的疏离,[6]这违背了现代科学发展的趋势。

改革开放以后,中国高校乃至学术界发展进入新阶段。高校结构、功能

---

[1] 朱九思:《任重而道远(一九八五年十二月十二日在全国部分高等工业院校教学改革座谈会上的发言)》,《高等教育研究》1986年第1期。

[2] 侯世昌、吴佑寿:《提高教师学术水平和培养学生质量的根本途径》,《教育研究通讯》1984年第3期。

[3] 周蕖:《美苏高等教育经验与我国高等教育的改革》,《中国社会科学》1984年第3期。

[4] 蒲慕明:《能力培养和思想教育》,《高等教育研究》1985年第3期。

[5] Froumin, I., and Leshukov, O., *The Soviet flagship university model and its contemporary transition in the new flagship university*, Palgrave Macmillan, 2016, pp.173-189.

[6] Suttmeier, R. P., "Academic Exchange: Values and Expectations in Science and Engineering," *Educational Exchanges: Essays on the Sino-American Experience*, 1985.

和在国家学术体系中的定位也明显改变；自然，其与科学院的关系也因之改变。20世纪70年代，与中科院系统相比，高校科研体量甚小。1977年，中国大陆发表的科学引文索引论文中，中科院占比高达42.9%。①这一年，邓小平分管教育和科技战线的工作后，高校教学与科研关系的问题才渐获解决。②邓小平提出"重点大学既是办教育的中心，又是办科研的中心。高等学校的科学研究，应纳入国家规划"。此后，有关各方围绕如何将高校办成"两个中心"的问题进行了深入讨论和积极探索。

1978年1月，《光明日报》发表文章指出，高等学校是科学研究的一个重要方面军，并引用周恩来的话，即"中国科学院应该侧重基础研究和理论研究。各产业部门也要侧重应用研究和技术研究。大专院校应该是两者兼而有之。"③这一定位，显然比此前大为提高，是以显示中共对高校的深切厚望。2月，国务院即转发教育部文件，决定恢复和办好一批重点高校。3月，全国科学大会举行，邓小平出席大会并指出："四个现代化，关键是科学技术的现代化；科学技术人才的培养，基础在教育；要把尽快地培养出一批具有世界第一流水平的科学技术专家，作为我们科学、教育战线的重要任务。"方毅副总理指出："要采取果断措施，快出人才，多出人才；高校要努力扩大招生数量，大力加强研究生培养工作；中科院和高校要积极扩大研究生名额。"④中央还于4月召开了全国教育工作会议，于12月召开了党的十一届三中全会。"这几个划时代的重要会议，迎来了科技的春天、教育的春天。"1979年1月，国家科委、教育部和农林部在北京联合召开全国高等学校科学研究工作会议。会议讨论了如何把高等学校办成既是教育中心，又是科学研究的中心，并建议大力开展科研攻关；大力提高师资水平，学习国外一切有益的经

---

① 张郁晖：《中科院与高校科研地位的转变》（未刊稿），2019年。
② 钱伟长：《对高等教育改革的一些意见》，《上海高教研究》1985年第2期。
③ 刘光主编：《新中国高等教育大事记1949—1987》，东北师范大学出版社，1990年，第323页。
④ 刘光主编：《新中国高等教育大事记1949—1987》，东北师范大学出版社，1990年，第325—326页。

终章
中国大学与科研系统之离合：基于长时段的回溯与评估

验。①1980年2月，五届人大第三次会议通过并公布《中华人民共和国学位条例》，自1981年1月1日起施行。《条例》规定我国学位分学士、硕士、博士三级。这是中国教育、科学事业中的一项重要立法。②1981年，教育部在有关文件中规定，凡可以培养博士和硕士研究生的学校和学科，主要为国家培养高质量的本科生和相当于国际先进水平的硕士、博士研究生，为一般高校培养师资，并在教学方面起示范作用，在科学研究方面真正成为"国家队"之一。③1985年5月，中共中央、国务院召开全国教育工作会议；随后，中共中央公布了《中共中央关于教育体制改革的决定》。6月，六届全国人大一次会议决定：为加强对教育工作的领导，设立国家教育委员会。④经过这一系列持续努力，高校科研工作得到了空前重视和快速发展。

在某种意义上，20世纪80年代中国高校改革的主题之一就是理顺大学与科研的关系，强化大学的科研功能、深化其与科研院所的联系。1984年，华裔科学家、时任伯克利大学校长田长霖访华时指出，大学应该建设为教学和科研的中心，他提出："我们五十年代学苏联，受了不少损失。现在，科研与教育一定要配合，在高等教育系统里，这两个中心一定要配合。"⑤1985年，钱伟长发表文章指出："我国新时期的高等教育，应该发展成为教学和科研相结合的中心，而且不是两个中心，两支队伍，而是两个中心，一支队伍。这是美国和西欧不少高等学校的做法……这也应该是我国高等教育进一步发展的方向。"⑥1985年，第一届中美大学校长会议召开，高校的教学与科研

---

① 刘光主编：《新中国高等教育大事记1949—1987》，东北师范大学出版社，1990年，第342页。
② 刘光主编：《新中国高等教育大事记1949—1987》，东北师范大学出版社，1990年，第357页。
③ 刘光主编：《新中国高等教育大事记1949—1987》，东北师范大学出版社，1990年，第387页。
④ 刘光主编：《新中国高等教育大事记1949—1987》，东北师范大学出版社，1990年，第467页。
⑤ 琮侃：《田长霖教授对中国高教发展的几点意见》，《教育发展研究》1984年第3期。
⑥ 钱伟长：《我国新时期的高等教育》，《上海高教研究》1985年第3期。

关系成为会议讨论的重要议题。南京大学校长曲钦岳在会上主张中科院和大学系统"逐步从两家变成一家"。①清华大学高景德在发言中提出："希望把我们学校逐步发展成教学和科研相结合的学校,或者用一种说法,就叫'研究型大学'"。②

1986年,田长霖撰文表示,他认为中国高校正在加强科研,这是摆脱苏联模式的正确做法。他说："这两年我回国,最令我高兴的是高等学校科研队伍已经建立起来。过去,苏联有一个非常坏的做法,把高教与科研完全分开。……高校的教学中心和科研中心是完全必要的。科研队伍一定要在高教系统中建立起来。"③也正是在这一年,中国在美国模式的启发下设立了国家自然科学基金和国家社会科学基金。④这两个研究基金的成立,极大地促进了高校科研的发展。1986年,国家自然科学基金委审定批准资助项目3432个,高等学校获准项目占比达64.6%。⑤五六十年代活跃于全国学术界、时任国家自然科学基金委主任唐敖庆谈及"高校的科研问题"时深切地指出："高等学校的教师,特别是教授、副教授,一定要既搞教学,又搞科研,不能单打一……不搞科研是搞不好教学的。"为了改变科研与教学脱节的现状,他建议"应该教育和科研相结合,这就需要高校和科学院的人员互相兼职"⑥。1987年4月,国家教委科技司召开部分高校科研处长会议。与会代表普遍认为,高等学校在科学研究方面的明显优势,因为高校学科比较齐全;高水平专家比较集中,又能补充新生力量;科研与教学紧密结合,有利于培养高级专门人才和发展科技文化,这也是世界各国的基础研究主要依靠

---

① 《中美高校之间的交流与合作》,《高等教育学报》1986年第S1期。
② 《中国高等教育的不足及当前的改革》,《高等教育学报》1986年第S1期。
③ 田长霖：《关于高等教育的几点看法》,《科技导报》1986年第4期。
④ 单天伦：《我国社会科学研究体制改革的一个重要措施——谈国家社会科学基金的建立》,《中国高等教育》1988年第9期。
⑤ 杨致录、薛迪生、朱征南：《国家自然科学基金设立后高校面临的形势及对策》,《中国高等教育》1987年第Z1期。
⑥ 黄展鹏、赵健：《自然科学基金与高校的科研工作：访中国高教学会唐敖庆副会长》,《高等教育学报》1986年第3期。

终章
中国大学与科研系统之离合:基于长时段的回溯与评估

大学的原因。①经过一系列讨论和科技发展的触动,越来越多的人意识到教学与科研紧密结合的必要性。2003年,钱伟长在一次校长论坛上直言:"高等学校必须是教学和科研两个中心,教学没有科研作为底蕴,就是一种没有观点的教育,没有灵魂的教育。"②

在此环境下,从国家到高校都开始进一步提倡科研;绝大部分高校都积极开展科研活动,重点大学尤其突出。科研水平往往成为衡量大学的主要标准之一。而此后实施的"211"工程、"985"工程中,科研水平成为关键遴选标准,入选者均为科研密集型大学;而入选之后的建设又进一步强化了科研的地位。20世纪90年代起,中国高校科研取得了长足进步,出现了一批研究型大学,在国际上的影响力日渐提升,国际排名也日渐突出。此时,高校与科学院的合作也更为密切。科研系统成为研究生培养的重要组成部分,并对人才培养质量发挥了重要的支撑保障作用。

与此同时,有关各方也进行了一系列配套改革。主要表现在:第一,推进大学的国际化,持续深化密切的国际交流合作,深度融入主要国际学术体系。第二,改革大学的结构和体制机制、扩大办学自主权。持续新建了一系列高校,将大量专科院校升格为学院,并大幅提升了综合性大学比例,为科研工作拓宽了知识基础,也为交叉科学及新兴学科的持续涌现提供了更多可能性。在此过程中,也强化院系的实体地位,淡化专业和教研室的地位。第三,在人才培养方面,加强通识教育,为科研工作的永续发展奠定更宽厚的人才基础。改革开放后,有关部门大量新建高校,高校数量由1977年的404所,发展到1987年的1063所,再到1999年的3815所,其中头部高校均为科研密集型院校。至此,高校系统的体量已远远超过中科院系统。随着大学改革的深化及大学规模的日渐扩张,其综合实力日渐突出,在国际上渐获一席之地,在国内学术系统中更是形成了显著优势。

---

① 王革:《高校应成为基础研究的主要力量——部分高校科研处长会议侧记》,《中国高等教育》1987年第5期。

② 钱伟长:《大学必须拆除教学与科研之间的高墙》,《群言》2003年第10期。

走向"大大学"和"大科学"
——中国高等教育及知识系统变革研究

1985年5月,中共中央编行《中共中央关于教育改革的决定》,市场化的教育改革深入并取得一系列实质性进展,2003年,北大在全国高校率先启动了人事制度改革,将竞争与淘汰机制正式引入教师管理中,促进了教师队伍的流动性[1],也使全国性学术市场逐渐形成。教师从原有的单位制度中解放出来,重新被置于高度竞争和充满挑战与流动性的市场体制中。而这,或许与20世纪20年代中后期所开启的中国学术市场化探索有异曲同工之处。在此改革中,教师面临巨大的竞争压力,但也被激发出了一定活力,在"211工程""985工程"的加持下,中国大学取得长足进展,国际显示度大幅提升。当然,也正是在此市场化改革进程中,学术资本主义、管理主义对中国教学知识生产产生了深度影响,审计文化对学术文化产生深度的挤压。广大学术人民的生存样态也随之改变。[2]

通过这一系列努力,高校系统的科研实力和竞争优势大为增强。风水轮流转,及至20世纪90年代,大学与中科院的位势明显逆转。中科院对人才的吸引力已不如顶尖高校,从人才流动、资源集聚、社会影响和贡献等方面看,高校在学术研究的"几路大军"中都处于表现出显著优势,成为知识创新体系的开路先锋和社会的轴心机构。

上述现象不仅促成二者实力对比发生了变化,更重要的是促成了国家学术中心向高校的回归,并助推了国家学术体系的结构转型。在某种意义上,学术体系以高校为中心,或是符合国际主流的制度设计。它更有利于知识创新和人才培养。这兴许是一种更有效、更合理、更具活力和竞争力的知识生产模式。尤值一提的是,伴随着中国大学的纵深变革,中科院及中国的科研体制也发生了深刻变化。1982年,中科院开始试行基金制,1986年这

---

[1] 详情可参见钱理群、高远东编:《中国大学的问题与改革》,天津人民出版社,2003年;甘阳、李猛编:《中国大学改革之道》,上海人民出版社,2004年;甘阳:《文明·国家·大学》,生活·读书·新知三联书店,2012年。

[2] 对此问题,在当时的北大乃至全国学术界都产生了强烈的反响,引发了激烈的争议。相关论述可参见张维迎:《大学的逻辑》,北京大学出版社,2004年;作为对应的观念,则可参见刘东主编,同样是由北京大学出版社同期推出的"大学无忧"丛书。

一制度在国家层面正式实行。是年,在邓小平的亲切关怀下,国家先后设立了国家自然科学基金和国家社会科学基金,二者均成为中国科学研究领域基础研究的重要渠道。国家力量由此直达各项具体科研工作的全过程,教师的科研、时间及注意力的分配也呈现新样态。1984年,时任国务院总理李鹏批准设立"国家杰出青年科学基金",来支持青年科学者的科学研究工作。在此之后,全国许多省部级机构也设立了一系列基金项目,中国科研的制度化进程达到新高,科研体制也基本成型。

四、知识变迁的历史之维

以上对20世纪中国科研系统地位与归属的考察,大致勾勒了近代至当代中国高校学术界的变迁历程。在20世纪前半期,中国高校系统一直处于学术界的主体地位,代表着中国的学术前沿;进入20世纪50年代后,由于学术体系的结构转型,高校在学术界的地位受到挑战,学术实力也明显削弱。国家科技发展重任更多地倾斜在中科院系统,尽管高校为此进行了诸多努力,但并未实现根本改观。高校被主要定位为"教学的中心",在科研方面是作为"科学研究的中心"——中国科学院的辅助力量而存在。应当说,这与苏联模式的影响密不可分。尽管中苏关系随之破裂,但由于"路径依赖",当年借鉴苏联模式所建立的教育及科研体制,仍然持续存在,并在深层次上影响着中国学术界的结构和知识生产的模式。进入改革开放之后,随着观念和形势的深刻转变,中国科研模式越来越多地回归到原初的格局,科研重心重新回归高校系统。高校既是"人才培养的中心",也成为"科学研究的中心",两个中心重新聚合,激发了新的活力。上述历程生动地反映出高校在国家科技创新系统中的位势变迁。

在20世纪50年代的中国大学,尽管经过持续的规模扩张而成为巨型大学,但仍很难说是完整意义上的多元大学。要成为标准意义上的现代大学,它还需要在教学功能之外使其他职能得到更好的升级。而这就需要日后的进一步演化。相比而言,90年代的中国大学在经历一系列深刻变迁后,更接近此范型。随着经济的市场化改革,高等教育的改革(也以市场化为其特征之一)也日趋深入,以北京大学和清华大学为代表的高校不仅在人才培养和学术研究方面成效卓著,而且在社会服务、国际交流合作、高科技创业方面也引人注目。这些高校进行了诸多探索,取得了巨大进步,建成了规模宏大的大学企业集群和科技园(如蜚声遐迩的中关村科技园)。至少,就基本架构而言,这与国际公认的现代一流大学日趋接轨,这也就推动了中国高校乃至科研系统的转型。

从知识生产的角度看,中国长期以来的尝试,乃是要探索最适合中国国情、适合学术发展的知识生产方式,能够更好地服务于人才培养、学术进步和国家战略。这是一个艰难而漫长的过程。在此过程中,挑战是无处不在的,挫折也是难以避免的。改革开放后,中国知识体系对科学院与高校关系的重新定位,蕴含着对苏联模式的拒斥,也意味着逐步确立中国教育自主性、挣脱他国的影响和约束,实现真正的教育独立。

相对于科学院而言,高校科研包含着知识生产和人才培养的深度融合,这是其独特优势。当然,日后中国科学院陆续创建了自己的教育系统,其在20世纪50年代与教育部共建了中国科学技术大学,日后则重新建设了相对独立的人才培养体系,较早地设立了研究生院,后来还招收本科生,形成了中国科学院大学。而作为国家哲学社会科学重要机构的中国社会科学院也逐步建成了自身的大学。在这一历程中,中国高等教育及知识系统中的"大学科研化"与"科研机构大学化"两种趋势同时并存[①],曾经相对疏离的高校与科学院日渐相向演进。因此,从大方向来看,科学研究与人才培养的融合也是大势所趋。在这一时期的中国大学中,教学与科研相结合,知识创新与知识传承相结合,这种制度安排有利于直接实现知识的育人功能和政策贡献。高校被重新置于中国知识系统的轴心位置,这无疑是与国家需求和世界潮流相适应的。这一时期,形成了高校、科研院所、企业、政府部门等多主体的深度结合、密切互动的环境。而在此进程中,资本更多地介入知识生

---

① 当然,具体到复杂的巨型社会系统,20世纪前期出现过的"科学社会化"与"社会科学化"于此间亦有所表现。

产,知识生产的逻辑也随之发生变化。

20世纪90年代以来,随着市场化改革的深入,教育、科技和学术文化领域也实现纵深变革,处于中枢地位的高校首当其冲。至此,大量高校成为巨型大学,许多研究型大学还真正成为"多元巨型大学",彰显着复杂的面向和职能。这种大学职能的变化和大学地位的变迁,反映着近代以来中国知识体系的变迁。科研系统与高校的离合,也反映着中国大学在范式、类型、道路等方面对中国特色的探索。多元巨型大学对社会主义市场经济的深度嵌入,亦成为中国知识生产体系的一道独特景观。①

大学与科研的关系如何协调？大学在知识体系中应如何定位？怎样的知识创新模式更符合中国的实际需要？这些都是新式知识体系引入中国以来,国人始终面临着的问题。经过长期探索和某些挫折,科研系统与高校的关系在20世纪80年代开始回归正轨并逐步成型。这正是对其早期探索的确认与回应。上述历程也表明,大学应该在知识系统中处于轴心地位,知识创新应该与知识传承(人才培养)紧密结合,才能发挥最大效应。这是20世纪中国大学发展史对上述问题做出的初步回答;而进一步的解答,则需要由后续的不懈探索来承担。

结论:教育—知识的社会建构和国家向度

(一)内容回顾

本书的研究论题主要是20世纪中国新式高等教育及知识生产体系的创建和变迁的过程,其中尤为重要的是20世纪50年代对某些关键问题的探索与抉择。正是这些抉择,使20世纪末的中国高等教育乃至知识界形成了与20世纪初叶迥然不同的景观、构型与生态系统。在20世纪40年代,"大科学"和"大大学"陆续在中国初现迹象并成为一种普遍愿景,但始终为未成为现实,直到新中国成立十余年后,二者才逐步成型。就知识史而言,这乃

---

① 对这一时期的思想史解析,亦可见张旭东《改革时代的中国现代化主义》,崔丽津译,北京大学出版社,2014年。

是一个历史性的变迁(或范式转型)。①于此,笔者关切的主要问题是:在此过程中,有关部门在哪些重要方面或关键节点上的决策和部署,使得这一宏大的理念真正得以落实、实质性地推动了中国高等教育转型,在中国开创了社会主义高等教育体系?据此,我们充分利用各种素材和理论工具进行了探讨。业已进行的深入研究表明,在此进程中,决策者根据中国国情对原有高等教育体系采取了循序渐进以旧带新的策略,并根据未来的战略需求,在干部队伍、人事安排、学科专业设置、人才选拔与培养、学术研究、国际交流合作等方面都做了大量细致的具体工作,保障了教育改造目标的达成。而且,这一探索不仅仅创造了新型高等教育体系,也使中国的学术体制、知识生产方式实现了转型和升级。至此,"大大学"日渐增多,"大科学"体制亦成为中国学术文教领域中的一种常态,对中国教育发展和科研水平提升发挥了难以估量的作用。——这当然是一种基于时间序列分析的历史解释,而站在社会科学理论的"过程—事件分析"及"制度—结构"解释的立场上,则会有别样评判。从教育社会学及科学社会学的角度看,从20世纪中叶起,高校越来越多地回应教育平民化的时代诉求、承担着越来越繁重的社会责任和科研功能,这使之不得不有意或无意地持续扩招、并不断扩张学术人员的队伍。因此,高校的规模空前膨胀,最终成为"大大学",大学也成为整个社会的"轴心机构"。而这种大大学又成为大科学体制(其极致是"举国体制")的中枢力量。这可谓是这段历史的另一面。

(二)主要研究发现

本书的研究表明,尽管新中国成立之初的院系大调整深刻地改变了高等教育的方向和格局,但整个高等教育系统的变革,并未因此而完成。此外

---

① 当然,这丝毫不意味着否定此前中国高等教育平民化方面的重要进展和成就。事实上,从全面抗战后期起,由于国家统筹力量的增强,中国高校的生源规模和结构都出现显著变化,越来越多的适龄青年进入高校,越来越多中下层家庭的子女有机会获得学校教育(这也正是"新教育"一直以来的内在诉求之一,即平民化民主化大众化和开放性)。中国教育平民化态势出现了初步的、然而又是难以逆转、不可忽视的实质性进展,这可谓是近代中国教育史上一个影响深远的事件。

终章
中国大学与科研系统之离合:基于长时段的回溯与评估

尚有一系列重要工作有待推进。正是在办学理念、学科布局、空间布局、治理体系、科研体系等方面的深入细致的工作,使得创立社会主义高等教育体制的宏伟目标成为现实,使得高等教育"破旧立新"的宏愿真正实现。到1956年全国社会主义改造基本完成之际,一个新型的、具有鲜明的社会主义特征的高等教育体系,也在中国基本确立。中国教育发展及知识生产由此进入新的阶段。

在研究中我们注意到,尽管当时环境相对特殊,中国的有识之士仍葆有着一定程度的自主性,坚持独立判断和求索。许多教育家在学习苏联过程中并未放弃自身的思考,而是坚持探索中国自己的道路。虽然中国受到外界的封锁、围堵和巨大的国际压力,但并未完全封闭,仍在积极与外部世界保持一定联系,吸收尽可能多的养分。

业已逝去的20世纪曾被认为是"短二十世纪",然而细究之下,这一阶段其实甚为复杂。早在1901年,梁任公就提出了著名的"过渡时代论",数十年后,史家张朋园又提出了"转型时代论"(1895—1925),这些论断各有理论。但以更宏阔的长时段眼光看,在中国的历史标尺上,20世纪大部分时间均可谓从传统中国向现代中国的过渡时期,而从知识层面看,其中具有几乎决定性意义的一系列重大事件,大都出现在二战之前的十余年和二战之后的十余年间,正是这大约三十余年的持续的纵深变革,铸就了中国教育—知识形态的质的差异,使中国的知识史从传统时代进入到现代。

从大历史(grand history)的视野看,两次世界大战之间的20世纪30年代正是全球教育和科技急遽变革的时期,各国高等教育都呈现大众化的萌芽,大学的扩张已成为普遍性的趋势;二战后,这一态势更加凸显并反映到制度设计中。在中国也大抵如此。在此过程中,教育大众化和"人民教育"的兴起乃是大势所趋。在20世纪40年代前中期,中华民国政府及学术文教界的许多人士或许并非对此毫无感知,其一系列措施也明显呈现出回应这一态势的倾向,然而在当时条件下显然不可能实现此目标。新中国成立后,积极推动了教育大众化和知识生产体制化进程,使中国教育和学术发展实现深刻转型。"大大学"不仅仅意味着更庞大的办学规模、更丰富多元的学科专业和更多样的力量资源和教育面向,而且意味着文教系统正式以体制的力量推动大学建设和知识生产更深地介入社会发展和国家建构的进程中。"大大学"对接着"大科学",二者紧密耦合并相互支撑,实现了深度联姻。"大大学"也意味着更大的招生规模,为农工大众提供更多地享受高等教育的机会,更有效地促进社会流动。这正是实现"工农革命"理想的表现,体现着人民政府的性质(即"人民性")。要真正实现这一教育理想,不仅仅需要基本的认知、意愿和决心,而且需要足够的能力,需要相应的决策水平、领导艺术和组织动员效能,更要有足够的资源保障,以及维持良序的能力。同样,"大科学"的发展也绝非易事。与传统的作坊式科研不同,大科学往往工程浩大,直接关乎国计民生,具有问题导向突出、学科跨度大、挑战度高、风险大、研究周期长、资源需求量大等鲜明特点,这些方面都远远超越了传统科研组织方式。尤其是涉及大规模的跨学科、跨部门、跨系统的中长期深度合作,其有效开展的难度甚高,若无国家力量的强有力支持,往往难以开展,更难以取得理想成效。

而在当时,新政权能够有高度的思维能力和执行能力,统筹协调,集中有限的资源,加速推进高等教育建设,培育专门人才,发展科技事业。事实证明,这一努力是扎根于中国国情的正确决策,强有力地推动了中国高等教育的发展和知识生产的跃迁。正是由于教育和科技的强有力的保障,支撑了日后中国现代化进程,为国家和民族的发展作出了不可磨灭的历史性贡献。

由上述进程可以看出,尽管20世纪中叶中国之于世界的形势始终经历着剧烈变革和急遽转型,直接影响着文教及知识系统,但中国的知识系统仍在依循自身的脉络顽强地延伸。与此前及域外的情形相比,此时中国教育体系和知识体系呈现出诸多新的特征。在历史的裂变中,它们仍遵循着知识自身的逻辑,在知识的社会政治性和科学性等方面均保持较强的韧性和连续性。因此,对于20世纪中叶中国历史(特别是作为上层建筑的知识史和教育史)的"断裂"与"连续"、变革与传承问题,仍有重新审视的必要。由于"长时段"分析方式的引入,本书在近代以来中国历史发展的变革性与连续性问题上,开启了新的视域。易言之,在急遽转型的社会进程中,知识史(含科技史)与教育史方面仍呈现着强大的惯性和相当程度的连续性(传承性),这往往是近几十年来的历史研究(含教育史研究)中忽略的一个重要事实。社会政治史与知识史/教育史之间呈现出富有意义的张力。这种张力固然会形成某些摩擦或挑战,然而也正是这种张力,为社会的后续变革及重建积蓄了动能与活力(诚如有识者所言,权势转移本身就"充满能动的活力")。

前述研究还表明,知识尽管自有其内在逻辑理路、有其实在性,但它无疑又是社会建构的产物。社会的运行和变迁无时不在形塑着知识的形态。20世纪各国教育和知识受到社会政治经济条件和权力运作的影响,这已是周知的事实,但军事因素是另一个极为重要、又往往被忽略的重要影响源。发生于20世纪的一战、二战和冷战(前二者有时被合称为新的"三十年战争")无疑深刻地影响了全球知识进展和教育变革。其中尖端科技/新兴学科的变迁尤为突出,原子能科技、生物科技、信息科技、区域研究等国际问题研究,都在其中有出彩表现,且影响全球。中国的知识进展同样如此。20世纪30年代出现的国防设计委员会和50年代问世的国防科委,都是其中有重要影响的机构;于此,军工学复合体深度关联。国防军工的现代化客观上成为撬动和引领国家现代化的重要支点,其探索可圈可点,其实绩也是有目共睹的。——对后发现代化国家而言,这一点无疑更显突出。

(三)重审历史:20世纪全球教育—知识史研究中新的可能性

如本书所示,由于新的理论装备和方法论的引入、新的视野的开拓,新的世界图景也逐步呈现——这是先行研究所不具备的。这些新特点,部分地助力于推进探寻20世纪全球教育—知识史前沿进展。本研究所借助的新的理论工具主要包括:一是全球史,通过全球史关注同期的全球知识进展,同时对全球几个主要大国进行初步比较,从而具体考察中国如何参与全球历史;二是科学社会学、历史社会学及相关的社会理论;三是社会理论及政治理论;四是区域研究及国际比较分析。上述理论的灵活运用,为新知的创造提供了更多可能性。

其中特别值得一提的是,全球史分析及比较历史分析的引入,大幅拓宽了本议题研究的视野,使研究者有可能在更辽阔的知识视域和更多样的文化背景下,考察20世纪中叶中国的社会变迁和教育变革。在研究中,本书重返历史现场,将中国作为一个新兴的东方大国,置于世界历史的视野下考察。由于全球史理论的引入,本书得以将20世纪中国的知识史实质性地内嵌于同期全球知识进展中。据此,不仅近代教育史与当代教育史深度融合,而且教育史研究和高等教育学、国际与比较教育学研究之间的区隔也隐然消弭,历史研究与理论探讨,既往回溯与现实分析之间也实现了内在的统一,而这也正是我们所践行的超学科研究(综合研究)的初衷所在。

除了全球史的视域、长时段的分析工具等创新外,本书将教育与知识系统进行了融贯性地考察,并聚焦于大学,考察大学的巨型化和科学的综合化,进而揭示出"大大学"与"大科学"的发展的关键节点和内在机制。这种将二者进行深度融合的考察方式,是一种新的尝试。此外,本书还充分吸收知识社会学(或科学社会学)及历史政治学的学术养分,考察了知识得以产生和发展的历史情境和社会基础。本研究不仅对20世纪初叶以降中国高等教育及知识系统的发展脉络进行了刻画,而且对在全球史中蕴藏的理论问题进行了挖掘,并基于知识的双重性及科学的内在特质,对近代以来教育及知识的演化进行了新的解释分析。另外,本书还吸收了历史制度主义的养分、关注到不同主体在特定历史情境中的富有张力的互动过程,从而揭示制度的生成性—建构性及其本身逻辑和内在张力。

目前学界关于此间中国科研体系的问题,主要是围绕着中国科学院的核心地位来展进行叙事的。而本书则独辟蹊径,凸显出高校作为一个老牌学术策源地在当时特定处境下的作为。这也是本书的一个重要的创新尝试。在总体研究取向上,本书尽管侧重于历史研究,但仍尝试将历史研究与理论研究深度融合,持续推进相关探索,力图在丰富的史实基础上对理论问题进行挖掘,创造普遍性知识,进一步提升研究的学术性和理论意蕴。其潜在旨趣,乃在于关注作为东方国家的新兴大国如何以制度的力量能动地参与全球性议题,与东西方各国进行交流、竞逐及合作的努力。此外,本书还试图探讨了社会、教育与知识之间的内在关联,其场域或并不限于中国,亦可能延展至广阔的世界。于此,教育的知识向度和知识的教育根脉均得以凸显,而教育—知识的社会/政治性(特殊主义)和科学性(普遍主义)均统一于20世纪中国场域的社会裂变进程之中。"知识政治"的面向达到新的高度。限于篇幅,兹不赘述。

(四)研究展望

本书由新的视角切入,尝试一种新的探索,面对诸多不确定性和新理论的复杂性,这注定是一段富有挑战性的思想旅程。本书所讨论时段始于20世纪初年而止于21世纪初,涵盖了几乎整个20世纪,其中最主要的时段则集中于20世纪40年代到60年代这近20年间的历程。这一时期距今已有半个多世纪,已然定格于20世纪历史的演变中。历史已然过去,但并未完全消逝,其留存的力量仍潜藏于今天的社会进程中,参与着当代历史的书写,形塑着今人对历史及当下的认知和思考,也对未来的发展提出了诸多启示。这是一段历史的旅程,也是思想的旅程,而哲学和思想的内爆,将孕育更丰富的批判性思考,为我们的认知和实践凝聚更强的爆破力。

最后,需要特别说明的是,本书所涉及的问题极为丰富,尽管其核心时段并不太长,但仍有着极为丰富的意涵。因此,作者不可能面面俱到地观照到方方面面,只能提纲挈领,将其中的几个关键侧面进行初步的探讨。当然。任何创作都可能是充满遗憾的艺术。任何对未知世界的探索,都注定是永远"未完成"的。本次探索,亦复如此。由于水平有限、时间有限,更由于优质原始资料获取困难等原因,使相关研究面临着诸多约束,势必更多地影响到相关研究的深入和彻底。因此,本书仅代表作者部分的阶段性思考,权当抛砖引玉。在后续工作中,笔者将继续创造条件,把相关研究进一步推向深入,助力于更好地认识中国高等教育系统的变迁和知识生产的历史脉络和内在规律,为未来的教育和学术变革开掘更多的可能性。

附录

附一

高等教育全球化的内在逻辑：基于知识的视角

近年来，伴随全球公共卫生事件、国际冲突等情况，全球环境发生巨大变化，许多海外华人纷纷归国；与此同时，对中国留学生的录取则大幅收紧，许多国家高校的国际学生招生数缩减，这无疑造成了种种疑惑。这个世界将向何处去？高等教育将伊于胡底？在此情势下，有人认为国际格局重新洗牌，世界已开始或即将开始"逆全球化"，世界高等教育格局及其国际化进程亦将发生大逆转。

正如著名历史学家威廉·麦克尼尔在《瘟疫与人》中所言，疫病是人类历史的基本参数和决定性因素之一，自古以来，疫病就在不知不觉中成为一个个历史转折的重要推手。人类当下正在经历的这次流疫亦复如此。毫无疑问，疫情或已改变了原有的世界，人类社会在许多方面很可能是再也回不到从前了。

高等教育是一项国家事业，同时也已然是一种国际事业、全人类的事业，知识及教育的国家化、国际化已成为当今社会的普遍现象。20世纪以来，尤其是二战之后，教育"国家化"成为普遍趋势，高等教育越来越成为国家的事业。克拉克·科尔认为，在美国，"巨型大学不仅是社会利益的接收者，而且是社会财富的创造者，它本身就是美国高生产率的成分之一"。正如布鲁贝克所言："就像战争的意义太重大，不能完全交给将军们决定一样，高等教育也相当重要，不能完全留给教授们决定。"二战以后，多元巨型大学渐成常态。大学职能和角色多样化使其结构与功能日趋繁杂，需要尽可能平衡学术与行政、大学与社会、国内与国际等方方面面的因素。大学的决策，往往不是大学所能主导的，不是社会所能主导的，甚至也往往不是主管部门所能完全把控的，它受制于各方博弈所形成的复杂合力。

从历史上看,大学创建以来就几乎始终是国际性机构。古代印度的高等教育机构,曾吸引了许多国家的学生和学者前往学习、研究,其影响所及远远超过印度本国。欧洲中世纪大学更是如此。意大利的博洛尼亚、法国的巴黎大学等,都有着来自各国各地区的大批学生和学者,近代史上的法国巴黎大学和德国柏林大学,以及二战以来的美国哈佛大学,莫不如此。那些名校之所以能成为世界名校,不仅仅是因为可以为世界贡献全球性知识和思想,而首先是因为能够吸引世界各地的人才前来学习、工作、交游和参访。正是人员的国际流动和交往,促进了其影响力的国际传播,提升了其世界声誉和贡献度。可以说,世界名校的这种国际性和开放精神,即便在各国和世界局势最困难、最艰苦、最动乱的条件下,也没有完全改变过。

全面抗战时期,曾留学牛津大学的知名学者罗忠恕,在与西方学者密切合作的过程中指出:"人类对自己创造的灿烂古代文明必须珍视、传承。东、西方对于自己创造的古代文化必须彼此加强交流。"1939年,他赴日内瓦参加国际问题研究社时指出:"在现在的世界,科学已将地球缩小,使世界任何处所皆已成比邻,以一个浑圆的地球,任何一处,皆为其他处之东,亦为另一处之西,故可谓东即西,西即东,东、西是处处相遇的。"诚所谓:"东西一体,风月同天。"1939年11月,在全球战云密布的时候,牛津大学诸多学者推动成立了"英中文化交流合作委员会";12月,剑桥大学也紧随着成立了"英中学术合作委员会",李约瑟博士任书记。剑桥方面致函中国:"为促进人类之进步计,东、西学者及科学家似有密切联络之必要,使各民族之知识与传统之精神有适当之联络。"中国的燕京、齐鲁等五所教会名校联合致函牛津、剑桥,强调:"虽在战争中,亦应尽最大之努力,谋密切之合作。……如能交换教授,对两国皆有利益。"后来,该目标得以部分实现。1947年,罗忠恕在担任联合国教科文组织哲学顾问时,提出了"世界大同"的理想,表示:"世界是一个整体,需要人民之间的合作;每一个人都应有目的,只有社会机构才是为人人服务的手段。个人与民族应互相尊重,让每个人都能充分发挥个人的才华,为人类做出最大的贡献。"

在战火纷飞之际,这些东、西方名校学者的精诚合作与不懈努力,结出了硕果,至今令人感佩,这无疑是高等教育的国际性的高度彰显。而今人类文明和高等教育事业发展又到了一个新的岔路口,先贤的努力和智慧尤为今人提供丰富的启示。

　　大学的另一项重要职能是学术研究,是知识传承、贡献与创新。大学科研工作意在传承已知、探索未知、创造新知。"作为这个世界一部分的知识","从来都不是固定的或既定的……不论多么困难,它总是开放的,时刻接受挑战与改变"。创新无终点,求知无止境,知识是没有国界的。外部的强力手段可以干预知识生产和传播,但并不足以改变知识本身的存在和内在发展与固有逻辑。而现代社会中,公权部门对知识的过度干预和国际管控,无疑将制约知识创新与传播。就此而言,为保障知识创新和科技教育水平及综合国力的提升,为了保持国家的实力和创新力,相关各国也不得不遵从知识创新、学术发展的这一固有特性。为此,继续保持开放,与其他国家交流共进,是发达国家的不二之选。而中国作为人类社会的重要一员,作为拥有近五分之一人口的大国,是西方国家教育开放、学术交流过程中无论如何无法回避的存在。

　　默顿在其名作《科学的规范结构》中对科学的特性做出经典论述。他认为,科学精神有客观性和创造性两大标准,科学共同体应具有四大特征:普遍性、公有性、无私利性和有条理的怀疑精神,而科学"比其他的大多数社会体制更接近于普遍主义的理想"。因而,现代学术被认为是最具普遍性、最具公正性的国际化特质、最具国际主义精神的事业之一。19世纪著名化学家门捷列夫曾智慧地预言:"认识无止境,科学亦无止境。科学将成为全世界的科学。"日后的学术进展确实印证了这一预言。一般而言,现代科学已成为一个无国界的知识体系。

　　这一时期学术和学术专业(职业)的发展,同样呈现出鲜明的国际化特征。"学术专业"迟至19世纪晚期才出现,"然而一旦出现,它对研究的强调不可避免地表现出世界性而非地方性特征"。而当学术发展到20世纪末期的时候,人们进一步认识到:"社会科学是近代世界的一项大业,其根源在于,人们试图针对能以某种形式获得经验确证的现实而发展出一种系统的、世俗的知识。这一努力自16世纪以来逐渐地趋于成熟,并成为世界建构过程中的一个基本方面。"从17世纪60年代起,"科学开始被界定为对于超越时空、永远正确的普遍自然法则的追寻",华莱士(Walter L. Wallace)指出:"不论科学曾经是什么,科学就是关于人类世界经验命题的一般化与真假检验的一个方式。"科学在本质上具有普遍主义取向和普遍的解释力,而这种解释力显然是超越民族—国家之边界的。自然科学就如此,知识在本质上仍具有超越民族边界的普遍化(世界性)追求,世界主义、普遍主义是其本能的诉求。

阿尔君·阿帕杜莱(Appadurai)表示,"文化同质性与文化异质性之间的张力",是"当今全球性互动的中心问题"。许多学者明确反对单极化、同质化和一元普遍主义。罗兰·罗伯森(Roland Robertson)提出了"普遍主义的特殊化和特殊主义的普遍化"的方案,通过"普遍主义的特殊化"和"特殊主义的普遍化"双向推动来解决问题,前者实现"全球本土化",后者实现"本土全球化",如此则避免了多种不良倾向,消除了将全球化(普遍性)与本土化(特殊性)作为文化两极而产生的对立,使它们作为一种"互相贯穿的"原则而存在。因此,各国的社会科学也就是一种"地方全球化"知识,其所寻求的地方性、本土性,应该是具有全球意义的地方性、本土性,即全球"本土化"。本土化与全球化构成对立统一的张力,二者相生相克。

当然,现实的全球化事实上依旧是不平等的,当今的全球化依然是西方主导的进程。不仅仅在知识生产和话语表述中,即便是在知识分类、评价、传播、奖励等诸多环节中,西方也明显体现出其西方霸权主义(西方中心论)倾向。这当然是历史所逐步形塑的。

美国科学史家乔治·巴萨拉(George Basalla)在其经典论文《西方科学的传播》中提出:16—17世纪之间,一个由英国、法国、意大利、德国、荷兰等西欧国家构成的小圈子提供了近代科学的最初家园,并成为科学革命的中心,随之而来的是征服了全世界。及至19世纪,"社会科学研究主要集中在以下五个地区:英国、法国、日耳曼国家、意大利半岛诸国以及美国。大多数学者、大多数大学(当然并不是所有的)都云集在这五个地区,其他国家的大学无论是就数量而言还是就国际声誉而言都无法与这五个地区的大学相比肩"。可以理解,上述地区的重要知识群落的工作,在整体上形塑了近代西方知识体系,而它们也成为近代世界学术体系的母体和主流范式。按照本-戴维的研究,德、法、英、美四国长期是相对自给自足的学术体系,是现代学术的中心(centers of learning),其他地方不过是外围(peripheral)。现代意义上的社会科学萌生于19世纪,但真正的社会科学向世界扩展,并在国际体系中形成明确的知识权力结构始于20世纪。1945年前后,社会科学的全部学科的制度化在世界范围内完成,至此西方主要国家知识体系中基本确立了人文科学、社会科学、自然科学三大学科分类模式。

整个19世纪,西方几乎征服了全世界,随之而来的是20世纪社会科学在全球的扩散。这一扩散最终形成了今天既成的以西方发达资本主义国家为核心的国际体系中的知识权力结构。伴随着社会科学在西方的形成及其制度化,特别是西方大学教育模式20世纪向全球的推广,社会科学所隐含的知识—权力结构,最终演化成为世界体系中的知识权力结构。知识体系并不完全是中立的,它的背后隐含着权力。而学校正是促使主流意识形态合法化的文化再生产的重要机构。正是通过学科在大学中设立院系和教席,促成相关图书的分类等制度化,西方的知识体系才得以以一种貌似科学化、合理化与合法化的过程,参与到世界范围内社会建构的过程中。

沃勒斯坦在1996年出版的《开放社会科学》中认为,社会科学的学科界限沿着三条中线而分开,其中之一就是西方的(历史学、经济学、政治学、社会学)对非西方(人类学和东方学)。显然,按照这种力图最大限度地彰显世界性的学科分界,东方仍是作为西方的对立物而存在,仍是西方世界之外的难以归类的存在,这无疑暗含着西方"中心"对非西方世界的歧视。对应于沃勒斯坦提出的"社会科学研究的西方和非西方轴线",20世纪国际体系在政治和经济史上也出现了一些核心区(国家)和边缘区(国家)的结构。这些核心区国家正是那些社会学制度化形成和确立的先进国家,即所谓西方,它们创造了今天全球通用的社会科学主要概念、范畴、命题、理论和范式;而边缘区国家则对应于非西方,这些国家和地区被动地接受了西方社会科学知识体系，他们对世界的认知和想象也被这种西式知识体系所形塑和笼罩。

　　自然，国际化是多向度的互动行为。它一方面意味着大量非中心国家的人才流向中心国家学习和交流，也意味着中心国家的知识、技术、制度向非中心国家渗透。在这个过程中，中心国家的文化成果完成扩张，而非中心国家分享了先进国家的文化成果，同时也无形中被前者所文化殖民和精神统摄。有时候，它"越是学习他人，就越是依赖他人，难以摆脱边缘的地位，背离了最初的目标"。任何事物都是作为矛盾统一体而存在的，矛盾就是对立统一：一方的存在构成了另一方得以存在的前提。在世界学术体系中也是如此，若"东方"（非西方）不存在，"西方"的概念就毫无意义；若无"非中心国家"，也就不存在"中心国家"。这种不平等的国际化，正是依赖于西方与非西方、中心国家与非中心国家的密切互动。国际化是西方国家"中心地位"得以实现、维护和巩固的前提。没有国际化和人员——文化的国际交流，中心国家不可能实现其价值和技术的推广，不可能更好地维护和强化其中心地位。钱穆指出："唯人类文化世界，乃为千百年之根本之大计。"各民族文化的发展常需"去腐生新"。为达此目的，则需创新文化源头，同时吸收外来优良之文化。相关各国为了维持自己的文化活力，为了增进自己的文化影响力、巩固自身的学术中心地位、维护自身文化霸权，也不可能完全阻止文化的交流合作。因此，哪怕是在这个意义上来说，西方国家都不可能主动终止国际化，它所希望做、能够做的，大概仅仅在于调整国际化的方向、步骤和策略。

　　学术乃天下之公器，是人类共有的财富和共同的事业。学术无国界，近代以来的学术更是超越国界的、国际性的事业，是人类共同的大事业，它不仅仅为个别人的利益服务，也应该为全人类全世界的利益而服务。高等教育的非功利属性和科学的相对超越性（普遍性），是不以任何人、任何国家的意志为转移的。这从根本上决定了它能够而且必须跨越国家边界，在全球范围内传播和再生产。即便在国家间关系高度紧张的时候，学术文化交流也没有停止过。具体到美国的大学，也是在二战中由于大量延揽了欧洲（包括德、意等国）杰出人才而凭借战争红利迅速发家的。由此，在世界的大动荡中，国际学术中心完成了从欧洲到北美的洲际大转移，世界高等教育的历史由此翻开了新的一页。

马克思认为，人类历史经历了"从民族历史到世界历史"的转变；人类的历史一旦进入全球历史，就已不可逆转。全球化因此向纵深推进。在19世纪中叶，马克思、恩格斯通过对资本主义生产方式的考察，以深远的洞察力揭示出民族历史向世界历史转变的趋势。通过生产、生活和交往，人类历史越来越"成为世界历史"。而今，世界已成"地球村"；人类社会已不仅成为一个利益共同体、文化共同体，而且实实在在地融合为一个休戚相关的命运共同体。人，也许是"大地上的异乡者"，但"没有人是一个孤岛"，每个人都以自己的方式与大地相联系。没有人能长久地逍遥于桃花源，没有人能自处于社会而遗世独立。历史发展到今天，人类的相互融合、交错缠绕已到了空前的高度。在马克思看来，资本的全球性扩张是不可避免的；资本将从发达地区扩张至经济文化落后地区，并对全球各国都产生深刻影响。显然，知识、教育的国际化与资本的国际化是紧密相连、相互作用的。与知识经济相伴生的高等教育国际化，必然借助国际平台，吸收新知识、传播新知识、应用新知识和创造新知识。因此，世界各国都在想方设法推进本国高等教育的国际化，这是大势所趋。

高等教育是人类共同的事业，学术事业尤其如此。因此，它是不可能被完全孤立的。要在西方与包括中国及其他国家之间实行彻底的人为切割或隔离，显然并不现实，这完全违背了高等教育和学术事业的本质属性。同理，此种意图注定不可能得逞。因此，在当今及稍后一段时间内，高等教育的快速国际化步伐可能会有所收缩，方向会有所调整甚至发生局部的逆转，但高等教育国际化的大趋势难以改变，大的格局亦不可能逆转。以美国为首的西方国家也许会将操纵高等教育的国际化进程作为政治伎俩，但是这些国家本身的教育发展和学术事业仍有其自身需求。各个国家和地区之间的教育学术交流合作虽然将受到某些影响，但也不可能因此终结跨国交流。当今的一些乱象，亦只是特殊形势下的阶段性的停摆、收缩或回退，不可能长久如此。

人类社会发展到今天，早已时时、处处经历着"流动的现代性"，知识、技术、产品和人员等方方面面的高密度流动早已成为常态。高等教育早就不以国界自我设限。此外，人类经济活动的全球化也在更深层次上推进着高等教育的国际化态势。经济活动和资本流动的全球性，从经济基础的层面进一步强化了人类交往的全球性，以及科技、教育、文化活动的全球性，而这又内在地要求人员流动的全球性。这一大的趋势，在可预期的将来是不可能根本逆转的。对此，我们理应有充分的信心。

　　和很多国家一样，中国既是全球化的建设者，也是受益者。今后，如若我们准备充分、应对得当，完全可以更好地为世界的繁荣进步做出更大的贡献。

（本文原载于《书屋》2020年第8期，收入本书时略有修改。）

附二

数字化与主体性：数字时代的知识生产

随着数字和网络技术的发展，人类社会发生了深刻变化。数字媒体已牢牢占据人类知识传递结构的轴心位置。数字科技统摄了人类社会领域，支配了人类的思维和实践。数字所支撑的计算思维造成了数字化治理和数字化生存，各行各业都呈现出新业态。"风险社会"日益复杂化，形成了一系列奇异的文化景观和知识生态。

从数到术：数字统治下的知识情境

数字简约、抽象而纯粹，是数学和科学体系的基石，如双刃剑般扎入人类社会。数字技术的大规模运用，让人类遭遇"信息乌托邦"，受困于"信息茧房"。有人把算法理论看成西方工具理性的基石。马文·明斯基认为，计算机是这个时代最强大的工具，算法已成为一种文化崇拜，"其核心就是按设定程序运行以期获得理想结果的一套指令"[1]。莱布尼茨指出，认知思维和逻辑可被简化为二进制表达式。他认为逻辑总能被无情地简化，于是将所有逻辑思维简化为机械运算，用一系列简单的二元区表示复杂难题，从而构建了最简单的语言片段与复杂的人类之间的关系，这种思想的确彰显了巨大威力。就此而言，数即术，极具工具性和宰制性。数字技术带来了新的治理技术，重塑了新的社会秩序和知识体系，改变了人类思维和生存环境。这一改变的烈度、深度和广度异常罕见。把计算思维移用到人文社会科学、社会工程领域，将数字的特质导入知识建构和社会治理中，这意味着极大的冒险。

---

[1] [美]克里斯托弗·斯坦纳：《算法帝国》，李筱莹译，人民邮电出版社，2014年，第42页。

物极必反,当"人类对工具的依赖达到一定程度,必然会有副作用加之于身"[①]。尼尔·波斯曼认为,在信息化时代,技术垄断文化,文明向技术投降,而数字科技在其中扮演着重要角色。"软"技术仍有其阴暗面,容易伤害文明。在大数据"投喂"之下,算法持续智能化,人类的能力被空前放大。许多技术专家放言"数据决定成败,算法成就未来""未来属于算法和它们的缔造者"。马歇尔·麦克卢汉则表示:"我们塑造工具,此后工具又塑造我们。"的确,"一种技术塑造着一个时代的社会形态、思维方式和文化特征"。工具"在改变着人类的生活、思维和世界观",人最后"难以避免地被他每天抡起的那柄锤子所'锤化'"[②]。如今,人类已然进入数字时代,数字科技极大地改变了人类的日常生活、知识生产、组织形态和社会治理,也改变了人际关系、人机关系。

知识裂变及自反性

在算法社会中,知识体系发生了深刻撕裂和变异,其内涵、形态与功能也发生蜕化。由数字为基础建构的科学文化和以经验语言所建构的人文文化,产生了深度分化,二者沿着各自路径演化。

近代以来,科技高歌猛进,对此的反思亦时有所见。1952年,哈耶克出版了《科学的反革命》,率先在西方掀起了对科学的反思。几年后,英国科学家、小说家C. P. 斯诺在剑桥大学的演讲中表示,西方社会知识人的生活被名义上分成两种文化,分别聚焦自然科学和人文科学,两者严重撕裂,阻碍了人们的认识和实践;为了学术进步和人类的福祉,两者亟需合作。这一命题提出后,随即在多国引发反响。科技专家和人文知识分子在知识结构、价值立场、思维方式等方面往往大相径庭,因此有着迥异的世界图景。任何研究几乎都意在寻求某种相对确定的关联性,但自然科学与人文社会科学于

---

① [美]尼尔·波斯曼:《技术垄断:文明向技术投降》,蔡金栋、梁薇译,机械工业出版社,2013年,第Ⅱ页。

② 《计算思维极简指南》,个人图书馆,http://www.360doc.com/content/21/0215/18/18334519_962159724.shtml。

此有着巨大分野:前者倾向于将任何联系化约为一定的数量关系,后者则指向生命体之间的某种有机联系;前者强调工具理性,后者强调价值理性;前者更具刚性、宰制性,后者富有柔性、对话性,蕴含着生命质感、关切社会痛痒。二者构成相制衡的力量极。19世纪以来,整个知识领域经历了科学化浪潮,"一切确切的知识都属于科学",人文知识则被挤兑至知识领地的边缘。

在数字的影响下,学科演变加剧,由此出现了知识分化及钝化。数字科技的强势在某种意义上造成了其垄断地位,进一步加剧了两种文化的裂变与整合。数据科学野蛮生长,深度渗透至人文社会科学中,"学科殖民"日渐明显。卡尔·波普尔指出,科学家"能够立即进入问题的核心……进入一个有组织的结构的核心";哲学则发现自己"面前没有一个有组织的结构,而是一堆废墟似的东西(虽然也许有珍宝埋于其下)"。①吉登斯坦言:"正是自然科学的发现和发明,使社会正在发生翻天覆地的变化,而我们的社会科学,迄今为止产生的影响要逊色得多。"②两种文化撕裂的同时,社会科学与人文科学的鸿沟也在扩大。前者是技术垄断的工具和坚定同盟,乘着科学的东风而兴盛;后者则仅剩人文学科独力苦撑,因为社会科学经过长期的科学化的侵染,本身已成为"大科学"的一部分,已适应当今的学术范式和评价体系。人文学科则因其默会性、反思性和不确定性,因其隐喻、转喻、象征等修辞的"硬核",承受住了工具理性的侵蚀和科学化浪潮的冲刷。正因如此,使其在科学思维主导的学术体制中日渐边缘。总体上,知识体制的批判性思考已日益稀缺,我们往往沉迷于专业议题的丛林中,越来越少地介入公共议题。

由于资本等的侵蚀,一切坚固的东西都烟消云散了,那种坚实、稳固的东西遂愈显珍贵。为了应对不断来袭的风险和流动的现代性,人们加强了

---

① [英]卡尔·波普尔:《科学发现的逻辑》,查汝强等译,中国美术出版社,2008年,第ii页。
② Gunner Myrdal, "The Social Science and Their Impact on Society," in Teodor Shanined, *The Rules of the Game*, Tavistock, 1972, p.348.

控制,最大限度地刻意追求确定性知识。然则求而不得,追求力度的提升造成变化加快、流动性增强,反而愈发远离了确定性,使其更显匮乏。每一次知识创新,都酿生着知识毁灭,强化了知识的自反性。

多重夹缝中的知识人

现代科技以其强大的手段构建了一个虚拟世界,用海量信息支配了人类的时间、注意力乃至思维方式,从而剥离了人与现实世界及意义世界间的有机联系,加剧了人类精神世界的贫乏和凋敝。其表现包括以下五点:

第一,现实感缺失。算法操控信息供给,造成虚拟世界或"信息茧房",容易让人生成虚假意识。久之,易使人对真实世界的感知能力蜕化。每个鲜活的生命都需要与真实世界建立稳固的联结,需要在物质性实践中融入世界,唯此才能成就更好的自我与世界。"没有人是一座孤岛",每个人都以各自方式与大地相连,而技术则使这种现实感日渐淡薄。人与真实世界的联结日渐脆弱。人游离于现实之外,事物的意义就会飘散,必须植根现实,才能获得深刻的现实感。

第二,虚化及无意义化。消费社会不断撩拨人的欲望,人被简化为对"娱乐的探索"。技术的蔓延又使人由主体变成工具人,成为达成数字目标的手段。以数字为基石、以递归为逻辑构筑的科学文化,呈现的是计算思维构建的一套纯粹理性。在数字化的洪流中,个体如无根的浮萍,难以扎根大地。人是需要意义的动物,无意义的人生,是生命中不可承受之轻。经过数字化的处理,人只剩理性的算计,其主体性内涵中难以量化的向度都被无情地抑制和摒弃了。主体性消解及意义感的蜕化,使人日趋空虚、压抑,成为空心人。学术"真正的研究对象是人类的心灵"。而在数字中,作为社会历史主体的人消隐、消解了。意义的凝定需要特定载体,而在流动的现代性之下,意义无法寻得坚实的根基。

第三,单维化、同质化及去个性化。世上"有多少颗脑袋,就有多少种想法",人绝非若干冷冰冰的数据所能涵盖,然在数字抽象之后,人无差别地成为一系列数据的载体。人具有无限的丰富性,正是人的丰富性,成就了世界的丰富性和无限可能性,这对知识生态的活力和健全是至关重要的。个性是人存在和发展之基,是社会活力和弹性的保障,参差百态乃是幸福之源。而科技滥用极大地增强着人的单一化、同质化甚至极化,这无疑隐含着不可预知、不可控的巨大风险。

第四,结构失衡。人不是纯理性的算计机器,而是理性与非理性竞合的主体。非理性因素如欲望、直觉、想象等,是人类精神世界中不可或缺的一极,是对理性因素的平衡器,也是激发人类活力、知识创新和社会进步的重要力量。理性与非理性的平衡,在根本上保障着科技与人文、物性与人性的平衡。技术统治造成的种种失衡,打破了人精神结构的平衡,不仅制约了人的活力和创造力,也限制了社会发展的动力和无限可能性。

第五,透明化的侵扰。技术的高度进化和监管的加强,造成了"透明社会"或"无隐私社会"。在理性滥用和大数据的劲流中,人类生命的每个痕迹都清晰可见,已无"私"可"隐"。然而无论是个人生活,还是知识创造,终究还是需要一定的陌生化、神秘性。彼得·汉德克说:"我是凭借不为人所知的那部分自己而活着。"私人空间和神秘感的消失,不仅给人带来不便不适,也钳制了个体的活力、自主性和人类的想象力。越是高度创造性的精神劳作,越具有个性化和不确定性,也就越需要宽松的环境。历史上许多人物都保持着相对独立的私域,在某种意义上,正是这相对自主的空间,成就了他们非凡的才情和贡献。为追求可见、可控而强力实行过度管理、全景监测,会造成私人空间的缺失,将极大地抑制人的自主性和创造性,阻遏高水平的知识创造。

知识生产体制的数字化变异

在数字科技主导下,知识体系重新洗牌,加速学科分化、分类和分层,对知识进行了重新定位、定义和定价,深刻改变了知识生产体系。举其要者有四:

第一,组织化与项目化。知识生产持续组织化,体制化程度日增,科层化随之增强。知识生产主要依赖专业机构的规模化运作,进一步巩固了大科学体制;而体制外或个体化知识生产持续式微。各巨型大学都内外矛盾重重,相关利益高度分化,而有效的治理结构能使之"更加成熟老练地对付矛盾"。面对复杂社会的"无物之阵",个体如漂浮的原子,渺小而无力。此外,人们的研究越来越依赖项目,"项目化生存"成为常态。这对知识生产的个性化、自由度都产生了强力抑制。人被数字所支配,常常表现为被项目所规训。

第二,知识生产逻辑的变化。在计算思维影响下,效率至上的绩效主义、追求可控可监测的审计文化盛行。效率至上试图取代学术自主,审计文化试图挤压学术文化,量化管理持续升级,学术评价(排名)日渐沦为数目的盘点和比拼。管理主义、绩效主义和计算思维支配了知识生产。众多高校参照企业模式进行治理,至此,"学术资本主义"达至新形态。在此逻辑和生态之下,科研从探索未知的非功利实践,逐渐异化为追逐绩效的功利行为。数字化的思维和治理方式,源于对效率的极度追求,由此造成了自由与效率、个性与规制失衡。社会逻辑无保留地衍射到知识系统中,在此趋势下,"只见数字不见人",人逐渐自我消解,消失于数字的丛林中,算法则大行其道。

第三,评价体系对知识的再"定价"。计算思维认为那些可见可比、可控可监测的知识最有价值,意即可量化程度(与数的关联度)决定知识的价值大小。这样一来,思辨传统和理论研究被明显边缘化。在流动的现代性中,人们优先追求的是确定性的知识,是可见可量化的知识和"硬科学";高度依赖经验、意义、默会知识和不确定性的人文科学势必面临挑战,若不接受科学的规训,就只能出局。不同的院系、学科之间关系重组,计算(机)科学成为新宠。

第四,研究范式的变迁。数据科学持续发展,隐然成为"第四范式",与之相关的学科也行情见涨。这加剧了两种文化的矛盾。科技的强势在某种意义上成就了其垄断地位。人文社科的研究日渐计量化,没有数据就没有发言权。这导致学科生态的变迁,也导致学科的变异。为规避风险和不确定性,许多研究已很少关涉思想、价值、意义等议题,渐失本应有的学术想象力和反思性。量化考核所向披靡。排名成为"紧箍咒",令许多高校和学者被"困在系统里"。个性因此而消散,主体性因此而消隐,工具性日渐强大。

余 论

计算思维负载着科技、资本对人文的监控、物化和异化。技术变革进一步促成物性和人性的变化。社会的不确定性加强,自反性剧增。整个知识系统的复杂性持续升级,知识不断裂变和重构。在数字时代,研究工作成为知识生产线上的学术工业。学术工业繁荣,知识生产效率猛增。它在撩拨和满足人类欲念的同时,也抑制了人类的自我,加剧人类的依赖性。人在自我追求的同时,孕育着自我消解和自我否弃,由此形成新的困境,即知识茧房。个体受困于知识生产系统,知识生产体系又受困于资本逻辑、绩效主义。由此,个体的主体性与知识生产体系的主体性都受到双重的深度抑制,极大地限制了知识的人本性和创造性。在算法中,人们暂时获得了虚拟的解放和自由的幻象,实则陷入了自我迷失,主体性被侵蚀和消解。就此而言,尽管知识是力量,但它有时带来的不是解放。

如今,两种文化严重失衡,亟需再平衡,以矫正知识生产逻辑的扭曲。我们需要用人的理性为自然立法、用人的德性为科技立法,用人文的力量平衡冷峻的计算思维,用法律和制度来规束技术风险。知识生产中不仅需要物性的力量,也需要人性的光芒。在强调组织化知识生产的同时,不妨为个性化的知识创造保留一席之地;在彰显理性之威力的同时,不妨为灵性留些许空间。这些"无用"的东西,可以滋养人的情感和意义世界,很好地平衡人类的精神世界,组成一个完整和谐的世界。

(本文原载于《探索与争鸣》2021年第3期。)

附三

变革时代的大学教育和教师

近些年来,随着社会加速和技术猛进,诸多独特的景象陆续涌现。在东亚社会"时空压缩"的现代化模式下,一系列纵深变革更是重塑了新的知识图式和社会景观。

在呼啸而至的历史剧变中,大学也经受着前所未有的挑战。诚如尼尔·波兹曼所言,数字科技已夷平长期绵亘于少年儿童与成人社会之间的诸多鸿沟,特别是信息鸿沟。此外,大学的生源也日趋多样化。新一代青少年学子是数字时代中成长起来的网络原住民,对数字科技和社交媒体的熟稔程度远超一般成人。在教育过程中,试图倚仗"我过的桥比你走的路还多"的年龄和经验优势来确立教学权威,似已日渐困难。各种新媒体对青少年的时间和注意力的争夺也日益强势。如今,教育无处不在,学校早已非合法知识的唯一来源。在此环境下,大学存在的理由是什么,大学教师的独特意义何在,都是值得关注的议题。

其实,作为人才密集的智识中心,在这急遽变革的年代,大学仍有其独特的价值。"它把年轻人和老年人联合在一起,对学术展开充满想象力的探索,从而在知识和生命热情之间架起桥梁。"大学依然可以引导学生系统地研习经典,奠定一生的知识根基;仍可指导青年的思想训练,助其创造性地解决复杂问题;仍可营造优秀环境汇聚各种人才,实现文化传承、心智成熟和人格养成,通过人才贡献推动社会变革。

环境变迁和大学本身的变革,也对大学教师也提出了一系列新挑战。教师不仅要有仁爱之心,亦须有精湛的业务能力,才能更好地应对挑战并有所建树。为此,教师尤需着力于以下四点:

自觉落实立德树人根本任务,对教育事业永葆敬畏之心。人才培养是大学的基本职责,而这首先应体现在教学上。教学是合作的艺术,每次教学都是师生的一次合作,都是充满挑战的冒险。即便对许多资深教师来说,亦难以例外。教师需要直面这种不确定性,保持"教学勇气"和"教学机智",不断精进,以过硬的能力应对不断变化的情境、对象和内容。教育是"一种很难掌握的艺术","需要在细节掌握上耐心又耐心的过程",需要反复磨炼,别无捷径。"教育的成就取决于对诸多可变因素的精妙调整","最理想的教育取决于几个不可或缺的因素:教师的天赋、学生的智力类型、他们对生活的期望、学校外部(邻近环境)所赋予的机会,以及其他相关的因素。"在新一轮科技革命中,知识形态不断迭代,学生也千差万别甚至来自世界各国,大学日益成为"全球化的民族教育机构"。这种形势下的育人工作,首先就要求教师具备更强的跨域能力、国际视野和信息素养。及时跟进科技发展,无疑将更好地助力于教书育人工作。此外,还需将教学与科研紧密融合,及时将前沿研究转化为教学工作的养分。

不断探索人才培养规律,切实提升育人实效。随着社会环境的变化,教育系统也在纵深变迁。作为教师,应尽可能熟悉新一代学子的心智特征,更好地促进学生的健康成长。"教师成功的秘诀是:他十分清楚学生需要精确学习的知识范围"。教育是农业不是工业。每个学子都有自己的花期,需要按照自己的节奏和路径成长。"问题不在于他们18岁时怎么样,重要的是他们之后将成为怎样的人。"教育是一个开放的系统、一种可能性的艺术,它"不是以确定的方式发挥作用,它以自反馈的方式而不是以线性的方式发挥作用",其中隐藏着太多不可知、不可测、不可控的因素。在教育实践中"我们始终处理行动与后果之间的可能关系,而不是它们之间的确定性"。

充分激发学生的能动性,积极开掘其自主发展的潜能。先哲有言,在教育中"唯一具有重要意义的训练是自我训练"。"发展的本能来自自身……训练是自我训练",教师则可以"使学生产生共鸣而激发出热情;同时创造出具有更广泛的知识、更坚定的目标的环境。"要激发学子的内在动力和活力。"学生是有血有肉的人,教育的目的是激发和引导他们的自我发展之路"。

教师需要永葆爱心,精心呵护学生的热情、好奇心和想象力。教育要"激发学生的求知欲,提升其判断力,锻造其对复杂环境的掌控能力"。"学习伊始,孩子就应感受到发现世界的喜悦"。"兴趣是注意和理解的先决条件","没有兴趣就没有智力的发展",就没有进步。"孩子在青春期的浪漫阶段所表现出来的东西,决定了他将来的生活如何被理想和想象所塑造和丰富。""年轻人是充满想象力的,如果这种想象力通过训练来进行加强的话,这种想象力的能量能够在很大程度上保持终生。"学生成长的根本动力"是对价值的认可……对价值的认可会给生命增添难以置信的力量"。怀特海(Alfred Whitehead)即认为,应引导学生主动发展、全面发展;应重视审美在道德教育中的作用,如果不能让受教育者经常看到伟大和崇高,教育便无从谈起。

加强师生交流,在言传身教中发挥示范引领作用。教育具有弥散性,默会知识的习得是其中极重要的一部分。教育实效的达成不能仅靠言语的交流,它更倚赖于具体的时间和空间,依赖于共同时空中的具身接触和砥砺。教育需要给受教育者足够的时间和空间,以发挥养料和阳光的效能。教师则应如园丁一般,守护学生的成长,助力学生实现社会价值和个人梦想。为此,教师有必要通过言传身教、春风化雨的方式,将更多的精神养分传承给莘莘学子,让学子汲取充分的智慧和力量。"在教师的意识里,孩子们是被送到望远镜前来观察星星的;在儿童的心目中,教师给了他璀璨星空的自由通路。"教师不仅要关注学生理性能力的发展,也要关注其德性的养成。

教育行业是从业人员规模最大的行业之一。目前我国高校教师达270余万人。这是一个规模宏大的人才库。广大教师积极性创造性的发挥将为教育文化事业发展提供巨大的动能和活力。因此,在新形势下,大学教育依然潜藏着无限可能,完全有望为下一代人开创更大的回身空间(elbow room)。

(本文原载于浙江大学"启真新论"微信公众号2023年10月30日。)

附四

在效率废墟上重建人类知识

18世纪末,人类历史经历了巨大变革,开启了新的时代。人类数千年来的步调骤然凌乱,原有的秩序被击碎。历史似乎在一夜之间开始"加速",变化开始成为社会的常态。"历史时间"旋即迅猛加速和变形。因为加速的效应,"历史可以概述为经验和期待之间不断加剧的不平衡的历史。……'经验越稀薄,期待越宏大'"[1]。变革越来越迅疾而深刻,最后,"唯一不变的就是变化本身"。

自此,整个社会系统像是感染了"效率病毒",无限地追逐更高的效率。这种情况最先出现于西方,随即扩散至全世界。效率革命、效率崇拜席卷全球,几乎波及每个国家和地区,鲜有例外。人类世界的一切几乎都以加速度的方式行进。人类的一切努力,也几乎都是为了快、更快。似乎更快就意味着更佳、更强、更具价值,诚可谓"效率决定成败"。技术自身的进化和人类对效率的无度追求,促使效率异化为强大的破坏性力量,摧毁了人类曾有过的相对和谐的秩序,"精神生活静静地让路,给狂信者……凄惨的遭遇留出了空间"[2],摧毁了人类长期以来相对连贯的智识传统和智识生活中惯有的从容、自由和舒缓。效率已成脱缰野马,不仅无法控制,而且难以自控和预测,在人类智识领域中纵情狂奔,造成了无数垃圾信息、知识泡沫和废墟,也造成了精神世界的某种断裂——"在我们的今天、昨天和前天之间,所有的桥梁都已经断了"(茨威格语)。

---

[1] [法]弗兰索瓦·阿赫托戈:《历时性的体制:当下主义与时间经验》,晁眼红译,中信出版集团,2020年,第xxxi页。
[2] [法]阿兰·芬基尔克罗:《精神的败北》,[美]阿林·弗莫雷斯科:《妥协:政治与哲学的历史》,启蒙编译所译,上海社会科学出版社,2016年,第266页。

走向"大大学"和"大科学"
——中国高等教育及知识系统变革研究

而今,大学早已是社会的轴心机构。社会上的一切问题,非常自然地如涟漪般波及大学,乃至整个知识系统。局内人发现:"整个世界同样在加速度,大学校园只是其中一环。""在当前的大学校园里,生活变得太过匆忙,人人事务缠身,不堪其扰……那些制造出这种浮夸忙碌而狂热的过程,目前已经威胁到大学机构自身存在的目的。""在这个体制内,手段压倒了目的,管理主义的指令主导一切,取代了原来它们要提供支持的学术活动。"一旦商业的"那套把戏被没头脑地强加给学界,就会掏空当前的学术……其模式完美地复制了新自由主义的经纪人模型,即在一个竞争永不休止的场景内,无休止地追求个人优势的最大化"。当代大学"里面装满了身姿柔韧的人士,只顾追求自我增值……紧随着效率模式而来的,是我们非常熟悉的狭隘工具主义观"。但"效率模式并未有助于催生新的或有意义的思考。新思想的出现,往往要经历那些沉闷中无所作为的阶段,至少是从表面看上去的无所作为","审计文化以及与之相关的管理主义总在制造许多的渴求,它们是错误的,而且破坏力十足",但人们又不得不"表现出某种起码的服从"。

博伊斯曾说:"西方文明教育我们,展示忙碌能带来好处,给观众以深刻印象。""一个又一个时刻,当我们仓促行事时,我们就无法成为我们自己。"蒙田提醒道:"你正在消耗自己,正在分散自己的精力……让自己白白溜走。"技术的无限进化,更加速了"时空延伸与时空压缩"。如今,人类知识生产体系遭遇了空前的挑战。悠闲被视为平庸甚至堕落的表现。大学的"自由和寂寞""闲逸的好奇心"已成过去。秩序、问责、透明、可控(确定性)等成为新的核心价值,效率则几乎成为最优先的价值。整个知识系统亦复如此。在效率支配下,学术创造沦为"知识工业"的一个流程,失去了其本应有的从容、情味和价值关怀。"学术资本主义"大行其道,审计文化、管理主义所向披靡。一切都太快、太快了。知识疾速地自我进化而近乎失控。知识再生成已加速到了难以为继的边缘,造成知识、知识人、知识生产活动的异化,引生诸多弊端。效率加速了知识生产的节奏,提升了其产量,也带来了混乱,陷入了新的困境和恶性循环,加剧了知识的自我否定和消解。对于数量和速度的迷恋,催生出无数问题,扭曲了知识体系的结构与形态。整个知识生产体系也沉迷于程式、规范、可控、排名、效益核算;对形式的追求无形中取代了对实质内容的追求。

这已非个别现象,而是全球性的普遍现象,是整个知识系统的问题。它牵涉到知识生产的所有环节与流程。在这种情况下,无论是知识本身、知识生产者还是知识实践都深陷困境,可谓"困在系统里"。无处不在的排名现象更是加剧了此现象。这可谓是消费主义在知识生产领域的表现。知识生产"为增长而增长",这种增长未必意味着创造,因为其中充斥着"没有发展的增长"和精致的平庸。在如此情境下,知识确乎给人类带来了便利,但未必意味着自由和解放,而很可能是支配、异化和奴役。

时空压缩、信息膨胀和控制、资本宰制、技术统治,形成现代社会的新常态。几乎每个人都被卷入了不休的竞争中。齐格蒙特·鲍曼指出:"竞争永不停息,其结果永无定局,皆可逆转。"这种竞争是"一种自我推进、自我增强的过程……这种逻辑的特点就是需要超越,需要证明我们比竞争对手更胜一筹"。无止境的竞争,造成了社会达尔文主义在知识系统中的持续渗透和强化。学术资本主义达到新高。

在马克斯·韦伯看来,现代社会的核心支柱包括注重成本收益核算的会计制度和非人格化的人事制度。它们奠定了现代资本主义的制度基础,也构成了现代学术制度的基石。二战后,学术资本主义基本替代了学术自由主义。效率崇拜带来了人类知识生产速度的极大提升,然而也让知识系统进入奇怪的循环,侵蚀了人类在知识系统中的主体性。科层制与工具理性融合,进一步加剧了这一问题。在现代社会,公私领域的显著分离使人们"摆脱了道德义务的压力",更多的领域异化为"生意"。在生意活动中,人们唯一需要关注的就是"获益";"通行的是工具理性行动。事半功倍、经济合用、切实有效,这些就是目标"。各种形式的组织,包括科层组织,"很容易导致冷漠"。"人们被当作追求这些利益的手段"(齐格蒙特·鲍曼语)。自古希腊始,"知识即美德",知识内含着道德承诺、肩负着公共责任。而在效率主导的学术资本主义"生意"中,知识仅仅意味着利害的算计,已然疏离美德。在效率模式下,知识系统产量暴涨,知识工业看似空前繁荣;然而就原创性、生命质感及对人类"共同世界"(汉娜·阿伦特语)的精神供给而言,现有的知识体系无疑又是匮乏、贫弱的。在长期效率导向的生产中,知识并没有获得相应的突破,没有更好地服务于人类福祉,反而把人类卷入了新的困境,造成了知识生产者扭曲、迷乱、异化等诸多悲剧。

如今,知识生产到底是人类达成目的的手段,还是本身已成为目的?这已成为一个问题。正如麦克卢汉所言:我们在用技术,技术也在用我们;面对知识和技术更新,"如果我们继续沉溺其间,浑浑噩噩,不能自拔,就将成为技术的奴隶"。汉娜·皮特金指出:人类的"思想塑造了他们的表现。他们的行动及行为方式取决于他们如何看待自己和世界。"处此纷繁芜杂的情境,为了在根本上澄清某些认识,我们不由重新反思关于知识的源初问题:知识何为?知识人何以自处?

人类必须勇于面对真实的情境,"否则我们就只能造出一个稻草人"(奥登)。学术研究当然要创造新知,然而其最根本的或许还是面向世界本身。至少,对人文社会科学来说,"它真正的研究对象是人类的心灵",关注心灵"相信过什么、思考过什么、感受过什么"[①]。知识创造也应该是指向人的心灵,增进人类福祉,促进人的解放,而非其奴役与异化。

学术研究初衷应在探索未知,而非追求绩效。然而,对效率的无度追求,往往使非功利的知识探索变为功利的角逐,遗忘了学术的初心。世间有很多东西是难以衡量的,更是难以用数字测度的。梅贻琦指出:"学术造诣,是不能以数量计较的。"亦有人表示:"学术是要被判断(judged),而不是用作统计的(measured)。"对知识数量和效率的追逐,应让位于对其质量、生命价值和社会意义的追求。在全球性的市场化时代,知识生产不可能回避市场因素;但知识系统毕竟不等于经济领域,不能完全移植其逻辑和法则,尤需防范市场原教旨主义。知识本身有道义责任、有社会政治属性,这也在本质上决定了知识人的独特性,正是它使后者"首先成为独一无二的个人"。

[①] 福斯泰尔·德·库朗热语。参见[英]拉里·西登托普:《发明个体》,贺晴川译,广西师范大学出版社,2021年,扉页。

知识问题绝不只是孤立的学术问题,而是复杂的社会系统问题。夏平和谢弗就认为:"知识问题的解决方案也是社会秩序文化的解决方案。"[①]历史地看,"个人受到尊重的世界……是非常脆弱而且很容易毁灭的"。知识贫乏,或意味着人类的黯淡未来;但知识增长效率的失控,也未必是人类之福。为使人类能拥有更友善的智识生活和更美好的未来,我们有必要对现行知识系统进行深刻反思和切实矫治。

对庞大的社会体系而言,个体的努力是微弱的,惟集体的力量方能有所作为。如今的知识系统,看似是繁花锦簇的盛景,然而拨开无尽的烟雾和泡沫之后,显露的或只是效率统治下所形成的一摊难以形容、难以拾掇的废墟。学术共同体需要认清现实,积极介入公共议题,在废墟上重新开展创造性工作,重建元气淋漓、富含生命质感的高品质知识体系,创造更从容的学术生态。人类不仅需要有良好的知识,而且需要有良善的社会生态和友善的智识环境,需要创造友善的知识,服务于善政、善治。

问题是,今人如何才能突出重围、实现知识的由"智"转善?这就需要以人为本,重新定义知识。"人不是手段,而是目的,并且是最终的目的。"人们不仅仅要继续推进知识生产,提高其质量和友善度,更要使之更好地服务于人的解放、人的自由与全面的发展。为此,我们需要重建"人的"知识。所谓"人的"知识,应该源于人、反映人、服务于人,既有科学性,也有人本性。它应该拥有生命质感,而非器物的冷硬。它应该能实现人文与科技的和谐交融,实现工具理性与价值理性相平衡、理性与非理性相统一。

对个体而言,应更清醒、更敬畏学术的本质,更多些耐心。"写作,毋宁多一点,发表,不如少一点"。正如林毓生先生所言:写作是"比慢"的艺术。或许,这才是学术之常态,才更接近智识之道。

(本文原载于《中国社会科学报》2021年8月24日,发表时题为《在效率异化中重审人类知识》,内容有较大改动。)

[①] [澳]彼得·哈里森:《人的堕落与科学的基础》,张卜天译,商务印书馆,2021年,第67页。

附五

专业研究不能回避公共性

2017年1月,英国杰出哲学家德里克·帕菲特逝世。对此,除了寥寥几字的讣闻,坊间几无反应。在知识界的其他圈子,亦无甚动静。一个卓越的生命就此无声而逝,仿若从未存在过。

学术巨擘的遭际尚且如此,寻常学者的处境又将如何,更是可想而知。此情此景,让学院中人颇感心酸甚至心寒。人们或许会说这是因公众浅薄、势利。然而随即辞世的评论家约翰·伯格,却受到热切关注和深切追怀。如此反差,不可谓不强烈。其实,学者并非一直受冷落。当年伏尔泰、卢梭、托克维尔、爱默生、阿克顿、爱因斯坦、杜威、罗素、熊彼特、加塞特、科耶夫及萨特等人,就曾拥有巨大声望和影响力。1997年,英国哲学家以赛亚·伯林去世,三个国家举行了纪念活动,英国广播公司连续两天播出一小时的纪念节目。而今,一切恍若隔世。有人甚至怀疑,目下许多英国名流甚至报不出哪怕一位本国学院派哲学家的名字。无疑,这早已非个别国家独有的现象。

上述变迁,当然不妨归咎于时代、社会或公众,人们或可责怪社会之势利,亦可痛诋大众之浅薄。然而对此问题,任何道德谴责都是无力的,都无益于改善现状。它更重要的意义或许是提醒人们,专业领域与社会之间的关系出现了问题,我们有必要重审经院学术界与社会的关系。我们需要追根溯源,根除它出现的社会基础,使问题得到根本改善。否则,这种现象仍将延续,甚至愈演愈烈。

上述问题其来有自。首先,这与数十年来世界范围内的社会变迁有关。20世纪70年代以来,随着社会发展趋稳,知识界对公共事务的兴趣持续走低。其次,这与媒体有关。尤其是进入互联网时代以来,大众媒体兴起,通俗文化日益抢占了高雅文化原有的空间。随着科技猛进,人类社会亦急遽加速,出现"空间膨胀"和"时间荒"。有助于滋养心灵、放飞性灵的真正意义上的闲暇时光日渐消逝。在娱乐工业的强势扩张下,所谓闲暇,已被日益锁定在娱乐的领地内。如此一来,闲暇也就被塞满了、异化了。在这"消费至上"和"娱乐至死"的时代大潮之下,娱乐节目和体育赛事成为相当多人仅存的爱好,霸占着人们有限的业余时间。许多人也唯有在对娱乐与体育活动的围观中,才能感知到自我的存在,激发起毫无生产性的亢奋。最后,更重要的是学院体制的变化。

随着知识分化和考核体制日渐牢固,经院学术变得越来越细碎,很少产生溢出效应。大量学者的知识生产越来越远离大众的经验生活;审计文化捆绑了学院中人的时间、精力、心力和兴致,重塑了整个知识生态。正是在无止境地追逐专业化、精细化的过程中,学术日趋钝化、细碎,丧失了对现实的介入能力、消损了对人类整体智识的把握能力和对社会历史全局的想象力,自然也丧失了其社会影响力。在当代英国,许多颇具影响的哲学作者已不在学院体制内,如阿兰·德波顿等自由作家,其作品《哲学的慰藉》《拥抱似水年华》《身份的焦虑》等均风靡全球,远超一众学院派大腕;而帕菲特的杰作《理与人》则乏人问津……

不管原因是什么,其后果恐怕都是灾难性的。其一就是优质知识的有效供给不足,引发了一系列社会问题。越是在变革年代,人们的思想就越容易混乱、迷茫和无助,越需要精神养分。如果越来越多的专业人士不愿或不能参与公共议题,将会造成严重的知识短缺,使劣质知识竞相涌入并不断泛滥。这不仅会拉低公共知识的质量,而且污染文化生态、加剧社会撕裂和极化,甚至会影响社会的文明和进步。其破坏性不可低估。

此种情况亟须改变。为此,我们首先需要以更开放的心态和更灵活的姿态去重新审视这个世界。世界何其辽阔,生活无限丰富。"只剩下学术的生活是危险的",学院中人不能没有最低限度的公共生活;唯此,才能生成完整的认知世界、陶融独立健全的心智—人格,才能维持其作为一个"人"或"公民"的社会性存在,才能维系其对人类经验生活最基本的感受力、洞察力。因此,加强专业研究与公共生活的联系无疑至关重要。一方面,公共生活能为学术提供素材、灵感、养分和动力;另一方面,公共生活也能为研究者调剂状态、汲取资源、扩大社会影响。更重要的还在于,知识也能借此回馈社会。

学术乃天下之公器、人类之共业。它隐含着价值承诺和社会责任。知识人自然也负有社会责任。学术源于社会,也应反哺社会、造福社会,贡献光和热。学术研究不能只求自娱自乐,而应学以成人、学以致用、学以济世。我们确实需要(而且始终需要)部分学者潜心书斋、仰望星空,但同样需要更多人脚踏实地、直面现实,回应重大关切。这是一种学术责任。学术不应仅仅是满足好奇心的智力游戏,更不能蜕变为只谋求个人名利的手段;而应以其智慧的光芒映照布满荆棘的现实丛林和环伺于未来的幽暗沼泽,使人类的知和行更具深度、高度及力度,从而更有效地认识世界、改造世界。如果学者仅仅考虑小我而不顾公共诉求,不仅是失责,也有违学术公德。

专业性和公共性并无天然的矛盾。那种所谓"矛盾",是个别人因眼界和学力所限而虚构出来的假象或伪问题。让研究屈就于短期功利需求,无疑绝不可取;但若以为研究越冷僻、越不接地气,就越专业、越纯正、越高端、越有价值,这无疑又滑到了另一极端。专业水平和社会价值从来就不是矛盾的。事实上,许多专业研究本身就源于公共议题;若非现实问题之激发,许多专业研究及学科领域根本就绝难产生,纵或偶尔出现,亦难以繁盛。逃避社会责任、缺乏现实关怀的作品,注定无根;忽视思想沉淀和学术提炼的作品,终将无果。不管是无根还是无果之作,都难以成其大,难以根深叶茂、获得长久的生命力。只有深刻的社会关怀,才能成就伟大的作品。因此,关注专业知识的公共属性和社会功能,无疑是极为必要的。若将二者对立起来,则无益于学人、学风与学术,也无益于社会。我们至今仍生活在充满挑战与忧患的世界,如人口、资源、环境、社会公平、国族认同和地缘风险等,这些问题关乎每个人的利益,无可回避。学者若对这些严峻挑战置若罔闻,沉迷于一己的小情小调、岁月静好,可谓失责。

如若我们承认前述观点,那就意味着有必要接受知识生产的系统性调整。这并不等同于一般意义上的"普及与提高""通俗与原创""大众化与学院派"等议题,而是意味着价值立场、底层结构及问题意识的纵深转型,意味着在选题、立意、格局、思考方式、言说对象等方面都要融贯更深厚的人性关怀、现实观照和世界意识,为人类文明进步提供更具智慧的照护。欲达此目的,则需多方共同努力。

对社会来说,要主动与知识界交流,积极提出诉求、提供资源和动力。对知识系统来说,第一,要提高站位,重新定位学术与社会的关系,深刻体悟社会参与对学术发展的重要意义。第二,要完善评价体系,尊重知识的丰富性和多样性,为各种不同形式的优质成果提供充分的空间和激励,不拘一格出精品。第三,要主动作为,加强社会对话。在这众声喧哗的时代,酒香也怕巷子深,知识人若消极无为,势难产生必要的影响,这无异于把更多空间拱手让给劣质知识。第四,要调适专业研究,加强对社会的介入和引领。形势比人强,个体的力量或微不足道,但集体的力量则不可低估。

为今之计,我们需要以更开阔的视野、更广阔的襟怀去理解世界、创造新知,实现知识的学术价值、社会价值和政策价值。当今世界正处于剧烈变革的转型期,这固然是一个充满挑战的变革期,但也是大有可为的机遇期。我们要抓住契机,为创造一个更好的世界而积极有为。这是必要的,也是可能的。天行有道,事在人为。我们将拥有怎样的明天,取决于我们怎样把握今天。

(本文原载于《中国社会科学报》2021年12月14日,收入本书时略有改动。)

附六

求真与致善·穿越时空的史家探赜：
走近何兆武先生的思想世界

每次念及现今的学界宿耆、谈及史学理论和历史哲学、论及西方经典的译介，我常常会想到何兆武先生。要了解历史哲学、了解西方思想、了解许多过往的人与事，细致地研读先生的作品，无疑是法门之一。这绝非区区的个人之见。

然而作为一个久负盛名的资深学者，何先生涉足领域广泛、著作繁多，要窥其大概并不容易。所幸，2020年元旦刚过，本人就邂逅了一套新面世的"何兆武思想文化随笔"（学林出版社，2020年）。丛书凡四册：论历史则聚焦于"必然与偶然"，谈读书则定位于"触摸时代的灵魂"，谈哲学乃关注"从身份到契约"，论文化则指向"冲击与反响"。此书选编自有章法，读来受益匪浅。以此为基点，思及先生的其他许多作品，似能更好地理解先生宏大精深的思想世界。

是年伊始，便有流疫出现，全球都按下暂停键。在此非常时期，不佞正好闭门潜心修读，致思幽微。凭借诸般力作思结千载，视通万里。何先生的作品，自然成为常读之书。这些书，读之给人无限宁静，时有天清月明之感。展读这些文字，宛如重又与先生晤谈，潜入历史及思想的幽静之境。

历史长河边的学思履痕

何先生学问渊深，涉足广泛，尤以史学理论及历史哲学、思想史的研究及翻译见长，于中外交流史亦颇有建树，后来更是以一部《上学记》出圈，风靡各界。这套书比较完整地呈现何先生的学思及著述体系。何先生主要作品大致涵盖了三大类：翻译、研究和创作。

何先生迄今长达七八十年的学术生涯成绩斐然，这套书正是先生漫长学术生涯的真实而鲜活的印痕。何先生不仅亲译了大量作品,还与同行联手合译了大量作品,于中外学术交流、于中国学术发展,可谓功莫大焉。何先生翻译作品涵盖英、法、德、俄四大语种,数量之多不胜枚举,内中各家各派的学说都有反映,可见译者视野、胸怀之开阔。

据我所知,先生最喜好的或是史与哲,对文艺并无特别的偏爱。但从20世纪80年代起,先生在《读书》《随笔》《万象》《书屋》等知名文化期刊发表了大量作品,不仅在学界颇受瞩目,在读书界也极有影响,俨然成为文章高手。其文笔之美,远在一般学者之上,这只能理解为一种天分。"诗有别裁,非关学也。"在先生的这些作品中,史学与哲学相遇,共同熔铸在具有文学质感的诗性语言中。本书所收作品,不仅有专题论文、学术随笔、散文杂文,也有书评序跋等,可以说相对较好地呈现了先生多方面的成就。内中有历史分析,有哲学探讨,有往事的回想和社会的关怀。我所感兴趣的,不仅仅是这些文字呈现的思想或诗性——理性哲学,而且包括压在文字背后的那些人和事,那些过往的情思、时光与生命,那些灵心善感和吉光片羽,还有那诗意与冷峻兼具的学术人生。经此文字,往昔风华旖旎而至。回首"昨日的世界",那里面保管着生命的热度,存留着生命在大地上的真实印痕。

先生的精神底色是西南联大,从1939年入校到1946年联大解体,几乎与联大共始终。联大七年的生活,让先生积累了丰富的经验。此间作者先后亲见过梅贻琦、吴宓、吴有训、姚从吾、马约翰、冯友兰、金岳霖、闻一多、雷海宗、曾昭抡等名流,以及日后名重一时的王浩、何炳棣、汪曾祺等同辈。这些人物,大都在何先生的文字中留下了痕迹。在同代人中,先生着墨最多的是挚友王浩。

克罗齐有言:"一切历史都是当代史。"历史学家不仅是要通过过去理解现在,而且要通过现在来理解过去。历史学家要以自己的精神世界和生命体验融入和领会他所要探究的历史世界。[①]历史,首先是人类的历史。人在

---

① 彭刚:《历史学家的境界——从"一切历史都是当代史"谈起》,《北京日报》2013年4月27日。

历史中居于核心地位。历史学是"人学",历史研究更应以人为主体、揭示人性的复杂,引导、激励人去思考自己的生活,让每个人都度过更有意义的人生(路新生)。 福斯泰尔·德·库朗热认为:"历史学不只是研究各种材料性的事实和制度,它真正的研究对象是人类的心灵。它应当立志要知道,这颗心灵相信过什么、思考过什么、感受过什么,在人类生活的不同岁月当中。"科林伍德说:"历史事件乃是人类心灵活动的表现。"史学理应究天人之际、通古今之变,但这又何其难也、其对人类心智的挑战又何其大。马克·布鲁赫说:"优秀的历史学家好像传说中的食人魔。哪里闻到人的气味,哪里就有他的猎物。"雨果则称:"凡是能够在一个朝代中分清楚谁在低声说话,而且听得见他在统治者耳边低声说些什么,有这种能耐的人就是真正的历史家。"

历史离不开思想。联大出身的田余庆先生直言:"没有思想,就没有历史学。""生活经验丰富,了解当代社会最深的史学家,是最能了解过去社会的史学家。"深知论世史之难的何先生以为,"人性是复杂的,每个人都是高尚且龌龊、真诚且虚伪的,但都是真。""一个人最难认出的是自己的相貌,同样,心灵的自我认识也是最难的。那需要经历一些事情、遇到一些人,或者需要时间拉开距离,以'他者'的视角重新审视自我。所有这些正如一面面的镜子……无限数量的镜子累加起来,才能恢复'全部的真'。"识人是如此,论世更如此。

"纯粹的天才,无法成为史学家,天才接受了既有的史学方法或自创一套卓越的史学方法后,才能成为史学家或杰出的史学家。"对于见证了漫长历史进程、有着丰富阅历及生命体验、有深厚学识和哲学素养的学者来说,治史无疑有着极大优势。何先生曾直言:"没有哲学深度,就不能真正理解历史。"[①]其实,先生本人正是如此。先生治学广博,但无疑对治史最勤、最有心得。从先生的文字中,便能约略窥见先生漫长学术道路的轨迹和创获。

---

① 何兆武、邓京力:《没有哲学深度,就不能真正理解历史——何兆武先生访谈》,《历史教学问题》2002年第3期。

附 录

复杂生命与多面历史的互动互嵌

何先生学贯中西,对东西方历史都极富洞见、成绩卓著。从著译来看,先生治学的重心无疑是在西方(尤其是欧洲)思想的研究,其中对卢梭、罗素、梅内克等人的名作都多有译介和研究,尤以康德研究蜚声遐迩(译作《论优美感与崇高感》便是其副产品)。先生对欧陆思想别有兴味,对歌德、帕斯卡尔等人有特殊的喜好。智慧的歌德说:我过去的经历是真,我今天的回忆是诗。回忆不仅是对往昔的再现,也完全可能是对过去的重构。这是一种再创造的过程,是学术提炼和艺术加工的过程。先生显然也对此深有自觉。

何先生学贯中西,对东西方从古至今的历史、文化、思想和人物都有深刻的认识,对何为历史、史学何为、人于历史中何以自处、何以有为等基本问题都有着自己的判断。

各册书中作品各异,但质量都颇为整齐,时有卓见,常读常新。作者在"谈哲学"部分,相当一部分是研究康德。除了对康德著名的三大批判的论述外,还专门对其历史理性批判进行了探讨。《康德也懂历史吗?》一文便是此中典型。文章重申了康德名言:"人是目的,不是工具",并说:"自由,以自由为基础的道德律和权力,绝不是一句空话,它是驾驭人类历史的大经大法。一切政治都必须以它为原则,否则政治就会堕落为一场权术玩弄。""对任何一种力量,恐怕既不应从单纯的外部环境加以解释而无视其内在的价值,也不应单纯着眼于其内在价值而无视其外部的环境。单纯从时代背景来说明其思想,不免限于庸俗唯物论;而不考虑时代的制约则不免形而上学的独断论。""读康德的人大多以第一批判为入门,有时兼及第二。一般很少读他的第三,更谈不到第四。最令人遗憾的莫过于就连王静安那样一位美学大师而兼史学大师,也未能接触到第三和第四。倘若他读过了又会得出什么样的结论,这就只好留待我们的想象了。我猜想,他或许更少一些叔本华那种浅薄而廉价的悲观论"。

王国维是近代中国最有成就的学者,也是近代中国最复杂的学人之一,是研究近代中国学术无法回避的人物。在相当长时期里,许多人对王氏多有论列,但对其思想内核未能进行系统的深度探讨。改革开放之初,何先生便完成了《论王国维的哲学思想》一文并于1980年发表。此文对王国维的学说进行了溯源和条分缕析。应该说,此后先生并未将重点置于王国维等中国近代学人的后续研究上,但他的这一论文却成为王国维研究的奠基性工作,后来者的大量相关研究均从中受益甚多。此文也成为本套丛书中少有的长篇专题论文。此文能追本溯源,从西方哲学入手,剖析王国维思想的源头和内在脉络,故多有不易之见。"康德把理性最后分解为三种根本的不可再简约的能力——认识'真'的纯粹理性,要求'善'的实践理性与感受'美'的判断能力。康德就这样概括了他对全部人类理性的根本见解。"[1]"王国维自幼缺乏严格的数理科学知识和训练……要使他能够很好地掌握康德所处理的问题,会有一定困难。这种困难也会妨碍他能够很好地接受康德思想中辩证法的因素。叔本华不是科学家,读叔本华的书并不需要什么科学知识的凭借。但王国维之所欲醉心于叔本华,甚至誉之为'凌轹古今'……那当然在技术的背后,还有更深邃的思想原因。尽管在王国维的眼里,康德、叔本华方法就是哲学真理的化身,因此看来他沉浸在康德、叔本华的哲学似乎应该感到满意了;事实却不然。他越是沉溺于康德和叔本华,就越是感觉到怀疑和痛苦。"其在诗中时有流露,"早知世界由心造,无奈悲欢触绪来","人生过后唯存悔,知识增时转益疑","终古诗人太无赖,苦求乐土向尘寰。"这呈现"一种奇特的结合:一方面是追求和渴望,另一方面是怀疑和虚无。在巨大变革的历史时代里,怀疑总是对于一定社会的统治思想的一种抗议。但是由于他的脆弱性,他的怀疑染上了一层浓厚的虚无色彩,从而使其中消极的成分多于积极的成分。"[2]在天才论上,王国维也离开康德而追步叔本华。叔本华说:"艺术是天才的创作。"王国维也随之认为天才就是具有特别超意志的静观能力的人,是"往往不胜孤寂之感"的冷眼旁观者,是超出"流俗"之上的精神贵族。如此思路自然难免引其走上孤绝之路。静

---

[1] 何兆武:《论王国维的哲学思想》,《从身份到契约》,学林出版社,2020年,第233页。
[2] 何兆武《论王国维的哲学思想》,:《从身份到契约》,学林出版社,2020年,第233页。

安一生,苦求纯粹、可爱而切实的真,最后却发现"可爱者不可信,可信者不可爱",遭遇了真与善、真与美的深刻撕裂,终于酿成悲剧。何先生一般甚少论及王国维,不过,此文确属力作,至今仍为范例。这类论述在书中在在皆是,时有出彩之处,予人诸多启迪。

在另一文中,何先生指出:"盖伦大体上是以颇为暗淡的眼光在看待现代文明的。……物质生活水平不断提高远远不是意味着人类的进步,反而是意味着在炮制永远不能餍足的欲求——它是与人性中的道德义务背道而驰的……科学的日益专门化反而使得群众日益陷入蒙昧状态,而世界的一体化又导致人们日益丧失自己的独立与自由。""在学术思想研究的领域中,有时候提出问题的价值并不亚于给出结论的价值。盖伦本书的价值或许更多的是应向此中求之。"人类文明"出现了一场理性的分裂:纯粹理性(或工具理性)不断地飞速前进时,而同时实践理性(或道德理性)却牛步迟迟,永远都从原点上重新起步。毫无疑问,今人的知识是古人所望尘莫及的;但今人的德行也比古人高尚吗?我们似乎没有任何依据可以这样肯定。……是不是人类文明史就永远注定了是在这样一场理性的二律背反之中摸索着前进呢?"何先生于此再次直面了人类永恒的困境。理性与德性的分裂甚至撕裂并不罕见,以智转德、形成完整的心智和健全的人格,更是道阻且长。这恐怕也是无止境的追问和无穷的困惑了。科学与人文、理想与现实、物质与意识之间有着巨大张力,何先生在此直面这些永恒的问题,提出了自己的卓见。

诗与真:历史特质、规律及机制

何先生的这套书中,有相当篇幅是探讨历史(学)问题,特别是史学特质与社会历史规律。这不仅是该书的重头戏,也是先生研究的专长和中心议题之一。何先生对历史和史学有自己的理解,并对许多历史及理论问题进行了深度探讨,也对许多相关学者、思想家进行了评析。

关于历史(学)的特质,何先生已多有论述,学界亦素有争论,可谓见仁见智。有人强调:"文史要分,而且要严格地分……历史是科学,它根本不容许有任何一点浪漫主义的色彩,也不容许像写实主义文学那样来写作"。然而也有人呼吁"历史学家也要有艺术家的创新精神"。卡西尔则说,伟大的史学家并不缺乏诗人的精神,真正的历史综合或概括所依赖的正是对事物之经验实在的敏锐感受力与自由想象力的天赋合一。伯里表示:"史学乃科学,不多也不少";雅各布·布克哈特表示,史学是一切科学中最不科学的学问。柯林伍德说:"艺术和科学不是被排除于历史之外,而是包含于历史之中……反之,历史并不以某种方式包含于艺术或科学之中。"以上诸派,各执一词。何先生对史学的理解,显然更倾向于认为历史介于科学与人文之间;史学必须经科学之洗礼,才能涤荡其中夹杂的那些前科学的元素。

对于历史内核的考察,何兆武可谓素所关注。联大时期的何兆武,曾在课上向史学名家向达发问:如无印度的影响,中国文化将是什么样子呢?向达回答:历史成为过去以后,再回过头去看,就是命定的了。日后,何先生表示:"多年来,每当读史书而发奇想时,总不免记起向达先生这一非常之巧妙的答案,那巧妙地宛如一件完美无瑕的艺术品。"这不是宿命论,也不是倒放电影的推演,而是一种史家对历史的充满哲思和诗意的理解。向达先生的回答实在"巧妙"。此中自有一种诗性的朦胧美。历史与哲学在此相遇、相融。舍此,还能有更好的回答或诠释吗?几十年后的今日,或许人们对此仍无更好的答案,这个问题也就成为永远的谜题和长久的困惑了。

1941年春,雷海宗在云南大学做了一次讲演,系统地阐发了其文化形态史观。毕,主席林同济盛赞该理论是一场"历史家的浪漫"(the romance of a historian)。何兆武认为,作为一种传奇(romance)来看待,这个理论确实颇为恢宏壮丽、引人入胜;但生物学的方法毕竟不是科学的唯一的方法,更不是史学的方法。较之雷海宗的那种史家的"浪漫",何兆武或许更多了几分史家的冷峻。

历史撰研始终对人类提出着相当高的挑战。梁启超以为,史家要"养成精确的观察力",既"不要为因袭传统的思想所蔽",也"不要为自己的成见所蔽"。既然史学旨在求真,史家就须与各种干扰做不懈的斗争。史家主要是历史的观察者和阐释者,需要保持着独立的判断和历史洞察力,需要尽量超脱小我的立场,提防成见、信仰、情绪和好恶支配自己的判断。——何先生知人论世,亦大抵如此。史家不仅要透过历史迷雾甄别真伪、虚实,更要挖掘其意涵。然而人类社会是非常复杂的系统,真实的历史非常复杂,要清晰厘定已异常困难,要做出合理评判尤其不易。这也为历史撰研设定了相当的难度。也正是在此意义上,有学者提出了"冷酷实证史观":人类历史不完全是按人们的愿望演化的,在演化进程中始终存在着人的能动性和制度结构性之间的张力。"社会不是设计和憧憬出来的,社会是博弈和争斗出来的。历史主要不取决于理想愿望"和观念,而"主要取决于支配政权主体利益结构的制度与文化。""改变自己难,改变社会更难";"政治哲学关心正义,而政治只关心输赢。"成王败寇乃是常态。方绍伟言:"思想家纠结于制度文化的合理性,理论家则只醉心于制度文化的存在性。"

对于治史的意义及历史的规律,何先生亦多有讨论。在论述康德时,先生指出:"历史是理性发展的过程,当然大体上也就是一场由坏而好、由恶至善的不断进步;同时既然万物的发展都有一个终结,历史有没有一个终结呢?这又是一个永远不能解决而永远要追问的问题。""文明的发展有其必然规律,但回顾人类过去的历史,有着太多的敌对和对抗、专制和屈服。""一部人类史的开阖大关键,不外是人类怎样由传统社会转入近代化的历程。""迄今为止,一切进步性社会的运动,都是一场'从身份到契约'的运动"。以上也是各方关注的核心议题之一。当然,关于这些问题,有着相当多的讨论和争议。例如,社会学家赵鼎新教授对中国盛行的线性进步史观和西方盛行的多元史观提出异议。赵教授认为:"科学就是一种片面的、系统地看问题的方式。……通过控制实验来找到两个因子之间一种确定性的互动关系,并将它们上升为理论。"科学的核心从经验上来说是控制实验,它具有控制实验、系统思想、实证主义等要素。任何东西皆可通过观察、控制实验来解决。当然,不是所有科学都完全如此;只有物理学完全满足这些条件,而其他学科则向物理学看齐。他对不同学科的特质进行深入探讨后指出,包括历史学在内的社会科学(social sciences)与物理学、生物学等学科有很大差异。一般地说,物理学是科学化程度最高的学科,生物学次之,社会科学又次之,但也更为复杂。社会科学与生物学一样,有多个层次,每个层次背后都有大量机制在起作用。社会科学的机制和社会现象的关系非常复杂。史家常用的关键逻辑不是归纳,不是演绎,而是归溯。在方法论的基础上,物理学的主要基础是法则,生物学的主要基础是覆盖性法则(进化论法则及大量附属机制),社会学的方法论是结构/机制解释,它"只有机制,没有覆盖性法则"。因此,社会科学的非科学性因素较为明显,"社会科学的解释,具有非常大的艺术性"。

就此意义而言,历史变迁或社会演化自有其机制,但其中是否必定存在普遍意义的规律、或者说人能否充分认识社会历史的规律,无疑是极富争议的问题。若从人文学视角看,历史研究或许主要是致力于规律的探讨;而在许多社会科学家看来,历史研究也许更多的还是对社会机制的解释,而不是规律探索。随着社会科学专门研究的深入,社会内在的机制可能比历史学家所理解的因果关系更复杂,其中许多可能是个体所难以直观认知或感受到的。

无论是论述研究,还是社会科学研究,人的意义和作用都是一个无可回避的议题。宇宙浩渺,人只是社会有机体的一分子。个体的力量无疑是渺小的,然而在历史节点上的个体,往往对历史产生深远影响;至于组织起来的群体,更可能对社会进程产生不可估量的影响。先生所译帕斯卡尔的作品中,便有名言:"人只不过是一根芦苇,但它是一根会思想的芦苇……纵使宇宙毁灭了他,人却仍然要比致他于死命的东西更高贵得多。"诚然,人类的出现本就是自然界的奇迹;而每个个体生命的诞生,又有着相当的偶然性。在偶然与必然、个体生命与历史进程等议题上,亦有着诸多讨论。

通过个体及其组织的社会实践,通过具体的社会机制,人类建立了个体与社会、与大历史的真实有机联结。而个体的能动性与社会的结构性因素之间的互动,最终实现了主体性与客观实在性的历史统一。历史的种种特性,使偶然与必然、结构性与能动性的张力更具阐释空间。面对多义的历史,人的能动性就显得格外突出。米塞斯说:"政治、社会和经济事件是全民合作带来的结果。"每个人的贡献"总的来说可以被他人的贡献所替代"。"在极其伟大的智力成就和艺术成就领域,情况就不一样了。"使天才"的工作具有特殊光彩的那点东西,却是独一无二的……如果偶然事件令他殒命,则所有的人都会失去某种无法补偿的东西。"[①]"在这个意义上,我们可以说,偶然性在人类事务中起了某种作用。"

无尽的探寻

人是追求意义的动物。人不仅有生存、安全的需求,也有爱和归属、尊重及自我实现的需求。个体的价值如何?人生的意义何在?或者说,人生何求?这些问题都是人无法忽略的问题,也是困扰着许多人的问题。它是人类始终面对、无以回避的"永恒之问"。

何先生博学深思、阅历极丰、冷暖皆知。先生从20世纪30年代开始颠沛流离,此后足迹遍及东西南北、亚欧北美等几大洲。在这长长的岁月中,先生从未停止过对知识的追求,亦从未停止过对幸福的追寻和对生命意义的探索。正是这种对未知的谦逊,成就了先生对苍茫岁月的豁达、对纷繁世事的豁达、对诸般物事的宽厚以及对复杂历史的"了解之同情",也成就了先生精彩纷呈、渊深无涯的"灵心善感"。凡所经历的种种,都构成了先生的精神养分,造就了史家的洞见和智者的卓识。

细读先生的文字,仿若聆听东西哲人的精彩言说,从中可见历史的风云气象;又宛若欣赏山水长卷,从中体察到时光的温度和灵性。借此,可约略窥知百年人瑞的那深博的思想世界和丰富的学术历程。于此之外的许多人和事,以及先生青少年时代的踪迹,或许亦可循着《上学记》等文字去细细品味了。

(本文原载于《燕京书评》2021年6月22日,收入本书时略有改动。)

[①] [奥地利]路德维希·冯·米塞斯:《经济科学的最终基础》,朱泱泱译,商务印书馆,2015年,第71页。

附七

近代知识史及其"延长线"问题辨正:中国学术继承性、开放性及自主性问题平议

如何看待前人的探索、如何看待中国的学术文化传统,是重要的学术议题,也是不容回避的现实议题。这关乎如何立足现实、吸收历史养分,进而推动中国学术的实质性进步。中国学术的发展进程中,仍需以务实、开放的心态,积极面对自身的学术传统和域外的学术养分。要正确认识并适应学术内在的继承性,保持学术应有的开放性,唯此才能真正确立中国学术的自主性,实现学术的民族性和世界性的有机结合,更好地推动中国学术的发展和繁荣。具体到中国近代史研究中,这个问题更显突出。我们同样要客观、完整地认识近代中国的知识史,恰当定位,以史为鉴,才能更好地服务于我们今天的学术建设。

缘　起

对学界略有关注者,不难注意到近年来学界对传统中国的学术曾有一种"延长线"的言说,其中有代表性的是葛兆光教授。2015年12月20日,第三届思勉原创奖学术研讨会暨颁奖典礼在华东师范大学举行。此次有五位人文学者的著作获奖,其中就有葛兆光的《中国思想史》。在颁奖典礼上,虞云国教授代表葛兆光发表获奖感言,他表示葛兆光认为:"晚清民国学术,发生了库恩所说的'范式革命',借助新发现,做出新解释,成就新学问,完成了传统学术向现代学术的转型,不仅当下从事的学术仍在这一范式的延长线上,而且后来追加的新发现、新解释也都延续着晚清民国的路向。"虞教授进而表示:"就人文学术而言,库恩'范式'论不失为硬指标:凡能创立范式者是大师,在大师所创范式引领下,在推进本学科研究上形成独特流派者是大家。倘若论战双方都认同这一量化标准,不妨各取一个等长时段,列出前后

时段创立范式的大师,孰优孰劣是不难决出高下的。"常言道,"文无第一,武无第二",对人文社科研究的测量、评价和比较,往往令各方费尽脑筋而难有良策。而上述思路,无疑为此提供了一种非常具有可操作性的衡量思路,确乎颇具创意。

2017年夏,葛兆光在一次谈话中再次明确表示了"延长线"的判断:"我觉得,胡适开创的对禅宗的历史学和文献学研究方法,是中国学界这一领域真正的典范,而且至今我们还没有走出胡适的延长线,所以,胡适在学术上已经过时这个说法不完全对……有的学者搞了那么多新理论,结果历史研究的结论还是跟胡适一样,所以依我看,在学术上胡适也没有过时。"[1]在其他一些场合,葛兆光也提出过类似的论断。如在2017年12月,葛兆光获得"别克学者2017魅力人物奖项",并发表了自己的获奖感言。他在接受专访时,再次直言"我们仍然在'五四'的延长线上","我始终想说一句话,价值、观念不是翻烙饼,不是时装,不是越新越好,在一段时期里需要一定的延续性"。[2]

其实,这恐怕是葛兆光一贯的判断,并非自今日始。但其引起普遍关注,则是近年之事。葛兆光关于"延长线"的一系列论断出来后,引起了很大反响和诸多争议,赞许者有之,质疑者亦有之。同样在上海,有的学者立即表示,近代学术已严重地"被高估","要理性地认识"其学术水平云云。"除了个别杰出人物外",这一时期"总体上远没有超越清朝",其"整体水平不高",也远不及今日云云。此种说法一时间颇有市场,也影响了一部分读者和研究者的认知。其实,从学术上看,此类表述意义有限。当时中国学术制度建设比较粗糙,有某些不足、不规范之处,这是事实。当时学界泥沙俱下、作品良莠不齐,也是事实。但问题是,其在良莠不齐的同时,也的确出现了相当一批元气淋漓、极具原创性和突破性的成果,这就不容小觑。话说回来,在

---

[1] 李礼:《葛兆光:未来会如何看待我们这个时代》,《东方历史评论》微信公号,http://www.sohu.com/a/148397323_120776。

[2] 徐琳玲、吴嫒博:《葛兆光"忍不住"的关怀》,《南方人物周刊》2018年第1期。

其他时期,学界又何尝能完全避免泥沙俱下呢? 如此强调学术规范的今日,又何尝能根除普遍的"快餐文化""文化泡沫"和"精致而平庸"的"学术垃圾"呢(而按照许多学者的观感,这样的"学术垃圾"恐怕还不少[1])? 在学术研究中,衡量前人的学术时,更应该关注的是其最高水准或高端水平;仅仅用所谓"整体水平"或一般水平(平均水平)说事,意义很有限。从纯学术意义上看,在当今汉语知识界,影响最大、被研读得最多的作品中,有多少是时下的作品,又有多少是前人(包括近代名家)的作品? 对此问题,相信学界同人心里都不会没谱。[2]我们时下所诞生的作品中,又有多少可能成为经典呢? 局内人应该不会不清楚。

这本是一件小事,但所牵涉的却未必是一个小问题。它关系到的是如何看待前人的贡献、如何面对我们的学术文化传统、如何推动我国学术实质性进步的问题。

"整体水平"究竟如何?

首先,无可讳言,20世纪前半叶中国的学术水平是参差不齐的;不仅不同时期的水平参差不齐,而且同一时期不同群体、不同个体之间的水平也差异甚大。但问题在于,论及水平高下,只有针对具体对象来讨论才有学术意义。脱离具体对象和背景来抽象地讨论"整体水平",这是很不专业的表现。而严格说来,"江山代有人才出",近代中国百余年间在不同时期始终都不缺高水平的学者,只不过学院派的水平由于高校办学水准的起伏而有所变化。所谓"水平不高",或许应是20世纪开端的那一段不长的时期。具体说,20世纪前二十多年的整体水平确实是不够高的,而此后大约二十年的发展水

---

[1] 李伯重:《学术创新:根治"学术垃圾"痼疾之方——以历史研究为中心》,《澳门理工学报》(人文社会科学版)2019年第1期。

[2] 以积累最丰厚、成就最突出的老牌基础文科——史学为例,这一现象异常突出。在中国近代史领域,从被引证的学者及论著看,当今学者的论著仍远远逊于前辈学者和许多已故名家。这当然与学科的滞后性有关,但是该学科在相当时期内在思想、理论、方法和范式等方面突破性的欠缺,无疑是一个非常重要的因素。徐秀丽:《从引证看中国近代史研究(1998—2007)》,《近代史研究》2009年第5期。

平则未必如此。大量的欧美留学生归国热潮出现于20世纪20年代后,中国新式学术体系的正式确立,也发生并完成于此后近十年间。一些公认的大家也大都出现于20世纪第二个二十五年间,特别是1927年之后到全国抗战爆发的1937年间。他们在这一时期的扎实训练或创造性工作,才奠定了他们的大家乃至大师级地位。

在五四时期,中国知识界在思想革命方面轰轰烈烈,在学术创造方面却实绩寥寥。被推许为新文化运动领袖的胡适对此深有自觉,不断告诫国人。1920年,五四新青年胡适对北大学术生产极为荒芜的现状极感痛心,称之为"学术界大破产"①。当时中国相对健全的高校极少,北大乃中国首屈一指,也是最主要的学术重镇,如若北大学术凋敝,那么说全国(高校)学术"破产",似并不为过。两年后,胡适再度沉痛地表示,北大"开风气则有余,创造学术则不足",希望"北大早早脱离稗贩学术的时代而早早进入创造学术的时代"②(当然,话说回来,胡适本人的学术做派,又何尝不常常是"但开风气不为师"呢)。李大钊也直言,北大在"学术上的贡献实在太贫乏了"③。约在1921年秋,陈垣、钱玄同等在北大集会,会上,陈垣说,现在中外学者谈汉学,要么说巴黎,要么说日本,没有提中国的。这种情况令人难堪,大家应通过努力,把汉学中心夺回中国、夺回北京。④以敦煌研究为例,当时敦煌宝藏已遍及世界,日本、欧洲的学者敦煌研究成果极为丰硕,而中国却相形见绌。学界称"敦煌在中国,敦煌学在国外"。陈寅恪说:"敦煌者,吾国学术之伤心史也。"陈垣与胡适等也一直遗憾:"今天中国学的中心在哪呢?在西京还是在法京?"他们对现状大不满,希望努力改变,希望将学术中心夺回中国。傅

---

① 《胡适之先生演说词》(陈政记录),《北京大学日刊》第696号,1920年9月18日。
② 《回顾与反省》,《北京大学日刊》第1136号,1922年12月17日;《教务长胡适之先生的演说》(陈政记录),《北京大学日刊》第1138号,1922年12月23日。
③ 守常:《本校成立第二十五年纪念感言》,《北京大学日刊》第1136号,1922年12月17日。按,此间详情,可参桑兵《近代中国学术的地缘与流派》,《历史研究》1999年第3期。
④ 胡适:《谈谈大学》,台北《新生报》1958年5月8日。

斯年等也表示,要发奋努力,有朝一日,使"科学的东方学的正统在中国"①。然而十年后情况仍无多少改善,"稗贩学术"仍不鲜见,即便北大之盛名,亦不过是"矮人国里出头"(胡适1931年语),只能寄希望于日后之奋发图变。②

正是在这样的学术环境中,中国学人对学术工作的开展颇有困惑。而一批接受过现代学术的良好训练、兼具中西文化背景的新式学人,提出或无意识地践行了"释古"论(或"会通论")。③由此出现了一大批优秀的学人和作品,中国的学术格局也出现了新的局面。④

20世纪20年代中后叶,中国学界水平不高、原创成果缺乏的局面开始明显改观。到20年代末,中国新式学术日渐步入正轨,及至30年代起,中国学术进入一个新阶段。"稗贩"之风在学术界日渐减少,原创性探索成为普遍风气,"创始性"工作(何兹全语)成为知名学者的主流,中国在不长的时间内涌现了一批国际水平的学者。这一局面在30年代初正式形成。因此,环顾20世纪初叶的知识界,在最初一二十年间已涌现一批名手;20年代中叶以后更有一批后起的名家蓬勃而出、成就卓著。许多学术文化大家的地位即主要得益于1920年代以后这二十余年间卓有成效的创造性工作。"文史之

---

① 按,到1930年代,在傅斯年所领导的史语所和其他学术机关、高校的共同努力之下,基本实现了这一愿景。

② 《胡适日记》手稿本,1931年9月14日;胡适:《国民教育状况》,《日华学报》第25号,1931年6月。

③ 需指出的是,这一理念的萌芽是在20世纪20年代后半叶,其正式提出是在30年代前期。这一理论被重新作为重要的学术议题,是在90年代以来的"学术史"热潮之中。在文化热、方法论热过后而出现的"重写学术史"的热潮中,这一思想和理论重又得到了许多人的关注,其研究亦走向深入,并反过来助推了学术史、教育史的进展。

④ 在此进程中,胡适高徒、北大学人领导的中研院史语所无疑是异常突出的团队,该团队在中国人文研究中率先实质性地开展大规模"集众式"的研究工作,取得了一系列成果。这一研究模式,与当时世界日渐兴起的"大学科"的科研组织模式是高度吻合的,很好地顺应了国际潮流,并开中国人文研究团队合作之先河。在某种意义上,该所与丁文江、翁文灏等先后领衔的地质调查所,以及何廉等领衔的南开大学经济研究所,可谓均在现代中国最出色的科研团队之列。参王仰之:《翁文灏与地质调查所》,《大自然》1989年第2期;王密林:《地质调查所忆旧》,《北京晚报》2017年3月1日。

学"硕果累累,哲坛名手纷涌辈出,社会科学方面亦不乏亮点。以社会学界为例,这一学科此间可谓流派纷呈。一般认为,其中至少包括四个著名学派:以李大钊、陈翰笙等为代表的马克思主义学派(唯物史观学派),以梁漱溟、晏阳初为代表的乡村建设学派,以孙本文为集大成者的综合学派,以吴文藻、费孝通为代表的社区学派。①其中,第一、三、四派皆有相当的学术水准和贡献,赋予这一时期中国社会学以"学术灵魂"②。此外,陶孟和、潘光旦、李景汉、吴泽霖、柯象峰、陈达、陈序经、吴景超、杨开道、李安宅等也有各自相当的学术成就和影响力。在许多学者的努力下,中国社会学、人类学的发展一度"相当接近于西方的水准……出现了有关'中国学派'的初步"③。法政学界有罗文干、王宠惠、吴经熊、周鲠生、杨兆龙、王世杰、萧公权、陈之迈、钱端升、向哲濬、燕树棠、倪征燠、梅汝璈、李浩培、王铁崖等名家;经济学界有马寅初、陈岱孙、何廉、方显廷、李权时、杨西孟、伍启元等颇具影响力的名家。一批高水平学者的创造性工作实质性地提升了相关学科的水准,而这些高水平的学科,又共同形塑了一个庞大的新式学科体系。

以上是学术界,文艺界亦复如此。文学界的"鲁郭茅巴老曹"、周作人、叶圣陶、沈从文等;美术界的吴昌硕、黄宾虹、齐白石、徐悲鸿等大家,以及张大千、潘天寿、傅抱石、林风眠、李可染等,大都在此期间尽显风采。书法界亦是大家辈出。戏曲界的"梅尚程荀张"等大家鼎立,也在此一时期基本形成格局。

如果说那些大都是当时公认的一线巨擘的话。那么,一批后起之秀也不断涌现,废名、何其芳、梁遇春、梁宗岱、卞之琳、穆旦、张爱玲、路翎等都在二十岁出头成为成就卓著、颇有盛誉的文坛新星。费孝通、邵循正、钱钟书、瞿同祖、林耀华、张培刚、陈体强等新一代学者也少年英发,在国际学界崭露头角;经济学界的后起之秀如蒋硕杰、刘大中等更是国际同辈经济学家中的

---

① 郑杭生:《学术话语权与中国社会学发展》,《中国社会科学》2011年第2期。
② 周晓虹:《孙本文与20世纪上半叶的中国社会学》,《社会学研究》2012年第3期。
③ 王铭铭:《西学"中国化"的历史困境》,广西师范大学出版社,2005年,第41—42页;张天潘:《"中国学派"的断裂与传承》,《中国图书评论》2010年第6期。

佼佼者。如此盛况,实可谓百家争鸣,流派纷呈,人才辈出,优秀人物结伴而来蜂拥而至的盛况时常可见。若谓此间"天才成群地来",虽不中亦不远矣。这一个时期的中国学术的确可谓元气淋漓。一大批学者的创造活力和原创力都深受关注。其他如理、工、农、医等学科领域也形成了类似的盛况——以数学界为例,公认为国际一流的华人数学家,如陈省身、华罗庚、许宝騄、冯康,均在三四十年代完成了各自的早期学术积累,甚或已蜚声遐迩。尽管近代中国知识界规模极小、物质条件艰苦,但经过几代学人的努力,在某些学科领域无疑已接近或达到国际水准,其中比较突出的有人文领域的历史学、社会科学方面的社会学、自然科学的物理学和地学等。至于西南联大的本科教育质量,更是较之国际顶尖名校亦未遑多让。

可以说,及至20世纪30年代,中国各主要的学科领域和文艺部门都已基本成型,都出现了一批标志性人物。这批具有高度创造性的大家名流,开创了中国知识界的新局面。他们总体上提升了中国的学术(及文艺)水准和国际能见度,也创建了相对完整的现代新式学术体系,呈现出很好的发展前景。在一个文盲甚众、识字人口极少,大学在校生数不足人口总数万分之一(不及印度)的国度来说,能成就如此多的名流精英,养成这样一个高水平的文化群体,不能不说是令人惊异的现象。这背后的原因,值得人们深思。

对如此时代,当时不管是局内人还是局外人,都对此有甚高评价。冯友兰在抗战前夕说:在短短几年间"清华已经有了很多的成就",在国内外学术界"已得了相当的地位"。[1]抗战胜利后,他又不无怀念地说:"在对日全面(国)战争开始以前,清华的进度真是一日千里,对于融合中西新旧一方面也特别成功",实可谓硕果累累。[2]同样,从哥伦比亚大学毕业的蒋廷黻也认为,抗战前北平一些名校学术空气极为浓厚,明显胜于美国一般高校,"足够大学界的国际水准"[3]。钱穆在全面抗战前任教于北京大学,此间与陈垣、马

---

[1] 冯友兰:《清华五周年纪念》,《清华副刊》第44卷3期,1936年4月26日。
[2] 冯友兰:《清华的回顾与前瞻》,《清华旬刊》校庆三十七周年特刊,1948年印行。
[3] 蒋廷黻:《追念梅校长》,黄延复编:《梅贻琦先生纪念集》,吉林文史出版社,1995年,第64页。

叔平、吴承仕、杨树达、闻一多、余嘉锡、容肇祖、向达、贺昌群等学者经常切磋学术。日后他颇为怀念地说:"(这些学人)皆学有专长,意有专情……各自埋首,著述有成……果使战祸不起……中国学术界终必有一新貌出现。"[1]他认为:"30年代的中国学术界已酝酿出一种客观的标准,可惜为战争所毁"[2],令人深致惋惜。胡适抗战前对中国学界颇为不满,焦虑地对翁文灏表示:"兴学五十年,至今无一个权威政治学家,无一个大法官,无一个法理学家,无一个思想家……"[3]日后回顾前尘时,他却颇为怀念地说,全国抗战前每个大学的师生"都在埋头研究,假如没有日本的侵略,敢说我国在今日世界的学术境域中,一定占着一席重要的地位"[4]。

对这样的成就,时人是有所自知的,并对此多有赞言。如果说这还有"当局者迷"之嫌的话,那么外人的看法或更为超脱。1936年冬,时任国际历史科学委员会主席、剑桥大学讲座教授哈罗德·泰姆普利(Harold Temperley)特地来华考察,并与南北许多知名史家、政要进行了广泛交流。为此,他对中国的史学发展现状甚为认可,对顾颉刚等人尤其推许。11月,他在演讲中说:"中国吸收西方的知识,丰富自己不朽的传统,她一直很伟大。"他很热情地邀请中国加入国际史学会,并说:"(如果中国提出申请)我想她不用等太久就可以进来了。中国史学者兄弟们,这是一个多么美好的机遇啊!……如果能在我任上得以实现,那将是我一生中最伟大的时刻!"在谈到世界历史科学大会时,他说:"(中国)可以派一位或两位著名的史学者来西方展示自己并参与1938年在苏黎世进行的远东历史研讨会。我希望中国在会上的表现能和日本一样好。"[5](按,日本此前早已开始持续

---

[1] 钱穆:《八十忆双亲·师友杂忆》,传记文学出版社,1983年,第159页。
[2] 谢泳:《魁阁——中国现代学术集团的雏形》,《北京大学学报(哲学社会科学版)》1998年第1期。
[3] 《胡适致翁文灏》,中国社会科学院近代史研究所中华民国史研究室编:《胡适来往书信选》(中册),中华书局,1979年,第358页。
[4] 胡适:《谈谈大学》,台北《新生报》1958年5月8日。
[5] 刘鼎铭、林周佳、徐志敏:《中国申请加入国际史学会及派胡适参会相关史料一组》第2号附件,《民国档案》2007年第3期。

参加该会)。12月,他又致函国民政府中央研究院,称:"据我从所有权威人士及教育部长那里进行长期的调查而得出的结论:中国申请加入国际史学会的时机已经成熟。"中研院与教育部商洽后,决定由中研院代表中国申请加入。当时该组织由极少数学术发达的西方强国所主导,对一个西方世界之外的国家而言,能被接纳为其会员,已属幸运。史语所所长傅斯年却并未满足于此,而是明确要求:"中国在此会中必得最优待遇,即英、法、德、意之待遇是也。中国历史最长,不可在此会中沦为第二等。""不能居第二位。"[1]全国抗战爆发后,中国仍克服困难派出代表。胡适于1938年9月以普鲁士科学院通讯研究员身份受邀参会,代表中国参加了第八届国际历史科学大会并提交了论文。[2]史学的发展成就算得上是当时中国人文社会科学进步的一个缩影。1941年,清华30周年校庆之际,美国伍斯特理工学院(Worcester Polytechnic Institute)特地致函清华大学,盛赞该校的办学成就可谓"东方三十载,西土一千年"。同期,英国科学家李约瑟来华之后也甚感惊异,"真没想到在烽火年代,云南的科研领域竟然这样百花齐放"。他盛赞中国学人和大学水准之高,并由衷地感叹:"就科学成就而言,昆明这个地方常常使我回想到剑桥。[3]而在20世纪三四十年代频繁地往返于中国与欧美之间的费正清,对中国学者的仰慕和敬重,也是毫不掩饰的。如果说这还是时人的认知的话,那么在几十年后,英国著名人类学家、东方学家莫里斯·弗里德曼(Maurice Freedman)的事后判断则更为超脱。他则明确表示:"在二战以前,除了北美和西欧之外,中国是世界上社会学最为繁荣的地方了,至少就其思想质量而言是如此。""除了北美和西欧,中国占有最发达社会学的席

---

[1] 刘鼎铭、林周佳、徐志敏:《中国申请加入国际史学会及派胡适参会相关史料一组》第1号附件,《民国档案》2007年第3期。

[2] 此间详情,参见张广智:《中国史学:在与世界史学互动中前行——以国际历史科学大会为中心的考察》,张妮妮主编:《中国哲学社会科学"走出去"研究》,北京大学出版社,2016年,第100—101页;邢佳佳:《中国加入国际史学会的早期历程》,《历史教学》(下半月刊)2015年第1期。

[3] 黄兴宗1993年致王钱国忠信,亦见王钱国忠:《李约瑟传》,上海科学普及出版社,2007年,第64页。

位。"①其实,其他许多人文社会科学领域亦庶几近之。有学者强调,中国的人文社会科学研究不能仅仅满足于做一些低端的工作,不能仅仅为发达国家提供学术素材,而应进行深度的理论耕犁,进行概念化、理论化,贡献中国的理论和范式;而近三十年来"大规模的抽象化、理论化、概念化工作尚未提到应有的高度上来进行";在这点上,我们可能"尚未达到20世纪三四十年代的水平"。②在20世纪20至40年代成长起来的中国学者中,陈寅恪、赵元任、冯友兰、萧公权、瞿同祖、费孝通、张培刚、张仲礼等,在学术的中国化、概念化、理论化方面都做出了扎实努力,并早已成为被西方学界广泛接受和引用的学者。③林尚立在梳理百余年中国社会科学发展历程后,也明确指出:"北伐战争结束之后,南京国民政府开始启动国家建设进程",中国社会科学"形成了第一次兴盛",其对国家的发展的影响"是相当深刻的",因其"开启了中国以社会科学为知识基础的现代国家建设历程"。而马克思主义亦是在此过程中,"开始进入社会科学的各个领域"——应当说,这种论断代表了许多有识之士的共识。④

在20世纪前半期中国积贫积弱、国力衰微、国难深重、吏治腐败的条件下,取得如此的学术文化成就,是殊为不易的,也是值得研究的。无论是众人的主观感受,还是客观实绩(包括诸多重要指标),无论是局内人还是局外人,不论是时人还是后人,对这一时期的成功都是认可的。为何有的学者却视而不见呢?面对这一事实,又何以得出这一时期"学术整体水平不高"的高见?再者,在此"整体水平不高"的时期,又何以成长出一大批学术大家、文化巨擘呢?

---

① Freedman, Maurice (selected and edited by G.William Skinner), *The Study of Chinese Society*, pp.373-379, pp.334-350, Stanford: Stanford University Press (original 1961 "Sociology in China: A brief Survey", original 1974 "The politics of an old state"), 1979.
② 王学典:《把中国"中国化"》,《中华读书报》2016年9月21日。
③ 熊易寒:《中国社会科学的国际化与母语写作》,张妮妮主编:《中国哲学社会科学"走出去"研究》,北京大学出版社,2016年,第255、254页。
④ 林尚立:《社会科学与国家建设:基于中国经验的反思》,叶南客主编:《从中国特色到中国话语:哲学社会科学的中国方略》,格致出版社、上海人民出版社,2017年,第10页。

再退一百步来说,即便那一时期的学术真的是所谓"整体水平不高",我们也应该注意到,20世纪二三十年代,中国的高校教员一般维持在六七千人、全国知识界规模甚小、高级知识分子极为有限。如此大而贫弱的国家,以如此之小而精的知识界,完成中国新式学术的开创奠基之功,其劳绩(实绩)也不能完全无视。

学术的发展,不仅要看规模,更要看质量;不仅要看学科建制的完善程度,更要看学术研究本身的实质性推进程度。那么学术的繁荣,又体现在什么方面呢?当然可以体现在一些基本数量指标上,但从根本上来说,学术的实质性进步,首先要体现在能不能发现、提炼和解决重要的学术问题、能否实质性强有力地促进新知识的增长和思维方式的创新,能否推动学术范式的转型和创新、能否服务于国家和社会进步、推动人类文明的进步;而不是或主要不是体现在经费、项目、奖项、人员编制等若干数目字指标上。学术建设,最关键的还在于出人才、出成果,尤其是要出一批大学者、大思想、大作品。在这一点上,近代中国的学术(包括人文社科)不能说,在当时的历史条件下是有一定成就的,在同期的国际同行中也是有一定能见度的。不加分辨地完全否认这一点,显然不合事实,不能说是实事求是。

一时代有一时代之环境,一时代有一时代之成就与问题,近代中国亦然。毫无疑问,近代中国的发展历程中,无论是经济基础、上层建筑还是观念系统中,都存在着某些落后的、消极的乃至腐朽的东西。对这些东西,我们必须坚决摒弃。但与此同时,其在学术文化的发展历程中,也确实形成了若干优秀的、成功的、有价值的成果和经验。这一点也必须承认。只看到第一点而看不到第二点,是片面的;只关注第一点而不承认第二点,就不是历史唯物主义。对历史进行批判和扬弃的时候,要实事求是、有辨别有判断,要去其糟粕取其精华。倘或一股脑儿把它贬低、否定和摒弃,无异于倒洗澡水时把孩子也倒掉。

当代中国乃是历史中国的延续和发展。近代中国是历史中国的一部分,也是当代中国的逻辑起点,二者之间有着密切的联系,这不是凭一句话就可以否定、可以彻底抹去、完全割裂的。我们不是从古代中国直接跃入当代中国的,而是经由近代中国的变革进入当代中国的。我们的今天是从昨天过来的;今天与昨天之间的历史联系是客观存在的。这是一个客观事实,是不以个人意志而改变的。

不了解历史,也就不可能真正了解现实;没有深入了解近代中国,也不可能真正了解当代中国。近代中国有一批又一批志士仁人献身于"革命救国"事业,也有大量有识之士投身于"学术报国"、追求民族学术独立的事业。因此,近代以来的历史,使中国形成了重要的革命传统,也形成了深厚的学术传统。这二者都值得珍视,它们都是前人在报国救国进程中智慧和心血的结晶。"灭国先去史",历史传统对学术发展、民族认同和国家建设的重要性不言而喻。否定已有的革命传统固然是历史虚无主义,而不加分辨地否定我国的学术文化传统、对前人的学术探索及其正反两方面经验一笔勾销,又何尝不是另一种形式的"虚无"倾向?

学术水准何以提升?学术原创缘何实现?

20世纪20年代后开始,新式学术界水平的提升,当然得益于多方面因素,但很大一方面,以及文化的积累、文明的激荡、人才的集中,以及特定的时代因素。然而也与学者们本身有关,其中就与他们的文化观念、思维方式、理论养分、治学工具及方式方法等有直接的关系。二三十年代成长的这批人,能改变学术低迷的局面并有所建树,与文化积淀有关,也与他们的开放心态和世界眼光有关。他们既谦虚又自信,以务实、开放的心态对待前人、外国人的成绩,吸收各种学术养分,博采众长。

19世纪末20世纪初,在世界格局大变动的形势下出现了一个学术思想活跃的新高潮。西方也出现了诸多理论,雅斯贝尔斯、斯宾格勒、汤因比、克罗齐等提出颇有影响的理论;相形之下,中国的思想界相对冷清,地位不高。西方中心论者的一系列理论陈述,很自然地或隐或显地流露出其文化优越感。而在当时,中国学者的话语权颇为微弱,在贡献"全球性知识"方面也乏善可陈——然而贡献强有力的新理论,造福全人类,恰是学术最重要的意义之一;"追求能够覆盖全世界某些共同问题的知识,永远都是学术的最高境界"。①

面对当时西方世界形形色色的思潮和理论,中国知识界也不无回应,梁启超、梁漱溟、张东荪等皆有所论列,"科玄论战"就是表征之一。稍后,冯友兰等提出了"释古"说,其所针对的显然是某种倾向或思潮。冯友兰认为:"传统的说法是信古,反对传统的说法是疑古,我的说法,我自称为'释古'。"②1934年,冯友兰在第八次国际哲学会议上介绍中国哲学研究的进展时指出:"我们现在所注意的是东西文化的相互阐明,而不是他们的相互批评,应该看到这两种文化都说明了人类发展的共同趋势和人性的共同原则,所以东西文化不仅是相互联系的,而且是相互统一的。"③次年,他又进一步指出:"释古"乃是研究史学的态度的第三阶段;"信、疑、释"是"正、反、合"的过程,"释古"包含了前两阶段的合理因素,比较科学,是文化研究的更高阶段。④于此,著名的"释古"论可以说正式提出来了。在一定意义上,"释古"论也可以说是"会通论"。在当时,公开明确回应"释古"论(会通论)的学者似并不多,这一论说也没有形成明显的热潮,但实际上切实践行这一进路的大有人在。⑤甚至可以说,在当时中国一线学者中,相当一部分都是循此精神来面对传统、开展自己的探索的。以当时北平的一线文科学者言,许多人都有着这一明显的倾向。冯友兰身边的诸多同行,如陈寅恪、吴宓、张东荪、张申府、闻一多、雷海宗、张荫麟等,都是与此高度契合的。他们在学术理念和治学风格上有高度共识。他们既不是迷信和盲从前人及外国人的传统,也不是毫不分辨地无视或抛弃前人的传统,而是博采百家之长,创造自家体

---

① 张平:《唐世平:在"大理论"和现实关怀之间》,《中国社会科学报》2013年4月10日;亦参熊易寒:《中国社会科学的国际化与母语写作》,张妮妮主编:《中国哲学社会科学"走出去"研究》,北京大学出版社,2016年,第253页。
② 冯友兰:《三松堂自序》,生活·读书·新知三联书店,1989年,第224页。
③ 冯友兰:《三松堂学术文集》,北京大学出版社,1984年,第289页。
④ 《冯友兰的释古说》,徐葆耕:《清华学术精神》,清华大学出版社,2004年,第62—63页。
⑤ 需特别指出的是,以顾颉刚等为主将的"疑古"派等虽然声势浩大,但接受过系统的西方现代训练的学者的思路则往往与此有较大差异。

系,如朱自清等人的研究就"兼有京派海派之长"[1]。一般而言,京派上接汉学、下承乾嘉,注重考据;海派则更近宋学,注重义理阐发。前者严谨而失于拘囿,后者宏阔而失于空疏。若"兼有二者之长",则兼融汉宋,严谨而宏阔,致广大而尽精微,既重考据又重义理,实可谓学术胜境。近代以来许多"大国手"正是如此。

在冯友兰等人的理念和实践中,"古"并不是狭义上的古代,而是前人的学术创作及由此形塑的精神和传统。怎样面对前人的工作,这是每一代人都不容回避的课题。传统并不是业已干枯、僵死的历史遗物,而是活的、生生不息的,是不断生成演化的。它是一个不断向后延展的过程,是一个动态演进、不断变化的进程。因此,所谓"释古"就不仅是对古代文化,而且也包括对已有的(含域外的)各种学术传统、文明系统都保持开放包容、兼收并蓄、充分消化以求自主创新的学术思路。如此的学术工作,必然元气淋漓、具有高度创造力。那一时期的中国知识界学术成就的取得,是与此种学术理念相关的。在当时,释古论(会通论)的确产生了巨大的影响,由此形成了一种新的学术思路和学术风气,涵育出了一大批优秀学者和优秀作品。

在20世纪三四十年代中央研究院评议员、教育部部聘教授、相关名校的讲座教授及1948年中研院院士选举等一系列引人注目的学术遴选中,膺选的人文艺术类名家都是当时各领域公认的代表人物;而其中,大部分都可以说是"会通论"者。因此,尽管从思想批判角度看,"会通论"者影响相对较小;但从学术创造的角度看,其堪称近代新式学术之中坚。近代史上真正有突破性成就、能发凡起例开宗立派的学人,几乎都是融合了不同学术传统、吸收了多种文化养分的大家,都是心态开放、博采众长的学术创新者;相反,那些固执一端、故步自封的研究者,则难以深刻把握学术文化的本质规律,持续推进知识创新、引领学术进展。

---

[1]《朱自清日记》,郭良夫编:《完美的人格》,生活·读书·新知三联书店,1987年,第54页。

学术传统与当下实践:学术传承性的客观存在

近代学者的探索,无论是比较成功的还是不成功的,客观上都已成为中国学术传统的一部分,融入了中国学术近代化和中华民族精神成长的历史洪流中。历史发展进程中既有变革,也有传承。学术的传承性、累积性也是客观存在,是不以人的意志为转移的。而且,这种学术文化传统有着很强的连续性,不管社会如何变革,学术的"后延效应"(在某种意义上表现为"延长线")始终是难以完全消除的。正如狄尔泰所言:"在成熟科学中,新理论以及越来越新奇的发现不能从头诞生。相反,它们是从旧理论中涌现的,是在关于世界应包含什么现象和不应包含什么现象的旧信念的母体中涌现的。"[1]科学发展的连续性建立在某种话语得以延续的基础之上,[2]生成于特定的土壤之上。

就此意义而言,每一代学者都只可能在前人的基础上、在某种"历史的延长线"上成长的,并在这种"延长线"上开展新的学术工作。知识人,必定孕育于且生活于某种传统中,注定逃不开前人的影响。欲在学术上有所建树,更是要深深地扎根于特定的学术传统,汲取其养分。正如黑格尔所说:"每个人都是他那时代的产儿",人的观念也是如此。这是不可选择、不可逃避的先天环境,是任何知识人前定的宿命。问题在于,我们应如何看这种传统,如何进行消化和扬弃。

对此,人们首先要转变观念,解放思想。观念的威力是巨大的。哈耶克特别强调:"长远来看,是观念,因而也正是传播观念的人,主宰着历史发展的进程。"凯恩斯则说得更具体:"经济学家和政治哲学家的观念,不管是正确的还是错误的,其影响力都要比人们通常以为的要大。"历史传统所形塑的"延长线"势必影响着后人的思想基础——这是我们要认识到的一面。但

---

[1] [德]韦尔海姆·狄尔泰:《人文科学导论》,赵稀方译,华夏出版社,2004年。
[2] 张康之:《处在转折点上的社会科学研究》,叶南客主编:《从中国特色到中国话语》,格致出版社、上海人民出版社,2017年,第26—27页。

事实还有另一面:延长线并不是绝对排他的,而可能是可兼容的。许多延长线是同时并存的,它们盘根错节、交错并行、相互作用,形成"合力"(恩格斯语),共同推动着学术文化的进展。

实践是第一性的,理论是第二性的。因此,对待传统、对待前人的学术文化,要立足于当下实践,以我为主,去粗取精。我们需要传承自身深厚的传统,也需要面对外来的文化系统。对于我国自身的传统,当然需要高度关注古代的经典成果,但更具直接的借鉴意义和参照价值的,则是近现代累积形成的更切近的"新"传统(这一传统主要是由新式学术的发展历程所形塑)。近代史上许多学术大家之所以取得如此成绩,部分就是由于他们立足于当时的历史条件,站在时代高度,充分领悟时代精神,正视并充分扬弃了他们所面临的多种学术传统。

无论如何定位,近代史上的许多学人与学术,都对今日的学术及其范式产生了深远影响。近代中国是古代中国向当代中国过渡的桥梁,是从传统学术文化形态到当代学术文化形态的过渡阶段。百余年时间并不漫长,但其内涵已极为丰富。这个阶段无论如何都不能忽视。如何面对我们的传统,这是个极富挑战性的重要课题。近代百余年历史,事实上已成为我们学术文化传统的一部分,其中所出现过的一些名家、力作,也是值得关注和研究的对象。任何经典都不可能"结束真理,而是在实践中不断地开辟认识真理的道路";它的意义不仅在于为我们提供参考和借鉴,更重要的还在于丰富我们的精神世界,协助我们更好地认识世界和改造世界。同理,近代学术更重要的意义也在于协助我们更好地了解历史、认识当下,更好地再出发、再创造,创造属于我们时代的"新学术"。

我们已进入一个新的时代,面对鲜活的现实生活和无限丰富的当下,有诸多问题值得探讨。现实不应回避、不容回避,亦无法回避。这个时代需要学术去研究,去回应。今人需要对当下生活做出解释,回应社会的关切,回应现实对我们学术界、思想界的需求。否则,对现实问题全然"失声"、"失语"、缺席,乃是学术之"失职",有负于我们所继承的这个优良的文化传统。因此,对学术的研究,仍需要直面当下、扎根现实,以我为主,对我们当下的实践进行学术提炼和理论概括,借此推动变革、开创未来。这就需要我们积极投身认识世界和改造世界的实践,要"在创造历史中研究历史"[①];特别需要我们有意识地让"中国经验"及"中国体验"进入新时代中国学术研究的视域中。[②]而这一努力,又需要建立在对历史、对学术传统充分了解和消化的基础之上。

以史为鉴,不激不随,博采众长

温故知新,鉴往知来。以史为鉴,可以知兴替,可以创未来。只有充分地了解历史,才能知道我们从何而来,又将向何处去,才可能更好地应对今日的挑战、选择今后的道路。在充满挑战的学术事业中,也唯其如此,才能更好地创造属于这个时代的"新学术"。因此,在新的时代,如何继承前人的遗产、为学术的繁荣创造条件,这无疑是一个重大而迫切的任务。一时代有一时代之风气,一代人有一代人之际遇和造化。强盛的国家,需要繁荣的学术。毋庸讳言,优秀学术成果的大量涌现,有赖于文化的积淀,有赖于一定的良好风气。除此之外,也需要学术中人的积极努力。

为此,我们要有良好的思维能力、开放包容的心态和积极创新的学术自觉,还要有元典精神和经典意识[③]。恩格斯有言:"一个民族要想登上科学的高峰,就一刻也不能离开理论思维"。[④]缺乏理论思维能力和建构能力,就很难有国际眼光和思维能力[⑤]。我们还需要有国际眼光和原创精神,只有深刻

---

① 王学典:《在创造历史中研究历史——"历史与现实关系"的再审视》,《光明日报》2015年1月22日11版。

② 对此,可参周晓虹:《"中国研究"的国际视野与本土意义》,《学术月刊》2010年第9期;周晓虹:《中国经验与中国体验:理解社会变迁的双重视角》,《天津社会科学》2011年第6期;周晓虹:《再论中国体验:内涵、特征与研究意义》,《社会学评论》2013年第1期;周晓虹:《社会转型与中国社会科学的历史使命》,《南京社会科学》2014年第1期。

③ 对此,可参郁建兴:《中国社会科学发展的大时代》,《浙江社会科学》2015年第1期;余逊达:《知识体系建构与中国政治学的发展》,《浙江社会科学》2017年第7期。

④ [德]恩格斯:《反杜林论》,《马克思恩格斯选集》(第3卷),中共中央翻译局译,人民出版社,1995年,第467页。

⑤ 郑永年:《通往大国之路:中国的知识重建和文明复兴》,东方出版社,2012年。

地理解中华学术的源流,才能更好地理解中华文化的内在特质和走势,为学术发展提供更充分的养分和元气。这必将让今人受益匪浅。

要有开放自信的心态,就要不断思考勇于创新。缺乏怀疑精神,缺乏开放心态,思想就容易僵化、缺乏活力和生命力,势将日趋落伍,终被淘汰。怀疑精神必然催生学术上的讨论、争鸣。近代以来我国知识界曾有过多次争鸣的热潮:康、梁、严复等人的热烈讨论;五四时期《新青年》的多次论争;"科玄之争";20世纪30年代的中国社会史论战;民主与独裁论战;抗战时期对"新经济"的大讨论;50年代的美学大讨论及史学界围绕"五朵金花"的讨论;70年代关于真理标准的大讨论。更不用说80年代的人生观大讨论、"新技术革命"大讨论、教育思想大讨论、文化大讨论、人文精神大讨论、"形式美—抽象美"大讨论等一系列围绕社会议题、文化议题的此起彼伏的讨论,都曾激活了当时的知识界,也催生出一批颇具分量的学术作品。只是,在很长一段时间以来,我们的社会和知识界已经很少有高水平、大规模的实质性的学术讨论了。而今,盛世兴学,我们也需要以更自信、更包容、更开放的心态,重新思考相关问题,给知识界、学术界注入新的活力。

在当今时代,特别需要强调民族自觉和时代精神,要实现民族性与世界性的有机统一。在当前国际文化格局中,中国文化仍属弱势,面临着西方的强势文化的挑战。然而中国人并没有失掉"自信力",仍有埋头苦干的人,有舍身求法、潜心修道的人。

在这全球化的新时代、在这多种文化交叉融合、无孔不入的时代,经典往往产生于多种文化的交汇激荡之中、产生于民族精神、时代精神的最深处。思想和学术要实现实质性的创新并产生深刻影响,就必须"把思想的触角深入到""时代精神的最深处,洞察并捕捉"其"与时代的最恰切的结合点"。[①]正是在这样的情境中,我们对学术的普遍性和特殊性应有更清醒的认知,以更好地追求民族性和世界性(国际性)的有机统一。

[①] 贺来:《哲学理论创新的基本要素:以德国古典哲学研究为个案》,《江海学刊》2014年第1期。

对学术的民族特性毫无感知是有害的,片面夸大学术的民族特性并将其推到极端,同样是不可取的。在近代学术上,王国维曾说:"学无新旧也,无中西也,无有用无用也",陈寅恪则说:"平生为不古不今之学",晚一辈的钱钟书表示:"东海西海,心理攸同;南学北学,道术未裂。"前述论断都有其独特意义。这些学人正因对学术的普遍性、世界性规律有深刻地把握,才取得了突出成就。然而我们又不能不承认这样一个事实:民族性和世界性是人文学术的一体之两面。这些学者所强调的学术文化的世界性或超越性,是事实的一方面,但事实的另一方面,是其仍无可避免地有其民族性。对于当下我们所可能出现的作品而言,这些作品诞生于中国的土壤,诞生于中国土壤中生长起来的学者之手,就不可避免地有着中国的民族特色,有着中国自己的特质。尽管王国维、陈寅恪、钱钟书等人(还包括很多长期生活在国外的著名华人学者)曾留学海外,有很好的世界眼光和西学素养,但就他们的作品来说,其思维风格、审美情趣、格调气质、价值关怀、情感模式等基本方面,仍有着明显的中国底色;他们身上的中国元素并没有因为他们的海外经历和西学修养而全然改变。可以说,失去民族性的作品,势将疏离赖以生存和生长的土壤,缺乏可大可久之基,缺乏长久的强大的生命力。

总之,学术有普遍性、世界性的一面,但也有其特殊性、民族性的一面;二者相互为用、相辅相成。创生于中国的土壤之上的新学术,其民族性是无可避免的,也是不可或缺的。一方面,它扎根于中国的土壤,势必呈现民族的特性;另一方面,为了更好地使新学术扎根于中国的土壤,就必须在学习国外经验的同时有意识地探索学术的民族特色、民族风格和民族气派。唯有如此,才能更好地彰显学术的民族自主性,巩固其独立性。

余英时曾言:"20世纪以来,中国学人有关中国学术的著作,其最有价值的都是最少以西方观念作比附的。"[①]而亲历中国近代及当代学术进展的钱穆则指出:任何一国之国民,皆应有"对其本国已往历史之温情与敬意";只

[①] 余英时:《论士衡史》,上海文艺出版社,1999年,第459页。

有了解自己的文化,对自身的文化怀有应有的敬意,"其国家乃有再向前发展之希望"。无文化之民族最终不能立于世界民族之林。钱穆还认为,我民族国家之前途不须外求,"仍将于我先民文化所贻自身内部获得其生机"[①]。同为20世纪30年代中国学术繁荣的见证者,费孝通对此也有多有阐述。晚年费孝通于90年代提出了"文化自觉"的概念,并说,生活在一定文化中的人对其文化要有"自知之明"[②]。人必先有文化自觉、有自知之明,然后才有文化自信。

学术文化上的自觉,首先体现在"语言"上,要过好语言关。语言是学术之载体,但它绝不仅仅是一种简单的工具,而有着独特的意蕴和价值导向性。斯大林曾把语言作为构成一个民族的四大特征之一,而德国语言学家洪堡特说得更直接:"语言仿佛是民族精神的外在表现;民族的语言即民族的精神,民族的精神即民族的语言,二者同一程度超过人们的任何想象。""每一种语言都包含着属于某个人类群体的概念和想象方式的完整体系。"[③]因此,语言与文化之间呈现着相互生成的关系。是人类创造了语言,但语言同时也形塑了人们的思想,潜在地约束着人们的思维方式、交往(表达)方式和生活方式。只有懂得一种语言,才有可能真正了解说这种语言的人们和他们的文化。联合国前秘书长布特罗斯-加利(Boutros-Ghali)指出:语言多样性与文化多样性之间存在着千丝万缕的联系,语言多元是维护文化多样性的基本条件,"一门语言,它所反映的是一种文化和一种思维方式。说到底,它表达了一种世界观。如果我们听凭语言的单一化,那将导致一种新型的特权群体,即'话语'的特权群体的出现!"[④]黑格尔更是深刻地指出:"一个民族除非用自己的语言来习知那最优秀的东西,那么这东西就不会真正成

[①] 钱穆:《中国文化与中国人》,《历史与文化丛书》,东大图书公司,1979年,第85页。
[②] 费孝通:《开创学术新风气》,《费孝通论文化与文化自觉》,群言出版社,2005年第212、216页。
[③] [德]威廉·冯·洪堡特:《论人类语言结构的差异及其对人类精神的影响》,姚小平译,商务印书馆,1999年。
[④] 许钧、曹丹红:《翻译的使命与翻译学科建设——许钧教授访谈》,叶南客主编:《从中国特色到中国话语》,格致出版社、上海人民出版社,2017年,第113—114页。

为它的财富,它还将是野蛮的。"他进而认为:"如果哲学一旦学会了德语,那么那些平庸的思想就永远也难于在语言上貌似深奥了。"①中国学者则指出:"语言系统同时也是意义系统。每一种语言的背后都有某种独特的文化体系、价值体系和思维方式。"②而对于人文社科的学者来说,母语是其"最为熟悉的语言工具",可以借此"做出最为深刻的思想。如果研究者纷纷放弃母语与母语思维,必将抑制社会科学的深入发展"③。还有学者强调:"哲学必须说民族语言。""作为人类文明活的灵魂的哲学,只有获得民族语言的形势,才能够真正为一个民族所掌握。""只有当一个民族用自己的语言掌握了一门科学的时候,我们才能说这门科学属于这个民族了。"④必须让新学术说汉语,才能真正实现"民族主体性的觉解"⑤。早在1929年,冯友兰撰文指出:"在德国学术刚发达的时候,有一个人说,要想叫德国学术发达,非叫学术说德国话不可。我们想叫现代学术在中国发达,也非叫现代学术说中国话不可。"⑥五年后,冯友兰完成经典之作——《中国哲学史》下册后,号称治"不今不古之学"的陈寅恪,却在为冯著撰写的审查报告中强调:"其真能于思想上自成系统,有所创获者,必须一方面吸收输入外来之学说,一方面不忘本来民族之地位。"稍后,陈寅恪还称中国新式学术的发展前进如何,一方面取决于如何弘扬自身的文化传统,另一方面也取决于"大规模输入现代学术"来改造现有学术。应该说,那一代学者受外国威压之刺激、受民族精神之激励,都孜孜以求学术独立,在学术文化的民族化方面做了大量卓有成效

---

① [德]黑格尔:《黑格尔通信百封》,苗力田译,上海人民出版社,1981年。
② 熊易寒:《中国社会科学的国际化与母语写作》,张妮妮主编:《中国哲学社会科学"走出去"研究》,北京大学出版社,2016年。
③ 许心、蒋凯:《学术国际化与社会科学评级体系——以SSCI指标的应用为例》,张妮妮主编:《中国哲学社会科学"走出去"研究》,北京大学出版社,2016年,第240页。
④ 崔唯航:《让马克思主义哲学说汉语:旨趣与路径》,《山东社会科学》2012年第7期。
⑤ 李广昌:《民族主体性的觉解:让马克思主义哲学中国化的想象力》,中国社会科学出版社,2010年;孙正聿:《"说中国话"的马克思主义哲学:〈让马克思主义哲学说中国话〉的思路与意义》,《学习与探索》2012年第8期。
⑥ 冯友兰:《一件清华当作的事情》,《清华周刊》第32卷第2期,1929年10月25日。

的探索。

随着社会的纵深变革,今日中国学术发展已面临着不同以往的全新环境;然而一些规律性的问题并未因此而改变。每一种语言都有其隐含的内在逻辑、思维方式和文化背景及特质,而每种语言所支撑的学术体系往往还连带着一些潜在的学术预设、价值倾向。自然,"选择一种语言经常都预先决定了研究的结果"[①]。随着国际化进程的推进,当代学术研究的多语性也日渐突出。因此,掌握多门语言的必要性也日渐凸显,对人文社科学者而言,一旦"有效地掌握了多门主要的学术语言,社会科学研究就能开展得更好"[②]。因此,对今日中国的研究者而言,一方面仍要继续使现代学术真正地中国化、切实融入中国的社会土壤和学术生态;另一方面,也必须更好地掌握国际学术规则,力争熟练掌握更多的学术语言,争取更大的话语权。

传承性、开放性与自主性有机统一,开放促成创新

优秀的学术文化传统是民族智慧的结晶,是一代代前人反复探索而累积下来的精神财富。我们没有理由不正视传统,不尊重前人的探索。认为近代学术一无足观、无足取,在"整体水平"不高的名义下,完全无视前人的探索成果,这不是实事求是的态度。

因此,对前人(包括近代史上的那些研究者)的成果,我们要实事求是,不宜"神话",也不宜随意"矮化";而应平心静气,客观、务实地看待中国学术走过的路,尊重前人的成果;同时,也无需掩饰其不足乃至失误。唯有客观审视其得失,批判地继承,才能更好地服务于我们国家今天的学术建设乃至国家建设。

其实,近代中国的学术与此前此后的中国学术都有相当的差异,但亦非

---

① [美]沃勒斯坦等:《开放社会科学:重建社会科学报告书》,刘锋等译,生活·读书·新知三联书店,1997年,第95页。
② [美]沃勒斯坦等:《开放社会科学:重建社会科学报告书》,刘锋等译,生活·读书·新知三联书店,1997年,第95页。

毫无相通相似之处。这段时期的学术文化,有积极元素,也有消极元素,有养分也有糟粕,要客观公正,要扎实细致地逐一梳理,辨明是非。只有这样,才能批判吸收,借鉴近代学术史上的正反两方面的经验,才能有益于我们今天的学术文化事业。若不然,对此时期的学术不加分辨地予以否定,势将无助于我们今天的学术文化建设。

为了更好地推动今天的学术建设,我们需要了解自身(及域外的)学术传统;而这就需要我们进行大量扎实的个案研究。历史演进中的每一阶段都有其意涵和价值,都值得关注。不关注就谈不上了解,而没有了解,势必错失吸取历史养分、经验和智慧的机会。一时代有一时代之学术,近代中国学术不可避免地有其内在缺陷和弱点,但未必真的毫无足取,更不宜用简简单单的"整体水平不高"几个字就打发过去、弃之不顾。它是否真的"整体水平不高"暂且不论,至少当时的人们曾有过不少有价值的探索。再退而言之,即便近代中国学术的意义完全是负面的,也并不失其学术史的研究价值。至少,吾人可以史为鉴,研究其为何是如此形态?为何是负面的?我们能从中汲取何种反面的经验?这才是历史的辩证法,才是人类文明演进的辩证法。因此,无论从任何意义上看,我们都不能全然无视之。而以所谓"整体水平不高"等名义对其完全抛弃,将使我们难以以史为鉴,并终将使我们的事业发展蒙受损失。

面对传统,一味否认或无视,无补于事。只有明辨是非,实事求是地"拿来",才能更好地服务于我们今天的学术文化建设。任何事情都有其历史基础,不可能凭空产生。今天是由昨天发展而来的,不加分辨地否定昨天的一切,就不可能理解昨天,也就不可能理解今天由何而来,又将向何处去。不承认这一点,就不能说是实事求是,不能说是历史唯物主义的态度。只有扎根于中国的历史与现实,汲取智慧,养成历史感、培育现实感,才能创造属于我们这个时代的"新学术"。只有扎根中国优秀文化的沃土,扎根中国实践的大地,"不忘本来,吸收外来,创造未来",才能实现中国文化的创造性转化和创新性发展,才能逐步培育消化吸收能力、想象力和原创力,才能真正持续创造出高度原创性的作品,真正实现学术自主、文化自信,增强国家文化的影响力和软实力。

处此百年未有之大变局中,我们当然要顺势而为,推动社会变革。但学术的发展有其自身规律,其中既包括历史继承性,也包括创新性。没有传承就缺乏根基,没有创新就缺乏活力。对我们当代的学术发展来说,没有历史积累和底蕴则根基不牢,没有现实关怀和创新精神则活力不足。若不能将二者兼顾并重、有机结合起来,势必缺乏可大可久之基,不可能行之久远。有效的学术创新能够推动社会的革新。完全不加分辨地贬低甚至无视前人,是不懂历史、不尊重历史的表现,这并不利于学术创新,更不利于学术及社会的实质性进步。因此,批判地继承前人学术发展的思路,不仅无妨于而且有助于我们的学术建设,有助于我们在创造创新的路上走得更稳更远。优良的革命传统和深厚的文化传统,都是当代中国学术发展的养分,都需要我们积极面对和继承。

统上,继承性、开放性和自主性是辩证统一的。每种学术传统都需要其历史的根基,需要在变革性与传承性中维持动态平衡;每个国家和民族的学术文化都有自身的特质、特色和自主性。面对前人的学术文化,我们需要了解其传承性;面对其他国家和民族的文化,我们也需要了解其特色和局限。凡此,都需要我们保持开放的心态,以我为主,博采众长,自主创新,借以彰显新时代中国学术的特色,实质性地增强其自主性,助力于国家学术的繁荣和民族复兴事业。

余　论

民族的复兴有赖于理论创新和学术自主性的确立。唯有如此,中华民族才能在丰富世界体系的"物质力量结构"的同时,对其"世界精神结构"的变革有所贡献。中国学术应该真正赋予民族形式和民族精神,形成民族特色,关键是要实现"中国理论"的自主创新。近代以来,中国人文学术曾有过兴盛的时期,然而在相当长一段时期以来,我国人文社会科学中"所具有的

'移植'和'加工'性格……令人难以忍受"①。甚至直到现今,相当一部分研究者还是"读着'洋书'去认识中国的场景"②、想方设法试图用西方"普世"理论来解释中国特定的"异例"③,缺乏民族学术的自觉意识和自主性追求。如果"话语的'依附国'"对"发达国"的学术依附地位不能彻底扭转④、如果长期沦为西方思想的"跑马场"和西方理论的"消费国"的局面不能从根本上改变,中国民族精神的发展是难以实现的,人文学术的繁荣兴盛是难以实现的,大作、大家蜂拥而出的宏愿,亦将无从谈起。⑤

学术建设非一日之功,需要有历史积淀、有民族精神和时代精神,久久为功,才能真正养成民族自觉和学术自主性。唯此,才能确保学术事业的永续发展,助力于国家民族的百年基业。在综合国力和世界地位日趋上升的今天,我们完全有理由以更务实、更自信、更开放的心态,认真审视古今中外各种学术思想和流派,去粗取精,为我所用,不断丰富中华民族的学术体系和文化内涵。

学术体系从来不是凭空出现或随意创设的产物,而是长期累积、养成的文明成果。学术的新陈代谢、学术的累积和革新,是客观需要,也有其客观规律和自身节奏,正所谓"非新无以为进,非旧无以为守"。因此,继承、借鉴

---

① 叶启政:《从中国社会学的既有性格论社会学研究中国化的方向与问题》,杨国枢、文崇一主编:《行为与社会科学的中国化》,中央研究院民族学研究所,1982年。
② 刘东:《熬成传统——写给〈海外中国研究丛书〉十五周年》,《开放时代》2004年第6期。
③ 石之瑜:《中国研究文献中的研究伦理问题:拼凑、累赘与开展》,王荣华主编:《多元视野下的中国》,学林出版社,2006年。
④ 详参周晓虹:《社会学本土化:狭义或广义,伪问题或真现实——兼与谢宇和翟学伟两位教授商榷》,《社会学研究》2020年第1期。
⑤ 有学者指出,过渡性时代的研究者,在文化基础上往往处于"断代之间,既没有很多的国学基础,也没有很好的启蒙学的思想理论与学养基础",处于"两头不靠"的尴尬之中。在此情势下,"是不可能出真正像样的思想家或真正的大师的"。在其中具有关键性意义的哲学领域,国内许多著名的哲学研究者"讲的尽是别人的事情,你能不能讲点你自己的事情""你们除了马克思之外,有没有想过自己的哲学"。这些尴尬情况是普遍存在的。学界思想原创性的贫瘠,亦非极个别的现象。参张一兵、张琳、周嘉昕:《哲学是一种内在的精神个性——张一兵教授访谈》,叶南客主编:《从中国特色到中国话语》,格致出版社、上海人民出版社,2017年,第188页。

和学习是不可避免的,在此基础上才谈得上发扬和创造。可以说,"没有拿来的,学术不自成为新学术"。这就要求我们"沉着,勇猛,有辨别,不自私"[①]。因此,方今之世,我们仍应以务实开放的心态和实事求是的科学精神,以充分的智慧和胆识,立足国情,放眼世界,正视前人和他国学者的努力,大胆"拿来",批判继承,自主创新。同时要积极实践,在认识世界中改造世界,"在创造历史中研究历史",创造属于中国自己的、我们这个时代的"新学术"。

(本文原载于《社会科学论坛》2020年第3期,收入本书时略作修改。)

---

① 霍冲(鲁迅):《拿来主义》,《中华日报·动向》1934年6月7日。

参考文献

一、中文文献

（一）档案类

1.《关于目前中科院工作的基本情况和今后工作任务给中央的报告》，《中国科学院党组关于目前本院工作基本情况和今后工作任务的报告及中央批示》，中国科学院档案馆，馆藏档号：1954-01-001。

2.《华东军政委员会教育部全国高等学校1952年暑期招生华东区招生委员会工作总结》，上海档案馆，馆藏档号：B105-5-655-34。

3.《华东区高等学校招生委员会办公室华东区高等学校招生工作简报》，浙江省档案馆，馆藏档号：J039-022-003-027。

4.《全国高等学校招生委员会办公室招生工作简报——第14期》，浙江省档案馆，馆藏档号：J039-008-203-129。

5.《上海高等教育管理局1956年华东地区招生工作总结》，上海档案馆，馆藏档号：B243-1-82-60。

6.《上海市高校招生委员会上海市高等学校招生工作委员会工作总结（草稿）》，上海档案馆，馆藏档号：B243-1-45-1。

7.《上海市人民政府高等教育处关于1949年国立专科以上学校统一招生材料》，上海档案馆，馆藏档号：B1-1-2208-8。

8.《院系调整后的院系组织表（共14学院43系）》，清华大学档案馆，目录号：校办1案，卷号：510025。

9.《浙江省教育厅一九五五年全国高等学校统一招生录取新生办法(草稿)》,浙江省档案馆,馆藏档号:J039-007-145-209。

10.《浙江省人民政府教育厅中央、华东有关招生工作中的招生计划报送在职干部、教师入学、政治审查、健康检查等工作的规定》,浙江省档案馆,馆藏档号:J039-007-145。

11.《之江大学之大招生委员会招生工作简章、来往函件及上级对招生工作指示及50年新生录取统计表》,浙江省档案馆,馆藏档号:L052-002-0058。

(二)资料汇编、工具书

1.陈大白:《北京高等教育文献资料选编(1949—1976)》,首都师范大学出版社,1993年。

2.东北教育社主编:《东北四年来教育文件汇编》,东北新华书店行印,1949年。

3.樊洪业主编:《中国科学院编年史 1949—1999》,上海科技教育出版社,1999年。

4.甘肃教育资料编辑委员会编:《甘肃教育年鉴1949—1983》,甘肃教育出版社,1986年。

5.高等教育部办公厅:《高等教育文献法令汇编 1949—1952》,高等教育出版社,1958年。

6.高等教育部办公厅:《高等教育文献法令汇编 第二辑》,高等教育办公厅印刷,1955年。

7.高等教育部办公厅:《高等教育文献法令汇编 第三辑》,高等教育办公厅印刷,1956年。

8.高等教育部办公厅:《高等教育文献法令汇编 第一辑》,高等教育办公厅印刷,1954。

9.国际联盟教育考察团编:《国际联盟教育考察团报告书》,文海出版社有限公司,1932年。

10.国家统计局国民经济综合统计司:《新中国统计资料汇编》,中国统计出版社,2009年。

11.国联教育考察团:《中国教育之改进》,"国立"编译馆译,[出版地不详],1932年。

12.何东昌:《中华人民共和国重要教育文献》,海南出版社,1997年。

13.何东昌:《中华人民共和国重要文献1949—1975》,海南出版社,1998年。

14.教育部教育年鉴编纂委员会:《第二次中国教育年鉴:第十四编·教育统计》,商务印书馆,1948年。

15.九三学社中央学习委员会编:《学习参考资料 科学研究专辑》,九三学社中央学习委员会,1954年。

16.里海、陈辉编:《中国科学院1949—1956》,科学出版社,1957年。

17.刘光主编:《新中国高等教育大事记1949—1987》,东北师范大学出版社,1990年。

18.刘英杰主编:《中国教育大事典:1840年以前》下册,浙江教育出版社,2004年。

19.潘懋元、刘海峰:《中国近代教育史资料汇编》,上海教育出版社,2007年。

20.清华大学校史研究室:《清华大学九十年》,清华大学出版社,2001年。

21.清华大学校史研究室编:《清华大学史料选编》(第五卷),清华大学出版社,2005年。

22.清华大学校史研究室编:《清华大学史料选编》(第六卷),清华大学出版社,2022年。

23.上海市高等教育局研究室、华东大学高校干部进修班等编:《中华人民共和国建国以来高等教育重要文献选编》,华东师范大学出版社,1979年。

24.沈志华主编:《俄罗斯解密档案选编·中苏关系》,东方出版中心,2015年。

25.《四川高等教育和中等专业教育年鉴》编辑委员会:《四川高等教育中等专业教育年鉴1949—1985》,四川教育出版社,1988年。

26.王忠俊编:《中国科学院史事汇要1955》,中国科学院,1995年。

27. 吴艳等:《中苏两国科学院科学合作资料选辑》,山东教育出版社,2008年。

28. 薛攀皋、季楚卿:《中国科学院史事汇要1953》,中国科学院,1996年。

29. 杨学为:《高考文献》(上),高等教育出版社,2003年。

30. 杨学为主编:《中国考试史文献集成》,高等教育出版社,2003。

31. 中共党史人物研究会:《中共党史人物传》,陕西人民出版社,1983年。

32. 中共中央党史和文献研究室、中央档案馆编:《建国以来刘少奇文稿》,中央文献出版社,2018年。

33. 中共中央党史和文献研究室、中央档案馆编:《建国以来周恩来文稿》,中央文献出版社,2018年。

34. 中共中央文献研究室:《建国以来重要文献选编》(1至20册),中央文献出版社,1992年。

35. 中共中央文献研究室编:《建国以来重要文献选编》(第一册),中央文献出版社,2011年。

36. 中共中央组织部、中共中央研究室、中央档案馆:《中国共产党组织史资料》(第九卷),中央党史出版社,2000年。

37. 中共中央组织部"党的组织工作大事记"编写组:《中国共产党组织工作大事记》,辽宁人民出版社,1992年。

38. 中国第二历史档案馆:《中华民国史档案资料汇编》(第5辑),江苏古籍出版社,1994年。

39. 《中国教育年鉴》编辑部编:《中国教育年鉴1949—1981》,中国大百科全书出版社,1984年。

40. 《中国科技史料》编委会:《中国科技史料》,科学普及出版社,1980年。

41. 中国科学院办公厅编:《中国科学院年报1956》,中国科学院,1957年。

42. 中国科学院办公厅编:《中国科学院资料汇编1949—1954》,中国科学院,1955年。

43. 中华人民共和国教育部计划财务司:《中国教育成就统计资料1949—1983》,人民教育出版社,1984年。

44. 中央教育科学研究所：《中华人民共和国教育大事记(1949—1982)》，教育科学出版社，1984年。

45. 中央人民政府高等教育部办公厅编：《高等教育文献法令汇编》(第一辑)，高等教育出版社，1954年。

46. 中央人民政府政务院文化教育委员会编印：《文教参考资料》(第一、二辑)，生活·读书·新知三联书店，1950年。

(三)文集、日记、书信、年谱、传记、回忆录类

1.《马克思恩格斯选集》(第四卷)，人民出版社，2012年。

2.《毛泽东文集》(第八卷)，人民出版社，1999年。

3.《毛泽东文集》(第二卷)，人民出版社，2001年。

4.《毛泽东选集》(第一卷)，人民出版社，1964年。

5.《毛泽东选集》(第二卷)，人民出版社，1991年。

6.《毛泽东书信选集》，中央文献出版社，2004年。

7. 中共中央文献研究室：《毛泽东年谱(1949—1976)》(第一卷、第二卷、第五卷)，中央文献出版社，2013年。

8.《周恩来选集》(下卷)，人民出版社，1984年。

9.《周恩来教育文选》，教育科学出版社，1984年。

10.《周恩来文化文选》，中央文献出版社，1998年。

11. 中共中央文献研究室：《周恩来年谱(1949—1976)》(下卷)，中央文献出版社，1997年。

12. 中共中央文献研究室：《周恩来传(1898—1976)》(下)，中央文献出版社，2008年。

13.《邓小平文选》(第一卷)，人民出版社，1994年。

14. 邓小平：《办教育一要普及二要提高》，人民教育出版社，1990年。

15. 中共中央文献研究室：《邓小平年谱(1904—1974)》(中册)，中央文献出版社，2009年。

16. 刘少奇：《刘少奇选集》(下卷)，人民出版社，1985年。

17. 中共中央文献研究室：《建国以来刘少奇文稿》(第1册)，中央文献出

版社,2005年。

18.中共中央文献研究室:《刘少奇年谱(1898—1969)》(下卷),中央文献出版社,1996年。

19.中共中央文献研究室刘少奇研究组、中央教育科学研究所编:《刘少奇论教育》,教育科学出版社,1998年。

20.《聂荣臻回忆录》,解放军出版社,1986年。

21.《聂荣臻科技文选》,国防工业出版社,1999年。

22.《习仲勋文选》,中央文献出版社,1995年。

23.《习仲勋传》(上卷),中央文献出版社,2008年。

24.《习仲勋传》(下卷),中央文献出版社,2013年。

25.薄一波:《若干重大决策与事件的回顾》(上),中共党史出版社,2008年。

26.中共中央党史研究室:《中国共产党的七十年》,中共党史出版社,1991年。

27.《爱因斯坦文集》(第二卷),许良英等译,商务印书馆,2010年。

28.《北京大学五十周年纪念集》,北京大学出版社,1948年。

29.方惠坚、郝维谦、宋廷章等编:《蒋南翔传》,清华大学出版社,2013年。

30.方惠坚、张思铭:《清华大学志》,清华大学出版社,2001年。

31.方惠坚等:《蒋南翔传》,清华大学出版社,2005年。

32.高平叔编:《蔡元培教育论著选》,人民教育出版社,2011年。

33.龚继民、方仁念:《郭沫若年谱1892—1978》,天津人民出版社,1992年。

34.《龚育之访谈录》,中央文献出版社,2009年。

35.顾良飞:《清华大学档案精品集》,清华大学出版社,2011年。

36.何东昌:《中华人民共和国教育史》(上卷),海南出版社,2007年。

37.黄延复:《梅贻琦先生纪念集》,吉林文史出版社,1995年。

38.蒋超主编:《中国高考史·创立卷》,中国言实出版社,2008年。

39.《李富春选集》,中国计划出版社,1992年。

40.《李约瑟游记》,贵州人民出版社,1999年。

41.林家治:《吴有训图传》,湖北人民出版社,2006年。

42.刘乃和:《陈垣年谱》,北京师范大学出版社,2002年。

43.刘兴洲主编:《新中国60年·学界回眸》,北京出版社,2009年。

44.罗家伦:《文化教育与青年重庆》,商务印书馆,1947年。

45.满洲国史编纂刊行会、东北沦陷十四年史吉林编写组编译:《满洲国史》(分论·下),东北师范大学出版社,1990年。

46.逄先知、金冲及:《毛泽东传(1949—1976)》,中央文献出版社,2003年。

47.齐家莹:《清华人文学科年谱》,清华大学出版社,1999年。

48.《钱俊瑞文集》,中国社会科学出版社,1998年。

49.清华大学《蒋南翔纪念文集》编辑小组:《蒋南翔纪念文集》,清华大学出版社,1990年。

50.人民教育出版社教育室编:《毛泽东周恩来刘少奇邓小平论教育》,人民教育出版社,1994年。

51.王钱国忠:《李约瑟传》,上海科学普及出版社,2007年。

52.王霞:《彭桓武传》,中国青年出版社,2015年。

53.吴贻谷:《武汉大学校史》,武汉大学出版社,1993年。

54.《夏鼐日记》,华东师范大学出版社,2011年。

55.徐斌:《天地良知——马寅初传》,浙江人民出版社,2008年。

56.薛攀皋口述、熊卫民整理:《科研管理四十年——薛攀皋访谈录》,湖南教育出版社,2017年。

57.《杨秀峰教育文集》,北京师范大学出版社,1987年。

58.《杨秀峰文存》,人民法院出版社,1997年。

59.郑小惠等:《清华记忆:清华大学老校友口述历史》,清华大学出版社,2011年。

60.中国高等教育学会、清华大学:《蒋南翔文集》(上下卷),清华大学出版社,1998年。

61.竺可桢:《竺可桢日记》,科学出版社,1990年。

(四)著作类

1.陈清泉:《在中共高层50年:陆定一传奇人生》,人民出版社,2006年。

2.陈徒手:《故国人民有所思:1949年后知识分子思想改造侧影》,生活·读书·新知三联书店,2013年。

3.程斯辉:《新中国著名大学校长1949—1983》,湖北人民出版社,2007年。

4.程天君:《"接班人"的诞生:学校中的政治仪式考察》,南京师范大学出版社,2008年。

5.储朝晖:《中国教育六十年纪事与启思》(上册),山西教育出版社,2013年。

6.崔晓麟:《重塑与思考:1951年前后高校知识分子思想改造运动研究》,中共党史出版社,2005年。

7.[英]大卫·布鲁尔:《知识和社会意象》,艾彦译,东方出版社,2001年。

8.[日]大冢丰:《现代中国高等教育的形成》,黄福涛译,北京师范大学出版社,1998年。

9.翟爱玲:《从中国的知识分子到知识分子的中国》,天津社会科学院出版社,2009年。

10.董光璧:《中国近现代科学技术史论纲》,湖南教育出版社,1992年。

11.段治文、钟学敏:《核物理先驱——赵忠尧传》,浙江人民出版社,2007年。

12.[美]费正清、罗德里可·麦克法夸尔:《剑桥中华人民共和国史(1949—1965)》,上海人民出版社,1991年。

13.《冯友兰论教育》,人民教育出版社,2010年。

14.傅斯年:《史料论略及其他》,辽宁教育出版社,1997年。

15.甘阳编选:《民族国家与经济政策》,香港牛津大学出版社,1997年。

16.高建明:《科学社会学新论》,湖北人民出版社,2005年。

17. 葛能全：《钱三强》，山东友谊出版社，2006年。

18. 龚育之：《自然辩证法在中国》，北京大学出版社，1996年。

19. 郭莉：《大学学术权力与行政权力共轭机理研究》，南京大学出版社，2018年。

20. 郝维谦、龙正中：《高等教育史》，海南出版社，2000年。

21. 何东昌：《当代中国教育》，当代中国出版社，1996年。

22. 何蓉：《经济学与社会学——马克斯·韦伯与社会科学基本问题》，格致出版社，2009年。

23. 何兆武：《上学记》，生活·读书·新知三联书店，2008年。

24. 侯建新主编：《欧洲文明进程》，商务印书馆，2023年。

25. 胡炳仙：《中国重点大学政策的历史逻辑与制度分析》，中国海洋大学出版社，2010年。

26. 胡炳仙：《重点大学建设对一般高校发展的影响——制度规约与组织生存》，科学出版社，2018年。

27. 胡济民等：《王淦昌和他的科学贡献》，科学出版社，1987年。

28. 胡建华：《现代中国大学制度的原点：50年代初期的大学改革》，南京师范大学出版社，2001年。

29. 胡绳：《中国共产党的七十年》，中共党史出版社，2015年。

30. 《胡适论教育》，安徽教育出版社，2006年。

31. 黄延复、虞昊：《中国科技的基石——叶企孙和科学大师们》，复旦大学出版社，2008年。

32. [美]吉尔伯特·罗兹曼主编：《中国的现代化》，国家社会科学基金"比较现代化"课题组译，江苏人民出版社，2003年。

33. 教育部科学技术司：《中国高等学校科技50年》，北京高等教育出版社，1999年。

34. 金一鸣主编：《中国社会主义教育的轨迹》，华东师范大学出版社，2000年。

35. [德]卡尔·曼海姆：《意识形态与乌托邦》，黎鸣、李书崇译，商务印书馆,2002年。

36.[美]克拉克·克尔:《大学的功用》,陈学飞等译,江西教育出版社,1993年。

37.[美]理查德·P.萨特米尔:《科研与革命——中国科技政策与社会变革》,袁南生等译,国防科技大学出版社,1989年。

38.刘大椿:《中国科技体制的转型之路》,山东科学技术出版社,1995年。

39.刘海峰、史静寰:《高等教育史》,高等教育出版社,2010年。

40.刘珺珺:《科学社会学》,上海科技教育出版社,2009年。

41.[德]马克斯·韦伯:《学术与政治》,冯克利译,生活·读书·新知三联书店,2005年。

42.马跃:《北京大学中文系简史(1910—1998)》,北京大学出版社,1998年。

43.[美]乔尔·S.米格代尔:《社会中的国家》,李杨、郭一聪译,江苏人民出版社,2022年。

44.史际平等编:《家在清华》,山东画报出版社,2008年。

45.汪晖:《世纪的诞生》,生活·读书·新知三联书店,2020年。

46.汪学勤:《中华人民共和国科技发展全史》,中国科技出版社,2011年

47.王保华:《高等学校设置理论与实践》,华中师范大学出版社,2000年。

48.王红岩:《20世纪50年代中国高等学校院系调整的历史考察》,高等教育出版社,2004年。

49.王骥:《大学知识生产方式研究》,中国社会科学出版社,2014年。

50.王清扬、马来平、王家利:《第一生产力与科技体制改革》,山东人民出版社,1993年。

51.王孙禺等编:《清华时间简史:人文社会科学学院》,清华大学出版社,2021年。

52.王铁:《中国教育方针的研究——社会主义教育方针的理论与实践》,教育科学出版社,1999年。

53.吴本厦:《中国学位与研究生教育的创立及实践》,高等教育出版社,

2010年。

54.吴洪富:《大学场域变迁中的教学与科研关系:一项关于教师行动的研究》,教育科学出版社,2014年。

55.西南联合大学北京校友会:《国立西南联合大学校史:一九三七年至一九四六年的北大、清华、南开》,北京大学出版社,2006年。

56.许纪霖、陈达凯:《中国现代化史》,上海三联书店,1995年。

57.[加]许美德:《中国大学1895—1995——一个文化冲突的世纪》,许洁英译,教育科学出版社,1999年。

58.杨东平:《艰难的日出:中国现代教育的20世纪》,文汇出版社,2003年。

59.杨光斌:《历史政治学》,中国人民大学出版社,2023年。

60.杨国强:《两头不到岸:二十世纪初年中国的社会、政治和文化》,生活·读书·新知三联书店,2023年。

61.杨学为:《中国高考史述论》,湖北人民出版社,2006年。

62.姚中秋:《现代中国的立国之道——以张君劢为中心》,法律出版社,2010年

63.[美]伊曼纽尔·华勒斯坦、[肯尼亚]克莱斯特·儒玛、[美]埃弗林·凯勒等:《开放社会科学》,刘锋译,生活·读书·新知三联书店,1997年。

64.于光远:《我的故事》,大众文艺出版社,2000年。

65.于光远:《中国的科学技术哲学——自然辩证法》,科学出版社,2013年。

66.张剑:《从格致到科学:中国近代科学和科学体制化》,中国工人出版社,2022年。

67.张礼永、郭军:《共和国教育60年:筚路蓝缕》,广东教育出版社,2009年。

68.张晓清:《高等学校党政领导体制研究》,天津人民出版社,2015年。

69.张旭东:《全球化时代的文化认同》,上海人民出版社,2021年。

70.周洪宇主编:《学位与研究生教育史》,高等教育出版社,2004年。

71.周世厚:《高校学术权力:多维视角的解析》,吉林科学技术出版社,2021年。

72.朱新梅:《知识与权力:高等教育政治学新论》,教育科学出版社,2007年。

73.宗璞、熊秉明:《永远的清华园》,北京大学出版社,2013年。

74.左玉河:《从四部之学到七科之学》,上海书店出版社,2004年。

75.左玉河:《当代中国近代文化史研究》,中国社会科学出版社,2022年。

76.左玉河:《失去的机遇:中国现代化历程的再认识》,云南人民出版社,2001年。

77.左玉河:《移植与转化:中国现代学术机构的建立》,大象出版社,2008年。

78.左玉河:《中国近代文化史十讲》,人民出版社,2024年。

二、外文文献

(一)研究专著

1. Burton R. Clark, *Places of Inquiry: Research and Advanced Education in Modern Universities*, University of California Press, 1995.

2. D. Ashley., D. M. Orenstein, *Sociological Theory: Classical Statements*, Allyn & Bacon, 1985.

3. Joseph Ben-David, *Centers of Learning: Britain, France, Germany, United States*, Routledge, 1977.

4. M. Goldman, R. MacFarquhar, *The Paradox of China's Post-Mao Reforms*, Harvard University Press, 1999.

5. Mann M., *The Macmillan Student Encyclopedia of Sociology*, Macmillan, 1983.

6 Ulrike Felt, Rayvon Fouché, Clark A. Miller, and Laurel Smith-Doerr, *Handbook of Science and Technology Studies*, The MIT Press, 2017.

(二)期刊文章

1. Bigelow, K. W., "Some Comparative Reflections on Soviet and Chinese Higher Education", *Comparative Education Review*, No.3 April, 1962.

2. Cheatham, T. E., Clark, W. A., Holt, A. W., Ornstein, S. M., Perlis, A. J., and Simon, H. A., "Computing in China: A Travel Report", *Science*, No.182 October, 1973.

3. Collins, R. "Sociology, Proscience or Antiscience?", *American Sociological Review*, No.54, 1989.

4. Dean, G., Macioti, M., "Scientific Institutions in China", *Minerva*, Vol. 11, No.3 November, 1973.

5. Frame, J. D., Narin, F., Carpenter, M. P., "The Distribution of World Science", *Social Studies of Science*, No.4 July, 1977.

6. Herold J., "Sputnik in American Education: A History and Reappraisal", *McGill Journal of Education*, No.3, 1974.

7. Jones, M. P., "Entrepreneurial Science, The Rules of the Game", *Social Studies of Science*, No.6, 2009.

8. Mitroff, Ian I., "Norms and Counternorms in a Select Group of the Apollo Moon Scientists: A Case Study of the Ambivalence of Scientists", *American Sociological Review*, No.39, 1974.

9. Mulkay, Michael J., "Some Aspects of Cultural Growth in the Natural Sciences", *Social Research*, No.36, 1969.

10. Orleans, L. A., "Research and Development in Communist China", *Science*, No.3787 July, 1967.

11. Suttmeier R. P., "Science Policy Shifts, Organizational Change and China's Development", *The China Quarterly*, No.62, 1975.

12. Suttmeier, R. P., "Academic Exchange: Values and Expectations in Science and Engineering", *Educational Exchanges: Essays on the Sino-American Experience*, 1985.

13. Zhang, Y., Chen, K. H., Zhu, G. L., et al., "Inter-organizational Scientific Collaborations and Policy Effects: an Ego-network Evolutionary Perspective of the Chinese Academy of Sciences", *Scientometrics*, No.3, 2016.

14. Zubok, V., "The Soviet Union and China in the 1980s: Reconciliation and Divorce", *Cold War History*, No.2 May, 2017.

时光之书·山河岁月的记忆(代跋)
——写在"新教育史"边上

"全部人类历史的第一个前提无疑是有生命的个人的存在。"

——卡尔·马克思

"世界太复杂,而经验太贫乏。"

——詹姆斯·马奇

"一切过去都具有一种无法实现的期待视野,而现在在面向未来的时候所承担的使命在于:通过回忆过去而得知,我们可以用我们微弱……的力量来实现我们的期待。"

——瓦尔特·本雅明

"人首先是一种把自己推向将来的存在物,并且意识到自己想象成未来的存在。"

——让-保罗·萨特

"没有人能摆脱过去。"

——托克维尔

"历史就是国王的科学。"

——利奥波德·冯·兰克

"从这里看到的不是一个海角,而是一个新的世界。"
"不赞美,不责难,甚至也不惋惜,只求了解认识而已。"

——斯宾诺莎

"操心奠基于时间性。"
"时间性也就是历史性之所以可能的条件,而历史性则是此在本身的时间性的存在方式。"

"从时间性方面就能理解到:为什么此在基于它的存在就是历史性的和能是历史性的,并且能作为历史性的此在营造历史学。"

"无家可归状态变成了世界命运。因此有必要从存在的历史的意义去思考此天命。……马克思在体会到异化的时候深入到历史的本质性的一度中去了,所以马克思主义关于历史的观点比其余的历史学优越。"

——海德格尔

随着一系列校改工作基本完成,本书的写作也即将告一段落。近两千个日子在时光之海的大潮中倏忽而过,一段不短的知识旅程接近尾声。新的旅程亦将开启。一切过往,皆是序章。于情于理,此时此刻,似乎总该简要地回眸一下既往的旅程,也挥别过往的时光。但走笔至此,又不知从何说起。那么,就粗略地重拾一下近年的些微点滴吧。

回眸"昨日的世界":从地方史到全球史、从历史到理论

"我们的存在是一块辽阔的殖民地,有不同种类的人以不同的方式思考和感知。"

——费尔南多·佩索阿

"过去是在某个理智所不能企及的地方,并且丝毫不差地在一些物体中(或在这些物体引起的感觉中)显现出来的……我们能否在有生之年遇上它们全仗一种机会。"

——普鲁斯特

"思考时间就是思考人生……难以捕捉的'现在'要么逃往过去,要么奔向未来;要么已成回忆,要么构成渴望。"

——切斯拉夫·米沃什

"过去被认为是我们随身携带的梦,而它承载着我们;我们必须回到过去,回到它最黑暗的角落和隐蔽之处,才能从中醒来。因此,历史的觉醒是一个辩证的过程,在时间上既向后又向前。"

——瓦尔特·本雅明

走向"大大学"和"大科学"
——中国高等教育及知识系统变革研究

  本书主体部分完成于2020年至2022年夏,酝酿的时间则更长。它是我近年许多工作中的一部分;而更多的探索,则沉淀于我近一年来的系列书写中。但无论如何,它都可算是对本人近年思考的一个非常粗浅的初步小结,是近年时光的痕迹。本书内容兼及近代和当代,且在总体上侧重于对当代史的研究。我对当代史及长时段变革关注有年,因此,这项研究的开展并不突兀。但它最终以这样的方式呈现于世,实属意料之外,也是机缘巧合。在史学中浸泡多年后,个人对当代问题不算陌生,也发表过一些作品,但还很难说对此有系统的研究。本课题的开展改变了此局面。

  本研究启动的直接动因是2018年夏的一个偶然的选题。在那之后的一段时间内,我又很意外地先后受命深度参与了其他几项重要课题。在2018年底至2020年冬,我先后随团走访调研了京津、江浙沪等地的近20所高校和科研院所。这是我近年来又一次比较密集地参访各高校第一线并进行田野工作。这一系列调研为我新增了许多鲜活的感性认识和实践经验。这些课题均属现实问题研究,与我原先的学术专长(文史研究)有相当大的夹角。然而,正是它们在不经意间拓宽了我的视野,更新了我的认知。这一切,或许也已很自然地融入了本书的写作中——诚如本雅明所言:"讲故事的人的种种生活痕迹也会印在故事中。"

  本书讨论的问题之一,是20世纪中国史中的"两截"现象。在学界长期以来盛行的历史书写中,20世纪中国史的前半叶和后半叶几乎成了迥异而断裂的两截,处于无甚关联的平行世界里。事实是否确乎如此,似仍可存疑。应当说,二者之间的裂变显而易见,但其中的传承和连贯性也不可忽视;20世纪中国社会政治史的变革甚为频繁,而中国知识史教育史在某些向度上则保持着强大的惯性、韧性和连续性,学术体制与思想市场亦与此关联。如何将这百年中国知识史置于全球知识史(思想史)中重新审视,获致一贯的认知、合理的解释和深度的理论开掘,无疑是一个新的探索。此外,学界对于20世纪五六十年代的中外知识交互,除了极个别研究关注到留学生选派问题外,对其他议题的深度研究仍相对匮乏。总体上,对20世纪40—60年代的历史书写,学界长期以来更多地关注其"变"的一面而忽视其

"常"的一面。但前者显然并非历史进程的全部。应当承认,在这历史的裂变中仍有某种延承,有许多东西比较直接地得到了传承,或以间接而隐晦的方式续存和转存下来。它们构成了"常"的一面。例如,社会的世俗化、教育的大众化、大学的多元巨型化、知识体系的科学化、知识生产体制化、知识国家化和全球化等,都是一以贯之的长程趋势,都穿越了1949年的分水岭。

以上研判与学界主流言说并不一致,但或许并非毫无理据。此种认知的生成,可能与个人的知识结构、问题意识和观测视角有关。多年来,对许多问题的好奇心始终内在地驱动我的阅读、写作和思考。从问学伊始,我就与科班出身的研究者有所不同。在很长的求学和治学生涯中,我从未受限于特定学科,总是游弋于不同学科领域之间,先后听过几乎所有文科院系的课程。因此,我的问题意识可能要比学科意识更明显些。这种知识经历使我更心仪于综合性的跨学科研究,而非深度限定于某个细分的学科领域常轨中的知识制作。这种路向,无从取法;除了转益多师、师法自然,唯有反求诸己,以无法为有法。因此,在漫长的时光里,我只好一直摸索着真正属于自己的道路。2018年起,我的知识探索走到一个新的关口,面临着又一次转型。在当时的环境下,诸多艰难的挑战扑面而来。所幸,转机终于慢慢浮现。2020年暮春时节,在写一篇文章的时候,我似乎忽然隐隐约约体会到何为理论、何为理论思维,遂油然萌生出一种"做理论"的感觉。至此,理论已不再是一个静然的名词,而是一个充满经验质感和生命动感的动词,丰盈着新秩序和生命活力不断涌现的活泼泼的势能。至此,我对某些问题似开始有初步的体悟。进一步地,在2022年秋冬至2023年春夏的某个时段,一直祈向的某个未来图景,似乎忽然抵近了。预想中的景象不期而至。十余年的求索,至此终于曙光初显。在此刻,多年来涉猎的诸多学科,仿佛不约而同地开始合流,历史和理论/哲学也走向融合。我从未想到这个治学的路向会在这样的时刻、以这样的方式抵近。

于此,我似乎逐步趋近了一直向往却略感畏难的"中西交通之学",趋近了真正属于自己的知识领地。昔与今、中与外、历史与理论、实证与思辨在这里渐趋合体,"古今中西"于此日渐聚合(在古典学方面,尤其需要感念的是《论原初遗忘》《哲学如何成为苏格拉底式的》等几部书）。这或许正是我多年来一直默默求索的路径。尽管我在文史之学和教育学中徜徉有年，但在踟蹰多年后，最终还是在自己少年时代就开始酷爱、大学时代持续涉猎的哲学、社会学、地理学、政治学、组织行为学等一组学科群中找到了新路。当我在理论方面悠游于政治哲学、知识社会学、历史社会学及人文地理学，在历史研究方面涉足区域研究、全球史、跨国史等一见如故的领域之后，我终于发现，那种充满新奇与挑战的探索，正是自己寻寻觅觅心心念念的劳作。而这，显然与我多年前开始的研究已颇有差异。

超越因果律，走向"新教育史"：跨域研究与历史开掘的理论综合

"所有事实本身已经是理论。"

——歌德

"没有理论，就没有反省的人生。"

——特里·伊格尔顿

"因果关系只是关系的可能形式之一。关系的绝对化导致世界和经验的贫乏。世界是否有魅力，取决于事物能否在因果关联之外形成各种内在联系，以及它们能否交换秘密。……有魔力的或诗意的世界关系意味着，人与物由一种深刻的共情联系在一起。"

——韩炳哲

"历史意识又含有一种领悟，不但要理解过去的过去性，而且还要理解过去的现存性……这个历史的意识是对于永久的意识，也是对于暂时的意识，也是对于永久和暂时结合起来的意识。"

——T. S.艾略特

"奇迹或障碍，一切或虚无……任何事物都取决于一个人对它的看法。不断采用新方法去看问题，就是一种重建和续添。……一个背靠岩石而眠的人，那里就是整个宇宙。"

——费尔南多·佩索阿

在博士阶段及之后的若干年内，我个人主要研究兴趣在对大学及学术

制度的研究,切入点则主要是以北大、清华为中心的北方学术界和以中央大学、金陵大学、圣约翰大学为代表的华东学术界。此外,对于地方史或城市区位研究(特别是京沪宁等中心城市),我亦曾有所涉猎。其间,我关注的重心是北京——近代东方的文化城,其次是上海——蜚声远东的"魔都"、国际化程度最高的中国名城。对相关校史的研究则是我的首要用力点。校史关乎国史。校史研究绝不仅仅涵盖学校的变迁史,它有更丰富的意蕴。当时我对中国史的关注,主要限于思想文教层面,对军政、外交、社会经济及物质等层面关注有限,对理论和方法论的关注更显不足。这些都亟待补课,需要系统性地补齐短板。这无异于对自我全部知识积淀的反思和重塑,几乎一切都要从头再来。难度不言而喻。和许多偏重实证的治史者一样,彼时的我,方法论意识甚为薄弱,对于诸般方法,要么是有所感知但未窥真义,要么则是毫无认知。这一阶段,我接触较多的无非是个案研究、叙事研究、深描、比较研究、文本细读、语境分析、复调技法,以及无意间偶然试用过的时间序列分析、集体传记分析、访谈法等。而所写作品的类型大都属溯因研究或阐释(解释)性研究,所做工作亦无非是机制解释或因果寻绎,[1]始终未能深入学术探究的最内核。此种写作缺乏学术辨识度,更遑论理论意蕴(对此,我在《清华大学文史哲谱系》一书的写作中,感受尤深)。

而当我真正进入社会科学、涉足方法论领域时,才发现,看似单纯的"方法",竟是如此繁复。除了前述方法,文本分析、话语分析、制度—结构分析、过程—事件分析、比较历史分析、生命历程分析、社会网络分析、观察法、扎根理论、数理统计、结构方程模型、模拟仿真等,在社会科学研究中亦甚为常见,各擅胜场。各家各派对方法的论争由来已久,但就理想意义而言,研究方法或许并非纯粹的技术问题,它本身往往也蕴含着视角、观点、理论、范式乃至哲学取向。在此意义上,"方法"的重要性,无论如何估价都不为过。英国科学家皮尔逊认为:"整个科学的统一仅在于他的方法,不在于他的材

---

[1] 当然,这也可以理解。毕竟"人类渴望理解经验,这一渴望渗透在大部分的学术研究中,还渗透到大部分的生活中"。见詹姆斯·马奇:《经验的疆界》,丁丹译,东方出版社,2011年。

料。"此说或有夸张,但绝非孤例。波兰尼也宣称:"科学家靠科学的技能来操作。科学家正是通过行使自己的技能而造就了自己的科学知识。"[1]方法的效用之一在使研究对象和过程精准化,实质性地增强研究的思维力度和可操作性。此种化繁为简,可使其议题/知识颗粒度逐步聚焦、缩小,"直到小得不可能失败为止"(斯蒂芬·盖斯语)。

正是带着前述的种种不足,我开始了自己甚为盲目而崎岖的摸索之路,其一是历史化的努力,其二是理论化的努力,其三则包括方法论的涵泳。其间,虽屡经挫折,但仍不无寸进。与其他研究(如传统的教育史研究)相比,个人近年的写作,在视角/视野、史料、理论和方法等方面均有新的尝试。由此,"新教育史"的景观亦隐隐然渐次浮现。

这种进展得益于我个人近年的工作实践和运思进路的变迁。我是在参加工作后,才开始将研究重心更多地由人文学领域转向社会科学领域,进而真正实质性地持续接触社会科学研究,深切地体察到历史科学与社会科学各自的特点。应当说,无论是问题意识、致思风格、知识生产方式还是精神气质,二者均有显著差异。在总体上,前者仍以人文性、个体性、独异性著称,而后者则在科学化的道路上高歌猛进,也更具效率、更显标准化和可操作性。以时序(temporality)描画为轴心的历史研究,和以构序分析为基轴的社会科学研究,分别循不同的轨道而行。二者关系往往颇有张力。史家往往坚信"一切科学都是历史科学"、坚信史学才是最"硬核"的人文社会科学,并苛责社会科学家对历史实体的微妙和独特性体察有限,以至于凌空蹈虚、过度理论化(或理论/观点先行);而社会科学家则对历史研究的知识范式和看似"初级"的研究技法(特别是因果解释的研究程式)不以为然,始终在敦促历史学家"将其研究技术现代化"。[2]在社会科学家看来,这并非无因。在理论上,史家理应秉笔直录人情世事及物理,但其实际效果却往往让人惶

---

[1] 可参见赖立里、张慧:《如何触碰生活的质感——日常生活研究方法论的四个面向》,《探索与争鸣》2017年第1期;赵锋:《日常生活研究的方法论:一个初步的探索》,社会科学文献出版社,2023年。

[2] Jacques Barzun and Henry Graff, *The Modern Researcher*, Harcourt, Barce, 1957, p.221.

感。史家"呈现着人类有组织的记忆,而这种记忆作为书面历史,可塑性相当大";在不同史家间,"它往往会发生剧烈的变化"。史家的工作始终面临着相当程度的不确定性,他"无法回避对于事实做出某种筛选"[1],也无法回避对事实的意义做出倾向性的解释。从科学化研究的自律性或学术性等方面说,这无疑隐含着巨大风险。但很多治史者对此鲜有自知。历史研究所面临的巨大危险,"使其成为最具理论性的人文学科之一",也使得许多史家那种"茫然不觉愈发让人印象深刻……更让人无法安心"。当然,若把史家的产品视为"一份庞大的档案,所有社会科学都不可割弃这份档案"[2],那么二者仍须相互倚仗、交相为用,须臾不可分。体察到它们之间的这种关系,使我对历史社会科学研究更多了几分清醒和新见,也试图保持更适当的分寸感。

以上是我近些年来观察体会的一小部分。它与其说是偶然兴致,毋宁说是受益于实践本身。总体而言,参加工作之初,在各种现实因素的推动下,我开始更多地关注近代中国的整体史,并逐步深入社会科学研究的内核中;近年,我则更多措意于国际问题,兴趣焦点也从院校研究及地方史转向区域国别研究及全球议题,对社会科学方面的介入也有所推进。多年的濡染,改变了我的思维风格和写作样态。在历史方面,我的兴趣从大学史扩展到知识史,拓展到整个知识系统(其中不仅包含知识的生产与再生产、编码与解码,也包含知识的存储、审查、传播和运用等);它不仅涵盖大学,也包括科研院所、学会、基金会、报刊媒体和图书馆乃至整个知识共同体。此外,我还有意识地加强理论方面的工作,把历史思考融入理论创构中。此外,一系列课程教学工作也推动了我的思路转变。如果说某些历史类课程还比较贴近自己原先的专长的话,那么一些理论性和方法性很强的课程,则与我相对生疏。因此,进入新的工作领域后,为适应现实需求,我的学术重心不得不从传统的人文学转向现代社会科学、从实证转向实证与理论并重。这无疑是个不小的挑战。

---

[1] C. Wright Mills, *The Sociological Imagination*, Oxford University Press, 2000, pp.144-145.
[2] C. Wright Mills, *The Sociological Imagination*, Oxford University Press, 2000, p.145.

… 走向"大大学"和"大科学"
——中国高等教育及知识系统变革研究

为此，我这些年中颇费了一点时间补课，并于此间重点做了几项工作：在历史研究方面，尝试打通近代史和当代史，打通中国史和全球史（特别是东方研究）；在理论方面，持续补课，尝试兼顾历史研究和理论研究，历史与理论并重、历史学与社会科学并重；积极尝试科际整合，在原有的史学及教育学基础上，着力统合社会学、政治学/行政学、区域国别研究、国际问题（特别是世界政治）研究等，并注重知识的整体性和不同学科之间的可通约性。此外，方法论也成为我的关注重点之一。在数年间，我持续推进理论及方法论的训练，借以提升哲学素养和理论思维能力。为此，我对认识论/知识论（第一哲学）、政治哲学、科学社会学、社会科学哲学、社会工程哲学、计算社会科学、文献计量学、行为科学及学习科学等已有所涉猎，对国家理论、政治理论、社会理论、组织理论、知识理论、制度理论、批判理论及区位理论等均有措意（本书附录部分特地收入了近年关于知识论的习作）。这种探索，是一种知识旅行，亦不啻一场战斗，可谓"以今日之我攻昨日之我"。经此之役，后续的学术发展方向遂与自己长期以来的志趣持续趋近。

自然，此间我的学术旨趣也经历了明显转变。我自然很关注制度、思想、活动和情感，关注制度与结构、能动（agency）、事件的交互，也始终关注每一个体的命运、每一个体的无比丰富的经验生活（如生活世界、工作世界），注重他们的生命历程；但私意最关切的，可能还不是短程的事件，不是个别的人物、制度的变迁或思想的嬗递，而是中长程的结构和大势，是大国兴衰、文明枯荣、世运明晦、道术得失和众生冷暖，是政治体的变迁和文明体的衍生/交互。当今世界又到了一个历史的十字路口，人类重又面临何去何从的抉择。值此紧要关头，真正有历史意识的知识人理应关怀当下和直面未来，顾念到重塑国族的知识系统以应现实之需，以夯实其根基，构建理想秩序。这是思想者应有的时代自觉。而这，也正是不佞在20世纪90年代问学之初就开始萌生的核心旨趣和根本关怀，正是驱动我持续深入探索的好奇心和原动力。当然，对这些问题的理解，需要足够的视野和站位，更需要历史洞察力和政治想象力。唯此，才能探明历史的规定性、当下的复杂性及未来的可能性。我们的智识探索，显然也应循此职志，以究天人之际，窥天人之学。

时光之书·山河岁月的记忆(代跋)

经过多年的知识漫步后,我开始意识到,自己最关切的可能还不是传统意义上的大学史(教育史/知识史),也不是中外关系史,而是全球史/跨国史与社会科学深度融合的智识探索。考虑到教育教学工作需要,我的主攻方向逐步聚焦于跨学科研究,特别是全球/跨国知识史(教育史/大学史),并由此衍生出对"新教育史"的尝试。由此,我的核心议题遂锚定于"大学""权力"两个研究集群。它们由此成为我学术探索的工作重心。大学是现代社会的轴心机构,更是现代人类精神生活的中枢和最重要的知识场域。很长时间以来,各国乃至全球最具智慧和权势的人物均聚合(交汇)于此。这样一个强大的能量场,足以塑造一个时代的格局、高度和气质。因此,大学研究无疑有必要成为重要的议题(其中,全球各国名校及精英间的交互与竞合,则是我尤所关注之点)。而权力则是整个社会科学的中心概念,它深刻地关切"谁、如何得到什么?"等关键议题。在这样一个复合型结构中,知识与权力油然邂逅并深度融合。它们共同构成了世界历史的内在推力。

世界历史的开展是一个复杂的绵延过程。"历史是一堆灰烬,但灰烬深处有余温"(黑格尔语)。其"灰烬"可能意味着无限的时间荒野,亦可能意味着一将功成万骨枯;然其"余温"或许就包含人的灵心善感,内蕴着"灵魂觉醒,思想升华,人格独立"。这才是其"真正的才华"。正是它,使得众生能创造性地思考,能"囊括宇宙""通向无穷",成为宇宙中神奇的"芦苇"。

历史、记忆与情感:如何剖开时间之谜、抵近原初世界,创造更多的可能性?

"只有时间的距离才能使我们看清现实,而不至于用我们的激情来扭曲现实。"

——切斯拉夫·米沃什

"过去随身带着一份时间的清单,它通过这份时间的清单而被托付给救赎。"

——瓦尔特·本雅明

"意识只在有记忆痕迹的地方出现。""'记忆的残片'经常是最有力、最持久的。"

>——西格蒙德·弗洛伊德

"回忆功能是印象的保护者;记忆却会使它瓦解。回忆本质上是保存性的,而记忆是消解性的。"

>——雷克

"感觉我们所看的对象意味着赋予它回过头来看我们的能力。这个经验与非意愿记忆的材料是一致的。"

"气息(Scent)无疑是非意愿记忆的庇护所。"

>——瓦尔特·本雅明

"希望和失望也绝不能是善。……希望和失望都表示知识的缺乏,和心灵的软弱无力。"

>——斯宾诺莎

"他们对过去的看法使他们转向未来,鼓舞他们坚持生活,并点燃了他们的希望……他们相信,存在的意义将在其进化过程中越来越清晰。他们回首过去,只是为了了解现在,并刺激他们对将来的渴求。"

>——尼采

"真正具有历史意义即群星闪耀的时刻来临之前,必然会有漫长的岁月无谓地流失而去,而这一时刻一旦出现,却将对世世代代做出不可改变的决定,它决定着一个人的生死、一个民族的存亡,甚至整个人类的命运。"

>——斯蒂芬·茨威格

历史绝非私产,它是公共知识、公共财富。它可以是任何人的兴趣。作为兴趣的历史读写,大可率性为之,然而专业的历史研究自有其章法。要深刻地理解多面多义的历史殊非易事。一个真正的历史研究者,必须首先是一个好的观察者和思想者。在注重对现代世界进行理性化审思的斯宾诺莎看来,对社会历史的观察须力戒情感的涉入,"但求了解认识而已"。然而,知者也指出:"没有纯粹的观察:观察会被理论渗透,而且是由问题和理论所引领的。"① 观察与理解的分寸把握是一门艺术。尤其是在近年史学研究经

---

① Popper, K. R., *Logik der Forshung*, Mohr Siebeck Press, 1934, p.76.

历着情动转向的环境下,这更具难度。

　　历史(及时间)研究常常源于记忆、关乎记忆,引生怀旧情结。三者紧密纠缠。对此,素来是见仁见智。西蒙娜·薇依宣称:"有两样东西不可能被简化为任何理性主义:时间和美。"本雅明则称:"那种使我们在美之中的欢悦永远得不到满足的东西是过去的形象,即波德莱尔认为被怀旧的泪水遮住了的东西。"历史书写是记忆与遗忘的斗争,而"记忆是抵抗时间的唯一方式"。历史的重要价值之一,在于保管人类的记忆。对族群而言,没有记忆就无根,但若沉溺于记忆则无未来。现实中人,只能存在于当下,只能面向未来。没有现实根基的记忆是无力的。[①]这客观上要求历史写作须在记忆传承与图景重塑之间求得精致的动态平衡。这应成为一种思想自觉。历史研究往往被要求去寻觅或建构"一个优于今天的时期"[②],"探索这失去的时代"。但实际上,它"不是对唯一的过去的救赎"。"过去的重要性只存在于和现在的特定的关系","救赎过去是为了即将到来的时代"。[③]"回忆并没有使人封闭……相反地,它导致了更开放的想象。它的精神不是怀旧。"因此,历史书写不应成为记忆的替身或仆役,它应与记忆维持必要的距离,以保持必要的超脱性和批判的活力。它需要思维的警觉和思想的力度及锐度。简单地把历史等同于记忆,动辄进行移情,这种贩卖故事(story sell)本质上不过是"贩卖情绪"(emotions sell),那无异于"心灵的怠惰"(本雅明语)和"思想的贫困",势必背离历史研究的精义。"情绪源于大脑边缘系统",倘或放任历史书写随意移情、诱生共振,很可能使情绪规避"有意识的控制和批判性的反思",进而"越过理智对我们的行动施加影响"。[④]其影响虽难预卜,但无疑很可能拉低人们的心智水平、阻滞良序的生成。

[①] 人类记忆和对过去的书写亦确乎如此。诚如本雅明所言:"正如花朵总是朝向太阳一样,通过一种隐秘的趋日性,过去也竭力朝向在史学天空中冉冉高升的太阳。"
[②] 董玥:《民国北京城:历史与怀旧》,生活·读书·新知三联书店,2014年,第298页。
[③] 董玥:《民国北京城:历史与怀旧》,生活·读书·新知三联书店,2014年,第301页。
[④] 韩炳哲:《叙事的危机》,中信出版社,2024年,第86页。

任何人都是历史的遗痕,都是历史、文化(环境)和基因的产物。①每个人都生活在自己所织就的意义之网上,生活在自己思想的限度中,深受各自"洞穴"的约束。在马克斯·韦伯看来,"我们这个时代的命运,首先是世界的祛魅"。而一旦祛魅之后,人们开始愈益沉迷于对各自利害悉心进行无度的理性筹划。睿智的本雅明等,虽曾"逆流而上,重振史纲",然终究无济于事,只能搁置"我们称之为过去的梦想"。晚期现代的变迁,在终极意义上消解了实在感和意义感,阻遏着人类与大地之间的血脉关联。精神大厦的基石黯然崩坍。一个个族群日益裂解为无数原子化的个体。在主体获得个性解放的同时,社会团结也面临着空前挑战。于是乎,"一切坚固的东西都烟消云散了",剩下的是一个"分崩离析的世界"。②"现代性就是过渡、短暂、偶然。"在这"风险社会"或"流动的现代性"中,面对"液态社会(现代性)",每个例外悬临的"赤裸生命",都在时时遭逢着高度不确定性。不确定性似令人疑惧。然而,究其实,人正是在为可能性而活,而可能性则孕育于不确定性之中。"近20年来,无论是物质还是时间和空间,都不再是自古以来那个样子了。"时间已"被压缩为一条狭窄的现时轨距(Schmalspur des Aktuellen),失去了其本身的深度与宽度。对更新的强迫性追求破坏了生活的稳定性"③。人类历史正在经受着"如此伟大的革新"(保罗·瓦莱利),唯一不变的是变化本身。"显而易见,经验贬值了。……当年坐马车上学的一代人面对着自由天空下的风景,除了白云依旧,在毁灭和爆炸的洪流力场(Kraftfeld zerst Örender StrÖme)中,是渺小脆弱的人的身影。"④与具有未来叙事和进步叙事的现代相比,"晚期现代失去了奔向新事物或从头开始的革命激情"⑤。"政治叙事的意义在于……描绘可能的世界。如今我们缺失的正是给我们

---

① 用费尔巴哈的话说,便是"人是人的作品,是文化、历史的产物"。
② [英]特里·伊格尔顿:《理论之后》,商正译,商务印书馆,2009年,第22页。
③ [德]韩炳哲:《叙事的危机》,中信出版社,2024年,第22—23页。
④ [德]韩炳哲:《叙事的危机》,李明瑶译,中信出版社,2024年,第18页。
⑤ [德]韩炳哲:《叙事的危机》,李明瑶译,中信出版社,2024年,第22页。

带来希望的未来叙事。"①——置身于东亚社会的人们,对域内生活的种种想必各有足够丰富的独特体验,对"时空压缩型现代化"、对"空间膨胀时间荒"等生活世界和工作世界中的一切或许并不陌生。而一旦面对旧物新颜,我们可能就面临言说的困境,"由于我们不可思议地回到了曾经的过去,因而,也就回到了埃及人的表达水平上"(阿贝尔·冈斯语)。

对世界(包括人)的认知是一个多向度的无止境的进程。判断力和洞察力至为可贵,也实属难能。这绝非易事。个人的知识、阅历、记忆、利益、立场、偏好和信仰等,往往都会干扰我们的判断,更不用说信息屏障、社会结构、意识形态、时代思潮和时尚等更有着不可忽视的影响。同样,情感因素也会干预我们的判断、阻碍我们旷达的视线,甚至蒙蔽我们的双眼,制约我们形成更宽广、更敏锐和更具创造性的心智。有论者指出:"理性需要情感才能做出正确判断,而情感奠基于身体的记忆及感受。"②此为的论。情感当然可能成为学术研究的动力(社会情感研究已然成为学界热点,"情动力"事实上也确已成为人文社科研究中的核心议题)③,但缺乏节制的情感,无疑将诱使认知偏离事实。"理性的铁笼"固然有之,但完全失控的非理性,又何尝不会成为另一种铁笼?浪漫主义的历史书写诚然有其价值,而我们当下更需要的可能还是科学的或实证主义的历史书写。历史并不拒绝教化功能,但这种教化须有坚固的事实基础,而不能超越其社会实在性,逸出或背离事实本身。否则,这种历史书写将更"令人不安",更损伤其学术性。看待历史需要温情和敬意,同时也需要对情怀有所节制、对非理性因素适当过滤,唯此才能卸去情感的滤镜,更好地深入认知原初世界。历史研究者尤其要力避带着个人情感进行高度选择性的史料筛选和强制阐释。一个人要成为合格的治史者,就必须真切地体察和理解历史实体的驳杂、多元和艰难,直面历史的暗面、皱褶和创伤。这理应是治史者的"基本修养"。

---

① [德]韩炳哲:《叙事的危机》,李明瑶译,中信出版社,2024年,第87页。
② 详见 Antonio Damasio, *Descart's Error: Emotion, Reason, and the Human Brain*, Avon Books, 1994. 转引自彭小妍:《自序》,《唯情与理性》,九州出版社,2023年,第7页。
③ 彭小妍:《自序》,《唯情与理性》,九州出版社,2023年,第8页。

一般地说,历史书写与文艺创作有所不同,它需要对浪漫主义保持自省,要约束个人的情感因素,对事实负责,要有更深远宏阔的关怀。深度的历史研究(包括社会科学研究)必须建立在扎实的事实基础之上,而不是一般性的欲念、情怀和想象的基础之上。卡尔·萨根提出:超凡主张,需要有超凡证据(Extraordinary claims require extraordinary evidence)。科学方法绝非尽善尽美,但它能进行"有意义而且精准的实验",则足以弥补其逻辑缺陷,[①]实现自洽或闭环。历史研究当然不等同于自然科学和工程研究,历史科学不可能也未必有必要追求纯粹科学意义上的科学化,但它仍有其科学性,仍应追求科学研究的客观性、精确性、彻底性,追求理论的简洁、融贯性和统摄力。在此方面,无论是兰克史学还是德国历史学派,还是奥地利学派、爱丁堡学派、默顿学派、伯明翰学派、剑桥学派、哥伦比亚学派等,都不乏创见。历史书写的彻底性总要受制于时代,总要迁就于现实环境。但史学之所以能在社会多方重压下仍成其为科学,就在于它始终能保持自律、能保持自己的内在品格。它或许无法"知无不言",但至少仍应坚持"有几分证据说几分话,有七分证据不说八分话"的底线。"精确是职责,不是美德"(豪斯曼)。"确凿的细节具有巨大的修正作用。""材料的选择决定了最终作品的质量",二手文献"有用,但也有害"(塔奇曼语)。素材的精准辨识和严格审查、方法的适切选用、情感的节制、思想的锤炼、语体的打磨……其中每一方面,都需要贯彻科学精神。科学追求普遍主义、公有主义、无私利性、有条理的怀疑态度。它是普遍主义精神最强的领域。历史研究正是要践行这种科学精神,跻身世界潮流,参与全球思想的奥林匹克竞赛。只有贯穿了这种科学精神的历史学,才能在经受科学洗礼后,迈过"真"的门槛、进入科学之门("必然王国"),进而,才有资格跻身"艺术/哲学/诗学"的殿堂,进入"诗艺之境"("自由王国"),臻至诗性写作和哲思创造。也唯有如此,我们的求索才能抵近历史研究中那"崇高的梦想",不负学术共和国的承诺和宏愿。然而,目前仍有相当一部分写作流连于前科学阶段(口号式、标签式、脚注式、报告式的写作

---

① [美]迈克尔·斯特雷文斯:《知识机器》,任烨译,中信出版社,2022年,第269页。

并不鲜见),连科学之门槛都尚未跨入,更遑论哲学高度和思想贡献。

方今之世,数字革命深刻重塑了学术范式和历史书写。但优质的历史书写仍应扎根历史、放眼全球,在个性化思考的同时,反映我们"共同的过去和共同的未来"、反映我们共同的经验世界、心灵生活和时代关切。在更理想的意义上,它还应该有益于世道人心,有助于社会变革,有助于我们以更健全更强有力的心智去创造更高品质的精神生活和公共福祉。它还应该在人类智识的巅峰和"世界历史"的思想制高点上,探求最具本质性的世界性议题,为人类做出实质性的知识贡献。

"过去即异域"(The past is a foreign country),过去也是原乡。历史寄寓着我们的情怀,保管着我们的记忆和梦想。时间是历史的容器,"所有一般现象……都在时间中,并必然地处于时间的关系中"(康德语)。正如人文地理学是关于空间的科学和艺术一样,历史研究是关于时间(包括物时间、身体时间等)的科学和艺术。时间性是其本质属性。存在先于本质,存在性也依赖于时间性。时间若消解,一切都将不复存在。核心思想家海德格尔的《存在与时间》正是由此而勘破了世界的奥秘,揭开了现代性之谜。[1]显然,如此复杂的时间不可能是单线的,它是有张力、有层次的,也有其情感意蕴和政治强度。布罗代尔关注时间的社会性,而时间的空间化、空间的时间化则显然并行于世,在现代社会中尤其丰富的面向。本雅明指出:"时间肯定不是均质的、空洞的东西",历史也"不是坐落在同质、空洞的时间之中,而时间完全是由当下的现在(Jeztzeit)所充实的"。历史绝非时间的简单叠加或机械衔接,它往往是"层累"而成。有的史家和哲人深谙时间的多义性[2]和绵延性(如哲人伯格森就与牛顿、爱因斯坦持迥然不同的时间观,他认为"时间的本质就是绵延","绵延就是人类的主体意志参与的过程,就是生命本

---

[1] 王晓升:《现代性视域中的历史概念——本雅明的历史观剖析》,《学术研究》2018年第6期。

[2] 如物时间与身体时间,以及物理时间与哲学时间等诸多界分。

身"①),洞察到历史的时间性和空间性(如布罗代尔),体察到写作中的空间生产(如列斐伏尔)。一段时间以来的历史研究,也出现了叙事转向、空间转向、情感转向乃至图像转向等新趋势。阿尔都塞认为:不同的结构层次有不同的时间性,"连续的和同质的时间模式……不能再当作历史的时间"。近代德国历史学把历史进程看作是"绝对思想"的产物,或是个别"历史人物"的创造;认为历史的发展是神秘的不可认识的"自在之物":以浮面描写代替历史解释。因此,马克思和恩格斯批判德国"从来不曾有过一个历史家"②。

历史是向后看的艺术,需要有超越性的眼光和反身性思考,尤其需要"反身性历史感"使之更具批判的光芒和现实感,需要"前瞻性历史感"借以平衡今昔。随着时光流逝,个人越来越关注的是直抵原初世界的科学的史学,而不是带着情感滤镜的诗性写作、基于情怀的浪漫主义书写。

重塑历史社会科学:瞻望历史、理论、方法圆融的天人之境

"技术使人的感觉中枢屈从于一种复杂的训练。"

——瓦尔特·本雅明

"真正的景观是我们自己创造的,因为我们是它们的上帝。它们在我们眼里实际的样子,恰恰就是它们被造就的样子。"

——费尔南多·佩索阿

"每一天世界上都会发生一些事情……它们每天都被提起,然后又被遗忘,它们以同样神秘的方式出现和消失,它们的奥秘逐渐被遗忘。这就是无法被解释的事物注定会被遗忘的规律。有形世界像往常一样在阳光下继续向前发展。他物则在阴影下注视着我们。"

---

① 雄二:《伯格森——时间的本质是绵延》(2023-05-24),https://mp.weixin.qq.com/s/BFN-8kTAOaVevsEFoO9mNw。柏格森认为:"一种组织的过程和对不同事物的感知互相渗透的过程相继发生,这纔(才)建立了真正的绵延。"亦有论者诠释道:在伯格森看来,"时间的本质是绵延,一个个瞬间相继而起没有丝毫断裂,而数学等科学则把时间断裂碎片化"。查尔斯·兰姆则表示:"时间与空间是让我最为困惑的事物;然而,我最不在乎的也是它们。"

② 参见李孝迁、胡昌智:《兰克在新中国史学界的境遇》,《史学史研究》2021年第1期。

时光之书·山河岁月的记忆(代跋)

——费尔南多·佩索阿

"曾经的旧貌依然是今后的新颜。"

——费尔南多·佩索阿

人类是"靠对自己的记忆而活的,就是说,活在历史中"(米沃什语)。历史是人类赖以存在的基础,也历来是意识形态和国家知识生产的重心。古往今来,关于历史,无数智者仁人留下了俯拾皆是的精彩论述。"没有历史的社会科学无根,没有社会科学的历史无果。""历史是关于过去的科学,也是关于现在的科学。""历史是由活着的人和为活着的人而重建死者的生活。"对历史档案的研读,则"是带着我们通往过去的长征"[①]。马克思、恩格斯认为,没有"广泛的实证知识,没有对经验历史的探究",绝不可能为"为全部历史创造一个全面的结构"。马克思在其《经济学手稿(1861—1863年)》中说:"我们的方法表明必然包含着历史考察之点。"恩格斯也关注"历史主义"(histograms),他直言:"我们根本没有想到要怀疑或轻视'历史的启示',历史就是我们的一切,我们比任何一个哲学学派甚至比黑格尔都要重视历史。"普勒姆(J. H. Plumb)则表示:"自从文艺复兴以来……历史家一天天趋向于探究往事的真相,并希望由此建立有历史根据的社会转变的轨迹。"E. H.卡尔亦称:好的历史学家"要确信将来。除开'为什么?'这个问题以外,历史学家还需要问另一个问题:往何处去?""把历史设想成为一种连续的发展,不仅是谬误的,而且是矛盾的。""原始人不喜欢历史,也不希望有历史。我们的社会则不同,我们试图通过撰写历史来弄清过去和现在,以便确定未来的方向。"历史是史家与史实之间"互为作用的过程","是现在与过去之间永无休止的对话"。

除历史外,理论与方法也是不可回避的议题。最近数十年来,由于宏大叙事日渐逊位于"小型叙事",宏大理论日渐式微,人们普遍认为学界已落入"后理论时代","集体性的观念"也很难成为世人的依赖。[②]关注他性(other-

---

[①] 方德万:《中译本序言》,《潮来潮去——海关与中国现代性的起源》,姚永超译,山西人民出版社,2017年,第3页。

[②] [英]特里·伊格尔顿:《理论之后》,商正译,商务印书馆,2009年,第22页。

ness-essence/para-behave)新自由主义的劲流更是从内核上消解了传统的宏大理论。但严格来说,理论并未退场,理论研究仍在继续。形形色色的理论仍蛰伏于历史深层,以潜流或暗河等方式参与着人类经验生活和知识进展。当然,"如果理论意味着对我们指导性假设进行一番顺理成章的思索,那么它还是一如既往地不可或缺"①。其中文化理论还一度春风得意,"似乎等量齐观地融合了政治与文化"②,并助推着"激进政治生机勃勃"③。知识政治(学)蔚盛一时。

与叙事一样,理论也是强有力的武器。它"构想出一种将事物联系起来的秩序……它发展出能够使人理解事物的概念关联。……理论给予我们认知的最高形式,即理解(begreifen)"。"理论作为闭合形式将事物统摄于一套概念框架中,从而使其便于理解。"理论总是关联到现实,"甚至最精妙深奥的理论也有历史现实的根源"④。伊格尔斯自信地称:"如果它注定要和雄心勃勃的全球历史紧密结合,它一定有着自己可以回应的资源,其深度和广度与自己所面临的局势相当。"⑤罗伊·苏达比(Roy Suddaby)指出:"理论是将概念性次序强加于现象世界的经验复杂性中的一种方式。"正如巴哈拉赫(Bacharach)所观察到的那样,理论提供了"一系列边界假设和约束条件下的概念之间关系的陈述",它"以高度抽象的方式反映了一门学科的知识库组织化"。然而,"理论的作用远不止将知识整理和抽象化,它同时也昭示着知识赖以建立的价值。正是在这种理论、知识和价值之间朦胧的关系中,我们才开始对理论的共识出现分歧"。经验主义者"将理论视为一种知识积累的方法"。他们"看中理论捕获和概括现象世界的能力","他们对于理论之间的关系有着达尔文式的理解,认为理论之间在捕获现实的能力上存在着隐含的竞争。随着时间的推移,理论会在接近和预测现实的能力方面不断

---

① [英]特里·伊格尔顿:《理论之后》,商正译,商务印书馆,2009年,第3页。
② [英]特里·伊格尔顿:《理论之后》,商正译,商务印书馆,2009年,第44页。
③ [英]特里·伊格尔顿:《理论之后》,商正译,商务印书馆,2009年,第45页。
④ [英]特里·伊格尔顿:《理论之后》,商正译,商务印书馆,2009年,第24页。
⑤ [英]特里·伊格尔顿:《理论之后》,商正译,商务印书馆,2009年,第213页。

进步,一个统一的理论也会应运而生"。"理论化是我们认识世界的一个基本要素,而证据的随意积累正如科斯(Coase)批判性地指出的那样,只不过是等待着理论或火焰的'大量堆砌的描述性材料'。"必要的理论化,才能规避"尘暴经验主义"[①]。

罗伊·苏达比深谙方法之道。他提醒人们,"科学的有效性并不在于它对方法的关注、对证据的执着或科学家个人强大的创造力和智慧。相反,有效的科学是对知识生产系统的集体和制度化承诺的结果,而知识生产系统的组织则是为了控制每个人的偏见和价值主张"。诚如米沃什所言:"为了较为精确地思考这个世界,我们应该避免偏见",尽管"偏见有时是必需的"。库恩亦提醒人们,科学的进步,"是整个科学界的分工、个人和团体对更大的知识生产项目的自愿承诺,以及(也许最重要的)对参与本质上是有缺陷的、需要不断纠正和验证的人类活动的持续认识,才产生了理解和知识"。"理论不过是这一深刻但往往脆弱的知识生产系统的反映。为了确保理论的有效性,我们不仅要不断反思理论所产生的知识,还要不断反思理论体系本身的可靠性。"[②]

作为社会现象的科学,或诞生于17世纪的欧洲。它倚仗独有的铁律(iron rule)和对浅层解释(shallow explanation)的追求,反叛了欧洲的哲学文化和基督教传统,获得了"中立性、无菌性和普适性"[③]。由此,它也获得了强大力量,挣脱了欧洲的限制,走出了西方文明,在全球各地生根并征服了其他许多知识和文明。它是一只"非理性的怪兽",是一种"人类企图超越自身的文明实体"。[④]其铁律成为高效出产客观知识的法则,浅层解释则成为解

[①] Roy Suddaby, Editor's Comments: Why Theory? *Academy of Management Review*, 2014, 39(4).

[②] Roy Suddaby, Editor's Comments: Why Theory? *Academy of Management Review*, 2014, 39(4).

[③] 刘闯:《推荐序》,[美]迈克尔·斯特雷文斯:《知识机器》,任烨译,中信出版社,2022年,第Ⅵ页。

[④] 刘闯:《推荐序》,[美]迈克尔·斯特雷文斯:《知识机器》,任烨译,中信出版社,2022年,第Ⅳ、Ⅴ、Ⅵ页。

决实际问题的工具。①这种"六亲不认"的"知识机器"以取得经验验证的局域性因果解释(即浅层解释)为纲领,由此缔造出一套近乎"新型政体"的科学规范共同体。②于今,科学早已发展出一整套社会建制和规制体系,它俨然是一个庞大而繁复的系统、一个强盛的"知识共和国"。

有论者指出:"科学是一个复杂的社会系统,而非天才的灵光一现",它"是解释经验现象的一套系统方法"。社会科学研究须"以事实为依据,以方法为手段",以使"杂乱无章的表象事实呈现出规律"。其研究对象是人,是复杂而高度不确定性的对象。它显然比自然科学更具挑战性。于此,研究者"不应该是事实的承载者",个人的经历和感受也不能被视为"一般事实"(乔晓春语)。这是社会科学研究中尤需谨慎之点。而社会科学方法论作为"知识机器"的一部分,正是这点上彰显出它独有的冷峻的、非人格化的威力/铁律,最大限度地实现可通约性和统摄力。

如果说方法具有通用性的话,那么理论供给则显得更独特,创造性的理论综合尤为可贵。它有望在大量实证的基础上寻求"普遍的规律"(乔晓春语)。如是观之,科学、理论与方法具有普遍性和可通约性,有强大的统摄力。而思想、个性与才情,则应该,也只能在这三者的间隙中萌生、茁长、发挥效能。——相形之下,史学领域则是别一番景致了。

日常生活和大时代:在学问、思想与理论之间

"我们所了解的世界的大部分有着坚实、装饰精美的外表"。

——特里·伊格尔顿

"面对所谓平常之物的态度是一个革命问题——'我们于日常世界中认出多少神秘,便在多大程度上进入神秘'。"

——瓦尔特·本雅明

---

① 刘闯:《推荐序》,[美]迈克尔·斯特雷文斯:《知识机器》,任烨译,中信出版社,2022年,第Ⅳ—Ⅴ页。

② 刘闯:《推荐序》,[美]迈克尔·斯特雷文斯:《知识机器》,任烨译,中信出版社,2022年,第Ⅴ页。

"擦亮日常事物的光泽"。

——瓦尔特·本雅明

"在思想上我们能实现的最大节约,就是接受这个世界的不可理解性——然后把注意力摆在人的身上。"

——阿尔贝·加缪

"事实的对立面是虚假,但一个深刻真理的对立面可能是另一个深刻的真理。"

——尼尔斯·波尔

"超现实主义者从内部爆破了诗歌世界,把'诗性生活'的理念推至极致。他们对过时之物的着迷即是明证……和它们的遭遇激发出一种原始艺术激情的意象。"

——霍华德·艾兰①

"在每一位诗人的写作中,与伟大诗人的影响进行较量已成为一个主要的环节。"

——约瑟夫·布罗茨基

"我们已经变得贫乏。人类遗产已被我们一件件地丢掉了,我们常常只以其百分之一的价格将它们抵押给当铺,仅为换取'当下'这枚小铜板。"

——瓦尔特·本雅明

"拥有命运意味着自行承担起自身。听由'瞬间现实'摆布的人,没有命运,没有'本真的历史性'。"

——韩炳哲

"在晚期现代,生活变得尤其赤裸,毫无叙述想象力。……我们不惜一切代价保持'健康'或进行'优化'的生命不过是生存。对健康和优化的狂热追求只会发生在一个赤裸的、无意义的世界。优化只关乎功能和效率。""嘈杂的交际与信息设法使生活不显露出令人害怕的虚空。"

---

① 《文艺批评专访〈本雅明传〉作者:本雅明——"擦亮日常事物的光泽"》(2023-04 21),https://www.sohu.com/a/669088873_121124790。

走向"大大学"和"大科学"
——中国高等教育及知识系统变革研究

——韩炳哲

文无第一,学无定法。许多文明、思想和理论均各具神采。但在人类历史上思想和理论的密林中,我或许更欣赏的还是法国哲学面向经验生活/生活世界的致思风格,而非究心于先验世界的体系建构。吾国学界通常认为,近几十年来的知识生产中,存在着"思想"与"学术"的张力。先是"思想突出,学问淡出",随后则是"人文学淡出,社会科学突出";由此,以文史为核心的人文学日渐式微,在整个知识系统和社会生活中影响不足。

我们无意于强调思想与学问、思想与理论、人文学与社会科学的区隔(至少,在文化研究中,"批判性的自我反省"就被认为是"理论"[1],而这与思想已无本质差异),但就个人而言,我在历史研究中从不迷信理论和方法(尽管承认其特殊重要性);同时我们也担心,历史研究若无休止地沉迷于史料铺陈(如大规模的档案抄写),它的前景和思想理论贡献将令人生疑。或许,历史研究最重要的还是基于历史实体的独创性思考,这才是史学工作中的画龙点睛之笔。考据或辞章之学固然是治史的基本功,理论化的努力也令人起敬;但如果有那样一种创作,能在史料与史识之间、经验与规范之间、思想与学问之间、人文学科与社会科学之间实现圆融,它无疑蕴含着更"广大且高远的景致(perspectives)"(杰克伯·布克哈特语),无疑有着更高的智识挑战度和知识贡献度。它无疑也更值得我们追求。思想当然不等于学问,但思想独有的洞察力、穿透力、统摄力和爆破力,无疑将为学问注入强大的内力。这或许正是当今学院派作品所亟须充实的一翼。

历史研究应尊重"社会学精神",保持学术自律。兰克曾骄傲地标榜"让史料说话"的客观性,并宣称将从其最自豪的史料学出发,抵达历史客观。"我们看到时间来临了,我们新的历史不必靠同时代史家的作品……我们只要目击者的使节报告以及真正直接的数据。"实情显然未必尽然。在黑格尔看来,历史解释还需要出色的理论思维能力,需要概念化能力,"超越乖巧的

---

[1] [英]特里·伊格尔顿:《理论之后》,商正译,商务印书馆,2009年,第27页。

标语、有趣的人际关系、友好的交会,进而提升成为概念"①。兰克当然是不世之才,但他同样未能幸免诸多限制。理论思维的局限,使其缺点与其优长一样明显。

事实上,我们每个人都面临着各自所处时代的局限。我们有必要始终对此保持清醒。爱因斯坦说:"大多数科学家深受时代偏见之苦,而历史、哲学方面的知识可以赋予他们那种摆脱偏见的独立性。在我看来,这种由哲学洞见带来的独立性,正是一个单纯的工匠或专家和真正追求真理之人的显著差别所在。"此君不愧是"哲人科学家",果然卓见非凡。的确,在凡尘的迷雾缠绕中,只有借助于历史和哲学之眼,人们才能更好地挣脱时代的桎梏,最大限度地摆脱偏见、获得洞见。②而拥有强大生命力的哲学或思想,势必要扎根于科学,能随时从中汲取不竭的养分和能量。科学与信仰之间有着非常复杂的关联。柯瓦雷说,现代科学打破了天与地的界限,统一了宇宙,却隔离了科学世界与生活世界。"新科学解决了宇宙之谜,却留下了另一个谜:现代心灵本身之谜。"所有基于价值和意义的想法都"被强行驱逐出去"。由此,"在科学世界里,每一个事物都有自己的位置,唯独人失去了位置"(据张卜天译文)③。

这是现代人的困境,更是现代知识生产的知识困局。许多焦虑、烦忧与苦痛,均缘此而来。普遍焦虑和延异成为现代生活中的基本元素。在历经"短20世纪"之后,人类历史走到了一个新的分岔口。在20世纪90年代冷战后出现的新自由主义的世界性思潮下,全球主要大国都普遍出现了不同程度的市场化转向,中国学术的市场化取向也是显而易见的。这一态势发端于欧美,而流布至全球。当今普遍存在的一系列景象,规划科学、"协议研究"、专职科研岗、多元巨型大学等,当然是20世纪末以来全球性的知识景观,但它们

---

① 详参李孝迁、胡昌智:《兰克在新中国史学界的境遇》,《史学史研究》2021年第1期。
② 对此,可参潘新和:《古今贯通:治学先治史——语文学研究随想》,《福建基础教育研究》2021年第11期。
③ 见沈是:《走近张卜天:从封闭世界到无限宇宙》[2024-01-19],https://www.thepaper.cn/newsDetail_forward_26070066。

并非凭空而出,而是大都其来有自。事实上,知识生产的市场化、国家化和全球化,在20世纪中叶就已见端倪。这正是本书所关注的论题之一。

而20世纪末以来的学术体制变化,亦令人应接不暇。社会不可挽回地陷入了持续"加速"状态,"效率饥渴"支配了人们绝大部分注意力。如今,几乎绝大多数人都陷入空前的、持久的焦虑,闲适心境越来越多地只残存于人们的怀旧记忆中。科层化、项目制、项目化生存、学术市场、量化考核、数字管理、审计文化、绩效主义、管理主义、KPI、学术GDP、社会加速、非升即走、学术焦虑、"表意的焦虑"、"影响的焦虑"、学术资本主义、社会达尔文主义等,这些概念或现象,在学术体制内中早已不陌生。甚至诸如"学术工业"(academic industry)之类的概念(类似概念还有"娱乐业""文化产业/产品"等),也已让人习以为常。知识已然高度建制化及市场化,手工作坊式学术则日渐式微。经济规则对知识系统的渗透几近于无孔不入。"金钱讨厌地处于所有生命旨趣的核心","使几乎所有人间关系都停止了。"①

其背后的哲学基础或是新自由主义。"新自由主义的绩效叙事把每个人都变成自己的雇主,每个人都在与他人竞争。这种绩效叙事不会产生社会凝聚力,不会创造出'我们',相反,它不仅破坏团结,而且减少共情。"②这种叙事或许可以催生社群,但无疑阻碍了共同体的形成。知识系统也深陷于消费社会的汪洋大海中,"今天,在我们的周围存在着一种由不断增长的物、服务和物质财富所构成的惊人的消费和丰盛现象","人们不再像过去那样受到人的包围,而是受到物的包围"③,"享受自身异化和他人异化"④。"物时间""物社会"充斥其间,让世界显得异常拥塞。"无间隔性既摧毁远方(Ferne),也摧毁近端(Nöhe)。"⑤信息过载、信息海啸、信息统治(information's

---

① 瓦尔特·本雅明:《单行道》,王才勇译,江苏人民出版社,2006年。
② 韩炳哲:《叙事的危机》,李明瑶译,中信出版社,2024年,第80页。
③ 让·波德里亚:《消费社会》,刘成富、全志钢译,南京大学出版社,2006年。
④ 瓦尔特·本雅明:《发达资本主义时代的抒情诗人》,王才勇译,江苏人民出版社,2005年。
⑤ [德]韩炳哲:《叙事的危机》,李明瑶译,中信出版社,2024年,第10页。

regime)加速了社会的去叙事化。[①]于此,知识、技术、资本与权力隐然联手,威力巨大;它们又与审计文化、娱乐主义、消费主义等深度勾连,重塑了现代社会奇异的知识景观和社会生态。

方今之世,学术资本主义和学术市场化乃大势所趋,从业者所普遍关注的是学术生产力的比拼、是"谁比谁生产更多"。这正是近几十年来全球各国学术人员的生存境遇,无可逃遁。本书当属对中国学术体制的前世今生的溯源性研究,它意在求真求解求道。我们关注的是:今天的这一切知识景观是如何来的?它到底意味着什么?欲更好地理解此问题,不仅需要历史梳理,更需要进行社会学、管理学、组织行为学及数据科学等视角的反身性思考。

一时代有一时代之学术,一代人有一代人之际遇。鸿儒钱穆曾言:"知道历史,便可知道里面有很多的问题。一切事不是痛痛快快一句话讲得完。历史终是客观事实,历史没有不对的,不对的是在我们不注重历史,不把历史作参考。"我们"不该不懂历史"。"历史所以记载人事,故著史必首重纪事,次及传人。而了解历史最基本的开始,亦在明事变,知人物。于不断的事变与人物之背后有时代。能知事变、人物与时代,此乃历史学之初步入门,亦为历史学之主要骨干。事有成败得失,人有贤愚忠奸,时代则有治乱兴衰,教历史者,首贵能于此分析指点,可以使学者长见识,增修养,此乃历史教育最大之功能。"此说可称见道之言。读史使人明志,知史使人释然,心态平和淡定。

无尽的谢意

"写下即永恒。"

——费尔南多·佩索阿

"过去带着时间索引……在过去的每一代人和现在的这一代人之间,都有一种秘密协定。"

——瓦尔特·本雅明

"我们使用无法衡量的能量。我们所做的和所想的都充满了我们祖先

[①] [德]韩炳哲:《叙事的危机》,李明瑶译,中信出版社,2024年,第6页。

的存在。"

——瓦尔特·本雅明

"传统不是一个人能够学习的东西,不是他想要的时候就能捡起来的一根线;就跟一个人不能选择自己的祖宗一样。"

——维特根斯坦

"每一个时代的人们都必须做出努力,一次次把传统从陈陈相因的桎梏中解放出来。"

——瓦尔特·本雅明

"没有人是一座孤岛,在大海里独踞,每个人都像一块小小的泥土,连接成整个陆地。"

——约翰·多恩

本书或可算是对本人多年来的研究计划的些微推展。若其有微末之得,当归功于诸师友的提点;若其有不周之处,当归因于不才能力有限。

无论如何,本书是近年时光之烬余。它是个人中长期写作计划的一部分,尽管依旧是那样的粗糙。但这一切都不应成为我们止步和气馁的理由。构想中的"清华三书",一直在缓慢地推进中。第一部主要探讨20世纪二三十年代清华的发展;第二部主要关注40年代从联大复员后二十年间清华的变革;第三部则重点考察90年代初之后二十余年间清华在市场化转轨和国际化浪潮中的变革,特别是其人事制度改革及全球向度问题。三书合体,将可将百年清华史的大部分纳入视野。其中,第三部所讨论的时段是一个"改革的年代""增长的年代",有着极为丰富的意涵。这是一项长线的研究工作,不可能是数篇习作所能尽言。昔日习作《学府与政府》,是对第一阶段工作的小结。许多年过去了,念想中的"三书"迄今仍只完成这第一部,思之惶悚。那么,眼下这部书,权当是第二部临时性的替代或序曲吧;至于真正的第二部,以及更遥远的第三部,则有待机缘了。

回首来时路,在过往的无数日子里,我非常幸运地得到许多师友的关心和帮助,始终倍感温暖。在学术之路上,我一直铭感于谢维和老师、吴剑平老师、向波涛老师和彭刚老师多年来的关怀。就本书而言,需要特别感谢陈洪捷教授和叶赋桂教授百忙之中慨允赐序,感谢欧阳哲生教授、左玉河教授和叶隽教授长期以来的支持和此次的热情推介。

感谢田正平先生多年来的关心,感谢陈平原先生的赐正,感谢赵鼎新教授、刘东教授和李实教授的诸多提点。感谢丁钢教授、张斌贤教授、阎凤桥教授、刘惠琴教授、李曼丽教授、邓友超教授、王晓阳教授等许多前辈的关怀,感谢文雯教授、沈文钦教授等学人的襄助。感谢北京师范大学的施克灿教授、孙邦华教授、周慧梅教授、王曦影教授等学界先进的拂照,感谢华东师范大学的杜成宪教授、黄书光教授、王保星教授、陈霜叶教授和周勇教授等诸位学者的指教。感谢叶祝弟先生、杨锐教授、黄福涛教授、查强教授等许多学者的关心和支持。感谢刘桂生教授、刘北成教授、马勇教授、王学典教授、王奇生教授、仲伟民教授、侯旭东教授、臧运祜教授、王东杰教授、顾涛教授、瞿骏教授、金富军教授、梁晨教授、吕文浩研究员、李在全研究员、耿化敏教授、董佳教授、黄振萍教授、张弢教授、曹寅教授、张仲民教授、蒋勤教授、任轶教授等师友多年来的支持。

特别感谢吴巨慧教授、刘海峰教授、徐小洲教授、眭依凡教授、张应强教授、顾建民教授、刘正伟教授、阚阅教授、孙元涛教授、李艳教授、胡亮教授等诸位学者的关照,感谢吴雪萍教授、商丽浩教授、叶映华教授等诸位学者的提点和照顾。感谢孙英刚教授、肖如平教授、冯培红教授、张凯教授、张广海教授、袁一丹教授、钟雨柔教授等师友多年来的支持。这是一个长长的名单,无法一一列举,唯有铭记于心。我深深受益于这个最优秀的知识共同体。正是因有幸在这个共同体中开展工作,我学到了很多,且日有所进。同时,我还要感谢亲友与同道一直以来的关心和支持。

还需要感谢责编王琤老师。正是受惠于王老师耐心而专业的工作,本书才能以更成熟的形态面世。此外,还需要感谢我的非常优秀的博士生团队。这些出色的小伙伴对我的研究思路多有启发,并热心协助我承担了大量的校对工作。本书还包含着几位合作者的贡献,其中部分内容是在我与李洁老师及我的博士生袁青青共同研究的基础上完成的。这是需要特别说明和深致谢意的。

数年来,世界已改变了许多。曾惠我良多的许多尊敬的前辈,如江丕权、李卓宝、何兆武、田余庆、赵宝煦、李学勤、钱逊、许渊冲、黄延复、傅高义(E. F. Vogel)、樊洪业、闻黎明等前辈,均已先后远行,思之犹觉"忽如远行客"。

尚需一提的是,本书在后期编校过程中,做了一定幅度的技术性处理。书中对知识旅行有所涉及,但其中对20世纪五六十年代中外文教交流的部分(如中国选派出国留学生及大规模接收来华留学生的内容),都已大幅删减。此外还有其他相关的技术处理。

致时光之海,或无垠的旷野

"这是故乡的河流,长满睡莲。"

——切斯拉夫·米沃什

"如果我们以最广阔和最智慧的视角来看待一个事业,就不会存在所谓的失败事业,因为也没有所谓的成功事业。我们为失败的事业而战……我们战斗更多是为了让某些东西保持活力,而不是期待任何事物会最终胜利。"

——T. S. 艾略特

"没有终局的成功,也没有致命的失败,重要的是继续前进的勇气。"

——温斯顿·丘吉尔

人类是"创造性的空无。"

——麦克斯·施蒂纳

"我们并非不可或缺。正确地看世界就是从世界的偶然性角度来看待这个世界,而这就意味着透过它潜在的非存在的阴影来看世界。"

——特里·伊格尔顿

"人会逐渐同他的遭遇混为一体;从长远来说,人也就是他的处境。
所有的人都从生活中得到了一切,但是大多数人自己却不知道。
时间是一条令人沉没的河流,而我就是河流。
世界本来就是迷宫,没有必要再建一座。"

——博尔赫斯

"意志力需要很好地培育,以使它永远富于成果。"

时光之书·山河岁月的记忆(代跋)

——夏尔·波德莱尔

时间以同样的方式流经每个人,每个人却以不同的方式度过时间。此间的一切,皆为时光之痕。本书亦可谓"烬余集"。书写即是记忆,其意或在"唤醒灰烬"。学术不仅仅是劳作,它也可以是一种再生。它承载着历史纵深和世界想象,承载着我们对经验生活的洞察和远见、我们对原初世界的热情,也承载着我们的声和光与热、记忆和梦想。它蕴含着无限的可能性。悠游其中,自可去蔽、脱俗谛、澡雪精神。"治学不为媚时语,独寻真知启后人。"学术贵在平常心。钱穆曾告诫道,"学者不能太急于自售,致为时代风气卷去,变成了吸尘器中的灰尘。"而在漫长的历史上,亦确有太多人沉溺于时代烟尘中,要么隐入尘烟,要么化为烟尘的一分子,甚或"功名半纸,风雪千山"。

学术是"比慢"的艺术。它"需要耐心,自我约束,无穷无尽的忍耐厌烦的能力"。[①]它需要上扬,更需要下沉,需要不断地"往更深处里游,下降到它看见自己闪光的地方"。在这追求急进的浪潮中,我们尤有必要保持自性、保持稳健从容,有必要尊重学术的开放性和多样性,择善固执,包罗万象,以成其大。"一个人的真正价值主要取决于他在什么程度和什么意义上从自我解放出来。"学术价值的高下自有其"客观的标准",它的最终评判者并非同时代人,而是时间老人,"时间老人最后还是公平的"(余英时语)。[②]而所谓公平与不公,又取决于标准的选择和价值的定序。

于今,纷繁往昔告一段落,更缤纷的未来旅程尚待开启。"四十年来家国,三千里地山河"。挥别古道长风后,在历史的风陵渡口,风云千樯。千江有水千江月,万里无云万里天。软红十丈,江枫渔火都看遍,仍见千帆过尽、万川归海。苍茫大地无言而万有,苍穹瀚海犹存遗珠见月明。

"遍知万物,而不知人道,不可谓智。"然而人道又何其繁奥。天地不仁,

[①] [英]特甲·伊格尔顿:《理论之后》,商正译,商务印书馆,2009年,第7页。
[②] 余英时:《犹记风吹水上鳞——敬悼钱宾四师》,《钱穆与现代中国学术》,广西师范大学出版社,2006年,第16页。

光阴逆旅。人生本若微尘，个体皆过客。知识世界是瀚海，是旷野，也是丛林。在这丛林中有许多分岔的路，钝驽如我，无意中选择的，或许是那条"少有人走过的路"。一切都因此而不同。多年来，区区仿若是在时光的无垠的荒野里徜徉的旅人，在历史长河中带着"闲逸的好奇心"自由漫步，在荒芜岁月中漫漫长路上留下依稀履痕。在其中，亦见古今，见天地，见众生，"逍遥于天地之间而心意自得"。

面对辽阔的大地和广袤的知识疆域，我们何等无知、何其微渺。即便非凡智者，终其一生的努力，亦"不过是在海滩上玩耍"一遭而已。然而，我们仍坚执地超越个体的有限性，仰望满天繁星、守候未来之光。于我们而言，探索才刚刚开启。今后，我们仍将继续沿时光长河漫步旅行，沿途欣赏更多的风景。那么，写作仍将延续。在写作中，我们才可能不断地抵近我们温暖的"第二故乡"，犹如在巅峰之美的记忆、阅读和艺术中那样。

"为学日益，为道日损。"问学之道无止境，学术的疆界与人类想象力的极致一样邈远。而站在人类心智高峰和思想制高点上的历史研究，理应深究历史之古层，联结文明原型（原始积淀）和时代精神/经验生活，衔接起人类的记忆和梦想。这种心智创造，理应无限地往返于地方知识与全球性知识之间，将恢宏的历史想象和精微的具身经验熔为一炉，创造性地建立某些"弱关联"或"远关联"，也间接地助力于族群赢得文化领导权。当然，心智的创造是高度不确定性的精神冒险，不确定性和未完成性是它永恒的特质。它注定是"可能性的艺术"，是"未完成"的知识旅程，是布满荆棘也充满惊喜和遗憾的知识探险。本书原只是学步之习作，不周之处定然不少。谨此抛砖引玉，以待高明，望方家和读者赐正。

已识乾坤大，犹怜草木青。天行有常，草木枯荣有时，但每株草木都注定有其灵性和梦想。谨以本书与人间草木，一并交给时间，曾经的以及未来的无数时光。

癸卯岁末草于徐汇、温州，
改定于绵阳旅次